BUDDHISMUS

BUDDHISMUS

Kevin Trainor
Herausgeber

evergreen

Originaltitel: Buddhism. The Illustrated Guide

Produktion der deutschsprachigen Ausgabe:
Textcase, Hilversum, Niederlande
Übersetzung für Textcase: Daniela Gieseler, Julia Leifeld, Heather Conrad
Lektorat: Isabelle Fuchs, München

ISBN 978-3-8365-0253-5

Printed in Thailand

HINWEIS DES VERLAGS:
Die Standardsprache für buddhistische Terminologie im Text ist Sanskrit, ergänzt mit dem entsprechenden Ausdruck auf Pali in Klammern, wo es nötig erscheint. Die wesentliche Ausnahme von dieser Regel findet sich in Teil 3, Kapitel 2, in dem der Pali-Kanon selbst Thema ist und Pali Vorrang hat. Es finden sich auch Begriffe aus anderen Sprachen, die entweder ausdrücklich oder durch ihren Kontext erklärt werden.

BILDUNTERSCHRIFTEN ZU DEN SEITEN 1 UND 2:
Seite 1: Von Baumwurzeln umgebener, steinerner Buddhakopf in Ayutthaya, Thailand.
Seite 2: Ein Mönch in einem Türeingang, Tonle Bati, Kambodscha.

INHALT

EINFÜHRUNG

Der Akt des „Sehens“ nimmt in der Geschichte des Buddhismus einen besonderen Stellenwert ein. Buddhistische Texte benutzen häufig Bildersymbolik, um die Natur des Dharma zu beschreiben. Dharma bezeichnet sowohl die von Buddha erkannte absolute Wahrheit als auch die Worte, deren er sich bediente, um seinen Anhängern diese Wahrheit mitzuteilen. Er wird gewöhnlich als etwas beschrieben, zu dem jeder selbst kommen kann und das jeder selbst sehen muss. Die Erfahrung der wahren Daseinswirklichkeit wird oft als „Wissen und Sehen“ bezeichnet. So wie dem Buddha die Augen über die absolute Wahrheit geöffnet wurden (der Titel „Buddha“ bedeutet „der Erwachte“), so sollen die von Unwissen, Hass und Begierde Geblendeten durch seine Worte und seine herrliche Erscheinung erleuchtet und selbst zu ihrem Erwachen geführt werden.

Bei dieser stark positiven Gewichtung des Sehens mag es überraschen, in der frühen buddhistischen Überlieferung Anzeichen für eine ambivalente Haltung zum Anblick der körperlichen Form des Buddha zu finden (siehe S. 42–45). Obwohl der Buddhismus lehrt, der Körper des Buddha sei wie alle Dinge aus zusammengesetzter Materie vergänglich und sterblich, bedeutet dies nicht, dass er ohne großen Wert ist. Tatsächlich war es für die buddhistische Gemeinschaft von jeher ein feierlicher Augenblick, sich in der körperlichen Gegenwart des Buddha aufzuhalten, die durch Reliquien oder Bilder vermittelt wurde. Sie sollten die im endlosen Kreislauf der Wiedergeburt (siehe S. 58–59) gefangenen Menschen mit der zeitlosen Wahrheit des Dharma inspirieren.

In der europäischen und nordamerikanischen Buddhismusforschung hat im letzten Vierteljahrhundert eine bedeutende Neuorientierung stattgefunden. Im 19. Jahrhundert stellten westliche Gelehrte den Buddhismus, zumindest in seiner ursprünglichen Form, gemeinhin als ein philosophisches und vernunftbestimmtes Streben nach persönlicher Erkenntnis dar. Die frühere Forschung neigte zudem dazu, die maßgeblichen buddhistischen Schriften auf Belege für die historischen Ursprünge der Überlieferung hin zu durchforsten und richtete ihr besonderes Augenmerk auf die Enthüllung der „ursprünglichen Lehren des Buddha“. Jüngere Studien legen jedoch mehr Wert auf die kulturelle Vielfalt buddhistischer Traditionen und die zentrale Rolle des Rituals in der Geschichte buddhistischer Praxis und buddhistischer Institutionen. So kann von einer allgemeinen Hinwendung zur „Rematerialisierung“ der buddhistischen Geschichte gesprochen werden. Dieser Begriff umfasst zum einen das Interesse der Forscher an den materiellen Formen, um die die buddhistische Praxis organisiert ist, wie etwa Reliquien, Bilder und architektonische Bauten. Zum anderen geht es um die Aufmerksamkeit, die die Forschung der Frage schenkt, inwieweit buddhistische Rituale buddhistische Ideale und Werte „verkörpern“.

Die Ergebnisse anthropologischer Forschungen über heutige buddhistische Gemeinschaften aus vielfältigen kulturellen Milieus stützen diesen Wandel in der Auffassung vom Buddhismus als eine Reihe idealisierter Lehrsätze hin zur Darstellung seiner vielschichtigen menschlichen Praxis. Auch die zunehmende Berücksichtigung der Teilhabe von Frauen an der buddhistischen Tradition in der Geschichte sowie der Bedeutung geschlechtsspezifischer Unterschiede verändern unser Verständnis des Buddhismus.

Diese Schwerpunktverlagerungen der heutigen westlichen Buddhismusforschung schlagen sich sowohl im Ansatz als auch im Inhalt dieses Buches nieder. Die wesentlichen Grundlagen der buddhistischen Lehre werden eingehend dargelegt, um dem Leser Einsicht in die religiöse Weltanschauung zu gewähren, die von so vielen buddhistischen Gemeinschaften geteilt wird. Auch der kulturelle Reichtum der buddhistischen Lehre und Praxis in verschiedenen regionalen Formen sowie die Entwicklung von buddhistischen Gemeinschaften außerhalb des asiatischen Kernlands werden ausführlich beschrieben. Die ausgewählten Abbildungen illustrieren die regionale und historische Vielfalt einer Tradition, die heute im wahrsten Sinne des Wortes zur Weltreligion geworden ist. Der vorliegende Band gliedert sich in vier Teile:

URSPRÜNGE

Dieser Teil ist eine Einführung in den historischen und kulturellen Kontext, in dem der Buddhismus entstanden ist, und schließt die frühen vedischen und brahmanischen Formen der indischen Religionen ebenso ein wie den Aufstieg städtischer Zentren und der Königreiche in Nordindien.

Die Prinzen von Malla teilen die eingeäscherten Überreste des Buddha auf. Laut buddhistischer Überlieferung wollten die Prinzen, die über die Region herrschten, in der der Buddha starb, zunächst all seine Reliquien für sich selbst behalten. Sie wurden dann aber doch davon überzeugt, sie zum Besten der buddhistischen Gemeinschaft zu teilen (siehe S. 41). Dieses Wandgemälde schmückt die Buddhai-Sawan-Kapelle, die 1787 erbaut wurde und nun Teil des Thailändischen Nationalmuseums in Bangkok ist.

Pilger in der Eingangshalle der Dalada Maligava („Tempel des Zahns") in Kandy auf Sri Lanka. Im Tempel wird eine der heiligsten Reliquien der buddhistischen Welt aufbewahrt, ein Zahn des Buddha, der im 4. Jahrhundert nach Sri Lanka gebracht worden sein soll (siehe auch S. 110).

Im Anschluss daran werden die Entwicklung der biografischen Überlieferung im Buddhismus sowie die wichtigsten Abschnitte im Leben des Buddha untersucht. Der Teil schließt mit einer kurzen Schilderung der frühen Ausbreitung des Buddhismus unter Berücksichtigung der Regierungszeit des großen indischen Herrschers Ashoka (3. Jahrhundert v. Chr.) und des Aufstiegs des Mahayana-Buddhismus (das „Große Fahrzeug").

THEORIE UND PRAXIS

Dieser Teil beginnt mit einem Überblick über die Grundlagen der buddhistischen Weltanschauung, wie die Vorstellungen von Wiedergeburt, *Karma* und die von den buddhistischen Höllen bis zu den höchsten himmlischen Gefilden reichende kosmische Ordnung. Es folgt eine Erläuterung der Lehren, wie der Buddha sie in den „Vier Edlen Wahrheiten" dargelegt hat. Das nächste Kapitel beschäftigt sich mit buddhistischer Meditation, in diesem Zusammenhang auch mit dem Gebrauch von *Mandalas* sowie anderer Objekte und Praktiken, die der Schärfung und Transformation des menschlichen Bewusstseins dienen sollen.

Darauf folgt eine Erörterung der buddhistischen Gemeinschaft, von *Buddhas, Bodhisattvas* und *Arhats* zu klösterlichen Gemeinschaften (Sanghas) und dem Laienstand. Das nächste Kapitel behandelt gebräuchliche Formen der buddhistischen rituellen Praxis, wie die Aufnahme in ein Kloster, die Hingabe und Pilgerreisen zu so bedeutenden Stätten wie Bodhgaya – dem Ort, an dem der Buddha erleuchtet wurde. Den Abschluss dieses Teils bildet ein historischer Überblick über die wichtigsten buddhistischen Schulen und ihre regionalen Varianten mit einer ausführlichen Beschreibung der Traditionen des Theravada und Mahayana, darunter auch die im Westen wohlbekannten Schulen des Zen und Vajrayana (Tantra).

HEILIGE SCHRIFTEN
Dieser Teil bietet eine weitreichende und ausführliche Auseinandersetzung mit der Vielzahl buddhistischer Textüberlieferungen sowohl kanonischer als auch nicht kanonischer Literatur. Die Autoren diskutieren die wichtigsten Problemfragen der Sammlung, Verbreitung, Übersetzung und Art der Wiedergabe der Lehren des Buddha während der Jahrhunderte, in denen sie ausschließlich mündlich überliefert wurden. Dieser Überblick bezieht sämtliche Medien mit ein, durch die der Dharma weitergetragen wurde, von Palmblattmanuskripten über CD-ROMs bis zum Internet.

BUDDHISMUS HEUTE
Der letzte Teil untersucht die Trends, die die Entwicklung des Buddhismus in der modernen Welt beeinflussen. Das erste Kapitel erkundet die wachsende buddhistische Gemeinschaft, darunter auch die neuen buddhistischen Bewegungen in Asien, den Aufstieg der außerhalb Asiens keimenden Gemeinschaften aus asiatischen Einwanderern und westlichen Konvertiten, die sich ändernde Rolle der Frauen im Buddhismus und das Verhältnis zwischen buddhistischer Praxis und kritischer Forschung. Das zweite Kapitel, zugleich das Schlusskapitel des Buchs, beschäftigt sich mit einer Reihe wichtiger sozialer und politischer Fragen, denen Buddhisten in aller Welt zurzeit gegenüberstehen.

An verschiedenen Stellen des Buches sind spezielle Beiträge zu „Kunst und Architektur" eingestreut, die besondere Aspekte der prächtigen ikonografischen und architektonischen Traditionen behandeln, die der Buddhismus über die Jahrhunderte inspiriert hat.

Die Autoren dieses Bandes haben sich bemüht, eine zugleich zugängliche und optisch ansprechende Einführung in den Reichtum buddhistischer Ideale und kultureller Formen zu geben. Dieses Buch soll den Leser einladen, mit Hilfe von Text und Bild eine alte religiöse Tradition zu erkunden, die die Geschichte dauernder und unumgänglicher Verwandlung zeigt.

Kevin Trainor
Außerordentlicher Professor für Religion
University of Vermont
Burlington, VT.

TEIL 1

URSPRÜNGE

Eine Sandsteinstele aus Ostindien, ca. 6–7. Jahrhundert n. Chr., die Siddhartha zeigt, wie er den Boden mit einer Hand berührt – seine charakteristische Geste kurz vor der Erleuchtung, um die Erde als Zeugen für seine vergangenen verdienstvollen Taten anzurufen. Sein Gesichtsausdruck ist heiter gelassen, er fängt den Augenblick des Sieges über den Deva *Mara ein, dessen Tochter neben Siddhartha steht. In der Nähe schwebt ein Monster (siehe auch S. 34–35).*

TEIL 1 • KAPITEL 1 *Todd T. Lewis*

DAS ALTE INDIEN: GLAUBE UND GESELLSCHAFT

STÄDTE UND KÖNIGREICHE

Im Norden vom Himalaja, der höchsten Bergkette der Welt, und im Süden vom Indischen Ozean begrenzt, hat sich auf dem indischen Subkontinent im Lauf der Jahrtausende eine eigenständige Kulturlandschaft gebildet. Seit der Antike blühte die Kultur der dortigen Völker auf den fruchtbaren Ebenen, die von großen Strömen bewässert wurden, gespeist von Berggletschern und von sommerlichen Monsunregen.

Die erste städtische Zivilisation in der Region entstand etwa 2500 v. Chr. an den Ufern des Indus, im heutigen Pakistan. Sie erlebte ihren Niedergang offenbar zwischen 2000 und 1750 v. Chr., als die Städte verlassen wurden. Mehrere Faktoren mögen dafür verantwortlich gewesen sein: Klimawandel, eine plötzliche Änderung der Flussläufe, Epidemien, Invasionen oder Abwanderung und sich wandelnder Handel. Etwa zur selben Zeit tauchte eine andere Gruppe auf: Ob es Einwanderer von außerhalb Indiens waren oder ob die Gruppe sich eher aus der Bevölkerung des Industals selbst entwickelte, ist in der Forschung umstritten. Diese Völker bezeichneten sich selbst als Arier („Edle“) und sprachen die indoeuropäische Sprache, aus der sich später das Sanskrit entwickelte. Die ehemals vorherrschende Meinung besagte, die Arier seien ein hellhäutiges wanderndes Hirtenvolk gewesen, das von Norden oder Nordwesten in den Subkontinent gelangt sei, die Kriegsführung zu Pferde ausgezeichnet beherrscht und die einheimischen dunkelhäutigen Völker rasch unterworfen habe.

Diese Abfolge der Ereignisse wird von einigen Forschern zunehmend in Frage gestellt: Sie halten die Sprache des Industals eher für eine Variante der indoeuropäischen als der dravidischen Sprachfamilie, die zuvor die auf dem Subkontinent einheimische Sprachfamilie war und zu der viele heutige südindische Sprachen gehören. Die Hypothese dieser Forscher besagt, dass sich die arische Kultur unter den Völkern entwickelt hat, die nach dem Niedergang der Städte im Industal geblieben waren. Andere kürzlich vorgebrachte Theorien stützen die Idee, die Arier seien, wenn nicht einheimisch, über eine längere Zeit hinweg eingewandert, bereits seit etwa 2200 v. Chr., und seien dann in einer teilweise zweisprachigen Vielvölkerkultur aufgegangen. Solange die Indus-Schrift nicht vollständig entziffert ist, werden sich die Forschern wahrscheinlich nur schwerlich einigen können.

Alte Schriften sowie archäologische Anhaltspunkte deuten außerdem auf die schrittweise Entstehung stabiler politischer Einheiten und auf die Zunahme städtischer Siedlungen in der Region hin. Die Einwanderer rodeten den Dschungel mit eisernen Werkzeugen und pflügten den Boden, um so den Anbau von Feldfrüchten zu ermöglichen. Die daraus resultierenden Ernteüber-

schüsse sicherten einen florierenden Handel, das Wachstum von Städten und Handwerk.

Seit etwa 550 v. Chr. entstanden Stadtstaaten, deren Präsenz die religiöse Tradition kleinerer Stämme bedrängte. Diese praktizierten eine vor allem auf Opferungen ausgerichtete Religion, die das Leben der Indo-Arier auf dem Subkontinent seit Generationen gekennzeichnet hatte. In diese unruhige Zeit wachsender gesellschaftlicher Vielschichtigkeit wurde Siddhartha Gautama – der Buddha – geboren.

Diese Karte des Alten Indien zeigt die wichtigsten Stätten im Industal und die Hauptzentren des Buddhismus, darunter auch die Orte, die zu Zeiten des Buddha bereits existierten, die zu seinen Lebzeiten mit ihm verbunden wurden und die Orte, die erst über die Jahrhunderte Bedeutung für den Buddhismus erlangten.

SOZIALE HIERARCHIEN

Während der Entfaltung der indoarischen Gesellschaft entwickelte sich eine in hohem Maße von sozialen Schichten geprägte Gesellschaftsordnung, in der die Wurzeln des zeitlich viel späteren hinduistischen Kastensystems erkennbar sind. Wie in den jüngeren Abschnitten der heiligen Schriften beschrieben – den sogenannten Veden (siehe S. 16) – gab es ursprünglich vier soziale „Klassen" oder *Varnas* (siehe Kasten unten). Mitglied einer *Varna* konnte nur sein, wer in sie hineingeboren wurde. Jedem Gruppenmitglied wurde zum einen derselbe Grad an angeborener Reinheit und zum anderen eine besondere, ihm eigene Natur und Fähigkeit zugeschrieben, die ihn von Mitgliedern anderer *Varnas* unterschied. Alte Texte benennen zudem sozial minderwertige Gruppen wie *Chandalas*, die von den Mitgliedern höherer Klassen als unrein angesehene Aufgaben übernahmen – ihre Berührung oder auch ihr Schatten allein galten als unrein. Aus dieser Gruppe entstanden später die „Unberührbaren", die traditionell unterprivilegierteste Gruppe der indischen Gesellschaft – die Ärmsten der Armen. Mahatma Gandhi nannte sie aus Protest gegen ihren Status „Harijan" („Kinder des Gottes [Vishnu]").

Die gesetzlichen und gesellschaftlichen Regeln späterer Jahrhunderte schrieben vor, dass in eine bestimmte Klasse geborene Mitglieder nur innerhalb ihrer eigenen Gruppe heiraten durften und die althergebrachte „erwartete Pflicht" oder *Dharma* (nicht zu verwechseln mit demselben Wort im Sinne der Lehren des Buddha) dieser Gruppe erfüllen mussten.

Im voll ausgebildeten Hinduismus wurde das System der *Varnas* unterbaut von der Lehre der Wiedergeburt, die besagt, dass die in die höchste *Varna* Geborenen ihren Status ihrem überlegenen *Karma* verdanken, d. h. ihrem angesam-

DIE VIER *VARNAS*

An der Spitze der vier wichtigsten *Varnas* standen die Brahmanen, die Priesterkaste. Die Gesellschaft war abhängig von den Brahmanen, weil diese sicherstellten, dass die Götter in angemessener Weise verehrt wurden. Dies wiederum war die Garantie für die Gunst der Götter, die zur Aufrechterhaltung der Fruchtbarkeit des Landes, der regelmäßigen Wiederkehr des Monsuns und der gesellschaftlichen Eintracht unabdingbar war. Der wichtigste *Dharma* der Brahmanen war die Beherrschung der Veden und die damit zusammenhängende rituelle Praxis (siehe S. 16–17).

Unter den Brahmanen stand die aristokratische Kriegerkaste, die Kshatriyas, von denen eine gerechte Regierung und der Schutz aller Mitglieder der Gesellschaft, besonders aber der Brahmanen, erwartet wurde. Als Nächste kamen die Vaishyas, die Klasse der Kaufleute und Händler, Spezialisten für Handwerk und Landwirtschaft; sie sollten den Reichtum der Gesellschaft mehren. Sowohl Kshatriyas als auch Vaishyas war es erlaubt, die Veden zu lernen, aber nicht, sie zu lehren. Das spätere hinduistische Gesetz benennt die drei obersten Kasten als *Dvija* („Zweimalgeborene"), weil ihre Mitglieder durch religiöse Initiierung als „wiedergeboren" galten – was im Hinduismus ausschließlich Männern vorbehalten war. Die vierte *Varna*, die Shudras oder Diener, waren Arbeiter, die Aufgaben für die oberen Kasten erledigten.

Nicht jeder konnte einfach in eine der *Varnas* eingeordnet werden, und mit der Zeit entwickelten sich viele Unterklassen (*Jatis*), deren Bezeichnungen und Funktionen bis zum heutigen Tag regional stark variieren.

melten Verdienst, das sich aus ihren Taten und ihrem Verhalten in vorherigen Leben ableitete (siehe S. 20). Obwohl die Lehre von der Wiedergeburt in den vedischen Hymnen nicht ausdrücklich beschrieben wird, wurde sie in den später verfassten Upanishaden (ca. 800–300 v. Chr.) und den darauf folgenden Texten klar ausformuliert. Hinduistische Theoretiker argumentierten, dass die Kastengesetze sowohl die gesellschaftliche Harmonie als auch den spirituellen Fortschritt pflichtbewusster Individuen absicherten, die in ihren nächsten Leben in eine höhere Geburtsklasse aufrücken würden.

Sehr wahrscheinlich war die indoarische Gesellschaft in Nordindien äußerst patriarchalisch organisiert, wobei nicht klar ist, ob die Geschlechterrollen so eindeutig festgelegt waren wie in späteren hinduistischen Texten. Einige der vedischen Hymnen können offenbar Seher*innen* zugeschrieben werden, und eine Frau mit dem Namen Gargi spielt in den Upanishaden eine Rolle. Der Status der Frauen in der frühen indischen Gesellschaft ist Gegenstand beträchtlicher Forschungskontroversen – bis zum Entstehen der Manava Dharmashastra („Gesetze des Manu") war Frauen jedenfalls die Initiierung in den Status als „Zweimalgeborene" (siehe Kasten gegenüber) verweigert und das Hören der Veden verboten worden. Während ihrer Menstruation oder nach der Geburt eines Kindes wurden sie außerdem als unrein angesehen. Eine viel zitierte Stelle in den Gesetzen des Manu drückt es folgendermaßen aus: „In der Kindheit ihrem Vater unterworfen, in der Jugend ihrem Ehemann und nach dem Tod des Ehemanns ihren Söhnen, sollte sie niemals Unabhängigkeit genießen."

Ein heutiger Hindupriester in Rajasthan, Indien. Sein „zweimalgeborener" Kastenstatus (siehe Kasten gegenüber) wird durch die heilige Brahmanenschnur, die er über seiner linken Schulter trägt, symbolisiert.

EINE WELT DER OPFER

Zuerst in den Upanishaden als „Saatlaut" oder Ursprung aller Laute erwähnt, hatte die Silbe „om" im Sanskrit eine Reihe heiliger Bedeutungen. Das aus drei Lauten (a-u-m) bestehende „om" wird von Hindus, Buddhisten (vor allem in Tibet) und Jainas als Teil von Opferritualen und als Mantra bei der Meditation wiederholt. Diese Felsen in Tibet sind mit dem beliebten Mantra „Om mani padme hum" („Om, Juwel des Lotos, hum") geschmückt, dem Gebet des Avalokiteshvara (siehe S. 137–139).

Unser Wissen über die frühe indische Gesellschaft und Religion stammt vorwiegend von den vier Veden – Sammlungen antiker Texte, deren ältester, der Rigveda, vermutlich um 1200 v. Chr. zuerst niedergeschrieben wurde. Die anderen – der Yajurveda, der Samaveda und der Atharvaveda – wurden wahrscheinlich drei oder vier Jahrhunderte später zusammengestellt. Die Veden enthalten mehr als tausend an die Götter gerichtete Lob- und Bittgesänge, liturgische Formeln, Choräle, Bann- und Zaubersprüche. Verfasst in einer frühen Form des Sanskrit (siehe „Die heilige Sprache" gegenüber), weisen die vedischen Hymnen weder eine systematische Entwicklung und Ordnung noch einen gemeinsamen mythologischen Rahmen auf. Die Hymnen wurden wahrscheinlich ausschließlich von den aus kultureller Sicht erlesensten Gesellschaftsschichten jener Zeit gesammelt und geschätzt. Im Vier-Klassen-System hatten lediglich Brahmanen geregelten Zugang zu diesen Texten und sie allein

waren berechtigt, diese zu lehren (siehe Kasten S. 14). Für über zwei Jahrtausende existierten die Veden ausschließlich in mündlicher Form und wurden aus dem Gedächtnis von einer Generation männlicher Brahmanen an die nächste weitergegeben.

Eine während der Regierungszeit des Samudragupta (ca. 330–380 n. Chr.) geprägte Münze: Die Abbildungen des Pferdes und des Feuers beziehen sich auf ein altes vedisches Pferdeopfer.

Im Mittelpunkt der frühen vedischen Religion standen Opfer (*Yajna*), wobei das Feuerritual namens *Homa* als prestigeträchtigstes galt. Die Opfer wurden von Brahmanenpriestern durchgeführt, die sich die vedischen Hymnen und insbesondere die für diese Rituale wesentlichen Gesänge eingeprägt hatten. Die hochkomplizierten *Homa*-Rituale hatten den Zweck, die zahlreichen Gottheiten des vedischen Götterhimmels mit Opfergaben zu erfreuen. Begleitet von den Gesängen der Priester, so glaubte man, werde der Feuergott Agni die Opfergaben in wohlriechenden Rauch verwandeln und sie himmelwärts tragen, um die Götter davon zu nähren. Auch die Welt war gemäß einer der vedischen Schöpfungsvorstellungen einst durch ein Ur-Opfer entstanden: Die Götter hatten einen großen Mann (*Purusha*) als Opfergabe dargebracht. Diese Gabe führte zur Entstehung aller Elemente im Kosmos sowie auch der gesellschaftlichen Ordnung: Die vier *Varnas* (siehe S. 14) entstanden jeweils aus dem Mund (Brahmanen), den Armen (Kshatriyas), den Schenkeln (Vaishyas) und den Füßen (Shudras) des *Purusha*. Vedische Texte besagen, dass das gesamte Universum durch Opfer aufrecht erhalten wird.

Die wichtigsten vedischen Gottheiten – alle von ihnen männlich – hatten eine Verbindung zu den Opfern, zu kriegerischen Eroberungen, zu erhabenen Geisteszuständen und zur Aufrechterhaltung der sittlichen Ordnung. Der Feuergott Agni war, wie bereits erwähnt, von wesentlicher Bedeutung für die erfolgreiche Durchführung des Opferrituals. Die vedische Kriegsgottheit par excellence war Indra, ihm sind auch die meisten vedischen Hymnen gewidmet. Indra unterwarf fremde Gottheiten und wurde angerufen, wenn Krieger in die Schlacht geführt wurden. Der Himmelsgott Varuna vollzog *Rita*, die sittliche Ordnung und die Gesetze des vedischen Universums und bekundete dies durch das Austeilen von Strafen oder Belohnungen. An ihn wandten sich die Menschen mit der Bitte um Vergebung.

Das Schicksal jedes Menschen nach seinem Tod lag zum Teil auch in den Händen seiner Nachfahren. So glaubten die Menschen, sie könnten ein Vorfahr (*Pitri*) werden und als Stern ein himmlisches Leben nach dem Tode (*Pitriloka*) erreichen. Voraussetzung dafür war jedoch, dass sie ein moralisch einwandfreies Leben geführt hatten und dass ihre Familie im Jahr nach ihrem Tode besondere Rituale (*Shraddha*) vollzog. Wer aber unmoralisch gelebt oder wessen Familie die *Shraddha*-Rituale nicht angemessen ausgeführt hatte, der musste den Zerfall seines Geistes im Jenseits erdulden und verschmolz einfach wieder mit der Erde.

Die vedische Religion war folglich vom Glauben an die Macht der Götter, an Rituale zu ihrer Beeinflussung und an den Widerhall der heiligen Texte im Geiste (siehe Text rechts) gekennzeichnet. In der post-vedischen Religion traten die früheren Hauptgottheiten jedoch zurück, und das Konzept des *Rita*, der kosmischen Ordnung, verbirgt sich möglicherweise hinter der zentralen hinduistischen Vorstellung des *Dharma* (der „erwarteten Pflicht", der „ewigen Ordnung des Universums"), die eng mit den Vorstellungen von Wiedergeburt und *Karma* verknüpft wurde (siehe S. 14–15).

DIE HEILIGE SPRACHE

Sanskrit – der Name bedeutet „gebildet", „veredelt" oder „vollendet" – ist ein Mitglied der indoeuropäischen Sprachfamilie, zu der auch Latein und Deutsch gehören. Als Sprache der vedischen Hymnen und als eine der Sprachen des buddhistischen Kanons (siehe S. 178–179) ist Sanskrit eine der ältesten schriftlich belegten Sprachen der Welt, ihr Ursprung wurde für göttlich gehalten. Worte, Sätze und Gebete auf Sanskrit sind noch heute im Kern hinduistischer Rituale erhalten, weil sie die Götter erfreuen sollen.

In der vedischen Gesellschaft war die Beherrschung des Sanskrit wichtiger als jedes andere Wissen, das man sich aneignen konnte: Sanskrit war für die männlichen Brahmanen, die die Veden auswendig lernten, unentbehrlich und ist bis heute das Markenzeichen brahmanischer Gelehrter geblieben.

KUNST UND ARCHITEKTUR *Michael Willis*

ALTINDISCHE STÄDTE

Die erhaltenen Ruinen der planmäßig errichteten städtischen Siedlung Mohenjo-Daro offenbaren ihre sorgfältig angelegte Rasterstruktur und nehmen die spätere Anlage von großen, geordneten Gemeinwesen in Nordindien und die Entwicklung einer sozialen Klasse aus Händlern sowie einer städtischen Elite vorweg, aus der wichtige Schutzherren der späteren buddhistischen Mönchsgemeinschaften hervorgingen.

Die frühesten indischen Städte gehen auf das 3. Jahrtausend v. Chr. zurück und gehören zur sogenannten Indus-Kultur. Die Hauptzentren, Mohenjo-Daro und Harappa im heutigen Pakistan, waren aufgrund ihrer Städteplanung einzigartig in der antiken Welt: nach einem bestimmten Raster angelegte Straßen, solide Häuser aus gebrannten Ziegeln, die offenbar nach einer festgelegten Anzahl von Entwürfen gebaut wurden, und schließlich ein umfassendes Kanalsystem für Abwässer. Es tritt das Bild einer wohlhabenden, gut organisierten und ein wenig bürokratischen Gesellschaft mit einer stark ausgebildeten Mittelschicht zu Tage. Ein besonderes Merkmal der Indus-Kultur scheint das Fehlen eines zentralen religiösen Kultes zu sein: Es sind keine Tempel oder andere Gebäude erhalten, die für religiöse Zwecke genutzt wurden.

Die Indus-Kultur neigte sich ab der Mitte des 2. Jahrtausends v. Chr. ihrem Niedergang entgegen. Ausschlaggebend waren wohl Klimaveränderungen, Kahlschlag und die zunehnehmende Einwanderung von Menschen aus Zentral-

asien und darüber hinaus. In den folgenden 600 Jahren gab es keine großen städtischen Zentren mehr, sondern nur unzählige Dörfer, die gleichmäßig über die nordindischen Ebenen verteilt waren. Die indoarische Gesellschaft wird oft nach ihren bedeutendsten Schriften, den Veden (siehe S. 16–17), „vedisch" genannt. Das Volk, mit dem die Veden verbunden sind, lässt sich jedoch nicht durch archäologische Befunde nachweisen. Der offenbar fehlende Zusammenhang zwischen den vedischen Hymnen und den mageren archäologischen Überresten mag auch darauf zurückzuführen sein, dass die Hymnen Eigentum von Dichtern und Beauftragten für die Durchführung von Ritualen waren, die an der Beschreibung des alltäglichen Lebens kaum Interesse hatten.

Die vedischen Texte beschreiben eine dezentrale, halbnomadische Gesellschaft, für die Kriegsführung und Opfer von großer Bedeutung waren. Die Ansprüche dieser räuberischen Stammeskultur begannen mit den Bedürfnissen der sich an Ganges, Yamuna und anderen nordindischen Flüssen entwickelnden Kulturen in Konflikt zu geraten. Die steigende landwirtschaftliche Produktion führte zu einem Anwachsen der sesshaften Bevölkerung und zur Entstehung von ummauerten Siedlungen, in denen ein gewisser Grad sozialer Differenzierung und handwerklicher Spezialisierung entstand. Städte wie Hastinapura, Shravasti, Kaushambi, Varanasi und Pataliputra waren zu Zeiten des Buddha geschäftige Zentren politischer, militärischer und wirtschaftlicher Macht. Das städtische Leben blühte, und der Handel gedieh: Neben Herrschern und Intellektuellen war eine neue Klasse einflussreicher Kaufleute entstanden. Die Städte waren von gewaltigen Gräben und Wällen umgeben, ihre Tore befestigt und ihre großen Prachtstraßen für die Durchführung königlicher Prozessionen angelegt. Obwohl die Fundamente antiker Befestigungen nachgewiesen werden konnten, ist die Architektur leider nicht erhalten geblieben, weil sie aus Holz, Stuck oder anderen vergänglichen Materialien bestand. Die Flachreliefs in Bharhut und Sanchi (siehe Abbildung rechts und S. 48) geben uns eine Vorstellung von den wohlhabenden Städten und den handwerklichen Fähigkeiten.

Die neuen städtischen Zentren und die Lebensweisen, von denen sie abhängig waren, mussten zwangläufig entweder zum Umsturz oder zur Reform des alten vedischen Systems führen. Die mehrfache Verwendung landwirtschaftlicher Metaphern durch den Buddha, seine Bereitschaft, Händler als die wichtigsten Schutzherren der Mönchsgemeinschaften anzuerkennen, seine Beharrung auf Gewaltlosigkeit und die Tatsache, dass er die Wirksamkeit von Opfern abstritt – all dies kann als Teil seines Versuchs angesehen werden, der städtischen Elite Nordindiens ein neues philosophisches und religiöses System anzubieten. Die vedische Tradition überlebte, indem sie neu formuliert wurde: Das Opferfeuer zog in die heimischen Herde, und Initiationsriten, Verhaltensregeln und kleinere Opfer wurden von einem neuen orthodoxen Textkorpus, den sogenannten Grihya-Sutras („Häusliche Aphorismen"), geregelt.

Das Flachrelief aus Sanchi zeigt ein Feueropfer. Vedische Traditionen überlebten vorwiegend in der häuslichen Umgebung, indem das Opferfeuer in den heimischen Herd umzog. Eindrucksvolle Rituale aus alter Zeit, wie etwa das Pferdeopfer (siehe Abbildung S. 17), wurden als Schaustücke für Weihung und Erhebung der Herrscher in den neuen indischen Städten und Königreichen bewahrt.

EIN ZEITALTER DER ERKUNDUNG DES KOSMOS

DIE INFRAGESTELLUNG DER BRAHMANISCHEN ORTHODOXIE

Das Samannaphala-Sutta, ein auf Pali verfasster früher buddhistischer Text, deutet an, wie umfassend und lebendig die religiöse und philosophische Erkundung zur Zeit des Buddha war. Es gab Materialisten, die jegliche spirituelle Erklärung der Wirklichkeit ablehnten. Ajita Kesakembali beispielsweise lehnte die Wirksamkeit von Opfern oder Gaben völlig ab ebenso wie die Lehre vom *Karma* („es gibt weder die Frucht noch das Ergebnis guter und schlechter Taten") und die Existenz „dieser Welt in der nächsten". Die Menschen seien rein materielle, aus den vier Elementen zusammengesetzte Wesen: „Dieses Gerede von religiösen Gaben ist die Lehre der Narren. Narren und Weise sind nach dem Tode gleichermaßen vom Leben abgeschnitten, ausgelöscht, und existieren nach dem Tode nicht mehr."

Auch von Fatalisten wie Makkhali Gosala wurde das Gesetz des *Karma* geleugnet. Für ihn waren alle Wesen machtlos und wurden „nur von ihrem Schicksal hierhin und dorthin bewegt" Anhänger des Antinomianismus (der Lehre „gegen das Gesetz") wie Purna Kassapa fochten die Existenz jeglicher absoluter moralischer Gesetze an: „An denjenigen, der verstümmelt, quält oder ein lebendiges Wesen tötet, der stiehlt, raubt oder Ehebruch begeht, an den, der auf diese Weise handelt: Es gibt keine Schuld ... Auch wenn er zum Ganges ginge und Opfer und Almosen darbrächte, gäbe es keinerlei Verdienst. Großzügigkeit, Selbstbeherrschung, das Sprechen der Wahrheit führen weder zu gutem noch zu schlechtem *Karma*."

Bis zur Mitte des 2. Jahrtausends v. Chr. hatten sich mit dem Aufstieg städtischer Siedlungen in der Ganges-Ebene (siehe S. 12–13) neben dem vedischen Opfersystem neue religiöse und philosophische Richtungen entwickelt, die durch Selbstbetrachtung und Nachsinnen über den Kosmos gekennzeichnet waren. Die Wurzeln dieser neuen Denkansätze sind sowohl innerhalb brahmanischer Gruppen als auch unter nicht brahmanischen Lehrern erkennbar. Die Upanishaden und andere post-vedische Texte deuten auf die Existenz eines bestimmten Typs von *Muni* („der Weise") unter den Brahmanen hin, der die geheimen Machtquellen ritueller Opfer zu erklären suchte. Ein Weiser behauptete etwa, dass der Feuergott Ani die Sonne zum Scheinen bringe und für alles Leben verantwortlich sei: Er entflamme trockenes Geäst und sorge für die Wärme im menschlichen Körper.

Weitaus größere Wirkung hatten Mutmaßungen über die Existenz eines unsichtbaren Geistes namens Brahman, der die Welt erschaffen habe und alle Lebewesen, auch die Menschen, durch seine innere Gegenwart als Seele (*Atman*) belebe. In den Upanishaden wird das Konzept des *Samsara* dargelegt, des Kreislaufs der Geburt, des Todes und der Wiedergeburt in der Welt, wonach die Seele nach dem Tod in eine neue körperliche Hülle umzieht. In welcher Form die Seele wiedergeboren wird, hängt vom *Karma* („Wirken") des Einzelnen ab, das sich aus den Handlungen aller vorheriger Leben ergibt. Die Lehre vom *Karma* oder vom moralischen Prinzip von Ursache und Wirkung sollte sowohl im Hinduismus als auch im Buddhismus eine zentrale Rolle einnehmen (siehe S. 58–61).

Im Hinduismus ist das endgültige Ziel religiösen Lebens nicht die Wiedergeburt auf einer höheren Ebene, sondern durch Vereinigung der Seele mit Brahman dem *Samsara* ganz zu entkommen. Das Mittel zu diesem Zweck wird Yoga

Eine Darstellung aus der Pahari-Region zeigt einen Schüler, der von seinem Guru *(rechts) unterwiesen wird. Interessant sind die Gebetsperlen als Meditationshilfe.*

SAMANAS ALS LEHRER

Neben den brahmanischen *Gurus* gab es um die Mitte des 2. Jahrtausends v. Chr. spirituelle Lehrer, die als Samanas („Wanderer") bekannt waren. Sie entsagten der Gesellschaft und lebten als wandernde Asketen. Sie lehnten die Veden als offenbarte Texte ab und leugneten die religiöse Überlegenheit der Brahmanenkaste, die im Gegenzug die Samanas für ihr asketisches, von Verzicht gekennzeichnetes Leben kritisierten. Die beiden Gruppen blieben auch in der Folgegeschichte der indischen Religionen Gegner und ließen sich oft auf leidenschaftliche religiöse Debatten ein – laut einem Text „wie Kobra und Mungo".

Die Debatte zwischen Asketen und Brahmanen verschiedener Schulen war in Indien eine alte Tradition. Regeln für die Führung einer Debatte erscheinen in den frühesten Texten der Sekten und beinhalten Angaben, wie auf „den Ausdruck von Ärger, Hass, Drohungen oder Gewalt" zu reagieren sei.

Obwohl die Vorstellungen des orthodoxen Brahmanismus, besonders die Lehren des *Karma* (siehe „Die Infragestellung der brahmanischen Orthodoxie" gegenüber), von den Samanas und anderen heftig angegriffen wurden, gab es einige Samanas, die die Hypothesen von *Samsara* und *Karma* akzeptierten, aber bestimmte Wege zur endgültigen Erlösung aus der Welt, ewiger Wiedergeburt und ewigen Leidens anboten. Dazu gehören auch die Begründer zweier Traditionen, die sich bis heute erhalten haben: Mahavira, der Begründer des Jainismus, und der bekannteste aller Samanas, Siddhartha Gautama, besser bekannt als der historische Buddha.

Diese Zeichnung aus der Pahari-Region zeigt einen asketischen Yogi in der Marsyendra-Haltung. Die Ausübung von Yoga-Meditationspraktiken zur Veränderung von Bewusstseinszuständen spielte bei der Entwicklung verschiedener Vorstellungen von der menschlichen Seele, von Karma *und* Samsara, *eine bedeutende Rolle.*

genannt. Durch die Anwendung von Techniken, die zu veränderten Bewusstseinszuständen führen und den Körper trainieren, bemüht sich der geistig Suchende, die Wirklichkeit der Seele im Inneren zu erfahren und das schlechte *Karma* auszulöschen. Dies erfordert die Anleitung durch einen *Guru* („spiritueller Lehrer"), der die Entwicklung des Schülers überwachen und ihn seiner endgültigen Erlösung (*Moksha*) entgegen führen kann.

Einige *Gurus* waren Brahmanen und ihre Ansichten über den kosmischen Brahman, über die individuelle Seele, über *Karma* und Yoga wurden über die Jahrhunderte zu zentralen Lehren des Hinduismus. Diese Lehren benutzte man zur Rechtfertigung des Kastensystems, da sie den Status der höheren Kasten mit deren überlegenem *Karma* begründeten (siehe S. 14).

TEIL 1 • KAPITEL 2 *Kevin Trainor*

SIDDHARTHAS WERDEGANG

DIE BIOGRAFIE DES BUDDHA

In den letzten anderthalb Jahrhunderten ist die Figur des Buddha auch über die Regionen Asiens hinaus populär geworden, in denen die buddhistischen Traditionen ihre Ursprünge und ihre erste Blüte hatten. Ab dem 19. Jahrhundert hat die westliche Welt mit dem Buddhismus durch Werke über das Leben des Buddha Bekanntschaft gemacht: so etwa durch *Das Licht Asiens* (1879), ein Epos des englischen Dichters Sir Edwin Arnold oder durch *Siddhartha* (1922), eine Erzählung des deutschen Schriftstellers Hermann Hesse. In Asien spielen Erzählungen über das Leben des Buddha natürlich seit mehr als zwei Jahrtausenden für die Anhänger des Buddhismus eine wesentliche Rolle. Es ist daher bemerkenswert, dass eine Lebensbeschreibung des Buddha im Sinne eines umfassenden Berichts über sein Leben von der Wiege bis zur Bahre sich unter seinen Anhängern erst einige Jahrhunderte nach seinem Tod schrittweise entwickelte. Dies erfolgte wahrscheinlich in Verbindung mit der gleichzeitigen Entwicklung von Pilgerstätten, die mit Schlüsselereignissen seiner Lebensgeschichte identifiziert wurden.

Die lebendige Gegenwart des Buddha kann man ganz sicher in den frühesten erhaltenen Schriften des Kanons verspüren, in denen die Lehren größtenteils in Form von Dialogen zwischen dem Buddha und seinen Schülern vorliegen. Darüber hinaus berichten diese Texte ausführlich über Episoden aus dem Leben des Buddha, insbesondere von den Ereignissen vor und nach seiner Erleuchtung und von der Zeit unmittelbar vor seinem Tod. Eine vollständige Darstellung seines Lebens entwickelte sich jedoch nur allmählich, und tatsächlich waren die *Jataka*-Geschichten – Berichte über die früheren Leben des Buddha – für die frühe buddhistische Gemeinschaft wichtiger als Einzelheiten aus seinem frühen Leben als Siddhartha Gautama, jedenfalls nach ihrer herausragenden Stellung in den kanonischen Sammlungen zu urteilen (siehe S. 190–191). Die buddhistische Überlieferung hält außerdem daran fest, dass Gautama nur der letzte in einer langen Reihe von Buddhas sei, die sich in Vergangenheit und Zukunft unendlich fortsetzt (siehe S. 93).

Einige Forscher haben versucht, Klarheit in die komplexe Verflechtung mythischer und historischer Stränge der Biografie Buddhas zu bringen. Trotz gründlicher Nachforschungen und Debatten gibt es gegenwärtig unter Forschern keinen Konsens über die historischen Daten von Gautama Buddhas Leben. Es gibt eine weithin akzeptierte Überlieferung, dass er im Alter von 35

Episoden aus dem Leben des Buddha waren bei buddhistischen Künstlern beliebte Motive. Sie verlegten die Ereignisse seines Lebens üblicherweise in eine vertrautere, heimische Gegend. Dieser handkolorierte chinesische Holztafeldruck von 1818 zeigt Prinz Siddharthas Ausflüge aus dem Palast, bei denen er die „Vier Zeichen" sieht (siehe S. 28–29 und die Abbildung S. 59).

Jahren die Erleuchtung erlangte und ein Alter von achtzig Jahren erreichte. Die westliche Forschung hat bis weit ins 20. Jahrhundert hinein die Jahre 486 oder 483 v. Chr. als mögliche Sterbedaten des Buddha angenommen und seine Geburt 80 Jahre früher datiert (566 oder 563 v. Chr.). In den letzten zwanzig Jahren hat sich aber vor allem aufgrund archäologischer Befunde ein wachsender Konsens dazu entwickelt, dass sein Tod wesentlich später anzusetzen sei, und viele Forscher bevorzugen nun ein Datum um 400 v. Chr.

Welche Ausmaße die Beschäftigung westlicher Forscher mit der Suche nach dem historischen Buddha auch annehmen mag – es ist klar, dass die traditionelle Biografie des Buddha gleichermaßen seine irdische und seine überirdische Dimension betont und dass beide Dimensionen von grundlegender Bedeutung für seine Anhänger sind. An manchen Stellen veranschaulicht die Biografie des Buddha die Mühen seines Lebens als eines Menschen, der nach Perfektion strebt, ein andermal hebt sie seinen Status als übermenschliche Verkörperung perfekter Erleuchtung hervor. Der Buddha repräsentiert einerseits die transzendente Natur der Erleuchtung, die für seine nicht erleuchteten Anhänger unbegreiflich ist. Andererseits ist er lebendes Beispiel für die Möglichkeit der Erleuchtung, die durch Aufzeichnungen und Berichte belegt ist, die sich an eine Vielzahl von Lesern richten – alle auf jeweils unterschiedlichen Stufen ihres persönlichen Weges zur Erleuchtung.

DIE LEGENDE VON BAARLAM UND JOSAPHAT

Obwohl das westliche Publikum erst seit dem 19. Jahrhundert Zugang zu Einzelheiten aus dem Leben des Buddha hatte, bildeten Elemente aus seiner Biografie die Grundlage einer weithin verbreiteten und äußerst beliebten Sammlung von Legenden, die seit dem 11. Jahrhundert im mittelalterlichen Europa kursierten. Die Legenden, die offenbar über arabische Quellen ihren Weg in die christliche Tradition gefunden haben, beziehen sich auf einen indischen Prinzen namens Josaphat, der von einem asketischen Weisen namens Baarlam zum Christentum bekehrt wurde. Der biblisch anmutende Name Josaphat stammt aus dem Sanskrit vom Wort *Bodhisattva* – der Begriff bezeichnet den Buddha vor seiner Erleuchtung. Viele Einzelheiten aus Josaphats Leben bilden eine genaue Parallele zu Episoden aus dem Leben Buddhas, darunter auch sein behütetes Leben im Palast seines Vaters vor der alles verändernden Begegnung mit dem Alter, mit Krankheit, Tod und mit asketischem Verzicht (siehe S. 28–29). Josaphat und Baarlam wurden in der griechischen wie auch in der römischen Kirche als christliche Heilige verehrt. Erst als im 19. Jahrhundert genauere Einzelheiten über das Leben des Buddha nach Europa vordrangen, deckten Gelehrte die wahren Ursprünge der Heiligenlegende auf.

EINE WUNDERSAME GEBURT

Traditionelle Lebensbeschreibungen des Buddha beginnen häufig mit Geschichten aus einem seiner früheren Leben, in denen seine außergewöhnlichen Tugenden dargestellt werden. Einige Erzählungen berichten, dass die *Devas* ihn inständig bitten, ins Menschenreich hinabzusteigen, und schildern die Auswahl einer geeigneten, tugendhaften Frau, die seine Mutter werden sollte. Solche Geschichten betonen das außerordentlich große, in vergangenen Leben angesammelte Verdienst des Buddha und sie bekräftigen seine Überlegenheit über die *Devas*, die trotz ihres göttlichen Wesens von einem Menschen abhängig sind, um die vollkommene Wahrheit zu erkennen, die zur Befreiung von der Wiedergeburt führt – einem Zustand, der Götter wie auch Menschen betrifft.

In buddhistischen Legenden nimmt die Zeugung des *Bodhisattva* eine unübliche Form an. Seine Mutter Mahamaya, die Hauptfrau des Shuddhodana, dem Herrscher über einen kleinen Staat in den Ausläufern des Himalaja, träumte, dass ein großer weißer Elefant durch ihre rechte Seite in ihren Leib eingedrungen sei. Ein weißer Elefant ist ein Symbol königlicher Majestät und Autorität, und die weisen Männer am Hofe sagten die künftige Größe des Kindes voraus, das dazu bestimmt war, entweder ein Universalherrscher oder ein *Buddha* zu werden (siehe S. 26–27). Auf der Reise zu ihrer Familie, bei der sie die letzte Phase ihrer Schwangerschaft verbringen wollte, gebiert Mahamaya ihren Sohn Siddharta in einem Hain bei Lumbini im heutigen Nepal. Viele Überlieferungen

REINHEIT UND GESCHLECHT

In der buddhistischen Literatur weisen die Überlieferungen, die im Zusammenhang mit der Mutter des Buddha, Mahamaya, stehen, auf einige Ambivalenzen im Verhältnis zu Frauen und ihrer Rolle als Gebärende hin. Die Geburt wird oft negativ als Symbol für den Kreislauf des *Samsara* (siehe S. 58) dargestellt, aus dem die Lehren des Buddha ein Entkommen anbieten, und in den alten südasiatischen Kulturen werden Schwangerschaft, Fruchtwasser und Menstruation mit Unreinheit verbunden. Daher werden die körperliche Reinheit des Buddha bei seiner Geburt ebenso wie Mahamayas Tod kurz nach der Geburt besonders betont. Nach der Überlieferung des Theravada bewahrt der vorzeitige Tod ihre Reinheit und verhindert weiteren sexuellen Kontakt und erneute Schwangerschaften, sodass ihr Leib nicht von etwas besudelt wird, das weniger rein als der *Bodhisattva* ist. Diese Tradition unterstreicht auch Mahamayas große Verdienste, die unmittelbar dazu führen, dass sie bei ihrer nächsten Wiedergeburt als männlicher *Deva* geboren wird (ein Muster, das im Allgemeinen auf die Mütter aller *Buddhas* zutrifft).

Auf diesem Steinrelief vom Geburtsort des Buddha im nepalesischen Lumbini wird der zukünftige Buddha aus der rechten Seite seiner Mutter Mahamaya (gegenüber) geboren. Sie soll den Buddha stehend geboren haben, während sie sich mit ihren Händen an einem Baum festhielt, der sich wunderbarerweise zu ihr herabneigte.

heben die besonderen Umstände der Geburt des *Bodhisattva* hervor. Wie auf zahlreichen Skulpturen und Gemälden abgebildet (siehe Kasten gegenüber), steht Mahamaya während der Geburt, gestützt von einem auf wundersame Weise hinabgeneigten Ast eines überhängenden Baums. In einigen Versionen der Geschichte schlüpft Siddhartha aus ihrer rechten Seite, ohne ihr irgendwelche Schmerzen bereitet zu haben, und wird von einem goldenen, von helfenden *Devas* gehaltenen Netz aufgefangen. Die Überlieferung betont die außerordentliche Reinheit des Säuglings, der im Unterschied zu anderen Neugeborenen makellos sauber aus dem Leib seiner Mutter gleitet. Die Reinheit des Säuglings ist so groß, dass Mahamaya eine Woche nach seiner Geburt stirbt (siehe Kasten gegenüber).

Siddharthas einzigartige Besonderheit, als einziges Wesen zur Erkenntnis der vollkommenen Wahrheit imstande zu sein, wird bereits in den ersten Momenten nach seiner Geburt angekündigt. Er steigt von den Armen der *Devas* und begutachtet die Welt in alle Richtungen. Nachdem er wahrgenommen hat, dass kein anderes Wesen ihm gleichkommt, tut er sieben Schritte gegen Osten (die Richtung, in die er blickt, als er Erleuchtung erlangt) und verkündet der ganzen Welt seine Herrschaft durch den Ausruf: „Ich bin der Herr der Welt."

Ein thailändisches Manuskript aus dem 18. Jahrhundert zeigt die Geburt des Buddha. Die tugendhafte Mahamaya gebiert den Bodhisattva *in einer besonderen, für eine Geburt vorgesehenen Einfriedung. Der Gott Brahma (oben links) empfängt den* Bodhisattva.

DER „WELTENHERRSCHER"

Eine Täfelung aus dem 2. Jahrhundert n. Chr. eines Stupa (buddhistisches „Reliquienmonument") in Amaravati, Indien, die einen Cakravartin*-König umgeben von Dienern und Verehrern darstellt.*

Im Vergleich zu den reichlich ausgeschmückten biografischen Einzelheiten seiner Empfängnis und seiner Geburt wird den ersten Jahren und der Jugend des Buddha nur wenig Beachtung geschenkt. Eine Episode beschreibt, wie er als Jugendlicher in eine meditative Trance fiel und auf wundersame Weise trotz der Bewegung der Sonne über den Himmel vom beständigen Schatten eines nahen Baumes geschützt wurde. Eine andere Geschichte erzählt, wie er trotz mangelnder Übung die besten Bogenschützen des Landes besiegte.

Die Erzählungen heben immer wieder den außerordentlichen Luxus hervor, mit dem sein Vater Shuddhodana den jungen *Bodhisattva* umgab. Trotz einiger Hinweise darauf, dass der Buddha wahrscheinlich nur der Sohn eines über eine verhältnismäßig kleine Stammesrepublik herrschenden Oligarchen war, dessen Reich sich über die Grenzregion des heutigen Indien und Nepal erstreckte, beschreiben seine Biografen seine Erziehung dem Sohn eines großen Königs angemessen, und er war von ungeheurem Reichtum und jedem nur vorstellbaren Vergnügen umgeben. Diese Schilderungen dienen zur Verschärfung des Kontrastes zwischen Siddharthas Zeit als verwöhnter Jugendlicher und seinem späteren asketischen Verzicht, der so extrem war, dass er beinahe den Hungertod starb. Bei seiner Geburt hatten die Weisen am Hof vorausgesagt, er werde ein *Cakravartin* („ein Rad-Dreher") werden, entweder ein gerechter Weltenherrscher oder ein bedeutender erleuchteter Mensch, der der Welt entsagt.

Während die Lebensgeschichte des Buddha die Spannung zwischen seinen beiden möglichen Berufungen unmissverständlich aufzuheben scheint – er entsagt der Gesellschaft und erfüllt den höheren Ruf, ein vollkommen erleuchteter Buddha zu werden –, deutet die Beziehung zwischen Sangha und Staat in Süd- und Südostindien auf eine komplexere Verflechtung religiöser und politischer Ideale hin. Beispielsweise fungiert der Buddha in einigen buddhistischen Gesellschaften als eine Art „König über Könige", der in Abwesenheit über eine kosmische Hierarchie himmlischer und irdischer Wesen herrscht.

Trotz einer seit langem existierenden Forschungstradition, die den unpolitischen Charakter der Lehren des Buddha und die Weltferne seiner Ordensanhänger betont, erzählt die Entwicklung der großen buddhistischen Kulturen in Asien über die Verbindung von Buddhisten mit weltlichen Herrschern eine ganz andere Geschichte. Dieses Phänomen sollte weniger als Beispiel für die fortschreitende Korrumpierung einer ursprünglich rein religiösen Vision durch weltliche Belange verstanden werden, sondern eher als Folge der miteinander verbundenen Ideale der zwei Räder: einerseits das Rad des *Cakravartin*-Königs, dessen gerechte Herrschaft die ethischen Ideale der Lehren Buddhas widerspiegelt, andererseits das Rad des Dharma, der befreienden, von den ersten Lehren des Buddha in Bewegung gesetzten Wahrheit (siehe S. 36–37). Die fruchtbare Spannung zwischen diesen Zwillingsidealen hat spätestens seit dem 3. Jahrhundert v. Chr. einen starken Einfluss auf die Entwicklung buddhistischer Gesellschaften ausgeübt, seit der indische Herrscher Ashoka sich den Dharma zu eigen machte und zum Vorbild buddhistischer Königsherrschaft wurde (siehe S. 50–53).

DER MAHAPURUSHA

Die Spannung zwischen den beiden möglichen Lebensläufen des Buddha beruht auf der Überlieferung, dass er ein *Mahapurusha* sei, ein „großer Mann“. Aufgrund zahlloser verdienstvoller Taten in unzähligen vergangenen Leben werden solche erhabenen Wesen mit einer außergewöhnlichen körperlichen Perfektion geboren, die sie von normalen Menschen abhebt.

Die Wurzeln der Vorstellung vom *Mahapurusha* liegen in der Zeit vor der Entwicklung des Buddhismus. Beispielsweise enthält der Rigveda (10.90) einen Schöpfungsmythos, der die Entstehung des Universums aus der Opferung eines kosmischen *Purusha* beschreibt. Obwohl unklar ist, ob dies die späteren buddhistischen Vorstellungen vom *Mahapurusha* beeinflusste, hat diese Idee in buddhistischen Quellen eine deutlich ethische Ausrichtung. Die außergewöhnlichen körperlichen und geistigen Merkmale des *Mahapurusha* sind die unmittelbare Folge seiner in vergangenen Leben begangenen tugendhaften Taten. Einige buddhistische Texte betonen sowohl die außergewöhnliche Schönheit der Erscheinung des Buddha als auch den Nutzen für jene, die das Glück haben, ihn zu schauen und seine Stimme zu hören. Kanonische Quellen benennen die 32 Hauptmerkmale der Körper von *Mahapurushas*, die üblicherweise bei Darstellungen des Buddha verwendet werden – darunter nach rechts drehendes, gelocktes Haupthaar, das Haar zwischen den Augenbrauen und das Bild eines Rades auf den Füßen. Andere Überlieferungen führen weitere 80 Merkmale eines *Buddha* auf.

Eine Monumentalskulptur des Buddha in Pegu, Burma (Myanmar), in der er zurückgelehnt sein Nirvana *erwartet (siehe S. 40–41). Sie zeigt die 108 Glück verheißenden Zeichen, die nach einigen buddhistischen Überlieferungen seine Fußsohlen geziert haben sollen.*

DIE „VIER ZEICHEN"

Siddharthas Vater war im Voraus vor den Umständen gewarnt worden, die dazu führen sollten, dass sein Sohn einem Leben in der Gesellschaft entsagen und sich allein auf die Suche nach einem Heilmittel gegen menschliches Leid machen würde, daher bot er seinem Sohn Vergnügen aller Art. Infolgedessen ahnte der behütete junge Mann nichts von Alter, Krankheit und Tod.

Eines Tages jedoch fuhr Siddhartha in seinem Wagen vom Palast aus in die Stadt. Einige Versionen der Geschichte beschreiben, wie sein Vater die Strecke verschönern und bewachen ließ, damit der Blick seines Sohnes auf nichts fiele, was ihn über Leiden nachdenken ließe. Die *Devas* aber wussten, dass die künftige Befreiung aller Wesen von der Begegnung des *Bodhisattva* mit dem Leiden abhing, und beschworen den Anblick eines alten Mannes herauf. Als er den zitternd über seinen Stock gebeugten, grauhaarigen Alten sieht, starrte ihn Siddhartha mit großen Augen verständnislos an. Er fragte seinen Wagenlenker Chandaka, welche Art Person vor ihm stehe, und bekam die Antwort, es sei ein Greis. Auf die Frage, ob dieser Mann einzigartig sei, erwiderte Chandaka, dass die Gebrechen des Alters jedes Wesen gleichermaßen träfen. Rasch kehrte der tief erschütterte Siddhartha in den Palast zurück.

Als sein Vater von dem Vorfall hörte, umgab er ihn zur Ablenkung unverzüglich mit einer Fülle sinnlicher Freuden, aber sein Sohn war zu bekümmert, um sie genießen zu können. Am folgenden Tag machte sich Siddhartha erneut in seinem Wagen auf den Weg, und diesmal brachten die *Devas* das Bild eines kranken Mannes hervor, dessen Körper von schwärenden Wunden überzogen war. Wieder wendet sich Siddhartha mit Bitte um eine Erklärung an Chandaka und bekommt die Antwort, dass alle Lebewesen den Verheerungen von Krankheit und Schmerz ausgesetzt seien.

DIE TANZENDEN MÄDCHEN

Viele wichtige Themen und Spannungsmomente der buddhistischen Überlieferung können anhand der Erzählung von Siddhartha und den tanzenden Mädchen dargestellt werden (siehe Haupttext). Eine wesentliche Erkenntnis der Lehren des Buddha – dass der menschliche Körper und die damit zusammenhängenden sinnlichen Freuden vergänglich sind – wird hier anschaulich illustriert. Die Erzählung erläutert außerdem beispielhaft die männliche Einstellung zur Frau, die die geschlechtsspezifische Ungleichheit in der alt-indischen Gesellschaft widerspiegelt (siehe S. 14–15). Dieselbe Episode kommt in leicht veränderter Form auch an anderer Stelle in der buddhistischen Literatur vor.

Geschichten wie diese, die Frauenkörper als unrein und als Bedrohung für Männer darstellen, offenbaren eine grundlegende Ambivalenz gegenüber Frauen, die sich auch in ihrem niedrigeren gesellschaftlichen Rang niederschlägt. Diese Ungleichheit wird beispielsweise in den überlieferten Berichten über das anfängliche Widerstreben des Buddha, klösterliche Gemeinschaften für Frauen zu gründen (siehe S. 39), und in deren Rangordnung unter den männlichen Gemeinschaften deutlich. Dennoch war der Buddha der Ansicht, dass Frauen ebenfalls zur vollkommenen Erleuchtung fähig seien.

Wahrscheinlich wird der anhaltende Dialog – und die fortdauernden Spannungen – über angemessene Rollen für buddhistische Männer und Frauen an Nachdruck und Komplexität zunehmen, da sich buddhistische Gemeinschaften im Westen weiter verbreiten und die Möglichkeiten globaler Kommunikation zunehmen (siehe S. 212–237).

Eine Illustration in einem burmesischen Manuskript aus dem 19. Jahrhundert zeigt, wie Prinz Siddhartha den Palast verlässt und die „Vier Zeichen“ sieht. Einige buddhistische Überlieferungen deuten an, dass diese Ereignisse an vier aufeinanderfolgenden Tagen stattfanden, während andere alle vier auf einen Tag legen.

Am dritten Tag steuert Chandaka Siddharthas Wagen erneut in Richtung Stadt, und diesmal lassen die *Devas* eine Trauerprozession an ihm vorbeiziehen. Siddharta hält sie irrtümlich für eine Parade und wundert sich, warum die Teilnehmer so betrübt aussehen. Chandaka erklärt ihm, ein Mann sei gestorben und dass der Tod das unausweichliche Schicksal aller Menschen sei. Noch tiefer verstört als zuvor kehrt Siddhartha schnell zum Palast zurück.

Auf seiner vierten und letzten Ausfahrt vom Palast bringen die *Devas* das Bild eines wandernden Asketen hervor, dessen ruhiges und abgelärtes Antlitz den Blick des tief verstörten *Bodhisattva* auf sich zieht. Chandaka erklärt, dies sei eine Person, die durch den Verzicht auf weltliche Belange Gelassenheit erlangt habe. Sofort entschließt sich Siddhartha, seinem Beispiel zu folgen.

Nach seiner Rückkehr in den Palast findet sich Siddhartha umgeben von schönen Frauen, die ihn mit Musik und Tanz bezaubern wollen. Als er einschläft, legen auch sie sich zur Ruhe. Nach einiger Zeit erwacht der *Bodhisattva* und blickt auf die schlafenden Frauen. Einige von ihnen sabbern, andere schnarchen und knirschen mit den Zähnen. Die Körper, die er zuvor sexuell anziehend fand, erscheinen ihm plötzlich von Verfall bedroht. In Vorwegnahme seiner künftigen Erleuchtung unter dem Bodhi-Baum wird der *Bodhisattva* sich der tiefgründigsten Wahrheiten über die Natur menschlicher Erfahrung bewusst. Alles, was vor ihm liegt, spricht zu ihm von Vergänglichkeit, Leiden und Tod.

DER „WEG HINAUS“

Die Entscheidung des *Bodhisattva*, der Gesellschaft zu entsagen, wurde in einer letzten Szene vor seinem triumphierenden „Weg hinaus“ in die Obdachlosigkeit auf die Probe gestellt. Obwohl Siddhartha bereits im Alter von sechzehn Jahren geheiratet haben soll, wurde er erst mit 29 Jahren Vater. Am selben Tag, an dem er beschloss, seine Familie zu verlassen, erfuhr er, dass seine Frau Yashodhara ihm einen Sohn geboren habe. Seine Reaktion spiegelt sein Gefühl der Entfremdung von weltlichen Belangen wieder – er nannte seinen Sohn Rahula, was „Hindernis“ bedeutet.

Siddhartha empfand eindeutig ein gewisses Gefühl des Verlustes bei dem Gedanken, sein neugeborenes Kind zu verlassen, denn als letzte Handlung vor dem Fortgang aus dem Palastes betrat er den abgedunkelten Raum, in dem seine Frau und sein Sohn schliefen. Als Siddhartha auf sie herabblickte, verspürte er den Drang, seinen Sohn aufzuheben, überwand aber sein Verlangen, weil er wusste, er würde seine Frau aufwecken, die seinen Aufbruch zu verhindern suchen würde. Er beschloss, seinen Sohn wiederzusehen, nachdem er Erleuchtung erlangt habe.

In Nachempfindung der Szene vom Aufbruch des Buddha aus dem Palast seines Vaters und vom Verzicht auf sein Leben als Prinz, verlassen Jungen, die geweiht werden sollen, ihr Heim, verkleidet als junge Prinzen. Während der Weihezeremonie – wie hier in Rangun, Burma (Yangon, Myanmar) – vertauschen sie ihre fürstlichen Roben mit den einfachen Gewändern eines Mönchs.

DIE WIEDERVEREINIGUNG DES BUDDHA MIT SEINEM SOHN

Es ist überliefert, dass der Buddha nach seiner Erleuchtung seinen Sohn tatsächlich wiedersah. Als Yashodhara davon erfuhr, dass ihr ehemaliger Mann zum Palast gekommen war, um Almosen zu empfangen, sandte sie Rahula – der mittlerweile schon zu einem Jungen herangewachsen war – zu ihm, um ihm gegenüberzutreten und sein Erbe einzufordern. Der Buddha reagierte darauf, indem er Rahula – sehr zum Missfallen seines Vaters – zum Novizen weihte, der ihm daraufhin das Versprechen abnahm, keine Kinder mehr ohne Erlaubnis ihrer Eltern zu weihen.

CHANDAKA

Die Geschichte von Siddhartas Wagenlenker Chandaka ist ein interessantes Beispiel für die kunstvoll ausgeführten biografischen Legenden, die sich um dem jungen *Bodhisattva* nahestehende Personen ranken. Laut Überlieferung wurde Chandaka ebenso wie die Frau des Buddha, Yashodhara, und sein Pferd Kanthaka in genau demselben Augenblick geboren, in dem auch der Buddha zur Welt kam. Als der *Bodhisattva* der Welt entsagte, bat Chandaka um Erlaubnis, ihn in sein Leben der Entsagung begleiten zu dürfen, doch Siddhartha schlug es ihm ab und bestand auf seiner Rückkehr in die Stadt. Siddharthas Pferd starb an gebrochenem Herzen und Chandaka kehrte mit einer doppelten Bürde an Trauer nach Kapilavashtu zurück. Später traf er den Buddha nach dessen Erleuchtung wieder und wurde Mönch, aber seine ehemals so vertraute Beziehung mit dem *Bodhisattva* erfüllte ihn mit solchem Stolz, dass er mehrfach zu unrechten Taten verführt wurde. Als letzte Handlung des Buddha vor seinem Tode schloss er seinen ehemaligen Wagenlenker aus der buddhistischen Gemeinschaft aus. Der gedemütigte Chandaka tat später Buße für seine Vergehen und ging ins *Nirvana* (Pali, *Nibbana*) ein.

Wieder einmal hat sich die emotionale Ebene der Erzählung verlagert. Der junge Mann, der zunächst Unruhe und Angst beim Anblick der Misslichkeiten des Lebens und dann starken Abscheu gegen sinnliches Begehren verspürte, erkennt nun den Wert dessen, was er zurücklässt, auch wenn er beschließt, sich durch nichts vom Erreichen seines Zieles ablenken zu lassen.

In einer in der buddhistischen Welt oft abgebildeten Szene bestieg Siddhartha dann sein Pferd und floh aus dem Palast, während sich sein treuer Wagenlenker Chandaka (siehe Kasten oben) am Schwanz des Pferdes festklammerte. Übermenschliche Wesen griffen ein und hielten die Hufe des Pferdes vom Boden fern, um zu verhindern, dass die Stadt durch das Geräusch von Pferdegetrappel aus dem Schlaf gerissen würde.

Siddharthas Entschluss, der Welt zu entsagen, war keinesfalls einzigartig in seiner Zeit. Er war einer von vielen, die den „Weg hinaus“ aus der Gesellschaft als Samanas wählten, wandernde Bettelmönche, die sich zu einem Leben körperlicher Askese, philosophischer Erkundung und zu Techniken geistiger Konzentration (siehe S. 20–21) verpflichteten. Überlieferte Berichte vom Leben des Buddha nennen zwei solcher Gestalten, von denen Siddhartha unterwiesen wurde – Alara Kalama und Udraka Ramaputra. Von ihnen lernte er, eine sehr hohe Form der Trance zu erreichen, nicht aber die befreiende Erkenntnis, die er suchte. Desillusioniert wandte sich Siddhartha extremen Formen der Askese zu, um die Urinstinkte seines Körpers nach Nahrung, Schlaf, Sex und sinnlichen Gelüsten zu besiegen.

Nach sechs Jahren harter asketischer Praxis stand Siddhartha kurz vor dem Hungertod. Er erkannte, dass sein Tod zu diesem Zeitpunkt nur zu fortgesetzten Wiedergeburten führen würde, und beschloss, seinen Körper mit Nahrung zu stärken, um einen letzten Versuch zur Erkenntnis der Wahrheit unternehmen zu können. Als die fünf ihm folgenden Asketen erfuhren, dass er gegessen hatte, verließen sie ihn empört, davon überzeugt, dass er aufgegeben habe. Auf sich allein gestellt, ließ sich Siddhartha unter dem Blätterdach einer Pappelfeige nieder und schwor, dort in Meditation sitzen zu bleiben, bis er Erleuchtung erlangt habe.

ABBILDUNG SEITE 32–33: *Dieses thailändische Gemälde aus dem 19. Jahrhundert bildet Siddharta beim nächtlichen Aufbruch aus dem Palast ab. Sein treuer Wagenlenker Chandaka klammert sich an den Schwanz seines Pferdes. Die Gottheiten stützen unterdessen die Hufe des Pferdes, sodass sie keinen Lärm verursachen.*

Devas *(übernatürliche Wesen) und andere übermenschliche Geschöpfe bevölkern sowohl die elitären kanonischen Formen als auch die volkstümlicheren Varianten der buddhistischen Literatur und spielen in der Biografie des Buddha eine wichtige Nebenrolle.* Devas *leben sehr lange und greifen an Schlüsselstellen der Erzählung ein, um den Weg des* Bodhisattva *zur Erleuchtung in die richtige Bahn zu lenken. Darüber hinaus gibt es in der Geschichte von Siddharthas Streben nach Erleuchtung durchweg eine fruchtbare Spannung zwischen dem dramatischen Kampf eines Menschen, der auf seiner Suche nach der Wahrheit beachtliche Hindernisse überwinden muss, und einer eher kosmischen Perspektive, bei der die verdienstvollen Taten des* Bodhisattva *aus vergangen Leben endlich Früchte tragen.*

๏ เมืองกระปิลพัท
พญาสากยะราช
แลพะศรี่สุด
โทศอยู่ ๑๖

DAS „ERWACHEN"

Nachdem sich Siddhartha unter der Pappelfeige niedergelassen hatte, gehen die Biografien nicht unmittelbar zum Ende seiner Suche nach innerer Erkenntnis über. Stattdessen fügen die Berichte eine dramatische Zwischenszene ein – den letzten Kampf zwischen Siddhartha, einem einsamen Menschen auf der Suche nach einem Ausweg aus dem Kreislauf von Geburt, Tod und Wiedergeburt, und den Armeen des *Deva* Mara, einem übernatürlichen Wesen, das mit Tod und Wiedergeburt und den Begierden, die zum *Samsara* führen, in Verbindung steht.

Die Geschichte von Maras Angriff auf den *Bodhisattva* hat die Aufmerksamkeit zahlloser Künstler in der gesamten buddhistischen Welt auf sich gezogen (siehe Kasten gegenüber). Siddharthas meditative Versenkung erwies sich als so stark, dass sich die tödlichen Kräfte, die sich auf ihn stürzten, in Opferblumen verwandelten, die sanft auf sein Haupt niederregneten.

Laut einiger Überlieferungen blieb Siddhartha ebenso unbewegt, als Mara seine schönen Töchter schickte, die den Auftrag hatten, den *Bodhisattva* zu verführen. In einem letzten Versuch, den Buddha von seinem Weg abzubringen, bestand Mara darauf, dass nicht Siddhartha, sondern er selbst aufgrund seiner vorausgegangenen verdienstvollen Taten das Recht auf den Thron der Erleuchtung habe, und zur Betonung seiner Worte stieg ein Donnergrollen von den Hor-

Der Sitz der Erleuchtung bei Bodhgaya in der Provinz Bihar in Nordostindien wird im Allgemeinen auf das 3. Jahrhundert v. Chr. (Maurya-Periode) datiert und soll den exakten Ort der Erleuchtung Buddhas markieren. Er ist ein wichtiger Pilgerort (siehe S. 114–115), und der Bodhi-Baum dort soll von dem Baum abstammen, unter dem der Buddha ursprünglich gesessen hat.

den des Mara auf. Der einsame *Bodhisattva* streckte als Antwort seine Hand aus, berührte den Boden und rief die Erdgöttin als Zeugin seiner zahlreichen verdienstvollen Taten an. Als Zeichen ihrer Zustimmung bebte die Erde, und Maras Furcht erregender Elefant beugte sich daraufhin unterwürfig vor dem Buddha nieder, während Mara vor Entsetzen mit seinen Armeen floh. Im selben Augenblick kamen Scharen von *Devas* herbeigeeilt, um Siddharthas Sieg zu verkünden und Zeuge seiner vollkommenen Erleuchtung zu werden.

Nach diesem kosmischen Zusammenstoß erscheint der Bericht über die eigentliche Erleuchtung des Buddha beinahe zu nüchtern. Er meditierte über drei Nachtwachen hinweg und erlangte zuerst Wissen über seine vergangenen Leben, dann die Macht, die vergangenen Leben anderer Wesen zu sehen (das „göttliche Auge“) und schließlich die Erkenntnis über die ursächlich bedingte Natur der Wirklichkeit (siehe S. 60–61 und 140). Als sich schließlich die Sonne im Osten erhob, erlangte er vollkommene Allwissenheit.

Als Reaktion darauf hallte ein donnerndes Erdbeben durch die zehntausend umliegenden Weltsysteme, und die ganze Natur war augenblicklich verwandelt. Im Bewusstsein, endlich das Ende der Wiedergeburten erreicht zu haben, stieß der Buddha ein „Löwengebrüll“ aus, das seinen Sieg über die Kräfte des *Samsara* verkündete. Von diesem Augenblick an wird er Buddha im eigentlichen Sinne genannt, der „Erwachte“. In den Berichten folgt eine Schilderung der nächsten sieben Wochen, in denen er an sieben Orten meditierte.

DER SIEG ÜBER MARA IN DER KUNST

Der auffällige Kontrast zwischen der Gelassenheit des sitzenden, in Meditation versunkenen Buddha und dem ihn umgebenden Chaos der Armeen Maras, die den *Bodhisattva* mit immer neuen gewaltsamen Angriffswellen attackieren, musste eine künstlerische Darstellung herausfordern. Mit Beginn des 11. Jahrhunderts n. Chr. wurde der Sieg über Mara zu einem bedeutenden Motiv für südostasiatische Künstler. Eine interessante thailändische Variante dieser Szene hebt die Rolle der Erdgöttin hervor, die unter dem Thron der Erleuchtung aufsteigt und ihr Haar auswringt. Die Fluten, die aus ihrem Haar herausströmen (ein Symbol für die vom *Bodhisattva* durch rechtschaffene Taten in der Vergangenheit angesammelten Verdienste), spülen Maras Horden hinweg.

Viele Darstellungen des Mahabodhi-Schreins in Bodhgaya, dem Ort von Buddhas Sieg über Mara und seiner darauf folgenden Erleuchtung, erscheinen in ganz Burma (Myanmar) und Thailand.

Diese Darstellung aus dem 19. Jahrhundert zeigt den meditierenden Bodhisattva *Shakyamuni, wie er von den Mächten des Mara angegriffen wird, mit der Erdgöttin als Zeugin. Sie wringt ihr Haar aus, das von dem Wasser durchnässt ist, das während des vom* Bodhisattva *durchgeführten Spendenrituals ausgeschüttet wurde.*

DIE „ERSTE DREHUNG DES DHARMA-RADES“

DIE ERSTEN BUDDHISTISCHEN LAIEN

Die siebte Woche nach der Erleuchtung des Buddha endete mit einer weiteren Begegnung des Buddha, die auf symbolische Weise für die Institutionalisierung seiner Lehren von Bedeutung sein sollte. Während der Buddha meditierte, hielten zwei Kaufleute namens Trapusha und Bhallika neben ihm, um ihm Essen anzubieten, seine erste Mahlzeit nach dem von Sujata sieben Wochen zuvor angebotenen Mahl (siehe S. 31). Diese Männer wurden die ersten Laien-Anhänger des Buddha – sie „nahmen Zuflucht“ im Buddha und seinen Lehren, dem Dharma. Dies lässt bereits ahnen, was später das Ritual der „Dreifachen Zuflucht“ werden sollte, nachdem die Sangha (siehe S. 38) als dritte Zuflucht geschaffen worden war. Sie flehten den Buddha dann um ein Andenken an, das sie nach ihrer Abreise verehren könnten, und er gab ihnen ein Haar von seinem Kopf, das sie später in einem Schrein verwahrten, einem *Stupa* („Reliquienmonument“). So entstand im Mikrokosmos das grundlegende Muster der Unterstützung der buddhistischen klösterlichen Gemeinschaft (Sangha) durch Laien.

In der ersten Woche nach seiner Erleuchtung blieb der Buddha unter der Pappelfeige sitzen – die danach „Bodhi-Baum“ („Baum der Erleuchtung“) genannt wurde – und erfuhr die erhabene Freude seiner vollkommenen Befreiung. In der zweiten Woche stand er auf und blickte unverwandt und voller Dankbarkeit auf den Baum. Die dritte Woche brachte er damit zu, neben dem Baum auf und ab zu gehen – und bei jedem seiner Schritte sprangen Lotosblüten unter seinen Füßen auf. In der vierten Woche saß er in einem von göttlicher Hand geschaffenen juwelenbedeckten Haus und sann über die Lehren nach, die später als Abhidharma gesammelt werden sollten (siehe S. 192–193). In den letzten drei Wochen meditierte der Buddha unter drei verschiedenen Bäumen. Während der sechsten Woche saß er gerade unter dem Baum des *Naga* („Schlangengottheit“) Muchalinda, als ein gewaltiger Sturm heraufzog. Aber Muchalinda – eine Kobra – erhob sich und entfaltete seinen Nackenschild, um den Buddha vor den Elementen zu schützen – diese Episode wird gewöhnlich in Abbildungen des Buddha dargestellt. Am Ende der siebten Woche sann der Buddha darüber nach, ob er die tiefgründigen Wahrheiten lehren sollte, die er erkannt hatte, und eine von dem großen Gott Brahma angeführte Delegation von *Devas* flehte ihn an, seine befreienden Erkenntnisse doch mit anderen Menschen zu teilen.

Es heißt, der Buddha habe zuerst daran gedacht, seine eigenen beiden Lehrer zu unterweisen, aber sie waren bereits gestorben. Er wandte sich dann seinen ehemaligen Schülern zu, den fünf Asketen, die ihr Vertrauen in ihn verloren hatten, als er sich dem nahenden Hungertod entzogen hatte. Der Buddha benutzte sein „göttliches Auge“ um festzustellen, dass sie tatsächlich von seiner Unterweisung profitieren würden, und ging in Richtung des Wildparks in Sarnath, einer nur wenige Kilometer von Varanasi (Benares) entfernten Stadt, in der die fünf lebten. Sie sahen, wie er sich näherte, und beschlossen, sitzen zu bleiben, um ihm ihren Mangel an Respekt zu zeigen Aber als der Buddha näher kam, strahlte er eine derart mächtige Aura liebevoller Güte aus, dass sie sich seiner Verehrung nicht mehr widersetzen konnten. Als sie seinen alten Namen benutzten und ihn vertraut als „Freund“ ansprachen, erklärte der Buddha, diese Anrede sei nicht länger angemessen: Er sei nun der Tathagata, ein den *Buddhas* vorbehaltener Ehrentitel, wörtlich jemand, der „so gegangen“ sei auf dem Pfad der vollkommenen Erleuchtung.

Die fünf Asketen versammelten sich um den Buddha, und er begann sie zu unterweisen – dieses Ereignis wird als „Erste Drehung des Dharma-Rades“ bezeichnet. In dieser Lehrrede setzte er ihnen in Umrissen die Grundzüge der von ihm unter dem Bodhi-Baum erkannten Wahrheit auseinander, ein tief greifendes Verständnis für die Natur der Wirklichkeit, die in der Lehre von den „Vier Edlen Wahrheiten“ (siehe S. 64–71) zusammengefasst wird. Er erläuterte ihnen auch den Mittleren Weg, dem der Suchende nach der Erleuchtung folgen solle, um weder dem Extrem des sinnlichen Genusses noch dem der strengen Askese zu verfallen.

Die Lehren des Buddha waren derart wirkungsvoll, dass die fünf Asketen innerhalb einer Woche alle zu *Arhats* („Würdige") wurden, die später ins *Nirvana* eingingen.

Die außergewöhnliche Wirkung des Buddha als Lehrer wird wiederholt sowohl in kanonischen Quellen als auch in den späteren Biografien betont. Dies kann zum Teil auf die durch die Erleuchtung erlangten, übernatürlichen geistigen Fähigkeiten zurückgeführt werden. Da der Buddha mit ausführlichen Kenntnissen über seine eigenen vergangenen Leben und mit der Macht, in die vergangenen Leben anderer zu blicken, ausgestattet war, soll er die Begabung besessen haben, seine Lehren präzise auf die Bedürfnisse und Fähigkeiten seiner Zuhörer ausrichten zu können, die infolgedessen bemerkenswert schnelle Fortschritte in Richtung Erleuchtung machten. Sein einzigartiges Vermögen, auf angemessene Weise eine gemischte Zuhörerschaft zu unterweisen, die teils erst am Beginn ihres Weges und teils bereits am Rande der Erkenntnis steht, wurde zur Grundlage der Mahayana-Doktrin der „Geschickten Mittel".

Die Bedeutung der Ersten Drehung des Dharma-Rades und des Ortes, an dem sie stattfand, wird sowohl in Textquellen als auch in archäologischen Überresten ersichtlich. Im 3. Jahrhundert v. Chr. errichtete der große Herrscher Ashoka (siehe S. 50–53) nach seiner Bekehrung zum Buddhismus dort ein *Stupa* und eine mit einer Inschrift versehene Säule.

Das Iwolginsky-Kloster nahe Ulan-Ude: Das goldene Rad des Dharma und zwei Hirsche symbolisieren den ersten Akt der Unterweisung durch den Buddha im Wildpark von Sarnath. Sie sind charakteristische Merkmale von Tempeln der buddhistischen Tradition in Tibet, die in Zentral- und Nordostasien bedeutenden Einfluss hatte. Das Speichenrad ist zum gängigen Symbol für die buddhistische Tradition geworden und im Alten Indien konnte ein Rad für die Hoheitsgewalt von Königen stehen. Das Symbol des Rades soll auch auf den Fußsohlen des Buddha erschienen sein (siehe Kasten S. 27). Obwohl viele frühe Beispiele für buddhistische Räder eine Vielzahl von Speichen zeigen, haben heutige Darstellungen häufig nur acht, um den „Achtfachen Pfad" zu symbolisieren (siehe S. 72–79).

Eine chinesische, polychrome Bronzefigurine aus der Zeit der Song-Dynastie (960–1279) stellt Kashyapa dar, einen der frühesten Anhänger des Buddha und einen der ersten Arhats. *Er soll der Versammlung, die unmittelbar nach dem Tode des Buddha in Rajagriha abgehalten wurde, vorgesessen haben.*

DIE WACHSENDE SANGHA

Die fünf Asketen, die nach der Erleuchtung des Buddha die erste Unterweisung erhielten und um Erlaubnis baten, als geweihte Anhänger den „Weg hinaus" gehen zu dürfen, wurden zu den ersten Mitgliedern der Sangha. So bestand die erste klösterliche Gemeinschaft des Buddhismus zunächst im Kern aus Männern, die sich bereits von der Gesellschaft zurückgezogen hatten und seit Jahren als wandernde Bettelmönche lebten.

Bald nach dieser ersten Bildung der Sangha traf der Buddha einen wohlhabenden jungen Laien namens Yashas, der wie der Buddha vor seinem eigenen Verzicht beim Anblick schlafender Frauen Ernüchterung über sinnliche Freuden empfunden hatte (siehe S. 28–29). Yashas war so verzweifelt, dass er mitten in der Nacht in einen Wald floh, wo er unerwartet auf den Buddha traf. Der Buddha unterwies ihn, und Yashas erlangte erhebliche Einsicht in den Dharma, verlangte aber keine Weihung. Am nächsten Morgen suchte Yashas' Vater nach seinem vermissten Sohn, und der Buddha verbarg Yashas mit Hilfe seiner wunderbaren Kräfte vor dem Vater. Während der Buddha den Vater unterwies, erlangte Yashas Erleuchtung und wurde zum *Arhat* („Würdigen", siehe S. 96). Yashas' Vater wurde ein Laienanhänger (*Upasaka*) des Buddha – jemand, der die „Dreifache Zuflucht" rezitierte, denn inzwischen war als dritte Zuflucht die Sangha entstanden –, und der Buddha erlaubte ihm, seinen Sohn zu sehen, der die ganze Zeit über direkt vor ihm gesessen hatte.

Als er erkannte, dass sein Sohn nicht zum Leben eines Laien zurückkehren würde, lud Yashas' Vater den Buddha in sein Haus ein, um begleitet von Yashas Almosen zu empfangen. Nach ihrer Ankunft unterwies der Buddha Yashas' Mutter – sie war die erste Frau, die die „Dreifache Zuflucht" rezitierte und die erste weibliche Laienanhängerin (*Upasika*). Vier von Yashas' wohlhabenden jungen Freunden kamen, hörten die Unterweisung des Buddha und wurden ebenfalls zu *Arhats* geweiht. Schließlich sprach sich das Geschehen herum und 50 weitere Freunde kamen, um den Buddha zu sehen, wurden geweiht und erlangten schnell das *Nirvana*. Diese Erleuchteten sandte der Buddha aus, um seine Lehren im ganzen Land zu verbreiten.

Obwohl die Überlieferung andeutet, dass die frühesten Anhänger des Buddha aus gesellschaftlich hochrangigen Familien stammten, zog die Sangha Menschen aus allen sozialen Schichten an. Grundsätzlich stand die frühe Sangha allen Männern offen, obwohl der Vinaya (ein Text, der die klösterliche Disziplin festlegt) beschreibt, wie der Buddha nach und nach verschiedene Gruppen wie Schuldner, Verbrecher, Deserteure und körperlich Missgestaltete ausschloss. Dies spiegelt wohl seine Sorge wider, Kritik an der Bewegung zu vermeiden, die wegen ihrer materiellen Bedürfnisse und der Rekrutierung künftiger Generationen von Mönchen von der Unterstützung durch Laien abhängig war. Als die Gemeinschaft anfing, junge Männer zu akzeptieren, entstand eine zweistufige Weihe, in der die Jungen unter der Führung klösterlicher Lehrer als Novizen in die Gemeinschaft eintraten und Männer über neunzehn Jahren zu einer vollen Weihe als *Bhikshus* berechtigt waren, vorausgesetzt, sie folgten der im Vinaya festgelegten Ordensdisziplin.

Nachdem die Sangha fünf Jahre lang bestanden hatte, sprach seine Tante und Stiefmutter, Mahaprajapati, den Buddha an, weil sie der Sangha beitreten wollte. Die überlieferten Berichte schildern, dass der Buddha es anfänglich ablehnte, dann aber doch nachgab, weil sein persönlicher Begleiter und Hauptschüler Ananda für Mahaprajapati eintrat. Die Nonnen stimmten acht zusätzlichen Regeln zu, die ihre Gemeinschaft der Gemeinschaft der Mönche unterordneten. Diese Berichte drücken unmissverständlich aus, dass Frauen voll imstande sind, das *Nirvana* zu erlangen. Der ursprüngliche Widerstand des Buddha scheint auf seine Sorge um die Unterstützung durch den Laienstand und um die Vermeidung von Komplikationen zurückzuführen zu sein, die entstehen könnten, wenn Männer und Frauen, die sich aus der Welt zurückgezogen haben, in zu großer Nähe zueinander leben (siehe S. 98–99).

Der ursprünglich nomadische Lebensstil der Sangha veränderte sich ebenfalls allmählich in Sesshaftigkeit, nachdem Spenden von Laien die Errichtung permanenter klösterlicher Residenzen ermöglicht hatten. Einsamkeit und Zurückgezogenheit von der Welt galten zwar weiterhin als Ideale, traten aber mit der Etablierung des Buddhismus in den Hintergrund.

Mönche in Wat Suan Mokkhaphalaram, Thailand, tragen Schüsseln, in denen sie ihre täglichen Almosen von Laienhaushalten empfangen – eine Tradition, die auf die frühesten Jahre des buddhistischen Klosterlebens zurückgeht.

DAS VOLLKOMMENE NIRVANA

Die Ereignisse der 45 Jahre dauernden Periode zwischen der Erleuchtung des Buddha, der Entstehung der Sangha, der Verbreitung der Lehre und seinem Tod werden in frühen kanonischen Quellen meist durch unzusammenhängende persönliche Dialoge zwischen dem Buddha und seinen Anhängern dargestellt. Die kanonischen Quellen enthalten jedoch auch einen längeren biografischen Bericht über die Wochen, die mit seinem Vollkommenen Nirvana (*Parinirvana*) oder dem Großen Vollkommenen Nirvana (*Mahaparinirvana*) enden – ein Ereignis, das sowohl den endgültigen Abschluss seiner Suche nach vollkommener Befreiung vom *Samsara* als auch einen entscheidenden Moment im Leben seiner Gemeinschaft darstellt.

Die buddhistische Überlieferung enthält einen grundlegenden Widerspruch hinsichtlich der Rolle des Buddha in der fortdauernden Praxis seiner Anhänger. Einerseits betonen die Lehren des Buddha, dass jeder die Wahrheit für sich selbst finden muss – der Buddha kann mit seinen Lehren lediglich den richtigen Weg weisen. Andererseits preist die Überlieferung auch die außerordentliche Wirk-

Das Vollkommene Nirvana des Buddha – *ein Gemälde aus dem 18. Jahrhundert aus Dambulla Rajamahavihara, Sri Lanka. Auf den Tod des Buddha – der in den meisten Darstellungen wie hier zwischen zwei Bäumen liegend gezeigt wird – reagieren seine Anhänger je nach ihrem eigenen Fortschritt auf dem Pfad zum* Nirvana *in unterschiedlichem Maße mit Trauer oder Gelassenheit.*

samkeit einer persönlicher Begegnung mit dem Buddha, die unter Umständen auch zur Erleuchtung führen kann, wie es besipielsweise den fünf Asketen widerfahren ist.

Wie der Reichtum buddhistischer Kunst bezeugt, ist für leidende Wesen eine abstrakte Wahrheit weniger nützlich als eine durch die Sinne erfahrene und daher zugängliche Wahrheit. Die Berichte über den Tod des Buddha veranschaulichen diesen Punkt auf eindringliche Weise. Ananda nimmt in diesen letzten Szenen eine besondere Rolle ein. Er stellt eine Art emotionalen Mittelpunkt der Erzählung dar, da er 25 Jahre lang der persönliche Begleiter und ein Hauptschüler des Buddha war, das *Nirvana* selbst jedoch noch nicht erlangt hatte. Als der Buddha hörte, dass Ananda über seinen bevorstehenden Tod weinte, nahm er ihn beiseite und erinnerte ihn an seine zahllosen liebevollen Gesten, die er Buddha gegenüber erwiesen hatte. Gleichzeitig versicherte er Ananda, dieser werde bald zur Erleuchtung gelangen.

Es ist überliefert, dass der Buddha nach seinem letzten Mahl bei dem Schmied Chanda an einer Nahrungsmittelvergiftung starb. Da er wusste, dass das Essen, das er zu sich nehmen würde, todbringend war, stellte er sicher, dass niemand anderes davon aß. Schließlich legte er sich außerhalb der Stadt Kushinagara zwischen zwei Salbäumen nieder, mit dem Kopf nach Norden gewandt. Durch innere Versenkung in sich selbst stieg er über mehrere aufeinanderfolgende Ebenen tiefer meditativer Trance empor und verschied schließlich. In diesem Moment, so erzählt die Legende, soll das gesamte Universum heftig gebebt haben.

Die letzten Worte des Buddha waren: „Alle Gebilde sind vergänglich; strebt vorwärts [ins *Nirvana*] mit Eifer.“ In anderen Worten, der Buddha teilte seinen Anhängern mit: Ihr seid allein. Seine Überreste sollten, wie es sowohl Erleuchteten als auch *Cakravartin*-Königen zukommt, in religiösen Monumenten (*Stupas* oder *Chaityas*) an öffentlich zugänglichen Orten aufbewahrt werden. Darüber hinaus ermunterte der Buddha in einer anderen Passage seine Anhänger zum Besuch der vier Orte, die mit seiner Geburt, seiner Erleuchtung, seiner ersten Unterweisung und seinem Tod verbunden sind.

DIE VERTEILUNG DER RELIQUIEN

Frühe Berichte über den Tod des Buddha enthalten die Geschichte über die Aufteilung seiner eingeäscherten Überreste und ihre Weitergabe an örtliche Herrscher in ganz Nordindien, die sie in Schreinen aufbewahrten. Weitaus aufschlussreicher ist jedoch die Beschreibung, wie die Mallas, in deren Reich der Buddha gestorben war, zunächst versuchten, die gesamten Überreste für sich zu behalten (siehe Abbildung S. 7). Als jedoch deswegen ein schrecklicher Krieg auszubrechen drohte, griff ein Brahmane oder Priester namens Drona ein und sagte: „Unser Buddha war ein Lehrer der Duldsamkeit. Die Teilung seiner Überreste mit Waffengewalt ist in der Tat unpassend. Möget ihr alle einig sein, ihr Herren, und versöhnt; in gemeinsamem Frohlocken wollen wir acht Anteile schaffen; so werden Reliquienmonumente weithin in alle Windrichtungen verbreitet sein.“

Diese Geschichte erteilt auf sehr dramatische Weise eine Lehre: einerseits über den großen Wert, der den Überresten des Buddha beigemessen wurde, und andererseits über die Gefahren selbstsüchtiger „Anhaftung“. Die Moral der Geschichte besagt, dass die Reliquien des Buddha wertvoll sind, dass sie weithin verteilt werden und so vielen Menschen wie nur möglich zugänglich gemacht werden sollten.

KUNST UND ARCHITEKTUR *Michael Willis*

BILDER DES BUDDHA

Die letzte Geburt des künftigen Buddha als Prinz Siddhartha war der Höhepunkt seiner zahlreichen in den *Jataka*-Geschichten (siehe S. 191) nacherzählten und oft auch abgebildeten Existenzen. Nach einem bequemen Leben als junger Adliger verzichtete Siddhartha auf seine Privilegien und begann seinen Weg als wandernder Asket. Sein Aufbruch vom Palast, die Jahre spiritueller Suche, die Erleuchtung in Bodhgaya, seine erste Predigt in Sarnath und sein endgültiger Tod in Kushinagara wurden als zentrale Elemente der Buddha-Erzählung aufgegriffen und erscheinen häufig in Skulptur und Malerei in der gesamten buddhistischen Welt. Einige Themen, wie das fürstliche Leben des *Bodhisattva* und sein Aufbruch aus dem Palast, waren in der frühen Reliefskulptur besonders verbreitet, während seit dem 5. Jahrhundert n. Chr. Bilder des meditierenden und lehrenden Buddha vorgezogen wurden. Infolge eines wachsenden Interesses an Buddha als Verkörperung höchster Weisheit wurde der Augenblick der Erleuchtung zu einem beliebten Motiv. Diese Bilder zeigen den Buddha ausnahmslos mit gesenkten Augenlidern und überkreuzten Beinen in der Yoga-Position (Lotos-Sitz oder Halb-Lotos-Sitz), einem ikonografischen Hinweis darauf, dass seine Weisheit rein spirituell und aus seinem Inneren abgeleitet ist (siehe Abbildungen S. 44, 74 und 81).

Ein Ausschnitt aus einer langen, im frühen 18. Jahrhundert in Nepal bemalten Schriftrolle namens Sakyasimha Buddha Jataka. Sie enthält eine Schilderung des Lebens des Buddha, die abgebildete Szene zeigt seinen Reitknecht Chandaka mit dem Pferd und dem Turban des Bodhisattva *bei der Rückkehr zum Palast. Er muss der untröstlichen Familie ausrichten, dass der Prinz auf der Suche nach Erleuchtung der Welt entsagt hat.*

Die Betonung der Weisheit in den Mahayana-Traditionen Tibets, Chinas und Japans führte zur Darstellung des Buddha als eine monumentale kosmische Gestalt, die überweltlich in ihrem Wesen, von Natur aus unbeweglich und *per definitionem* ewig ist. Diese Form des Buddha wurde als Sambhogakaya („Himmlischer Körper"), als erhabene Form beschrieben, die ihren Wohnsitz nur in den höchsten reinen Welten nimmt. Obwohl die Vorstellung der jenseitigen *Buddhaschaft* überwog, wurde das Erzählen von Geschichten nie ganz aufgegeben, und die Skulpturen oder Gemälde des meditierenden oder lehrenden Buddha wurden oft mit einem narrativen Rahmen versehen. Darauf stößt man spätestens ab dem 12. Jahrhundert n. Chr. in Reliefschnitzereien aus Indien oder Burma. Die nicht nachlassende Beliebtheit der Lebensgeschichte des Buddha in Südostasien und Sri Lanka zeigt sich auch am häufigen Vorkommen des *Mahaparinirvana* oder Großen Vollkommenen Nirvana, bei dem der Buddha zurückgelehnt auf seinem Totenbett (siehe Abbildungen S. 40 und 69) dargestellt ist. Die Größe dieses historischen Ereignisses wird durch monumentale Ausmaße hervorgehoben: Der liegende Buddha aus dem 19. Jahrhundert in Wat Po, Bangkok, ist beispielsweise 46 Meter lang.

Die ersten Buddha-Skulpturen in Indien stammen aus dem 2. Jahrhundert v. Chr., sie entstanden also mindestens zweihundert Jahre nach der Zeit des Buddha. Diese Kunst wurde ausnahmslos zur Dekoration von Monumenten in Klöstern geschaffen; typisch sind die Steingeländer, die die zur Aufbewahrung heiliger Reliquien gebauten *Stupas* umgeben und schützen (siehe Kasten S. 48 und S. 51–53). Eine sonderbare Eigenheit der frühen Skulpturen ist die scheinbare Abwesenheit des Buddhas in menschlicher Form, eine Frage, die in den letzten Jahren Gegenstand von Forschungsdebatten war. Obwohl Siddhartha vor der Erleuchtung oft dargestellt wird, ist der Buddha selbst im Allgemeinen abwesend oder wird durch Symbole wie seine Fußabdrücke oder den Baum, unter dem er meditierte, dargestellt. Dies wird häufig damit erklärt, dass dem Buddha für seine spirituellen Leistungen Respekt gezollt werden solle. Weil der Buddha das *Nirvana* erreicht habe und den engen Grenzen des menschlichen Körpers und der materiellen Welt entflohen sei, wäre es widersprüchlich und erniedrigend, ihn in Stein oder auch in jeder anderen irdischen Substanz darzustellen. Das Fehlen von Bildern des Buddha wird von frühen Texten wie dem Milindapañha („Fragen des Menander", siehe Kasten S. 119) bestätigt, die keinerlei plastische Bilder oder andere Formen erwähnen, dafur aber deutlich machen, dass der Buddha in Schreinen, die seine sterblichen Überreste enthalten, gefunden und gesehen werden könne. Die Bedeutung der Reliquien wird durch Texte und Inschriften bestätigt, die vermerken, dass die Überreste des Buddha eine „lebende Gegenwart" hätten, die ihnen das Aussenden wunderbarer Strahlen und die Annahme oder Projektion der körperlichen Erscheinung des Buddha selbst ermögliche. Diese Art religiöser Erscheinungen, die entweder an mit dem Leben des Buddha verbundenen Orten oder an Orten, wo seine Reliquien später aufbewahrt wurden, gesehen wurden, mögen die Schaffung von Gedenkbildern gefördert haben. Gewöhnlich wurden diese Bilder unmittelbar vor den *Stupas* aufgestellt, wie die wenigen Fälle bezeugen, in denen der antike Kontext erhalten blieb. Die Platzierung der Bilder in *Stupa*-Nischen ist bis heute in Nepal, Sri Lanka und Südostasien gebräuchlich.

Steinkopf des abgemagerten Buddha, der durch Fasten beinahe den Hungertod erlitt. Gandhara-Stil, ca. 200 n. Chr.

DER FASTENDE BUDDHA
Während seiner Zeit als wandernder Asket vor seiner Erleuchtung (siehe S. 31) fastete Siddhartha in einem solchen Ausmaß, dass er zu einem Skelett abmagerte. Nach sechs Jahren gab er diesen Exzess auf und entschloss sich, dem Mittleren Weg zu folgen, einem Weg der Mäßigung, der sowohl sinnlichen Genüssen als auch extremer Kasteiung abschwor. Darstellungen des Buddha aus dieser Zeit der Buße finden sich besonders in Gandhara, einer alten Region, die Nordwest-Pakistan und Afghanistan umfasst. Die Kunst Gandharas spiegelt die starken hellenistischen Einflüsse in der Region wider.

Hinweise darauf, wann und warum die Bilder des Buddha zum ersten Mal eingeführt wurden, liefern die Ashokavadana, Erzählungen, die zur Zeit des Kaisers Ashoka (siehe S. 50–53) spielen, die vermutlich aber erst im 1. oder 2. Jahrhundert n. Chr. verfasst wurden. Der Mönch Upagupta, eine Schlüsselfigur der Geschichte, trifft auf die Gottheit Mara, die versucht hatte, den Buddha während seiner letzten Meditation in Bodhgaya abzulenken (siehe S. 35). Wie dem Buddha gelingt es Upagupta, sich gegen die Hindernisse zu wehren, die Mara in seinen Weg stellt. Dennoch wird Mara nicht vernichtet – abgesehen davon, dass Vernichtung ein gewaltsamer Akt und daher für Buddhisten unannehmbar ist, ist Mara stets gegenwärtig, weil er Begehren und so auch Tod, Wiedergeburt und die gesamte materielle Welt repräsentiert. Upagupta erkennt, dass Mara zur Zeit des Buddha gegenwärtig war und daher die Gelegenheit hatte, den Meister noch zu seinen Lebzeiten zu sehen. Upagupta bittet Mara, in seinem Gedächtnis zu forschen und seine Erscheinung auf magische Weise in diejenige des Buddha zu verwandeln. Als Mara ihm den Gefallen tut, ist Upagupta so glücklich, dass er die vor ihm erschienene Gestalt anzubeten beginnt. Mara will ihn daraufhin für sein unziemliches Verhalten strafen, doch Upagupta erwidert, dass er nicht die körperliche Substanz Maras, sondern das Ideal hinter dem Bild verehre. Upagupta zieht eine Parallele zu Gläubigen, die Terrakotta-Bilder verehren: „wissend, dass, was sie verehren, Gott ist und nicht der Ton".

Diese Geschichte ist wichtig, weil sie die Debatte über die Zulässigkeit und die Gültigkeit von Bildern des Buddha im 1. Jahrhundert n. Chr. widerzuspiegeln scheint. Zur selben Zeit waren *Stupas*, die Körperreliquien des Buddha enthielten, wohlbekannt. Natürlich waren diese Reliquien durch ihre Natur körperliche Überreste, aber sie enthielten eine „lebendige Gegenwart" und hatten die Eigenschaft, auf die Welt einwirken zu können, weil der Buddha dies noch zu Lebenszeiten beschlossen hatte. Ebenso wie die klösterliche Gemeinschaft und der Dharma wirkten die Reliquien nach dem Tod des Buddha fort. Künstlerische Darstellungen des Buddha jedweden Materials waren jedoch nicht mit dem Buddha persönlich verbunden und sind Teil der materiellen Welt, die dem *Nirvana* unmittelbar entgegengesetzt ist. Um aus Bildern des Buddha würdige Objekte der Verehrung zu machen, müssten sie eher symbolisch verstanden werden und weniger als etwas, was als Idol beschrieben werden kann.

Was auch immer die Anhänger des Buddha bei der Ausübung der religiösen Praxis von dieser Sache gehalten haben, die Skulpturen wurden als *Uddesika Dhatu* oder „Verweisungs- oder Repräsentationsreliquien" beschrieben. Diese Verbindung zwischen Reliquien und Bildern war wesentlich und ist nie verloren gegangen. In der gesamten buddhistischen Welt wurden Skulpturen durch eine Reihe unterschiedlicher Depotkammern geweiht, die mitunter in eine Vertiefung auf der Rückseite oder im Fall von hohlen Metallbildern unter einer Metallplatte im Boden eingelassen waren. Diese Kammern konnten Reliquien jeglicher Art enthalten: ein kosmisches Diagramm (*Mandala*), Schriftrollen mit buddhistischen Texten und in der tibetischen Welt kleine Holzzweige, die den „Baum des Lebens" repräsentieren sollten. In Indien war in Steinskulpturen durchweg die Lehre des „Bedingten Entstehens" (siehe Abbildung S. 79, Haupttext S. 140 und 197) eingemeißelt.

Eine Skulptur des sitzenden Buddha nach seinem Sieg über Mara in den Ruinen der Hauptversammlungshalle in Wat Mahathat (14. Jahrhundert), dem wichtigsten Tempelkomplex Sukhothais, der alten Hauptstadt Thailands.

TEIL 1 • KAPITEL 3 *Todd T. Lewis*

EINE NEUE GEMEINSCHAFT

ENTFALTUNG UND ZERSPLITTERUNG

Die Gefolgschaft des Buddha wuchs stetig an, nachdem er interessierte Zuhörer unter den im Wald hausenden Asketen sowie unter Brahmanen, Laien aus den Städten und „Männern aus guter Familie" gefunden hatte. Er reiste fast ununterbrochen durch das Land, außer während der Zeit des Monsunregens, in der seine Mönche (*Bhikshus*) an einem Ort blieben. Teils, weil das Wetter das Reisen erschwerte, und teils aus Mitgefühl mit den unzähligen Insekten und Kriechtieren, die in der Regenzeit an die Erdoberfläche kommen und durch umherwandernde Menschen zu Schaden kommen könnten. Die Periode sesshaften Lebens half, die Identität der Gruppe zu stärken und engere Beziehungen zwischen der religiösen Gemeinschaft und Schutzherren aus dem Laienstand vor Ort herzustellen. Die Mönche nutzten diese Zeit wahrscheinlich sowohl zum gegenseitigen Kennenlernen als auch zu intensiver Meditation.

Während die Sangha sich laufend vergrößerte, passte sie sich den veränderten Situationen an. Zusätzlich zu seinen Lehren hatte der Buddha eine vollkommen neue Institution geschaffen – eine Gemeinschaft von Gläubigen, die der Welt entsagt hatten und deren umfangreiches Regelwerk sich gemeinsam mit der in Nordostindien entstehenden Gesellschaft entwickelte. Auch gab er nach einigem Drängen (zumindest laut einiger Legenden) die Erlaubnis zur Gründung einer *Bhikshuni Sangha* für Frauen (siehe S. 39).

Der Buddha erklärte sich damit einverstanden, dass die Sangha Land, Gebäude und andere gemeinschaftliche Ressourcen bekommen solle, die anfänglich vermutlich gestiftet wurden, um den Rückzug vor dem Monsun zu vereinfachen. Dadurch schuf er die Mittel, die es der Sangha mit der Zeit erlaubten, den Schwerpunkt ihrer Existenz auf ein sesshaftes, genossenschaftliches und gemeinschaftliches Leben zu verlagern – eine Entwicklung, die auch dem verdienstvollen Patronat der Laien Vorteile bieten würde. Das Leben in der buddhistischen Sangha war eine wahre Zuflucht für diese „edlen Söhne und Töchter des Buddha" (wie Mönche und Nonnen genannt wurden), die ihr Heim hinter sich lassen und Erleuchtung suchen wollten. Das Ideal war einfach – materielle Bedürfnisse wurden von Schutzherren aus dem Laienstand befriedigt, und die Geweihten halfen einander, sodass Verzicht und Meditation ungehindert ausgeübt werden konnten.

Der Buddha nahm die staatlichen Gesetze ernst, denen er unterworfen war, und verbot Verbrechern, entlaufenen Sklaven oder Schuldnern den Beitritt zur Sangha. Er legte außerdem Regeln oder Prinzipien fest, gemäß denen die Gemeinschaft verwaltet werden sollte (nach Dauer der Zugehörigkeit, gerechnet von der Zeit der Weihe), und er bestand auf die Durchführung eines gemeinschaftlichen klöster-

Eine klösterliche Weihezeremonie in Wat Bovornives, Bangkok. Die gemeinschaftliche Ausrichtung der frühen Sangha unterscheidet sich deutlich von Gemeinschaften, die man heute in den großen asiatischen Städten vorfindet. Dies bedeutet, dass die Sangha auf die Erwartungen der Laiengemeinschaft eingehen musste. In Thailand und anderen Theravada-Ländern Südostasiens ist es Brauch für junge Männer, sich einmal in ihrem Leben für eine kurze Zeit des Jahres – ein paar Wochen oder Monate, oft in der Regenzeit – zurückzuziehen und als Mönch zu leben.

lichen Rituals der Wiederholung der Gelübde, der Pratimoksha (siehe auch S. 99, 106–107 und 189). Die starke Begabung des Buddha als Gemeinschaftsgründer wird auch in der Schaffung und Pflege einer Gemeinschaft von Laien deutlich, die für die Befriedigung der Bedürfnisse der Sangha sorgte.

Nach dem Tode des Buddha und in Befolgung seiner Anordnung, dass keinem einzelnen Menschen oder keiner einzelnen Institution Gewalt über seine Gemeinschaft gegeben werden solle, siedelten sich die Mönche und Nonnen in weit voneinander entfernten klösterlichen Kolonien an, die den Glauben aufrechterhielten. Jede sesshafte Sangha entwickelte ihre besondere Form gemeinschaftlichen Lebens. Mönche oder Nonnen mit der entsprechenden Eignung lernten die vom Buddha gehörten Lehren auswendig.

Buddhistische Textquellen stimmen im Allgemeinen darin überein, dass in den ersten zwei oder drei Jahrhunderten nach dem Tode des Buddha ein oder mehrere buddhistische Ratsversammlungen einberufen wurden, obwohl sich die Angaben über Zeit und Ort dieser Treffen sowie über die Teilnehmer unterscheiden. Es besteht weitgehend Einigkeit darüber, dass kurz nach dem Tod des Buddha eine gemeinschaftliche Rezitation seiner Lehren in Rajagriha stattfand. Laut der Theravada-Überlieferung nahmen an dieser Versammlung 500 *Arhats* teil, darunter Ananda (siehe S. 41), der am Vorabend des Treffens Erleuchtung erlangte. Es gibt außerdem Berichte über ein zweites Treffen annähernd ein Jahrhundert später, diesmal in Vaishali, bei dem eine Spaltung innerhalb der Sangha stattfand, möglicher-

DIE VEREHRUNG VON RELIQUIENDENKMÄLERN

Die Anbetung von buddhistischen Schreinen (*Stupas* oder *Chaityas*) kann durch frühe Texte wie das Mahaparinirvana (das „Große Nirvana-Sutra",bis auf den Buddha zurückgeführt werden und wurde zum wesentlichen Schwerpunkt buddhistischer Rituale. Die Schreine enthielten im Allgemeinen heilige Gegenstände, darunter auch die sterblichen Überreste der *Buddhas*, Heiligen und verehrten Lehrer, von ihnen benutzte Objekte oder buddhistische Texte sowie eine Vielzahl anderer Glück verheißender Objekte. Der Überlieferung nach sind die sterblichen Überreste des Buddha kurz nach seinem Tod in acht Teile geteilt worden (siehe Kasten S. 41) und jeder von ihnen wurde unter einem Stupa aufbewahrt.

Diese Reliquienschreine lassen sich vermutlich von denjenigen ableiten, die zur Ehrung von *Cakravartin*-Königen benutzt und die von den Buddhisten zur Anbetung des Buddha übernommen wurden, der durch sein Dharma an höchster Stelle über alle regierte. In den *Stupas* konnten seine Anhänger seine „heiligen Spuren" verehren, um so Verdienste zu sammeln.

Stupas sind Stätten, an denen man sich durch freudiges, andachtsvolles Feiern des Buddha erinnert, in einigen Fällen mit musikalischer Begleitung, wie es bereits in frühen Berichten über die Beerdigung des Buddha belegt ist.

Einen der am besten erhaltenen Stupas *in Indien findet man in Sanchi. Dieses Relief mit Szenen aus dem Leben des Buddha und mit Darstellungen der* Stupa-*Verehrung wurde im 1. Jahrhundert n. Chr. geschaffen.*

weise wegen eines Streits über Disziplinarfragen, obwohl auch Meinungsverschiedenheiten über den Status der *Arhats* belegt sind. Dies führte zur Entstehung zweier Schulen der Ordination: den Sthavira (den „Ältesten") und den Mahasanghika (der „Großen Versammlung", siehe S. 54–55). Diese Gruppen spalteten sich weiter in eine Reihe verschiedener Gemeinschaften oder Schulen. Vermutlich waren eher Disziplinarfragen als Meinungsverschiedenheiten über die Lehre der hauptsächliche Grund für die Spaltung innerhalb der frühen Sangha, und die in dem jeweiligen Schriftkanon (Tipitaka, siehe S. 186–187) gesammelten Lehren der Gemeinschaften stimmen in weiten Teilen überein.

Obwohl die Gemeinschaften scheinbar erfolglos versuchten, bezüglich ihrer Disziplin einen Konsens zu erreichen, sind sich die Vinayas (die Ordensgesetze) der frühen Schulen erstaunlich ähnlich. Die Auseinandersetzungen, die zu den Schismen führten, scheinen sich an vergleichsweise geringfügigen Fragen klösterlichen Lebens entzündet zu haben. Es ist nicht sicher, ob sich die Mönche und Nonnen in Nordindien nach den ersten beiden Versammlungen jemals wiedertrafen. Die autonome Veranlagung der frühen buddhistischen Gemeinschaften und ihr unterschiedliches Verständnis des Dharma trugen zur Entwicklung des regionalen Pluralismus bei. Diese Unterschiede kennzeichnen die buddhistische Welt bis heute.

Wo immer der Buddhismus Fuß fasste, errichteten Mönche, Nonnen und gläubige Laienanhänger Klöster: unabhängige, genossenschaftliche Einrichtungen, die

die Gesellschaft und die Politik vor Ort beeinflussten. Die frühe indische Sangha achtete wenig auf die *Varna* (soziale Klasse, siehe Kasten S. 14) ihrer Mitglieder. Der Ordenseintritt in die Sangha bot den Einwohnern während der folgenden Missionswanderungen des Buddhismus die Gelegenheit zur Ausübung ihrer Religion und zu einer besseren Ausbildung, die ihnen sonst nicht möglich gewesen wäre. Der Buddhismus hing andererseits von den Spenden ab, die Laien zur Steigerung ihrer Verdienste machten, um so ihr *Karma* zu verbessern und Segen über sich selbst, ihre Familien und ihre Gemeinschaften zu bringen.

Die typische buddhistische Gemeinschaft hatte ihren Mittelpunkt in einem Kloster (*Vihara*), in dem Mönche oder Nonnen ihre gemeinschaftlichen Gelübde ablegten, meditierten und studierten. Diese Institutionen unterstützten mit der Zeit Mönche, die sich darauf spezialisiert hatten, die Lehren auswendig zu lernen, den Dharma zu predigen, zu heilen oder für die örtliche Gemeinschaft Rituale durchzuführen, die wesentlich für den buddhistischen Lebensstil waren. Bald entwickelte sich ein großer Unterschied zwischen einem Waldkloster, wo Meditation und wahlweise auch asketische Praktiken (*Dhutanga*) ausgeübt werden konnten (oft unter Anleitung eines charismatischen Lehrers), und einem Dorfkloster, wo sich der mitfühlende Dienst an der Gemeinschaft (rituell, medizinisch, erzieherisch) mit persönlicher Weiterbildung und Studium verband. In einigen Regionen wurden Höhlenwohnungen (*Lenas*) begünstigt, insbesondere in späteren Jahrhunderten in Zentralasien oder China. Mönche und Nonnen zogen üblicherweise innerhalb ihrer Klosterlaufbahn von Dorf- zu Waldklöstern und umgekehrt.

Das buddhistische Mönchswesen entstand, um Menschen, die der Welt entsagt hatten und nach Erleuchtung strebten, Zuflucht und Unterstützung zu bieten, und die Tradition überlebte durch die Herstellung facettenreicher Beziehungen zu Laienanhängern. Als der Buddhismus sich ausbreitete, passte er sich unzähligen örtlichen Bräuchen an, von städtischen Zentren zu kleinen Dörfern. Er verbreitete sich bis in Grenzgebiete und zog Anhänger aus allen sozialen Klassen an, von Königen und Brahmanen bis zu Kaufleuten und Künstlern. Alle wurden zu Mitgliedern der „Versammlung" (*Parishad*) aus geweihten Mönchen, Nonnen und geweihten Laienanhängern.

Die wesentlichen Ideale der buddhistischen Kultur wurden schon sehr früh formuliert. Mönche und Nonnen dienten der Welt als Vorbilder: durch ihre bescheidenen Lebensweise, Meditation und die Durchführung von Ritualen und Heilungen. Als Erhalter, Vermittler und Muster des Dharma waren die Mitglieder der Sangha verpflichtet, spirituell würdig zu sein und nach der Anweisung des Buddha „den Laien den Weg zum Himmel zu zeigen". Laienanhänger konnten auf die Wiedergeburt in einem der himmlischen Reiche hoffen (siehe S. 62–63), wenn sie durch Spenden an die Sangha Verdienste erwarben. Die frühen Gemeinschaften teilten gemeinsame Merkmale: *Stupas* („Reliquienschreine", siehe Kasten gegenüber) als Mittelpunkte gemeinschaftlicher Rituale, *Viharas* als Zufluchtsorte für Meditation, Studium und Versorgung sowie führende Mitglieder der Sangha, die in der Gemeinschaft die religiöse und rituelle Unterweisung beaufsichtigten.

Auch Buddhas Fähigkeit, seine Lehren an den jeweiligen Entwicklungs- und Wissenstand jedes Einzelnen anzupassen, trug zur starken Verbreitung der Tradition bei. Er lehrte, dass es viele verschiedene Arten von Menschen gebe, die alle auf unterschiedlichen Stufen spiritueller Entwicklung stünden, und dass jeder individuell anzuleiten sei. Unabhängig von den Fähigkeiten der Einzelnen sollte die Chance der Geburt jedoch nicht vertan und das Leben zielgerichtet gelebt werden.

Eine burmesische Marmorfigur eines jungen buddhistischen Mönchs oder Novizen, der eine Almosenschüssel hält, worin er eine Laienspende für die Sangha empfängt, 19. Jahrhundert.

DER BUDDHISTISCHE KAISER

Nachdem der Eroberungsfeldzug Alexanders des Großen (355–323 v. Chr.) in Nordwestindien gescheitert war, wurden die kleinen Staaten am Indus, die von seinen Angriffen geschwächt waren, in der Folge erobert und in Indiens erstes großes Kaiserreich einverleibt: das Reich des Chandragupta Maurya (regierte ca. 321–297 v. Chr.), dessen Zentrum in der Gangesebene lag und das sich im Osten bis zum Golf von Bengalen und in der Mitte bis zum südlichen Dekkanplateau erstreckte. Als sein Enkel Ashoka (regierte 274–236 v. Chr.) den Thron bestieg, folgte er der königlichen indischen Regel, seine Macht in den Grenzregionen mit brutaler Gewalt zu festigen, und griff Kalinga an, eine südöstliche Küstenregion, die auch das heutige Orissa umfasst. Angesichts der schrecklichen Zerstörung und des Blutvergießens, das seine Armee zur Sicherung des Sieges verursacht hatte, soll Ashoka jedoch Reue empfunden haben.

Eben zu dieser Zeit traf der Kaiser einen charismatischen buddhistischen Mönch und wurde zum überzeugten Gläubigen. Ashoka hatte sein Maurya-Reich über nahezu den gesamten indischen Subkontinent ausgedehnt. Er sandte Botschafter und Schreiber in alle Richtungen seines Reiches und darüber hinaus, um den Dharma zu verbreiten.

Ashokas Edikte erklärten den *Dharma* sowohl allgemein als auch sehr detailliert. Schließlich handelte es sich um einen Begriff, der vieles bedeuten kann, nicht unbedingt nur die Lehren des Buddha. Er verstand den *Dharma* als Schlüssel zu einer gerechten und mitfühlenden Gesellschaft. Auf einem Pfeiler ließ er folgendes Edikt einmeißeln: „*Dharma* ist gut. Aber woraus besteht *Dharma*? Es besteht aus wenigen Sünden und vielen guten Taten, aus Güte, Großzügigkeit, Aufrichtigkeit und Reinheit." Nachdem Ashoka dieses und andere Prinzipien an markanten öffentlichen Plätzen hatte anbringen lassen, sollten sie auch von seinen Beamten bei der Verwaltung des Reiches zur Anwendung kommen: „Meine Beamten aller

DIE IDEALEN BUDDHISTISCHEN HERRSCHER: *DHARMARAJAS* UND *CAKRAVARTINS*

Die buddhistischen Lehrer in den Jahrhunderten nach Ashoka beriefen sich auf seine Taten als ein Vorbild guter Herrschaft. Ashokas Hauptsorge galt dem Buddhismus als sittliche Kraft: „Man sollte seinem Vater und seiner Mutter gehorchen. Man sollte den höchsten Wert und die Heiligkeit des Lebens respektieren. Man sollte die Wahrheit sprechen. Man sollte die Tugenden des Dharma ausüben."

Seit Ashoka haben sich Buddhisten auch von der Unterstützung der Herrscher abhängig gemacht, um ihr Ideal einer moralischen und spirituellen Kultur zu erreichen. Führende Mitglieder der Sangha konnten politischen Machthabern die höchste Legitimierung in den Augen der Gläubigen anbieten, wenn sie rechtschaffen handelten. Ein guter König konnte *Bodhisattva* („künftiger Buddha") oder *Dharmaraja* („gerechter König") genannt werden. Eine Verschmelzung beider war der *Cakravartin*-Herrscher, der das Rad des Dharma in Bewegung setzte und dessen Herrschaft durch verschiedene übernatürliche Zeichen gekennzeichnet war (siehe S. 36–37). Die Bindung an politische Machthaber bedeutete für die buddhistischen Gemeinschaften aber auch eine entschiedene Schwäche: Das Klosterleben war abhängig von politischen Führern.

Unter dem Schutz Ashokas breitete sich der Einfluss des Buddhismus und die dazugehörige Architektur in den meisten Gegenden des indischen Subkontinents aus. Die frühesten erhaltenen Überreste buddhistischer Monumente (sowohl Klöster als auch Stupas*) können auf die Zeit Ashokas datiert werden. Dieses Steinrelief aus den Ruinen des Großen Stupa in Amaravati aus dem 3. Jahrhundert n. Chr. zeigt den Buddha bei der Meditation unter dem Bodhi-Baum, umgeben von Säulen, die von Löwen überragt werden – Symbole der Herrschaft, die von Ashoka benutzt wurden. Amaravathi kann zumindest bis in die Zeit Ashokas datiert werden und war bis ca. 1400 n. Chr. das wichtigste buddhistische Zentrum in Südindien.*

Ränge – hoch, niedrig und mittel – handeln im Einklang mit den Grundsätzen meiner Unterweisung. Denn dies sind die Regeln: nach dem *Dharma* zu herrschen, nach dem *Dharma* Recht zu sprechen, das Glück der Menschen nach dem *Dharma* zu fördern und sie entprechend dem *Dharma* zu schützen."

Seine Inschriften deuten darauf hin, dass Ashoka Pilgerfahrten zu den Lebensstätten des Buddha unternahm. Texte berichten, dass er die Überreste des Buddha aus ihren *Chaityas* ausgrub, um sie in seinem Reich zu verteilen, und Tausende von *Stupas* bauen ließ, um sie darin aufzubewahren. Sein Sohn Mahendra, ein Mönch, soll den Buddhismus nach Sri Lanka gebracht haben, seine Tochter Sanghamitra besorgte einen Zweig des Bodhi-Baumes.

Durch seine Edikte, seine Protektion angesehener Mönche und sein Prestige verhalf Ashoka dem Buddhismus zu seiner Ausbreitung. Inschriften legen nahe, dass er Abgesandte in die ganze bekannte Welt schickte, darunter auch nach Griechenland, China und einige bisher noch unbekannte Ziele in Südostasien. Ashoka förderte den Aufstieg des Buddhismus in erheblichen Maß. Entlang der großen Handelsstraßen, die vom Kernland in Nordindien aus in jede erdenkliche Richtung führten, fanden sich unzählige buddhistische Schreine und Klöster.

KUNST UND ARCHITEKTUR *Michael Willis*

ASHOKA DER BAUMEISTER

*Eines von vier gemeißelten Toren (*Toranas*) im* Stupa *in Sanchi, das von Ashoka begründet und in späteren Jahrhunderten verschönert wurde. Jede* Torana *kennzeichnet einen wesentlichen Punkt und hat drei waagrechte Balken mit spiralenförmig dekorierten Enden, in die Geschichten aus dem Leben des Buddha und andere buddhistische Bilder eingemeißelt sind. An dieser Stätte wurden außerdem die Überreste mehrerer Säulen, Klöster und Tempel gefunden.*

Die Inschriften des Kaisers Ashoka (siehe Abbildung gegenüber) finden sich weithin über den Subkontinent verteilt, von Bihar im Osten zur afghanischen Grenze im Nordwesten und fast bis zum Tungabhadra im Süden, nahe den Gebieten der Tamilen in Indien. Die Verteilung dieses Schriftguts gibt eine gewisse Vorstellung von der Größe des Reiches und der Macht seines Herrschers. Neben Ashokas persönlicher Sorge für seine Untertanen und für den *Dharma* (ein Begriff, der hier primär öffentliche Moral, ordentliches Verhalten, Respekt vor den Älteren und religiöse Toleraz umfasst; siehe S. 50–51) beschreiben die Inschriften auch den Bau von Brunnen und Ruhehäusern. Nahe einem Pfeiler mit einer Inschrift in Nepal, die zur Erinnerung an Ashokas Besuch am Geburtsort des Buddha in Lumbini aufgestellt wurde, hält eine Inschrift fest, dass der König den *Stupa* des Kanakamuni, eines früheren Buddha, der viele Äonen vor Siddhartha gelebt hatte, ausgebaut hatte.

Ashokas Ruf als Bauherr mit buddhistischen Sympathien wird durch weitere archäologische Hinweise belegt. Eine Anzahl aus Ziegeln gebauter *Stupas*

kann mit an Sicherheit grenzender Wahrscheinlichkeit Ashoka zugeschrieben werden und bringt Licht in die Ashokavadana-Legende („Geschichten des Ashoka"), dass er viele *Stupas* gebaut habe. Der wohl berühmteste steht in Sanchi. Von anderen *Stupas* – zum Beispiel in Amaravati (siehe auch S. 51) am Ufer des Krishna – ist wenig mehr als ein runder Abdruck auf der Erde erhalten, obwohl Teile des ersten Geländers überlebt haben, das den *Stupa* umgab.

Vor dem 3. Jahrhundert v. Chr. war Holz das bevorzugte Material zum Bauen und Schnitzen. Aufgrund des tropischen Klimas sind die gesamten indischen Bauten aus Holz so gut wie verschwunden. Unter Ashoka oder vielleicht schon unter seinem Großvater Chandragupta begann man, Denkmäler und Skulpturen aus Stein zu errichten. Ashokas freistehende Steinpfeiler, die von Tierkapitellen gekrönt und mit Inschriften verziert sind, waren daher eine Aufsehen erregende Neuerung, vor allem wegen ihrer polierten Oberflächen, die die Skulpturen in der hellen Sonne glänzen ließen. Die Pfeiler und Kapitelle wurden aus Sandstein hergestellt, der in Steinbrüchen in Ostindien abgebaut, behauen und dann über erhebliche Strecken transportiert wurde. Die Technologie für solche Unternehmungen wurde offenbar durch persische Handwerker nach Indien gebracht, die vor den heranrückenden Armeen Alexanders des Großen flohen und die die indische Grenze um 326 v. Chr. erreichten.

Das am besten erhaltene Tierkapitell Ashokas kommt aus Sarnath. Das Kapitell zeigt vier Löwen und wurde ursprünglich von einem großen Speichenrad überragt. Dieses Rad und die kleineren Räder um die Basis des Kapitells sollen den *Cakravartin* oder „Dreher des Rades" (siehe S. 26) symbolisieren und sind gleichzeitig ein Hinweis auf Ashoka, den idealen Monarchen, und auf den Buddha, dessen erste Predigt oder „Drehung des Dharma-Rades" in Sarnath stattgefunden hatte. Die Löwen stellen also eine zweifache Symbolik dar (siehe auch S. 51), die einerseits auf die königliche Macht Ashokas und andererseits auf den Buddha anspielt, der oft auch der „Löwe aus dem Shakya-Clan" genannt wird.

Obwohl eine Art Schriftform in Indien möglicherweise bereits im 5. Jahrhundert v. Chr. benutzt wurde, fällt der erste sicher zu datierende Text in die Ära des Ashoka. Von den Gelehrten *Brahmi* genannt, wurde die Schrift für Inschriften auf hervorstehenden Felsen und Steinpfeilern in verschiedenen Teilen von Ashokas ausgedehntem Reich verwendet (siehe Abbildung rechts). Die Schrift wurde wahrscheinlich am königlichen Hof ausdrücklich für Ashokas Edikte erfunden und scheint auf dem Aramäischen aufzubauen, einer semitischen Sprache, die im gesamten Nahen Osten als Beamtensprache sehr verbreitet war.

Ein Hinweis auf die indischen Inschriften findet sich in den Schriften des chinesischen Pilgers Xuanzang (siehe S. 112). Seine Bemerkungen zum Inhalt dieser Texte deuten darauf hin, dass bis dahin (7. Jahrhundert n. Chr.) die Fähigkeit, die Schrift zu lesen, verloren gegangen war. Erst im Jahr 1834 konnte James Prinsep, der die Münzanstalt der Britischen Ostindien-Kompanie in Kalkutta leitete, eines von Ashokas Edikten entziffern. Dadurch verwandelte er Ashoka von einer legendären Figur in eine greifbare Persönlichkeit und läutete eine neue Ära in der Erforschung des frühen Buddhismus ein.

Diese in einen Steinpfeiler eingemeißelte Inschrift ist Teil eines Edikts von Ashoka aus Sarnath nahe bei Varanasi und enthält eine Warnung über den Ausschluss regimekritischer Mönche.

DIE SPALTUNG DER SANGHA

In den ersten Jahrhunderten nach dem Tod des Buddha breitete sich die neue Bewegung in viele verschiedene Regionen aus. Die ersten Spaltungen innerhalb der Sangha scheinen auf unterschiedliche lokale Interpretationen der Ordensregeln, der Vinaya, zurückzuführen zu sein, die teilweise durch die Verstreutheit der Gemeinschaften bedingt war. Traditionelle Überlieferungen weisen auf achtzehn verschiedene „Schulen" hin.

Die meisten Forscher akzeptieren die historische Tatsache einer Spaltung innerhalb der Sangha: zwischen Anhängern des Sthavira (Thera auf Pali) oder der „Älteren" und denen des Mahasanghika oder der „Großen Versammlung". Die Datierung der Spaltung ist problematisch, aber die meisten Forscher sind sich einig, dass sie vor der Herrschaft Ashokas stattgefunden haben muss. Sowohl Hinweise aus Inschriften als auch aus Texten stützen die Ansicht, dass es wegen unterschiedlicher Perspektiven zu Disziplin und Lehre weitere Spaltungen gegeben hat.

Diese immer noch weitgehend ungeklärte Spaltung kennzeichnet den Aufstieg einer buddhistischen Bewegung, die als Mahayana oder „Großes Fahrzeug" (siehe S. 132–149) bekannt werden sollte. Seine Anhänger akzeptierten

DER NIEDERGANG DES BUDDHISMUS IN INDIEN

Im 12. Jahrhundert n. Chr. sah der Buddhismus in Indien aus unterschiedlichen Gründen seinem Niedergang entgegen, u. a. wegen anti-buddhistischer Polemik innerhalb des wieder auflebenden Hinduismus und muslimischen Übergriffen auf Indien. Letztere hatten die nordindischen Klöster bis 1200 n. Chr. zerstört, einige Jahrhunderte, nachdem muslimische Kaufleute den Handel entlang der Seidenstraße unter ihre Kontrolle gebracht hatten, der einst von Buddhisten beherrscht wurde. Ohne Schutzherren oder staatliche Unterstützung flohen die Mönche, und die Institutionen in der Gangesebene verfielen.

Ohne die erfolgreiche Ausbreitung des Mahayana über Nordindien hinaus wäre diese Schule des Buddhismus möglicherweise ein kleineres philosophisches Schisma geblieben. Die Tradition zog die Völker Zentralasiens und Nepals jedoch an und verbreitete sich dann durch Mönche von diesen Zentren nach Tibet, China und darüber hinaus. Eine Ursache für die Anziehungskraft des Mahayana mögen die himmlischen *Bodhisattvas* und das Mitgefühl sein, das sie unterschiedslos allen erwiesen, die darum baten.

Der Torso einer Steinstatue eines Bodhisattva *aus der Gandhara-Region, die als Sprungbrett für die Verbreitung des Mahayana-Buddhismus über das indische Kernland hinaus und nach Zentralasien diente.*

Ein tibetischer Thangka unbekannten Datums, der den Buddha umgeben von Bodhisattvas *und berühmten* Lamas *zeigt. Die Hingabe an* Bodhisattvas *ist ein zentrales Element des Mahayana-Buddhismus.*

die Mahayana-Sutras (siehe S. 196–211) und die Lehren, denen sie schriftlich Ausdruck verliehen. Im Gegensatz zu früheren Theorien, die die große Bedeutung von Buddhisten aus dem Laienstand beim Aufstieg des Mahayana hervorheben, betont die moderne Forschung mehr und mehr seine klösterlichen Ursprünge und die Bedeutung der Hingabe an die Sutras oder an das, was einige den „Bücherkult" genannt haben. Es erstaunt daher nicht, dass die ersten Hinweise schriftlicher Natur sind – die meisten Forscher datieren die frühesten Texte des Mahayana auf das 1. Jahrhundert v. Chr. Schriftliche Zeugnisse treten in Indien jedoch nicht vor dem 4. Jahrhundert n. Chr. auf, und selbst diese benutzen den Begriff „Mahayana" nicht direkt, der erstmals in Inschriften aus dem 6. Jahrhundert auftaucht.

Obwohl die Entstehung der Mahayana-Literatur ganz klar eine bedeutende Verlagerung in der Perspektive der Glaubenslehre markiert, gibt es Grund zur Annahme, dass sie zunächst keine Spaltungen in den klösterlichen Gemeinschaf-ten verursachte, in denen Anhänger des Mahayana lebten. Sie praktizierten dieselbe Vinaya-Disziplin wie ihre Mitbewohner, die die neuen Lehren ablehnten. Erst später traten Spaltungen auf, die teilweise von der Tatsache herrührten, dass die Formen des Buddhismus, die sich in Tibet und Ostasien verbreiteten, von ihrem Charakter her eher dem Mahayana zuzuordnen waren, obwohl auch sie Vinaya-Traditionen aus den Schulen vor der Entstehung des Mahayana bewahrten.

TEIL 2

THEORIE UND PRAXIS

Ein Theravada-Mönch in Aukana auf Sri Lanka legt eine Blumengirlande als Opfergabe zu Füßen einer Kolossalstatue aus dem 5. Jahrhundert n. Chr. ab. Darstellungen des Buddha finden sich auf Sri Lanka im Überfluss und ziehen zahlreiche hingebungsvolle Gläubige an.

TEIL 2 • KAPITEL 1 *Todd T. Lewis*

DAS DASEIN

SAMSARA UND DIE SEELE

Buddhismus und Hinduismus teilen die Lehre vom *Samsara*, wonach alle Wesen so lange in einem unaufhörlichen Kreislauf von Geburt, Tod und Wiedergeburt gefangen sind, bis sie ein Mittel zur Befreiung aus dem Kreislauf finden. Der Buddhismus unterscheidet sich jedoch vom Hinduismus durch die Ablehnung der Behauptung, dass jeder Mensch eine unveränderliche Seele besitze, die seine letztendliche Identität ausmache und die von einer Inkarnation in die andere übergehe. Die buddhistische Auslegung besagt, dass sich Menschen wie alle Phänomene unentwegt veränderten, in ständigem Fluss und unbeständig seien. Deshalb sei die Existenz einer festen Einheit namens „Seele" nicht möglich.

Die Lehre des Buddha vom *Anatman* („Nicht-Selbst") weist jegliche Vorstellung einer wesenhaften, unveränderlichen Einheit im Kern einer Person von sich. Der Buddha war bestrebt, die gesamte Wirklichkeit als Prozess zu sehen, also begriff er eine Person als Zusammenwirken von fünf Bestandteilen (*Skandhas*): die äußere Form (*Rupa*), die aus einer Kombination der vier Elemente (Erde, Wasser, Feuer, Luft) besteht; Gefühle (*Vedana*), die von sinnlichen Ein-

DAS MITGEFÜHL DES SUJATA

Die Hunderten von *Jataka* („Geburtsgeschichten") – Berichte über die früheren Leben des Buddha – weisen auf die Bedeutung hin, die Buddhisten der Realität der Wiedergeburt als Voraussetzung für alle Erfahrungen zumessen. In der folgenden Geschichte lindert der künftige Buddha die Trauer seines Vaters durch den mitfühlenden Hinweis darauf, dass sein Großvater buchstäblich in einer anderen Form in ein anderes Leben übergegangen sei. „Großvater" habe wie der Ochse nur so lange gelebt, wie all seine fünf *Skandhas* vorhanden waren, und daher sei die Anhänglichkeit seines Vaters an ein paar körperliche Überreste zwecklos.

„In der Vergangenheit, als Brahmadatta [ein König] in Benares regierte, wurde der künftige Buddha im Haus eines Landbesitzers geboren und Sujata genannt. Als sein Großvater verstarb, brachte Sujatas tief trauernder Vater die Knochen vom Scheiterhaufen, legte sie auf einem Erdhügel nieder und ehrte sie mit Blumen; er grübelte und klagte, weder badete er, noch aß er oder tat seine Arbeit. Der künftige Buddha ersann einen Plan, um seinen Vater von seiner maßlosen Trauer zu befreien. Er fand einen toten Ochsen, holte etwas Gras und Wasser; dann legte er sie vor den Ochsen und rief: ‚Iss! Trink!' Vorbeigehende berichteten dies dem Vater, der Sujata aufforderte, seine Handlungen zu erklären. Der künftige Buddha antwortete:

‚Der Kopf ist noch da, die Füße, / Vorne, hinten und der Schwanz / Sind noch dieselben – denke ich / Der Ochs mag immer noch aufstehen. / Nichts mehr aber ist zu sehen von / Großvaters Händen, Füßen oder Kopf! / Weinend neben dem Hügel / Du bist allein, ganz von Sinnen!'

Der Vater dachte nach und sagte: ‚Lieber weiser Sujata, ich kenne den Spruch „Alle Dinge sind vergänglich". Nun werde ich nicht mehr trauern, dank meines kummerbannenden Sohnes …' So wirken die Weisen in Mitgefühl, holen uns zurück aus Trauer."

Dieses Gemälde des im 18. Jahrhundert tätigen Künstlers Kim Hongdo im Tempel von Yeongju, Suwan, Südkorea, zeigt eine entscheidende Episode im Leben des Buddha: Prinz Siddharthas Ausfahrt in seinem Wagen und seine Begegnung mit dem Tod und mit einem Mann, der der Welt entsagt hat – zwei der vier Zeichen, die ihn erstmals warnend auf die Vergänglichkeit und die Unbeständigkeit aller Existenz hinwiesen.

drücken in Form von Sehen, Hörvermögen, Geruch, Geschmack, Tasten und Denken herrühren; Wahrnehmung (*Samjna*), die diese sinnlichen Eindrücke den Kategorien gut, schlecht oder neutral zuordnet; Willensäußerun-gen (*Samskaras*), die den *Karma* erzeugenden Willen mit geistigen Handlungen verbinden; und das Bewusstsein (*Vijnana*), das entsteht, wenn Geist und Körper mit der Außenwelt in Berührung kommen.

Dingen anhaftend, dem Selbst verfallen und die eigene Sterblichkeit verleugnend, missdeuten Menschen die Wirklichkeit und binden sich selbst an Leiden und an die unvermeidliche Wiedergeburt im *Samsara*. Die Lehre vom *Anatman* stellte die Vertreter des Buddhismus vor das fortwährende Problem, moralische Ursache-Wirkungs-Zusammenhänge zu erklären. Denn wie kann man gute oder schlechte Taten begehen und damit sein *Karma* gestalten, wenn das Selbst eigentlich gar nicht existiert?

Frühe Texte zeigen, dass diese Frage dem Buddha ganz sicher gestellt wurde: Wenn es keine Seele gibt, wie können die karmischen Früchte jeglicher guten oder üblen Tat dann in die Zukunft des jetzigen Lebens oder in eine spätere Inkarnation weitergetragen werden? Gewöhnlich lautet die Antwort der Buddhisten, dass *Karma* in gewohnheitsmäßiger Geistesenergie (*Samskara*) fortbestehe, die das Bewusstsein als das fünfte *Skandha* prägt. Obwohl das Bewusstsein sich immer weiter entwickelt und daher unbeständig ist, besteht es im gegenwärtigen Leben fort und verlässt im Folgenden beim Tod den Körper, um schließlich in der nächsten Lebensform wiedergeboren zu werden.

KARMA

Der Buddhismus ist in der Auffassung begründet, dass alles Leben im Universum Ursache-Wirkungs-Zusammenhängen unterworfen ist: ein Prozess, der gegenwärtige Handlungen mit ihren Folgen in der Zukunft – sowohl in diesem wie in späteren Leben – verknüpft. Diese Kraft ist das *Karma* – der Begriff meint gleichzeitig „Taten“ und deren Konsequenz, das angesammelte Gleichgewicht des *Punya* („Verdienst“ oder was im Allgemeinen „gutes *Karma*“ genannt wird) und des *Papa* („Unwürdigkeit“ oder „schlechtes *Karma*“). Buddhisten glauben, dass alle absichtsvollen Handlungen des Körpers, der Sprache und des Geistes karmische Folgen nach sich ziehen. *Karma* bestimmt im Wesentlichen die Natur jeder Wiedergeburt nach dem Tod, die das Schicksal eines jeden Menschen lenkt, bis und falls man ins *Nirvana* eingeht und das *Karma* auslöscht.

Was die Menschen voneinander unterscheidet, ist ihr *Karma*, ein Schlüsselfaktor für die unterschiedliche Ausprägung körperlicher Merkmale, geistiger Fähigkeiten und Charaktere. Deshalb ist Buddhismus keine „spirituelle Demokratie“, die von jedem die gleichen religiösen Handlungen erfordert. Einige Menschen eignen sich für die fortgeschrittene Meditation, während andere nur

Eine Seite aus einem burmesischen Jataka-*Manuskript aus dem 19. Jahrhundert, das eine der früheren Existenzen des Buddha als Baumgeist darstellt (rechts). In der buddhistischen Vorstellung führt richtiges moralisches Verhalten zur Verringerung des* Papa *(wörtlich „schlecht“ oder „übel“, auch „Unwürdigkeit“), infolgedessen kann sich der Einzelne stufenweise höhere Formen der Wiedergeburt erarbeiten, bis die Wirkungen des* Karma *ausgelöscht werden.*

DAS LEIDEN DES BUDDHA UND DIE UNBESTIMMTHEIT DES KARMA

Das buddhistische Verständnis von Ursache und Wirkung besagt, dass nicht alle möglichen Umstände im Leben vom *Karma* bestimmt werden. Die Frage trat ursprünglich auf, als Skeptiker sich fragten, wie es möglich sein könne, dass der Buddha selbst im Alter trotz seiner Erleuchtung leiden musste und verletzt werden konnte, als sein Feind Devadatta versuchte, ihn mit einem Felsbrocken zu töten, obwohl letztlich nur ein Splitter davon seinen Fuß verletzte.

In einem der Texte, den Milindapanha („Fragen des Menander"), wird diese Frage durch einen erleuchteten Mönch ausdrücklich erklärt: Er lehrt, dass es im Leben acht ursächliche Umstände gebe, die alle Wesen beeinflussen: „Nicht alles Leiden hat seine Wurzeln im *Karma*. Es gibt acht Ursachen, aus denen Leiden entstehen kann: Die ersten drei sind Blähungen, Galle und Schleim im Überfluss; die Verbindung dieser Körpersäfte; Schwankungen der Körpertemperatur; das Vermeiden von Gegensätzen; äußere Kräfte; und *Karma*. Deshalb ist das, was als Frucht des *Karma* entsteht, wesentlich geringer als das, was infolge anderer Ursachen entsteht; niemand ohne die Einsicht [*Prajna*] eines Buddha kann das Ausmaß der karmischen Wirkung wirklich feststellen."

die elementarsten moralischen Anweisungen verstehen können. Der buddhistische Pfad besteht aus der „stufenweisen Unterweisung" (*Anupurvi-katha*), wonach das verdienstvolle Geben von Geschenken (*Punya Dana*) die Grundlage für die buddhistische Praxis ist. Ein Individuum schreitet durch folgende vier Stufen der Praxis voran: *Dana* („selbstloses Geben"), das die Verringerung von Begehren (siehe S. 66–67 und 110–111) und die Ansammlung von Verdienst anstrebt; *Shila* („Sittlichkeit") zur Verhinderung der Ansammlung von schlechtem *Karma*; *Svarga* („Himmel"), das Ziel der verdienstvollen Wiedergeburt; und *Dharma-Deshana* oder „Unterweisung in der Lehre", insbesondere in den Vier Edlen Wahrheiten (siehe S. 64–71).

Alle Buddhisten streben ungeachtet ihrer verschiedenen Traditionen danach, Verdienste anzusammeln und „schlechtes Karma" auszulöschen. Der Laienstand tut dies in erster Linie durch die Praxis des *Dana*, was mit „Wohltätigkeit" oder „Großzügigkeit" übersetzt werden kann. Die Buddhisten betonen, dass bestimmte Handlungen starke karmische Konsequenzen nach sich ziehen und dass bereits die Geburtsumstände einer Person über ihr moralisches Verhalten im vorherigen Leben Aufschluss geben können.

Für den durchschnittlichen Menschen ist sein eigenes *Karma* nicht vollkommen erkennbar. Auch ist *Karma* nicht die einzige Kraft, die im Leben wirkt, denn andere Ursache-Wirkungs-Beziehungen werden ebenso als Teil der Wirklichkeit anerkannt wie der Zufall (siehe Kasten oben). Ein „allgemeiner Messwert" für das *Karma* eines Menschen kann jedoch an der Stellung eines Menschen bei seiner Geburt und an den danach folgenden Ereignissen seines Lebens abgelesen werden. Was die Zukunft betrifft, so hat die Logik der Lehre vom *Karma* Buddhisten in aller Welt zu dem Versuch motiviert, Verdienste zu erbringen, wo immer sie können – dies wird oft verglichen mit dem Aussäen guter Saat, um in der Zukunft eine reiche Ernte karmischer Früchte zu erzielen. Das Leben mit dem *Karma* ist daher eines der wichtigsten Anliegen für einen gläubigen Buddhisten.

DIE SECHS DASEINSBEREICHE

Die buddhistische Lehre beinhaltet, dass alle Wesen bis zum Erreichen des *Nirvana* Wiedergeburten und mehrfachen Tod erdulden müssen, weil ihr Handeln durch Unwissenheit und Begehren gelenkt wird und sie dadurch die „Saat" des *Karma* erzeugen. Solange sie die Bürde des *Karma* schaffen und tragen, ist ihre Wiedergeburt unvermeidlich. Die verbreitetste Formulierung des *Samsara* erkennt sechs Bereiche oder „Reiche des Daseins", in die man im Einklang mit seinem *Karma* wiedergeboren wird.

Der erste Bereich ist das Reich der Menschen. Er wird als die beste Daseinsform angesehen, weil nur Menschen in der Lage sind, das *Nirvana* zu erreichen. Die Predigten des Buddha ermahnen seine Zuhörer, die seltene und kostbare Gelegenheit einer menschlichen Geburt nicht zu verschwenden. Glücklich sind in der Tat diejenigen, die mit menschlicher Intelligenz und guter Gesundheit gesegnet sind und die die Lehren des Buddha, den Dharma, gehört haben.

Im zweiten Reich als Gottheit (*Deva*) in einen der Himmel hineingeboren zu werden – häufig werden 26 Himmel genannt, obwohl die Gesamtzahl schwankt –, wird für das Ergebnis eines sehr guten *Karma* gehalten. Nach buddhistischem Verständnis genießen himmelsgeborene Wesen ein äußerst erhabenes Umfeld. Im Himmel ist man von aller Arbeit befreit und darf alle weltlichen Freuden genießen. Das Problem der Himmel ist jedoch, dass sie die Sinne so sehr befriedigen, dass sie eine zu starke Anhaftung begünstigen und deshalb dem Wachstum der Erkenntnis und der spirituellen Praxis nicht gerade förderlich sind. Eine menschliche oder himmlische Wiedergeburt ist das einzige wünschenswerte Schicksal im *Samsara*.

Bei einer Wiedergeburt als Dämon (*Ashura*) hat man zwar einige übermenschliche Kräfte, doch wird man von Zorn gelenkt. Von Zeit zu Zeit greifen die Dämonen die Himmel an – ein weiterer Grund dafür, warum das Leben in diesen Reichen nicht vollkommen ist. Die asiatischen Buddhisten glauben, dass Dämonen imstande sind, Ärger für Menschen heraufzubeschwören, denn sie vermuten, dass einige Krankheiten durch Besessenheit von Dämonen verursacht werden.

Das vierte Reich ist das der ruhelosen Geister (*Pretas*), die in ihren vergangenen Leben den menschlichen Genüssen übermäßig zugetan waren und deshalb mit Körpern aus „zartem Gewebe" wiedergeboren werden. Die am häufigsten genannten *Pretas* sind die hungrigen Geister, die ihrer Familie, ihren Freunden und vor allem der buddhistischen Sangha gegenüber nicht großzügig genug gewesen sind. Die *Pretas* sind normalerweise unsichtbar, werden aber mit übergroßen Bäuchen und sehr schmalen Hälsen geboren – daher leiden sie unter einer extremen Unfähigkeit, ihren unersättlichen Durst und Hunger zu befriedigen. Mitfühlende buddhistische Laien und Mönche in der ganzen Welt bringen ihnen daher Nahrungsopfer dar, bevor sie selbst essen, und stellen sie außerhalb ihrer Häuser nieder, um etwaige in der Nähe lebende Hungergeister zu füttern. Noch drastischere Formen des Leidens müssen diejenigen erdulden, die infolge ihres negativen *Karma* im Reich der Hölle oder im Fegefeuer wiedergeboren

DIE *KLESHAS*

Im Zentrum des tibetischen Rads des Lebens (links) – einer Karte des *Samsara* – stehen drei Tiere als Verkörperung der Hindernisse oder Gifte (*Kleshas*), die Ursache dafür sind, dass alle Wesen *Karma* erzeugen und Wiedergeburten erdulden müssen. Das Schwein steht für Täuschung, der Hahn für Lust und die Schlange für Hass oder Ärger. Bis zur Überwindung der *Kleshas* werden alle Individuen in einem der sechs Daseinsbereiche wiedergeboren werden. Der abscheuliche Dämon, der das Rad umgibt, ist Yama, der Herr des Todes, der als Verkörperung der menschlichen Neigung, dem materiellen Dasein anzuhaften, interpretiert werden kann. Die ursprünglich indische Gottheit erscheint entweder persönlich oder schickt ihre Handlanger, um die Toten einzufordern und – laut der buddhistischen Vorstellung – den Prozess der karmischen Bestrafung zu überwachen. Yama wird manchmal auch mit Mara identifiziert, der den Buddha versuchte (siehe S. 34) und Begierde bei den Menschen erzeugen soll, um sie von ihrem spirituellen Pfad abzulenken.

Ein tibetischer Thangka *(ein Andachtsgemälde) des Lebensrades, das den menschlichen Kreislauf von Tod und Wiedergeburt zeigt.*

wurden. Es gibt zahlreiche Arten von Höllenregionen, darunter acht heiße und acht kalte Höllen. Jede von ihnen geht mit einer bestimmten Form des Leidens einher, wie extreme Hitze, Kälte, Zerfleischung oder Verspeisung bei lebendigem Leibe, und die Strafe für schlechte karmische Taten wird stets wiederholt. Bestimmte sittliche Verstöße können schreckliche Folgen haben, besonders Lügen, Diebstahl und Ehebruch. Buddhistische Lehrer benutzten die Angst vor der Wiedergeburt in der Hölle, um Gläubige zu gutem sittlichen Verhalten im Alltag anzuregen.

Die Wiedergeburt im Reich der Tiere wird in einigen Fällen mit der Wiedergeburt im Fegefeuer verglichen, weil Tiere aufeinander Jagd machen, ausschließlich instinktgetrieben handeln und nur bei seltenen Gelegenheiten gutes *Karma* erzeugen können. Die frühen Texte gestehen auch einigen Pflanzen eine primitive Form von Bewusstsein zu.

TEIL 2 • KAPITEL 2 *Todd T. Lewis*

Die „Vier Edlen Wahrheiten“

LEIDEN UND UNZUFRIEDENHEIT

Zu den frühesten und beständigsten Ausformulierungen der Lehren des Buddha gehören die Vier Edlen Wahrheiten. Sie stellen sozusagen eine Diagnose des menschlichen Daseins und verordnen eine Behandlung: den Pfad zum *Nirvana*. Die Biografien des Buddha offenbaren, dass er selbst durch Einsicht in diese Wahrheiten seine Erleuchtung erlangte.

Die in der Darlegung der Vier Edlen Wahrheiten benutzte medizinische Methodik der Diagnose, Verordnung und Behandlung trugen zu einem weiteren Beinamen des Buddha bei: Großer Heiler.

Die Erste Edle Wahrheit (siehe unten links) – dass alles Leben Leiden mit sich bringt – warnt den Buddhisten vor den unvermeidbaren Erfahrungen des sterblichen Daseins: körperliche und geistige Krankheit, Verlust von geliebten Menschen, körperlicher Verfall im Alter und unausweichlicher Tod. Die Wirklichkeit des Leidens war in der vormodernen Welt nur zu deutlich sichtbar. Die Zeit, in der der Buddha lebte, war von Kriegen und Elend gezeichnet, die Lebenserwartung war kurz, gut die Hälfte der Kinder starb, bevor sie das Alter von fünf Jahren erreicht hatte, Seuchen und Epidemien löschten große Teile der Bevölkerung aus.

Selbst Vergnügen und schöne Erlebnisse, so angenehm sie auch sein mögen, sind letztlich unbefriedigend, weil sie nur von kurzer Dauer sind. Die Menschheit ist in dem potenziell endlosen Kreislauf des *Samsara* gefangen und muss ein Leben nach dem anderen voller Leiden und Unzufriedenheit in allen Formen erdulden (die erweiterte Bedeutung von *Duhkha*). Der Buddha versichert, spirituelle Reife sei nicht möglich, solange man den unvermeidbaren Verfall und die Sterblichkeit leugne oder von den Leiden anderer keine Notiz nehme. Ebenso wie er vom Anblick der Vier Zeichen (siehe S. 28–29) zu spirituellem Handeln bewegt wurde, so müssten auch die Menschen die Wirklichkeit des Leidens aller Sterblichen deutlich erkennen, um Erleuchtung zu erlangen. Die angemessene buddhistische Erwiderung auf die Wahrheit des Leidens sei es, das beste aus den spirituellen Möglichkeiten der menschlichen Wiedergeburt zu machen sowie Mitgefühl (*Karuna*) und liebende Güte (*Maitri*) zu zeigen, um die Leiden aller anderen Wesen zu lindern.

Ein Entkommen aus dem *Samsara* und dem ewigen Leiden ist nur durch spirituelle Mittel möglich. Wenn Einzelne wie der Buddha der Schmerzen und der Fesseln des Lebens im *Samsara* müde werden, sind sie bereit, Befreiung

DIE ERSTE EDLE WAHRHEIT
„Was aber, ihr Mönche, ist die Edle Wahrheit vom Leiden? Geburt ist Leiden, Alter ist Leiden, Krankheit ist Leiden, der Tod ist Leiden; Schmerz, Kummer, Jammer, Trübsal und Verzweiflung sind Leiden. Die Begegnung mit dem Unangenehmen ist Leiden, die Trennung vom Angenehmen ist Leiden. Kurz gesagt, die fünf Faktoren der Individualität (*Skandhas*) sind Leiden.“

Ein modernes Wandgemälde aus einem buddhistischen Kloster in Nepal zeigt den Schmerz der verkörperten Existenz. Erst nachdem der Buddha die Wirklichkeit des Leidens gesehen und erkannt hatte, dass er und all seine geliebten Menschen dem Schicksal ausgeliefert waren, dem Leiden zu erliegen, beschloss er, sein Heim zu verlassen und nach einem Ausweg aus dem Samsara *zu suchen. Die Erkenntnis der Allgemeingültigkeit des Leidens im* Samsara *ist kennzeichnend für das fortgeschrittene spirituelle Verständnis eines Buddhisten.*

zu suchen, indem sie Zuflucht in den Drei Juwelen Buddha, Dharma und Sangha nehmen (siehe S. 36–37). Der im 7. Jahrhundert n. Chr. lebende Gelehrte und Dichter Santideva beschreibt in den Bodhicaryavatara („Eintritt in den Weg der Erleuchtung“) einprägsam die Alternative zur Suche nach einem Ausweg aus dem *Samsara*: „Sogar jemand, der Angst vor einer vorübergehenden Krankheit hat, würde den Rat des Arztes nicht ignorieren; um so weniger jemand, der in der Gewalt der vierhundertundvier Krankheiten ist, von denen auch nur eine die gesamte Bevölkerung Indiens auslöschen kann … Ich bin außerordentlich vorsichtig, wenn ich auf einem gewöhnlichen Felsvorsprung stehe. Wie viel vorsichtiger bin ich vor einem Abgrund von tausend Meilen durch die unermessliche Weite der Zeit?“

DAS BEGEHREN UND SEIN ERLÖSCHEN

DIE ZWEITE EDLE WAHRHEIT
„Dies, ihr Mönche, ist die Wahrheit der Entstehung des Leidens. Es ist dies der Durst oder das Verlangen, das zur Wiedergeburt führt, das an leidenschaftliche Freude gebunden ist und mal hier, mal dort neue Vergnügungen in Form des Durstes nach sinnlichen Vergnügungen, des Durstes nach Existenz und des Durstes nach Nicht-Existenz sucht.“

Die Zweite Edle Wahrheit besagt, dass die Ursache allen Leidens Begehren sei. Der gebräuchliche Begriff aus dem Sanskrit ist *Trishna*, was wörtlich „Durst“ oder „Verlangen“ bedeutet. Er weist daraufhin, dass alle Menschen nach Nahrung (über ihre natürlichen Bedürfnisse hinaus), Besitztümern, Macht und Sex dürsten. Der Buddha argumentierte, dass die Wurzel zu allen Leiden der Welt im Begehren liege. In den frühen buddhistischen Texten wird Samsara wie ein Fluss mit Hochwasser dargestellt, das die Menschheit hinwegreißt in Elend, Tod und Wiedergeburt. Dieses Hochwasser wird verursacht, weil wir unserem Begehren nachgeben. Die Lehren des Buddha werden mit dem Floß gleichgesetzt, auf das wir uns retten, dadurch die Strömung überwinden und das „andere Ufer“ oder *Nirvana* erreichen können.

Ein Text auf Pali argumentiert, dass das Begehren in unserer Welt so fest verankert ist, dass seine grundlegende Macht die frühe Evolution des Lebens auf der Erde bestimmt hat. Die ersten auf der Erde geborenen Wesen, so der Text, waren nicht materielle Wesen, „aus Geist geschaffen", die lange und glückselige Leben führten. Erst nachdem eines von ihnen eine süße Substanz von der Oberfläche der Erde gekostet hatte, wurde dieses Wesen von Verlangen ergriffen und begehrte mehr von dieser Substanz. Die anderen folgten bald seinem Beispiel, und ihr Glanz ging verloren, ihre Körper wurden solide, und Pflanzen sowie andere essbare Lebensformen traten auf. Schließlich wurde ihr Begehren so mächtig, dass sich die Geschöpfe in Männer und Frauen spalteten, sie erfanden zuerst Sex, dann kamen Diebstahl, Lügen und andere schädigende Handlungen, die schließlich zu der Welt führten, wie wir sie kennen.

Die Bedeutung, die der Buddhismus Leiden und Begehren zumisst, lässt einen gewissen Pessimismus über das menschliche Dasein vermuten. Doch das regelmäßige Erscheinen perfekter Buddhas in der Welt, die den Weg zur Befreiung von Leiden und Begehren lehren, sorgt für Hoffnung und Zuversicht. In den frühen Texten ist die Begierde Gegenstand sorgfältiger Analysen, da der Buddha gelehrt hatte, dass die Existenz jeglichen Begehrens das Erreichen des *Nirvana* verhindert. Die Macht des Begehrens, Menschen zu überwältigen, wird in Parabeln dargestellt: Wie Insekten, die vom Licht eines Lampendochtes angezogen werden und dadurch ihren Tod finden, hasten die Menschen, besessen von Verlangen, kopfüber voran und verpassen das wirklich Erstrebenswerte. Buddhistische Philosophen identifizierten drei Arten von Begehren – nach sinnlichem Vergnügen, nach Wiedergeburt und nach dem Ende der Wiedergeburten (eine subtile Form eines letzten Verlangens, das auf der Suche nach dem *Nirvana* aufgegeben werden muss). Sie spürten auch feinere Formen des Begehrens auf und kategorisierten sie nach ihrem jeweiligen Auslöser: bestimmte Anblicke, Geräusche, Gerüche, Geschmäcker, Berührungen oder Gedanken.

Frühe Buddhisten erkannten die Schwierigkeit, dem Ideal der Auslöschung jeden Begehrens zu folgen. Sie suchten einen Weg irgendwo zwischen dem verschwenderischen Leben des Prinzen im Palast und der extremen Askese seines jahrelangen Lebens im Walde. Für Buddhisten erfüllt der Körper die Aufgabe, Leben zu erhalten, und muss daher geachtet werden – der Mensch solle für ihn sorgen, ihn aber nicht lieben; Begehren muss ausgelöscht werden, aber ohne dabei den Körper zu schädigen. Buddhisten müssen Gelassenheit üben, sie jedoch nicht kultivieren.

Die Betonung der Begierde in der Zweiten Edlen Wahrheit verdeutlicht, warum der Buddhismus Verzicht und Distanz so sehr betont. Die fortgeschrittene buddhistische Lebensform bezieht den Verzicht auf die alltägliche Welt des Begehrens zugunsten der klösterlichen Gemeinschaft ein. Die Sangha wird genau aus diesem Grund als Zuflucht gesehen: Sie bietet dem Einzelnen die Möglichkeit, einfach zu leben und sein Begehren zu vergessen. Sie ist auch in dem Sinne eine Zuflucht, dass sie der kranken Menschheit im Namen des Buddha das „gute Heilmittel" seines Dharma verabreicht. In den fortgeschrittenen Stadien der buddhistischen Praxis muss auch der Wunsch nach Unterweisung in den Lehren des Buddha und sogar der Wunsch nach Erleuchtung aufgegeben werden, um das endgültige Ziel zu erreichen. Seit zwei Jahrtausenden steht die Figur des Buddha für Gelassenheit, Mitgefühl und „über den Dingen zu stehen".

DIE FEUERPREDIGT

Die Unvermeidbarkeit des Leidens, wenn das Begehren für den Menschen nicht kontrollierbar ist, wird durch eine der dramatischsten Lehren des Buddha erläutert – die „Feuerpredigt": „Mönche, alles brennt. Und was brennt? Mönche, das Auge brennt, sichtbare Formen brennen, das sichtbare Bewusstsein brennt, sichtbare Eindrücke brennen … Brennt womit? Es brennt mit dem Feuer des Begehrens, dem Feuer des Widerwillens, dem Feuer der Täuschung … Das Ohr brennt, Geräusche brennen … Die Zunge brennt, alles, was Geschmack hat, brennt … Der Körper brennt, fühlbare Materie brennt … Der Geist brennt, Ideen brennen, geistiges Bewusstsein brennt … Brennt womit? Es brennt mit dem Feuer des Begehrens, dem Feuer des Widerwillens, dem Feuer der Täuschung … Mönche, der Gelehrte und edle Anhänger, der die Dinge so sieht, wird leidenschaftslos gegen [all diese] Dinge … Wenn er erst leidenschaftslos ist, nimmt er Distanz ein; durch Distanz erfolgt die Befreiung."

GEGENÜBER *Die Hochzeit von Siddharthas Eltern, Shuddhodana und Mahamaya, auf den Wandgemälden, die das Leben des Buddha abbilden. Buddhai-Sawan-Kapelle, Bangkok, 18. Jahrhundert.*

NIRVANA

DIE DRITTE EDLE WAHRHEIT
„Dies, ihr Mönche, ist die Wahrheit vom Erlöschen des Leidens. Es ist das völlige Erlöschen dieses Verlangens, das Aufgeben, das Loslassen, die Ablehnung und die Befreiung von ihm, die Loslösung von ihm.“

Die Dritte Edle Wahrheit – dass die Beseitigung des Begehrens gleichzeitig das Leiden beseitigt – nimmt in knapper Form Bezug auf Kausalitätszusammenhänge als wesentlichem Schwerpunkt des Buddhismus. Das Muster eines Kreislaufs aus Ursache und Folge, bei dem Begehren zu weiterem Leiden führt, kann auch umgekehrt und schließlich kontrolliert werden, um die Erleuchtung oder das *Nirvana* zu ermöglichen. Der Buddhismus war aus der persönlichkeitsverändernden Erfahrung des *Nirvana* durch den Buddha und durch seinen mitfühlenden Wunsch entstanden, anderen zum Erreichen des *Nirvana* zu verhelfen.

Das Wort *Nirvana* selbst leitet sich von einem Verb im Sanskrit mit der Bedeutung „kühlen durch blasen“ ab und bezieht sich auf jemanden, der seine fieberhaften *Kleshas* („Hindernisse“ oder „Gifte“) wie Habgier, Hass und Täuschung „abgekühlt“ hat, die *Karma* schaffen und den Einzelnen im *Samsara*, der Welt der Wiedergeburt und des Leidens (siehe S. 56–61), festhalten. In buddhistischen Texten wird das Erreichen des *Nirvana* häufig mit dem Verlöschen eines Feuers verglichen. Nach dem altindischen Verständnis wurde eine gelöschte Flamme befreit, um in einen diffusen, unbewegten und ewigen Zustand zurückzukehren. Mit dem *Nirvana* sind ähnliche Vorstellungen verbunden, obwohl es meist als jenseits aller Zustände der Existenz beschrieben wird.

Sowohl Männer als auch Frauen können das *Nirvana* durch die Förderung von *Prajna* erreichen, was oft als „Weisheit“ wiedergegeben, aber vielleicht besser mit „Erkenntnis“ übersetzt wird: Es bezieht sich nämlich auf die aktive Fähigkeit spirituellen Urteilsvermögens, „das Einsichtnehmen“ in die wahre Natur der

ERFAHRUNGEN DER ERLEUCHTUNG

Das *Nirvana* ist bekanntermaßen unbeschreibbar, aber praktizierende Gläubige aller Traditionen haben oft mit großer Schönheit und Eloquenz versucht, in Worte zu fassen, wie sie ihre Erleuchtung erlebt haben. In den frühen Therigatha (siehe S. 132) schrieb die Nonne Patachara: „Nachdem ich meine Füsse gewaschen habe, beobachte ich das Wasser, wie es im Abfluss verschwindet; das beruhigt mich und mein Geist ist gezähmt, als wäre er ein edles Volblutpferd. Ich nehme eine Lampe, betrete meine Zelle; ich denke an Schlaf, ich setze mich auf mein Bett. / Mit einer Nadel lösche ich den Docht. Die Lampe geht aus: *Nirvana*. Mein Geist ist befreit.“

Der berühmte tibetische Meister Milarepa (1052–1135) beschrieb es so: „Seit langem gewöhnt an das Nachsinnen über liebende Güte und Mitgefühl / habe ich alle Unterschiede zwischen mir selbst und den anderen vergessen .../ Gewöhnt ... an die Meditation über dieses und meine künftigen Leben als eines / habe ich die Furcht vor Geburt und Tod verloren. / Seit Langem gewöhnt daran, meinen Geist auf den Körper des Dharma zu richten / habe ich die herkömmlichen und künstlich geschaffenen Gebräuche vergessen.“

Einen eindringlichen Bericht gibt der Zen-Meister Sokei-an Sasaki (1882–1945): „Eines Tages löschte ich alle meine Vorstellungen aus meinem Geist. Ich gab alles Begehren auf. Ich warf all die Worte ab, mit denen ich dachte, und war in Frieden. Ich fühlte mich ein wenig sonderbar – als ob ich in etwas hineingetragen würde oder als ob ich eine mir unbekannte Macht anfassen würde – und ssssstt! ... ich war eingetreten. Ich verließ die Grenzen meines sichtbaren Körpers. Ich hatte natürlich meine Haut, aber ich fühlte mich, als ob ich im Zentrum des Kosmos stünde. Ich sprach, aber meine Worte hatten alle Bedeutung verloren. Ich sah Menschen auf mich zugehen, aber alle waren dieselbe Person. Alle waren ich! Ich hatte diese Welt nicht gekannt. Ich hatte gedacht, ich sei geschaffen, aber nun musste ich meine Meinung ändern: Ich war niemals geschaffen worden, ich war der Kosmos, Herr Sasaki als Individuum existierte nicht.“

Wirklichkeit, die von Leiden, Unbeständigkeit und „Nicht-Selbst“ – den drei Merkmalen des Daseins (siehe S. 64–65 und 74–75) – gekennzeichnet ist.

Die vollständige Entwicklung des *Prajna* ist für die Erleuchtung wesentlich, diese Ansicht wird von allen buddhistischen Schulen geteilt. Der Begriff „Erleuchtung“ drückt aus, wie die Vollkommenheit des *Prajna* Unwissenheit auslöscht und es dem Geist ermöglicht, die Wirklichkeit klar zu sehen.

Der Erleuchtete tritt mit seinem Tod in das *Paranirvana* („Vollkommenes Nirvana“) ein, obgleich die Texte besagen, dass dieser Zustand nach dem Tod streng genommen jenseits jeglicher Beschreibung liegt. *Nirvana* ist sowohl mit negativen als auch mit positiven Begriffen beschrieben worden: ein Reich, wo es weder Sonne noch Mond gebe, das weder komme noch gehe; ohne Ursache; ein unpersönlicher Zustand, der jede Individualität übersteige. Im positiven Sinn wird das *Nirvana* jedoch manchmal als ewig, ruhig, rein und unsterblich beschrieben. Buddhistische Philosophen erkannten das *Nirvana* als die einzige Wirklichkeit im Kosmos an. Es ist keine, wie fälschlicherweise von frühen westlichen Übersetzern geschilderte „Auslöschung“, eine extreme Haltung, die vom Buddha abgelehnt wurde. Eine einflussreiche Definition des *Nirvana*, die in der Mahayana-Tradition angewendet wird, ist das bekannte Diktum des im 2. Jahrhundert n. Chr. lebenden Philosophen Nagarjuna (siehe auch S. 140–141): „Es gibt nicht den kleinsten Unterschied zwischen *Samsara* und *Nirvana*.“ Letztendlich ist das *Nirvana* jenseitig von allen Zuständen, einschließlich jeglicher „Andersartigkeit“.

Eine Kolossalstatue des Buddha, die zeigt, wie er zurückgelehnt das vollkommene oder endgültige Nirvana *erreicht. Diese als Manuha Paya bekannte gewaltige Statue befindet sich unter den buddhistischen Gebäuden in Pagan, Burma (Myanmar), die 849 n. Chr. am Ufer des Irrawaddy erbaut wurden.*

DER „EDLE ACHTFACHE PFAD“

DIE VIERTE EDLE WAHRHEIT
„Dies, ihr Mönche, ist die Wahrheit vom Weg, der zum Erlöschen des Leidens führt. Es ist dieser Edle Achtfache Pfad, der besteht aus: rechter Anschauung, rechter Gesinnung, rechter Rede, rechtem Handeln, rechtem Lebensunterhalt, rechtem Streben, rechter Achtsamkeit, rechtem Sich-Versenken.“

Die Vierte Edle Wahrheit stellt eine Anweisung zur Auslöschung des Begehrens bereit: den Edlen Achtfachen Pfad. Die acht in dieser Vorstellung umrissenen Ideale bieten ein probates „Heilmittel“ gegen den unaufhörlichen Kreislauf von Wiedergeburt, Leiden und Tod.

Die Ideale des Achtfachen Pfades werden traditionell in drei Kategorien unterteilt (siehe S. 72–79), die den fortschreitenden Weg zum *Nirvana* kennzeichnen: Moral (rechte Rede, rechtes Handeln, rechter Lebensunterhalt), Meditation (rechtes Streben, rechte Achtsamkeit, rechtes Sich-Versenken) und die Kultivierung des *Prajna*, Weisheit oder Einsicht (rechte Anschauung, rechte Gesinnung). Dies unterscheidet den Buddhismus von anderen Weltreligionen, deren Glauben eng mit der Vorstellung eines transzendenten Schöpfergottes und der Unsterblichkeit der Seele verbunden ist.

Der Buddha stellte den Achtfachen Pfad als eine praktische, zielorientierte Anleitung dar und drängte seine Anhänger, sich nicht in müßigen Spekulationen oder reinem Intellektualismus zu verlieren. In einer berühmten Parabel, „Der Giftpfeil“, beschrieb er das Problem eines Mannes, der von einer vergifteten Pfeilspitze getroffen wird. Der Mann will zunächst herausfinden, wer der Schütze und wie der Pfeil genau beschaffen war. Der Buddha erklärte, der Mann könne nur überleben, wenn er sich mit der ihm unmittelbar drohenden tödlichen Gefahr rasch und auf praktische Weise befasse – indem er das tödliche Gift sofort entfernt. Der Buddha warnt seine Anhänger davor, ihre eigene spirituelle Kraft zu vergeuden, wenn sie wertvolle Zeit mit unnützen philosophischen Spekulationen verschwenden würden (siehe auch S. 191).

Aus diesem Grund lehrte der Buddha seine Anhänger, pragmatische Lehrer zu sein und anzuerkennen, dass es viele verschiedene Arten von Menschen gebe und dass jeder Einzelne einen unterschiedlichen, von seinem *Karma* bestimmten Status habe. Abhängig davon, ob es sich um eine „gewöhnliche Person“, einen „Lerner“ oder einen „Eingeweihten“ handle, müsse jeder auf unterschiedliche Weise unterwiesen und auf den Pfad des Buddha geführt werden. Die Überlieferung besteht mit Nachdruck darauf, dass ungeachtet der Stufe, auf der sich ein Mensch befindet, die Gelegenheit einer menschlichen Geburt nicht vergeudet werden darf und daher ein zweckerfülltes Leben geführt werden sollte. Alle Buddhisten hoffen, ins *Nirvana* einzugehen, wenn nicht in diesem Leben, dann in einer künftigen Wiedergeburt.

Der Buddha sagte: „Solange meine Vorstellung von wahrem Wissen nicht vollständig klar war, habe ich im Hinblick auf die Vier Edlen Wahrheiten nicht beansprucht, die vollkommene Erleuchtung erlangt zu haben“. Durch das Fortschreiten des Buddhisten auf dem Weg zur Erleuchtung vertieft er gleichzeitig auch das Verständnis der Vier Edlen Wahrheiten durch Meditation und kritische Reflexion. Die reine Kenntnis der Elemente des Weges, sei sie auch intellektuell noch so hochstehend, ist nicht ausreichend. Nur wer dem Pfad folgt und sein Verständnis eines jeden Elements vertieft, wird das *Nirvana* erreichen.

STUFEN DES PFADES

Es gibt mehrere Stufen, dem die „Eingeweihten" auf dem Pfad zum *Nirvana* zugeordnet werden: Die erste ist die desjenigen „der den Strom betritt", der die Illusion des Selbst erkennt und nicht an dem Weg des Buddha zweifelt. Infolgedessen wird er nicht mehr als sieben weitere menschliche Wiedergeburten zu erwarten haben, bevor er ins *Nirvana* eingeht. In einem fortgeschritteneren Stadium wird der Gläubige ein „einmal Wiedergekommener" sein – jemand, dessen hoch entwickeltes *Prajna* bedeutet, dass er oder sie nur noch ein weiteres menschliches Leben erfahren wird.

Sowohl im Theravada- als auch im Mahayana-Buddhismus ist die höchste Seinsform ein *Buddha*. In der Theravada-Tradition haben der *Buddha* wie auch der *Arhat* (der erleuchtete Anhänger) ein voll entwickeltes *Prajna*, teilen dieselbe Erkenntnis des *Nirvana* und gehen bei ihrem Tod ins *Paranirvana* (d.h. das Ende der Wiedergeburten) ein. Ein *Buddha* ist jedoch im Unterschied zu den meisten *Arhats* mit einer ganzen Reihe übernatürlicher Kräfte und der Verpflichtung zur Lehre ausgestattet. Im Gegensatz zum Theravada betrachtet das Mahayana das *Nirvana* eines *Arhats* nur als vorläufiges Erwachen und das *Nirvana* eines *Buddha* als das eigentliche Endziel eines jeden Buddhisten. Das Mahayana legt überdies großen Wert auf den *Bodhisattva*, das mitfühlende Wesen beim Übergang zum *Buddha* (siehe auch S. 88–93).

Ein seidenes chinesisches Banner aus dem 17. oder 18. Jahrhundert, das eine Gruppe buddhistischer Lohan (Arhats) *darstellt, die die Geburt des nächsten Buddha, Maitreya (Mile Fo in China), erwarten. Die Figur des* Arhat *erfreute sich in China großer Beliebtheit und wurde von manchen mit den taoistischen Figuren gleichgesetzt, die als die Acht Unsterblichen – eine Gruppe „vollkommener Menschen" – bekannt sind.*

TEIL 2 • KAPITEL 3 *Todd T. Lewis*

DER WEG DES BUDDHA

MORAL

Der Edle Achtfache Pfad ist die wichtigste Zusammenfassung buddhistischer Praxis und umreißt die notwendigen, schrittweisen Mittel zum Erreichen des *Nirvana*. Der Achtfache Pfad wird gewöhnlich als die Pflege von Moral (*Shila*), Meditation (*Samadhri*) und Einsicht oder Weisheit (*Prajna*) verstanden (siehe S. 70). Es wird betont, dass ethischer Fortschritt die Grundlage zu erfolgreicher Meditation ist und dass das Maß erfolgreicher Meditation die Entwicklung und Vervollkommnung von Einsicht oder Weisheit ist. Im Visuddhimagga („Dem Pfad der Reinheit") nennt der im 5. Jahrhundert n. Chr. lebende Kommentator des Theravada, Buddhaghosa, Moral und Meditation die beiden „Beine" des Buddhismus, auf denen der „Körper" befreiender Einsicht steht.

Die Stufen, aus denen sich der Achtfache Pfad zusammensetzt, unterstreichen die Bedeutung der Praxis im Buddhismus, ob im grundlegenden Ziel der Verbesserung moralischer Standards, des rechten Verhaltens und des materiellen Wohlergehens der Gesellschaft oder im fortgeschrittenen Ideal, das von Begehren gelenkte Verhalten auszulöschen, die Erkenntnis neu zu strukturieren und schließlich Erleuchtung zu erlangen.

Shila oder die moralische Praxis (rechte Rede, rechtes Handeln, rechter Lebenserwerb) ist der Ausgangspunkt des buddhistischen Pfads. Ohne ethische Rechtschaffenheit kann man dem *Nirvana* nicht näher kommen, oder – im Sinne des *Karma* formuliert – wenn man unmoralisch handelt, kann man das positive Gleichgewicht des *Karma* nicht herstellen, das zum Erreichen fortgeschrittener Stadien auf dem Pfad notwendig ist. Positiv ausgedrückt betont die buddhistische Morallehre, dass es weise sei, Distanz, Urteilsvermögen und Mitgefühl (*Karuna*) zu kultivieren.

Buddhistische Moral hängt von der Beachtung dreier Bereiche menschlichen Verhaltens ab: Handeln, Rede und Lebensunterhalt. „Rechtes Handeln" impliziert vor allem, nicht zu töten, nicht zu stehlen und keinem anderen Wesen zu schaden. Jede dieser Taten führt zu negativen karmischen Folgen, vergiftet den Geist und schafft im Individuum eine Veranlagung für künftige unmoralische Handlungen (siehe S. 60–61). Nur beabsichtigte Handlungen ziehen jedoch Folgen für das *Karma* nach sich. Wenn beispielsweise jemand auf einen Wurm tritt, ohne es zu merken, hat derjenige keine Handlung ausgeführt, die die Ansammlung von *Papa* (Unwürdigkeit) zur Folge hat. Wenn jemand etwas mit Absicht tut, ist es ein unmoralischer Akt.

Diskussionen über die rechte Rede in den buddhistischen Texten prangern die negativen Folgen harter und frivoler Worte für den Geist an. Der Inhalt der

DIE FÜNF REGELN

Die Fünf Regeln beinhalten den ältesten buddhistischen Moralkodex, der sich aus dem Achtfachen Pfad ableitet. Sie werden in Ritualen regelmäßig von Mönchen und Laien gesungen und als allgemein gültige, auf jeden zutreffende Ideale verstanden. Die Regeln umfassen:

1. **Keine bewusste Zerstörung von Leben.**
2. **Kein Diebstahl.**
3. **Kein sexuelles Fehlverhalten.**
4. **Keine Lügen.**
5. **Keine Berauschung.**

Ein Paar opfert Weihrauch in einem buddhistischen Tempel in Ho-Chi-Minh-Stadt, Vietnam. Solche Opfergaben werden als Akt der Großzügigkeit gesehen, was zusammen mit den Fünf Regeln (siehe „Die Fünf Regeln“ gegenüber) die Grundlage rechten moralischen Handelns bildet.

Worte, die wir aussprechen, ist wesentlich. Schweigen ist besser als Klatsch und andere potenziell schädliche „Sprechakte“. Denn diese können zu menschlichem Leid führen, während sie den Geist gleichzeitig zu falschem Verständnis und falschem Begehren verleiten.

Der rechte Lebensunterhalt bezieht sich ganz offensichtlich auf Beschäftigungen, die dem spirituellen Fortschritt – sei es dem eigenen oder dem anderer – zuträglich sind. Gifte oder Rauschmittel zu verkaufen hat dieselbe negative karmische Konsequenz, wie wenn man andere regelmäßig zu unmoralischen Handlungen verleitet. Vor allem sollten Buddhisten nicht nach Berufen oder Beschäftigungen streben, die das Töten anderer Wesen erfordern – es ist ihnen nicht gestattet, Metzger, Jäger oder Henker zu sein.

Sobald sie das Leben des Buddha als Vorbild nehmen, der auf seinen fürstlichen Reichtum und alle Annehmlichkeiten verzichtet hat, um sich auf die spirituelle Suche nach der Wahrheit zu begeben, verpflichten sich Mönche und Nonnen zu einem einfachen Lebensstil mit geringem materiellem Besitz (siehe S. 98–99). Das Streben nach Wohlstand kann die karmischen Früchte von verdienstvollen Handlungen in vergangenen Leben beinhalten, und Überfluss bietet die Gelegenheit zu weiteren wohltätigen Handlungen im jetzigen Leben. Andererseits muss sich der Reiche natürlich bewusst sein, dass seine materiellen Besitztümer übermäßige Anhaftung sowie maßloses Begehren fördern und ihn von seinem spirituellen Pfad ablenken könnten.

MEDITATION

Auf dem Edlen Achtfachen Pfad beziehen sich rechtes Streben, rechte Achtsamkeit und rechtes Sich-Versenken auf die Meditation – der Begriff umfasst mannigfaltige Techniken und Traditionen der Beschäftigung mit dem Geist. Die Praxis der Meditation ist wesentlich für die Entwicklung geistiger Klarheit, für Einsicht in die Bedingtheit der Wirklichkeit, für die Freiheit von negativen Zuständen und letztendlich für das *Nirvana*.

Eine vergoldete Statue des Buddha, der sich mit geschlossenen Augen in innerer Versenkung befindet. Die Statue steht in der aus dem 14. oder 15. Jahrhundert stammenden Shwedagon-Pagode in Rangun, dem heiligsten Schrein Burmas. Bei der buddhistischen Meditation soll Übung die „Erfahrung einer Erfahrung" verlangsamen können. Die letzte Stufe dieser Übungen ist die Betrachtung „geistigen Gehalts", die dazu führt, dass der Meditierende die Begriffe von Buddhas Lehre intensiv wahrnimmt: Anhaftung, Muster von Ursache und Wirkung im Bewusstsein sowie Mittel der Befreiung.

Meditation beruht auf der Entwicklung von Achtsamkeit (siehe S. 82–83) und auf den zwei Schlüsselelementen „Sich-Versenken" und „Einsicht". Auf dem Achtfachen Pfad bezeichnet „rechtes Sich-Versenken" die Praxis der Trancemeditation (*Samadhi*). In dieser Technik wurde der Buddha von seinen beiden Lehrern unterwiesen. Dabei konzentriert sich der Meditierende auf einen bestimmten Gegenstand, um den Gegensatz zwischen „Selbst" und „Umwelt" aufzulösen. Es besteht jedoch das Risiko, dass der Meditierende den glückseligen Zuständen (*Dhyanas*) zu sehr anhaftet, die im *Samadhi* (siehe S. 80) erfahren werden, und so vom Erreichen des *Nirvana* abgelenkt wird.

Die wichtigste Form der Geistesübung ist die vom Buddha selbst entwickelte „Einsichtsmeditation" (*Vipasyana*), die den Geist disziplinieren und gleichzeitig eine tief gehende Klarheit über die Natur der Wirklichkeit fördern soll. „Rechte Achtsamkeit" bringt sorgfältige Aufmerksamkeit für die „drei Zeichen der Existenz", die zur körperlichen Erfahrung eines jeden Menschen zählen, mit sich: Leiden (*Duhkha*), Unbeständigkeit (*Anitya*) und Nicht-Selbst (*Anatman*). Die Beachtung und das Verständnis von Letzteren hat eine zweifache Folge – es fördert die Nicht-Anhaftung (denn wenn die „Seele" nicht existiert, gibt es auch keinen Anlass zur Anhaftung), die das Begehren stillt, und die spirituelle Einsicht (*Prajna*), die Unwissenheit (*Avidya*) vertreibt.

In jeder Form der *Vipasyana*-Meditation bewegt sich der Meditierende von einem einfachen Bewusstsein über die Existenz eines besonderen Vorgangs (wie etwa die Atmung), über ein „unverhüllte Aufmerksamkeit" genanntes Stadium (siehe Kasten gegenüber) zu einer höheren Ebene namens „klares Verständnis". Dort hinterfragt er das Phänomen in der Kette von Ursache und Wirkung und sieht genau, wie der Prozess verläuft, der den Einzelnen an Begehren und Unwissen bindet. Der Meditierende bewegt sich dann weiter zu kontemplativen Gefühlen, indem er Notiz nimmt von ihrer Existenz, wie sie sich aus Ursachen heraus entwickeln und wie sie unser Dasein bedingen. Der Blick des Meditierenden wendet sich dann nach und nach der Betrachtung zu, wie Wahrnehmungen und Gefühle wiederum unseren Geisteszustand beeinflussen können.

DIE ATMUNGSMEDITATION DES *VIPASYANA*

In der gesamten modernen buddhistischen Welt gilt *Vipasyana* (auf Pali *Vipassana*) als die wichtigste Form der Meditation, sie wird gemeinhin mit „Einsichtsmeditation" übersetzt. Die frühen Übungsstadien zielen auf die Versenkung in den Körper ab, beginnend mit der Atmung, mit Körperhaltungen, Körperteilen, den vier Elementen im Körper, und sie enden mit den „Friedhofsbetrachtungen", die die Beobachtung verfallender menschlicher Körper nach dem Tode beinhalten (siehe „Nachsinnen über die Toten", S. 83).

Bei der *Vipasyana*-Meditation nimmt der Meditierende zunächst eine bequeme Körperhaltung ein, im Lotossitz auf einem Kissen am Boden oder auf einem Stuhl mit gerader Lehne. Dann schließt er die Augen und versucht, seine eigene Atmung bewusst wahrzunehmen und seinen Geist darauf zu fokussieren. Die meisten Lehrer schlagen vor, sich auf das Gefühl des Einatmens zu konzentrieren und knapp unter den Nasenlöchern auszuatmen, eine „Ankererfahrung", zu der man zurückkehren kann, sobald sich der Geist – was unweigerlich geschieht – ablenken lässt.

Diese Art der Meditation soll die gesamte Aufmerksamkeit auf die „drei Kennzeichen des Daseins" (siehe Haupttext) lenken. Jedes unangenehme Gefühl im Körper wird vom Meditierenden umgehend verspürt. Das Phänomen der Unbeständigkeit drückt sich unmittelbar durch die andauernden Bewegungen des Zwerchfells und dem sich stetig verändernden Strom der Gedanken aus. Nicht-Selbst wird vermittelt, sobald der Meditierende entdeckt, dass es keinen Mittelpunkt gibt, von dem aus er sich trotz seiner Willensanstrengung auf seine Atmung konzentrieren kann.

Eine tibetische Nonne bei der Meditation. Das Leben im Freien soll helfen, erhabene Stadien von Bewusstsein zu erlangen.

WEISHEIT

Der Achtfache Pfad des Buddha enthält zwei Mittel zum Erreichen des *Nirvana*: die rechte Anschauung und die rechte Gesinnung. Die rechte Anschauung wird traditionell als gründliche Kenntnis und Annahme der Vier Edlen Wahrheiten verstanden (siehe S. 64–71). Die rechte Gesinnung meint eine positive Einstellung und einen Geist, der frei von Gier, Böswilligkeit, Hass und Grausamkeit ist. Rechte Anschauung und rechte Gesinnung stehen an erster und zweiter Stelle des Achtfachen Pfades. Doch es ist wichtig, sich den Achtfachen Pfad nicht als linear verlaufenden Prozess vorzustellen, bei dem man von einem Schritt zum nächsten geht. Es handelt sich vielmehr um ein Gesamtprogramm, bei dem alle acht Bestandteile gleichzeitig geübt werden. Daher wird der Achtfache Pfad auch häufig mit „Achtfältiger Pfad" übersetzt.

Wie erfolgreich ein Gläubiger den Achtfachen Pfad befolgt, wird vor allem am Entwicklungsstand seiner *Prajna* gemessen. Dieser Begriff wird oft mit „Weisheit" übersetzt, im Sinne von existenziellem Wissen, das sich aus der meditativen Erfahrung ergibt. Er bezeichnet aber auch die Fähigkeit, die Wahrheit der buddhistischen Lehren zu begreifen. Daher lautet eine andere Übersetzung „Einsicht": Sie betont das Vermögen, in die grundlegende Wahrheit einer jeden Situation „hineinzusehen", beispielsweise im Sinne der „drei Zeichen des Daseins". Diese drei „Zeichen" oder „Eigenschaften" – Leiden, Unbeständigkeit und Nicht-Selbst – gelten zu jeder Zeit und an jedem Ort. *Prajna* gestattet es, die Wirklichkeit zu sehen und nicht der Habgier, der Lust oder dem Ärger zum Opfer zu fallen – ganz gleich, in welcher Situation man sich befindet. Wenn man jedes dieser Daseinsmerkmale wahrhaftig begreift, ist man der buddhistischen Sichtweise der höchsten Wahrheit sehr nahe.

Die Welt klar zu sehen bedeutet, seine eigene Sterblichkeit oder das Leiden, dass alle Wesen im *Samsara* trifft, nicht zu verleugnen. Die Erkenntnis der Allgemeingültigkeit dieser existenziellen Tatsache öffnet den geübten Geist dafür, die Notwendigkeit von Mitgefühl einzusehen, sowohl, um Menschen in Bedrängnis zu Hilfe zu kommen, als auch, um die Anhaftung an den eigenen, unweigerlich sterblichen Körper zu untergraben.

Wenn wir verstehen, dass unsere sichtbare Welt im Fluss ist, wird deutlich, dass es keinen Grund für Begehren oder Anhaftung gibt: Kein „Ding" existiert wirklich. Wir versuchen, die Wirklichkeit durch Worte in unveränderliche Denkeinheiten zu „pressen", das führt jedoch nur zu weiterer Verwirrung. Allein die meditative Erfahrung erlaubt es, hinter die oberflächliche Täuschung zu sehen und damit *Prajna* zu fördern.

Diese tibetische Bronzefigur aus dem 12. Jahrhundert zeigt Manjushri, den Bodhisattva *der Weisheit, in der Form, in der er am häufigsten dargestellt wird – ein Buch und ein Schwert haltend. Die Bronze ist mit Einlegearbeiten aus Kupfer, Silber und Türkis verziert. Das Schwert ermöglicht die Überwindung von Hindernissen, die der Erleuchtung im Weg stehen, wie etwa Täuschung.*

DIE NEUDEFINITION DES MENSCHEN

Durch die Ablehnung der Vorstellung einer unsterblichen Seele sahen sich die Buddhisten gezwungen, zu erklären, was denn dann ein menschliches Wesen ausmache. (Um die Idee von Beständigkeit, mit der der Begriff „Wesen“ in der westlichen Philosophie verbunden ist, zu vermeiden, benennen Buddhisten den Menschen auch als „menschliches Werden“, um so die ständigen Veränderungen anzudeuten, denen er ausgesetzt ist.) In der Achtsamkeits-Meditation werden zwei Schemata verwendet. Das erste legt den Schwerpunkt auf den Körper. Es gibt eine Liste mit „zweiunddreißig Bestandteilen“ des Körpers. Sie umfasst Haare, Zähne, Finger- und Fußnägel, Knochen, Fleisch, innere Organe, aber auch Körperflüssigkeiten wie Magensäfte oder Schleim. Der Meditierende ist angwiesen, die Gegenwart jedes dieser Bestandteile als Teil „seiner selbst“ zu überdenken. Zweck der Übung ist nicht, sich mit abstoßenden Bestandteilen eines lebenden Wesens zu befassen, sondern den Geist dazu zu bewegen, die untereinander abhängige Natur des Menschen zu verstehen.

Die zweite Liste umfasst die fünf *Skandhas* („Haufen“): die äußere Form (*Rupa*), die aus einer Kombination der vier Elemente (Erde, Wasser, Feuer, Luft) besteht; Gefühle (*Vedana*), die von Sinneserfahrungen herrühren; Wahrnehmungen (*Samjna*), die von Sinnen in die Kategorien gut, schlecht oder neutral eingeteilt werden; Willensäußerungen (*Samskaras*), die den *Karma* erzeugenden Willen mit geistigen Handlungen verbinden; und das Bewusstsein (*Vijnana*), das entsteht, wenn Geist und Körper in Kontakt mit der Außenwelt kommen. Achtsamkeits-Meditation arbeitet sich nach und nach durch jede der fünf *Skandhas*, mit dem Ziel, das menschliche Bewusstsein zu analysieren, zu verstehen und schließlich zu verändern.

Das dritte „Zeichen“ des Daseins, *Anatman*, hat mehrere Bedeutungen. Im Gegensatz zu den Hinduisten glauben Buddhisten nicht an eine unsterbliche Seele. Die Weigerung, eine unveränderliche Seele anzuerkennen, entspricht natürlich der Lehre von der Unbeständigkeit. Die Achtsamkeits-Meditation zeigt dem Individuum, dass es „im Inneren“ keine beständige Einheit gibt. In diesem Sinne kann *Anatman* als „Nicht-Ich“ verstanden werden. Auf die falsche Vorstellung vom Mittelpunkt des Selbst (oder der „Ichbezogenheit“) zu verzichten, die Grundlage jeder Selbst-Anhaftung, ist befreiend. Die Achtsamkeits-Meditation, die das *Prajna* fördert und die Wirklichkeit des Ich untergräbt, ermöglicht es Menschen, ihre eigene Erfahrung grundlegend zu erneuern. Das heißt, die enorme Energie, die Individuen normalerweise zur Schaffung fester Grenzen für ihr „Selbst“ aufwenden – „um ihre Egos zu stärken“, um sich selbst mit „Verteidigungsmechanismen“ zu bewaffnen –, kann nun für andere Zwecke freigesetzt werden. Aus der Perspektive der Lehren des Buddha hat die befreite Energie die Macht, weltlichem Begehren zu entsagen und auf die Erleuchtung hinzuarbeiten. Diese umgewandelte Energie erkärt auch das grenzenlose Mitgefühl der Heiligen.

Wie verhalten sich Meditation und Entwicklung des *Prajna* zur Erzeugung von *Karma* und zum Prozess, durch den das *Nirvana* erreicht werden kann? Solange *Karma* vorhanden ist (siehe S. 60–61), muss es „reifen“ – angesammelte karmische Folgen führen unvermeidlich zur Wiedergeburt. Und solange es künftige Wiedergeburten gibt, kann das *Nirvana* nicht erreicht werden. Buddhistische Philosophen und Gelehrte haben dargelegt, dass die Praxis der Meditation und die Entwicklung von *Prajna* dieses Problem überwinden können. Auf den unteren Stufen des Pfades zum *Nirvana* dient die Meditation dazu, für den praktizierenden Gläubigen gutes *Karma* zu erzeugen. Die Meditation selbst ist bereits eine Handlung, die Verdienst erzeugt. In dem Maß, in dem die Meditation die *Kleshas* einer Person – Habgier, Täuschung und Ärger – schwächt, motiviert sie den Einzelnen zu rechtem Handeln, während sie gleichzeitig das folgende negative *Karma* verringert. Aber für fortgeschrittene Praktizierende ist die Kultivierung von Meditation und *Prajna* auch imstande, die „Saaten" vergangenen *Karmas* „zu verbrennen".

Die „gute Nachricht" im Dharma des Buddha besagt, dass es Menschen möglich ist, sich durch Meditation zu verändern und befreit zu werden. Wenn sie in der gründlichen Entwicklung von *Prajna* einen Quantenpunkt erreicht haben, führt dies zu einem Durchbruch, denn dann ist vollständige Loslösung erreicht, das *Karma* wird ausgelöscht und ein Zustand von außergewöhnlicher geistiger Klarheit kann erfahren werden. Die Texte nennen diesen Zustand *Samyaksambodhi* („absolut vollkommene" oder „perfekte" Erleuchtung) – er kann mit Worten nicht beschrieben werden, außer sehr unzureichend als Glückseligkeit und Erfahrung wahrer Freiheit. Der Begriff, den die japanische Zen-Tradition benutzt, mag für Menschen aus dem Abendland vertrauter sein: *Satori*.

So ist *Prajna* eine zum Erreichen der Erleuchtung notwendige Fähigkeit, die für alle buddhistischen Schulen wesentlich ist. Die Anhänger des Theravada sehen *Vipasyana*-Meditation als die bedeutendste Praxis zur Entwicklung des *Prajna* an: Der himmlische *Bodhisattva* Manjushri beispielsweise (siehe Abbildung S. 76) wird gewöhnlich dargestellt, wie er ein Schwert schwingt, das Illusion und Ignoranz durchtrennt. Sein Schwert symbolisiert *Prajna*; er handhabt es mit großer Kühnheit, um alles durchzuschneiden, was uns von der Erleuchtung abhalten kann. Andere himmlische *Bodhisattvas* werden oft mit einem „dritten Auge" auf der Stirn dargestellt, das ihre außergewöhnlich machtvolle spirituelle Einsicht repräsentiert.

Dieses tibetische Gemälde (o. J.) eines Beerdigungsrituals stellt die fünf himmlischen Buddhas dar, die gemeinsam die erhabene Weisheit des Buddha und seiner Lehren repräsentieren. Jeder Buddha wird durch eine bestimmte Farbe mit einem der fünf Skandhas *(siehe Kasten S. 77) und mit einem Persönlichkeitsmerkmal verbunden, das er auf dem Weg zur Weisheit zu überwinden hilft. Gelb ist Ratnasambhava („geboren aus einem Juwel"), der Gefühle und Böswilligkeit repräsentiert; weiß ist Vairochana („glänzend"), der Form und Täuschung repräsentiert; blau ist Akshobhya („unbeirrbar"), der Wahrnehmung und Zorn repräsentiert; rot ist Amitabha („unendliches Licht"), der Bewusstsein und Habgier repräsentiert; und grün ist Amoghasiddha („unfehlbare Macht"), der geistige Haltungen und Neid repräsentiert.*

Die Schule des Mahayana beschreibt den Pfad des *Bodhisattva* in Bezug auf *Prajna*, da dieser Begriff den Gipfel der Perfektion (*Paramita*) auf dem Pfad zum *Buddhatum* darstellt. Die Philosophen des Mahayana argumentieren, dass *Prajna* uns erlaubt, die Welt ruhig und klar als Leere zu sehen – Nichtigkeit zu besitzen, sodass es „nichts" gibt, dem man anhaften könnte. Der Pfad des Mahayana zur Erleuchtung und dem Leben jenseits davon wurde in einer traditionellen zehnteiligen Bilderreihe veranschaulicht, die seit Jahrhunderten von Chan/Zen-Künstlern hergestellt wurden und als „Die Bilder des Ochsen" bekannt geworden sind. Sie vergleichen die Suche des praktizierenden Gläubigen nach Erleuchtung mit der Suche eines Hirten nach seinem verirrten Ochsen:

1. „Die Suche nach dem Ochsen": verloren im *Samsara*, aber von einer höheren Wahrheit angezogen.
2. „Das Finden der Ochsenspur": zuhören, studieren, den Weg sehen.
3. „Der erste Anblick des Ochsen": Meditation vermittelt die ersten Anfänge des *Prajna*.
4. „Das Fangen des Ochsen": ein tieferes Verständnis der *Kleshas*; Erkenntnis der Hindernisse des Selbst-Seins.
5. „Das Zähmen des Ochsen": Anfänge von *Satori*-Erfahrungen als Durchbruch.
6. „Die Heimkehr auf dem Rücken des Ochsen": vollkommenes *Satori*.
7. „Der Ochse ist vergessen, der Hirte bleibt": die Freiheit des *Satori* erfahren.
8. „Die vollkommene Vergessenheit von Ochs und Hirte": Erfahrung der absoluten Leere, sogar von der Tradition selbst (siehe Abbildung S. 141).
9. „Zurückgekehrt in den Grund und Ursprung": die natürliche Welt als Sphäre immanenter Erleuchtung zu sehen.
10. „Das Hereinkommen auf den Markt mit offenen Händen": das Ideal des *Bodhisattva* als letzte Berufung nach der Erleuchtung.

Eine Votivplakette aus Ton (ca. 9. Jahrhundert n. Chr.) aus dem Mahabodhi-Tempel, Bodhgaya. Sie zeigt den Buddha kurz vor der Erleuchtung. Die Inschrift zitiert einen Vers aus der Lehre des „Bedingten Entstehens" (siehe S. 140 und 197).

TEIL 2 • KAPITEL 4 *Mark L. Blum*

GEISTIGE BILDUNG

DIE VIER *DHYANAS*

Die ursprünglichen vier Trancezustände, die die Welt der Wunschlosigkeit repräsentieren, werden in der Maha Satipatthana Sutta („Die große Lehrrede von den Grundlagen der Achtsamkeit"), der Bhayabherava Sutta („Mittellange Reden des Buddha") und anderswo beschrieben. Diese können wie folgt zusammengefasst werden: In der ersten *Dhyana* (Pali: *Jhana*) löst sich der Mensch von allen Begierden der Sinne und von den vier Zuständen, die ungesundes *Karma* verursachen. Dieser Zustand zeichnet sich durch Reflexion, Loslösung, Entzücken und Freude aus.

In der zweiten *Dhyana* werden Denken und Vorstellungsvermögen eingestellt, der Geist konzentriert sich auf einen einzigen Punkt. Der Praktizierende fühlt sich gelassen und sehr glücklich.

In der dritten *Dhyana* muss das Hochgefühl, das den vorherigen Trancezustand gekennzeichnet hat, abgelehnt und aufgegeben werden. Das Erreichen dieser Stufe wird durch Ausgewogenheit und Achtsamkeit, durchdrungen von einem ruhigen Glücksgefühl, begleitet.

In der vierten *Dhyana* ist der Praktizierende vollkommen lösgelöst, sein Geist verweilt in der reinen Achtsamkeit, die durch eine vollständige Gelassenheit gekennzeichnet ist, unbeirrt von jeglichem glücklichen oder traurigen Gedanken.

MEDITATIVE TRANCE

Das Wort „Meditation" wird seit Langem verwendet, um unterschiedliche Arten der dauerhaften Konzentration und Sammlung zu beschreiben, die die Grundlage fast aller Vorstellungen der buddhistischen Praxis bilden (siehe S. 74–75). Seit dem frühesten Stadium des Buddhismus führten solche Formen der Meditation nicht nur häufig zu tranceähnlichen Zuständen des Bewusstseins, diese Zustände wurden sogar explizit zum Ziel der Meditation erhoben. Es besteht jedoch ein wichtiger Unterschied zwischen der Ausübung der Meditationspraxis und dem Erreichen von Trancezuständen: Letzteres ist nur möglich, wenn gleichzeitig eine physische und ethische Weiterentwicklung stattfindet. Rein körperlich muss der Praktizierende in der Lage sein, für einen längeren Zeitraum mühelos in meditativer Haltung zu verharren, seine Atmung zu regulieren usw. Ethisch muss er zunächst alle unreinen, egoistischen und destruktiven Gedanken hinter sich lassen. Zusätzlich müssen alle fünf Laster, die den Geist verwirren, vollständig verbannt werden. Diese sind: sinnliche Begierde, Missgunst und Feindseligkeit, Trägheit und Lethargie, Schuldgefühle und Furcht sowie Unentschiedenheit oder Zweifel. Sie werden als „mentale Hindernisse" für das Erreichen der Trance verstanden und verdunkeln den Geist bei der Vorstellung von der Wahrheit.

Die buddhistische Tradition teilt die meditative Praxis im Allgemeinen in drei Kategorien ein: Achtsamkeit (s. S. 82–83), Konzentration und Weisheit. Alle drei sind für den spirituellen Fortschritt entscheidend. Auf den eigentlichen Zustand der Trance wird in den Schriften nur im Zusammenhang mit Debatten über Konzentration hingewiesen. Laut Überlieferung kann Meditation ohne die Loslösung von der äußeren Welt duchgeführt werden. Der Diskurs über Trance-Meditation in der buddhistischen Literatur nimmt jedoch vielfach Bezug auf transformierende Sinnesfunktionen und enthüllt, dass diese letztendlich unzuverlässig sind. Fortgeschritteneren Formen der Trance werden als transzendierende Wahrnehmung beschrieben. Der erhabenste Zustand einer Trance soll tatsächlich einem vollständigen mentalen Stillstand (*Nirodha-Samapatti)* gleichen, den man weder mit Erkenntnis noch mit Nicht-Erkenntnis beschreiben kann. Der Geist ist bei klarem Bewusstsein, jegliche Sinnesaktivität wurde jedoch eingestellt. Im Buddhismus existiert *a priori* die Überzeugung, dass sich ein ethisch reifes Individuum durch das Abwenden des Geistes von den Gegenständen sinnlicher Wahrnehmung naturgemäß dem *Nirvana* annähert.

Da diese Trancezustände die konkreten Ziele der meditativen Praxis sind, ist ihr Erreichen schon immer mit dem Ziel der individuellen Befreiung assoziiert worden. In den frühen Nikaya- (Pali) und Agama- (Sanskrit) Sutras (Pali: *Suttas*) bedeutet das Wort *Dhyana*, das im Westen vielfach einfach mit

„Meditation" übersetzt wird, oft vier spezifische Trancezustände (siehe „Die vier *Dhyanas*). Der buddhistischen Lehre nach führt das erfolgreiche Praktizieren dieser *Dhyana*s zu einem hoch entwickelten spirituellen Zustand. In diesem Zustand sind alle sinnlichen Begierden ausgelöscht, und der weitere Aufstieg zum letztendlichen Ziel, dem *Nirvana*, ist relativ einfach.

Die vierte und höchste *Dhyana* ist die Stufe, von der aus *Arhats* und *Bodhisattvas* (siehe S. 90–93) in das *Nirvana* eintreten. Dieser Prozess selbst wird in Form des Durchlaufens von vier weiteren Formen der Trance, die die „vier *Dhyanas* der Formlosigkeit" genannt werden, beschrieben. In diesem Geisteszustand existieren Formen und Erscheinungen, wie wir sie kennen, nicht, und angeblich soll man über bestimmte übernatürliche Kräfte verfügen.

Im Mahayana-Buddhismus wird Trance normalerweise als *Samadhi* bezeichnet. Spätere Mahayana-Quellen nennen eine große Anzahl verschiedener *Samadhis* beim Namen, und es wird gesagt, dass ihr Erreichen die Fähigkeit mit einschließt, bestimmte Wunder durch die damit verbundene Entwicklung höheren Wissens zu vollbringen. Eine übersinnliche Wahrnehmung gilt als Bestätigung dafür, dass man eine bestimmte Stufe auf seinem Weg zur Befreiung erreicht hat.

Der in Meditation verharrende abgebildete Buddha ist eine von vier großen Statuen, die im 12. Jahrhundert aus der Felswand bei Polonnaruwa in Sri Lanka gehauen wurden. Vor seiner Erleuchtung, so sagt man, hat er jede der vier Dhyanas *(Trancezustände) durchlaufen.*

ACHTSAMKEIT

Ein zentraler Teil aller buddhistischen Praktiken besteht in der Herausbildung einer Eigenschaft, die „Achtsamkeit" genannt wird. Dieser Begriff umfasst unterschiedliche Praktiken, die unter anderem *Samadhi, Smrti* (siehe „Nachsinnen über die Toten" gegenüber), *Manasikara* oder *Manasikaroti* und *Anupashyana* genannt werden. Sie alle beziehen sich auf eine „mentale Anwendung", die dergestalt stattfindet, dass die Aufmerksamkeit und Konzentration auf einen speziellen Gegenstand gerichtet werden. Sie beschreiben zu jedem Zeitpunkt genau, wohin der Geist geleitet wird oder worauf dessen Aufmerksamkeit gerichtet ist. Da die buddhistische Sichtweise auf das Bewusstsein eine schnelle Abfolge einzelner Gedanken annimmt, erfordert die Übung, einen Gegenstand über einen Zeitraum von wenigen Minuten bis hin zu einigen Stunden hinweg im Geist zu behalten, eine beständige Konzentration.

Die buddhistische Theorie der Kausalität, in der Willenskraft durch spirituelle Ignoranz konditioniert wird und das Bewusstsein wiederum selbst durch diese Willenskraft konditioniert wird (siehe S. 60–61), wird häufig falsch verstanden. Sie wird oft dahingehend ausgelegt, dass es im Buddhismus keine Möglichkeit des freien Willens gebe. Die Bedeutung, die der Buddhismus der Praxis der Achtsamkeit verleiht, sollte dieses Missverständnis jedoch auflösen.

Mönche im Eiheiji, dem Haupttempel der Soto-Zen-Schule in Japan, sitzen mit überkreuzten Beinen bei ihrem einstündigen Morgengebet und rezitieren gemeinsam das Herz-Sutra. Die gelassene meditative Konzentration, unter dem Namen Zazen bekannt, nimmt im Leben der Zen-Mönche eine große Bedeutung ein.

Denn hier geht es ja eher um die Kontrolle als um die Abwesenheit des Willens: Obwohl die Art und Weise, wie wir Informationen verarbeiten, durch vorherige Gedanken, Entscheidungen und Meinungen beeinflusst werden kann, besteht immer noch an jedem Punkt des Bewusstseins die Entscheidungsfreiheit darüber, womit sich der Geist beschäftigt und worauf er sich konzentriert. Ein Ziel der achtsamen Praxis ist deswegen die graduelle Befreiung von den gewohnten Arten des Reagierens auf die Welt und auf sich selbst.

Eine klassische frühe Abhandlung aus dem 5. Jahrhundert n. Chr., Buddhaghosas Visuddhimagga („Pfad der Reinheit"), widmet den unterschiedlichen Formen der Achtsamkeits-Meditation Hunderte von Seiten (siehe auch S. 194–195). Die zwei grundlegenden Kategorien der Achtsamkeit werden „geistige Ruhe" (*Shamatha*) und „besondere Einsicht" (*Vipasyana*) genannt. Beide werden als *Samadhi*-Praxis kategorisiert (siehe S. 74–75). Die Praxis der geistigen Ruhe ist die erste Phase einer jeden Meditation. Dies kann sehr schwierig sein und wird oft durch einfache Aufgaben erreicht, z. B. indem der Geist sich auf die Bewegungen des Körpers konzentriert (z. B. Gehen) oder wie in der Zen-Lehre auf eine bestimmte Arbeit, z. B. das Aufhacken des Bodens. Die Konzentration auf die eigene Atmung während des Verharrens in einer meditativen Position ist wahrscheinlich die am weitesten verbreitete Form der Achtsamkeit. In der Tradition des Zen wird dies normalerweise durch das Zählen der Atemzüge praktiziert. Sobald zehn erreicht sind, hört der Meditierende auf zu zählen und fängt wieder bei Null an, damit sich seine Aufmerksamkeit nicht auf die Bedeutung des Zählens richtet.

Nachdem ein bestimmter Grad der Stabilität in der ruhigen Achtsamkeit erreicht wurde, folgt der nächste Schritt der Meditation: die geistige Einsicht (siehe S. 75). Denn diese bildet die Grundlage für Weisheit (*Prajna*) und ist für das Erreichen der fortgeschritteneren Phasen der Spiritualität unabdingbar. Die Beziehung zwischen der beruhigenden und der einsichtigen Meditation ähnelt in gewissem Maße der von Hegel getroffenen Unterscheidung zwischen Verstehen und Verstand: Verstehen ist für die Herausbildung der richtigen Perspektive wichtig, und den Verstand benötigt man, um die daraus resultierende Gemütsruhe nutzen zu können, um die höheren Prinzipien der Wahrheit zu erfassen. Die drei Prinzipien, in die Einsicht gewonnen werden soll, sind: die Unbeständigkeit aller Erscheinungsformen (siehe auch rechte Spalte); die mangelnde Wirklichkeit aller Dinge, die man wissen kann; die *Duhkha* (Leiden oder Unzufriedenheit) des menschlichen Daseins (siehe S. 76–79). Universelle Prinzipien wie diese erzielen ihre Bedeutung im Buddhismus nicht durch das, was sie uns über die Gesetze sagen, die für die natürliche Welt gelten, sondern weil sie tief greifende Einsichten in den Aufbau und den Erhalt der persönlichen Identität oder der Auffassung des Selbst darstellen. Die Formulierung eines frühen Sutra lautet: „Die Anstrengung, die externe Welt zu ändern, ist die eines weltlichen Mannes, die Anstrengung, die innere Welt zu ändern, der Weg eines *Bodhisvatta*."

Die achtsame Praxis ist im gesamten Buddhismus verbreitet, sodass durchaus behaupet werden kann, dass sie für die gesamte buddhistische Kultur charakteristisch ist. Die Praktiken müssen nicht zwangsläufig in Einsamkeit stattfinden: Zen-Mönche beispielsweise praktizieren sowohl die stille Meditation als auch die Rezitation von Sutras in Gruppen, bei der ihre kollektiven Stimmen dazu verwendet werden, den Geist zu fokussieren (siehe Abbildung gegenüber).

NACHSINNEN ÜBER DIE TOTEN
Die Maha Satipatthana Sutta („Große Lehrrede von den Grundlagen der Achtsamkeit") beinhaltet detaillierte Erörterungen über das Thema der *Smrti* (Pali: *Sati*). Es enthält die berühmte Achtsamkeitsübung mit Toten. Bei ihrer Ausübung besuchen Mönche Kremationsstätten, um sich dort durch gezielte Aufmerksamkeit auf die toten Körper die eigene Sterblichkeit zu vergegenwärtigen. Diese Übung findet auch heute noch statt und wird manchmal gesteigert, indem die Mönche Autopsien beiwohnen.

GESANG

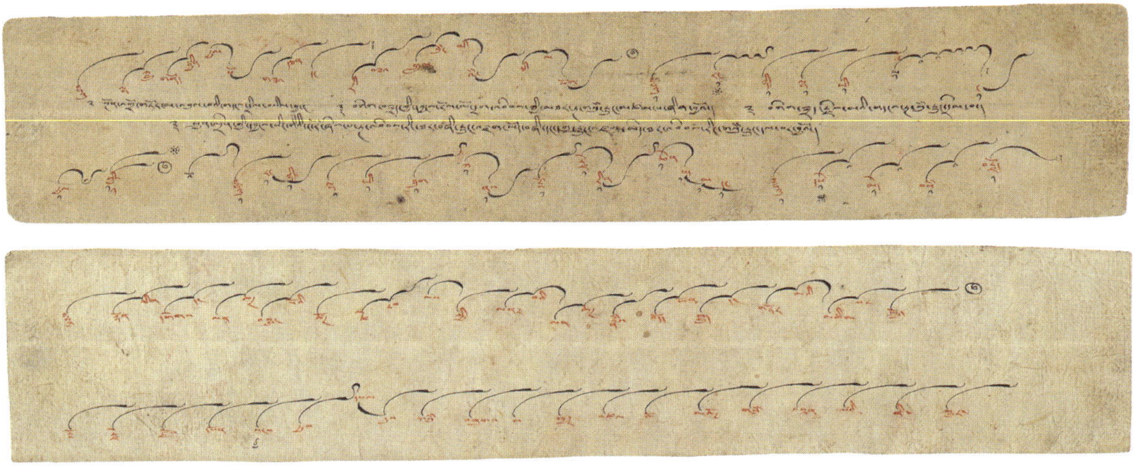

Ein tibetisches Manuskript, unbekannten Datums, das die Notenschrift eines rituellen Gesangs zeigt. Hier wird das Schema der steigenden und fallenden Intonation der Gesangsmelodie verdeutlicht. Die Breite der Linien weist darauf hin, wann die Stimme ansteigen soll, die roten Zeichen repräsentieren die Silben im Gebet und quer durch die Mitte steht in schwarz eine Beschreibung der religiösen Bedeutung.

Das Ritual der Rezitation oder des Singens von liturgischen Texten findet man in fast allen Schulen des Buddhismus. Dabei wird die Wirkung nicht nur durch die heilige Bedeutung der Wörter oder Silben erzielt, sondern auch durch die Kraft, die vom Praktizierenden ausgeht, dessen Geist sich ganz auf das Ritual richtet. Sogar die ikonoklastischen Zen-Schulen verfügen über Texte, die gesungen werden, besonders das Herz-Sutra. Die dauernde Wiederholung eines *Mantra*, einer heiligen Silbe oder Silbenfolge, oder einer *Dharani*, einem längerer Teil eines heiligen Textes, sind populäre Meditationstechniken. Der buddhistische Glaube, dass menschliches Leben durch unsere körperlichen und geistigen Aktivitäten sowie durch Sprache geprägt wird, macht die Gesänge zu einem wichtigen Ritual. Der Gesang dient der Klärung und Verfeinerung des Geistes, schützt vor unsichtbaren Kräften und ist bei der tantrischen Praxis derart zentral, dass Tantra von vielen auch Mantrayana oder „das *Mantra*-Fahrzeug" genannt wird (siehe auch S. 162–173).

Gesang hat im Buddhismus eine lange Tradition und reflektiert den verbreiteten Glauben an die besondere Macht des gesprochenen wahren Wortes. In den Mahayana-Ländern außerhalb Indiens war die vorgeschriebene Sprache des Kanons Sanskrit (siehe S. 178–179), trotz der Tatsache, dass diese Sprache nur von wenigen gesprochen wurde. Daher sind die Silben und Worte, die bei *Mantra*s und *Dharani*s gesungen werden, in Sanskrit.

Die Entstehung der Mahayana-Schule führte zu einer Reihe von Schriften, die „*Buddha*-Namen-*S*utras" genannt werden. Sie enthalten eigentlich nur die Auflistungen von Namen der vergangenen, gegenwärtigen und zukünftigen *Buddhas*. Sie wurden in erster Linie für rituelle Gesänge geschrieben, und von diesen Texten wurde angenommen, dass sie Verdienste erzeugten, die normalerweise auf jemanden transferiert wurden, der vor Kurzem gestorben war. Die Sammlung von Verdiensten ist wichtiger Bestandteil bei der Rezitation aller

Sutras. Wenn eine Person stirbt, bittet die Familie des Verstorbenen normalerweise einen buddhistischen Geistlichen, Sutras zu rezitieren, in der Hoffnung, dass dies zu einer günstigen Wiedergeburt des Verstorbenen führen werde. Das Rezitieren von Sutra-Passagen für Verstorbene erzeugt nicht nur Verdienste, es wirkt auch wie ein Gebet: Insbesondere in Tibet nimmt man an, dass der spirituelle Inhalt von Schriften, die bei Toten-Ritualen rezitiert werden, vom sensiblen Unterbewusstsein des Verstorbenen, der sich in einer Art Zwischenstadium (tibetisch: *Bardö*) zwischen Tod und Wiedergeburt befindet, wahrgenommen werden kann. Dies kann zu religiösem Erwachen führen, den karmischen Status des Verstorbenen ändern und möglicherweise den Status seiner oder ihrer bevorstehenden Wiedergeburt ändern (siehe Kasten S. 209).

*Mantra*s und *Dharani*s sind „Sprechakte", ebenso wie das Ritual der Dreifachen Zuflucht, das die Konvertierung oder die Hingabe zum Buddhismus (siehe S. 107) markiert. Sutras und *Mantra*s werden auch bei der Achtsamkeits-Meditation gesungen. Dabei konzentriert sich jeder Teilnehmer gleichzeitig auf den Klang seiner Stimme und auf die rezitierte Botschaft. Dadurch soll man fähig sein, sich Zugang zur Kraft der verschiedenen Eigenschaften, die die Texte repräsentieren, zu verschaffen und sie zu entwickeln.

Kurze Texte, prägnante Ausschnitte und symbolische Phrasen sind beliebte Themen für den rituellen Gesang. Die mannigfache Wiederholung unterstreicht die Macht der Botschaft. Im tantrischen Buddhismus gelten *Mantras* als Redeaspekt der Erleuchtung. Das Herz-Sutra ist bei rituellen Gesängen besonders beliebt. Es ist kurz und verkündet eine mystische Botschaft: „Jede Form ist nur Leere, jede Leere ist nichts anderes als Form." Zudem enthält es ein *Mantra*, um das Unglück abzuwehren. Das Herz-Sutra wird bei Zen-Meditationen vor dem *Zazen* (in Japan: Sitzmeditation) rezitiert, ebenso bei buddhistischen Beerdigungen und sogar bei Hochzeiten. Anhänger der Schule des Reinen Landes (siehe S. 144–147) rezitieren wiederholt Phrasen daraus (im Chinesischen *Nianfo* genannt und im Japanischen *Nembutsu*), die den heiligen Namen des Amitabha Buddha anrufen oder seine Güte und sein Mitgefühl beschreiben (siehe Kasten S. 144).

PARITTA

Die am weitesten verbreitete Form des Ritualgesangs in den Gemeinden des Theravada-Buddhismus ist die Paritta-Zeremonie. Der Pali-Begriff *Paritta* bedeutet „Schutz". Er bezieht sich auf eine bestimmte Form des rituellen Gesangs, der von Mönchen ausgeübt wird, obwohl die *Paritta*-Verse zum Teil auch von Laien rezitiert werden. In Sri Lanka kann die komplexe Zeremonie die ganze Nacht oder sogar bis zu sieben Tage dauern. Hierbei arbeiten die Mönche in Schichten, um einen mehr oder weniger kontinuierlichen Strom des gesungenen Pali aufrechtzuerhalten, der aus einem besonderen Buch mit *Paritta*-Texten gelesen wird. Diese formalen Zeremonien werden meist in einem speziell konstruierten Pavillon abgehalten, in dem die Mönche beim Gesang sitzen. Außerdem werden eine rituelle Schnur und Schalen mit Wasser verwendet, die die mächtige schützende Kraft der gesungenen Worte aufnehmen sollen. Die Mönche singen besondere Formeln, etwa gegen Krankheit oder Naturkatastrophen, aber auch für die Einweihung eines neuen Hauses.

Zen-Mönche im Eihejii-Tempel in Japan beim Rezitieren heiliger Phrasen, einem Bestandteil ihres streng geregelten Tagesablaufs.

VISUALISIERUNG

Eine Felsenmalerei des Bodhisattva *Padmapani („Träger des Lotos"), eine bildhafte Form des Avalokiteshvara, in einer der Tempelhöhlen aus dem 7. Jahrhundert in Ajanta im westlichen Indien. Von einer einfachen Gabe wie einer Blume wird angenommen, dass sie positive Geisteshaltung fördert (siehe auch S. 110–111), insbesondere wenn der Gebende sich der vergänglichen Schönheit der Blumen vollends bewusst ist. Ein Vers des Gebens verdeutlicht diesen Aspekt: „Mit dieser Blume bringe ich dem Buddha eine Gabe, und mit diesem Wert kann ich Erlösung [*Nirvana*] *finden. Denn so, wie diese Blume verwelkt, so vergeht auch mein Körper."*

Visualisierung, häufig mit visionären Erlebnissen verbunden, ist eine wichtige Meditationsübung, die spätere Entwicklungen der Mahayana-Lehre kennzeichnet, besonders in den Vajrayana bzw. tantrischen Schulen, obwohl auch in der frühen Theravada-Überlieferung Spuren davon vorhanden sind. Der Begriff „Visualisierung" bezeichnet die konzentrierte Vorstellung eines bestimmten heiligen Bildes, zum Beispiel die physische Form eines *Buddha* oder *Bodhisattva*. Anhänger der Schule des Reinen Landes (siehe S. 144–149) visualisieren ein Bild des *Buddha* Amithabha oder einer Himmelslandschaft, andere einfach einen Gegenstand oder eine Farbe. Visualisierung soll helfen, das persönliche *Karma* zu reduzieren. Sobald das Bild der Gottheit wiederholt visualiert wurde, lässt man seinen ursprünglichen Zustand hinter sich und wird eins mit den höheren Eigenschaften der Gottheit.

Obwohl alle Menschen üblicherweise in der Lage sind, sich an Sinneseindrücke zu erinnern, spielt die visuelle Reproduktion beim Buddhismus im Zusammenspiel mit der Achtsamkeit (siehe S. 82–83) eine bedeutende Rolle. Bereits die frühen Werke beschreiben, wie der Buddha ein Bild von sich selbst in den Geist einer seiner Schüler projizieren konnte, um ihm in einer Krise beizustehen. Solche Ereignisse sind als Teil der unterschiedlichen Lehrtechniken Buddhas zu verstehen, bei denen der Praktizierende diese plötzlichen Erscheinungen eher passiv wahrnimmt und weniger als Ergebnis einer bewussten Vorstellung. Vor der Verbreitung des tantrischen Buddhismus weisen lediglich sechs Sutras daraufhin, dass die Anhänger der Mahayana-Schule regelmäßig Bilder eines *Buddha* und *Bodhisattva* visualisierten. Diese Sutras haben keine bekannten Sanskrit-Vorgänger und tauchten im 4. und frühen 5. Jahrhundert n. Chr. auf Chinesisch auf. Während der Tang-Periode haben sie den chinesischen Buddhismus stark beeinflusst. Wahrscheinlich in Zentralasien aufgezeichnet, beschreiben sie Meditationstechniken, die die Visualisierung der physischen Form der *Buddha* Shakyamuni und Amitayus (Amitabha), der *Bodhisattvas* Samantabhadra, Maitreya und Akashagarbha sowie von zwei unidentifizierten Gestalten, die man etwa mit „Medizinkönig" und „Erhabene Medizin" übersetzen könnte, beinhalten. Das bekannteste Sutra ist das *Guanwuliangshou Jing* („Sutra der Meditation des Buddha des unendlichen Lebens" oder „Meditations-Sutra"), das der Verehrung des Amitabha Buddha und seinem Reinen Land gewidmet ist. Das Sutra stieß im 6. Jahrhundert n. Chr. auf enormes Interesse und

VISUALISIERUNG DER GÖTTLICHEN WEISHEIT

In einem Beispiel einer Visualisierungsübung aus einer Schrift aus dem 11. Jahrhundert, der Sadhanamala („Kranz der Meditationstechniken"), versucht der Praktizierende, durch die Identifikation mit dem Visualisierten eine tiefere religiöse Einsicht zu gewinnen. Das Objekt ist die Vorstellung einer Göttin, die das spirituelle Ziel der „Vollkommenheit der Erkenntnis" oder *Prajnaparamita* (siehe S. 79 und S. 196–197) darstellt:

„Man stelle sich in seinem eigenen Herzen die Silbe *dhi* auf einer Mondscheibe vor, und durch die Strahlen, die von ihr ausgehen, werden alle *Gurus* und *Bodhisattvas* und *Buddhas* angerufen. Sie sind vor einem und man stelle sich vor, wie sie dort in unterschiedlichen Positionen sitzen ... Dann sollte man mit diesen Worten eine Meditation über die Leere beginnen: ‚Ich beherberge in meinem Wesen die diamantene Natur, die das Wissen der Leere ist.' Als Nächstes sollte man sich die Silbe auf der Mondscheibe vorstellen, wie sie zur Dame Prajnaparamita wird. Sie trägt einen Kopfschmuck aus gedrehtem Haar. Sie hat vier Arme und ein Gesicht. Mit zweien ihrer Hände macht sie eine Geste des Darlegens des Dharma, und sie ist mit Ornamenten geschmückt, die mit Edelsteinen besetzt sind.

Sie funkelt in der Farbe des Goldes und in ihrer [zweiten] linken Hand hält sie einen blauen Lotos mit einem *Prajnaparamita*-Buch darauf ...

Nach dieser Visualisierung sollte man den Vorgang der Identifikation vollziehen: ‚So wie die Dame Prajnaparamita, so bin auch ich. So wie ich bin, so ist auch *Prajnaparamita*.' Als Nächstes werden die *Mantras* begonnen, sowohl in der Kehle [dies bedeutet singen] *om dhih* als auch auf der Zunge [dies bedeutet sprechen] *om ghi*."

Eine Figur aus Sandstein, die in Meditation versunken ist. Angkor, ca. 12.–13. Jahrhundert. Die genaue Identität des weiblichen Wesens ist unklar, sie wird jedoch oft als Prajnaparamita bezeichnet.

wurde Gegenstand vieler Diskussionen und zahlreicher Kommentare. Dieses Werk beschreibt dreizehn unterschiedliche Formen der Visualisierungspraktiken. Es beginnt mit einer einfachen Visualisierung der Sonne, nachdem diese untergegangen ist, und schreitet in immer komplexeren Bildern fort. Die Übung verspricht, vorheriges *Karma* zu eliminieren, das über zahllose Zeitalter und Lebensalter erzeugt wurde, und dient zudem der eigenen Erlösung. Vor allem, wenn der Buddha selbst visualisiert wird: „Wenn Du einen *Buddha* in Deinem Geiste wahrnimmst, dann ist es Dein Geist, der 32 prominente und 84 sekundäre Zeichen [eines *Buddha*] besitzt; Dein Geist wird zu einem *Buddha*, Dein Geist ist ein *Buddha;* und die Weisheit der *Buddhas* steigt von diesem Geist auf."

In der Vajrayana-Tradition hat die Visualisierung bei der meditativen Disziplin eine wichtige Rolle gespielt. Hier wird Visualisierung für eine Reihe von unterschiedlichen Zwecken verwendet, wie etwa die Herausbildung der Achtsamkeit. Visualisierung erfordert Vorstellungskraft und hohe Konzentration. Zum Beispiel beinhalten viele tantrische Initiationsriten (siehe S. 172–175) das Stehen innerhalb eines *Mandala*s, einem kosmischen Diagramm, das sehr vielschichtig ist. Der zu Initiierende erlebt das *Mandala*, indem er sich vorstellt, „in" ihm zu sein, gleichzeitig ist es „in" ihm. Der zu Initiierende prägt sich außerdem das Bild des *Mandalas* ein, sodass er es in zukünftigen Ritualen als Visualisierung auf die Welt projizieren kann.

KUNST UND ARCHITEKTUR *Michael Willis*

MANDALAS

Ein dreidimensionales Mandala *aus der Zeit der Qing Dynastie aus wertvollen Metallen und Cloisonné-Emaille, hergestellt unter der Herrschaft des chinesischen Kaisers Qianlong (regierte 1736–1795). Dieser Miniaturschrein besitzt alle Charakteristika eines traditionellen buddhistischen* Mandalas*: einen äußeren Kreis, vier kunstvolle Tore, die durch Treppen markiert sind und ein inneres Heiligtum mit einem Lotos in der Mitte. Das pagodenähnliche Dach, gesäumt von Siegesflaggen, wird von Sonne und Mond, überragt; Elemente, die die allumfassende Kosmologie des* Mandalas *betonen.*

Der Zusammenhang zwischen Meditiation, Visualisierung und kosmischem Symbolismus findet in der tibetischen Tradition des *Mandala* seine Vervollkommnung. Die Kernbedeutung des Wortes *Mandala* lautet einfach „Kreis" oder „Einfriedung", doch aufgrund der kosmologischen und mystischen Assoziationen werden *Mandalas* in der Regel als Landkarten des Kosmos verstanden, die den Praktizierenden visuell zur Erkenntnis geleiten.

Obwohl es für unterschiedliche buddhistische Gottheiten eine große Anzahl von *Mandalas* gibt und ebenso für unterschiedliche Formen der Initiation und Meditation, weisen sie einige grundlegende Gemeinsamkeiten auf. Der äußere Rand besteht häufig aus konzentrischen Kreisen, die die Abfolge von Ozeanen und Bergen symbolisieren, die die externe Welt ausmachen. In diesen Kreisen befindet sich ein Quadrat mit T-förmigen Toren auf jeder Seite. Diese stehen den vier Himmelsrichtungen gegenüber und jedes zeigt seine charakteristische Farbe – normalerweise Weiß für Osten, Rot für Westen, Grün für Norden und Gelb für Süden. Hinter den Toren liegt der heilige Bezirk des *Mandala*, oft in blauer oder grüner Farbe. Im Zentrum befindet sich eine besondere Meditationsgottheit oder eine Form des Buddha, manchmal ist er zusammen mit seiner „Partnerin der Weisheit" (*Prajna*) abgebildet.

Das zentrale Bild befindet sich in einem Lotos, und jedes der ihn umgebenden Lotosblütenblätter ist von himmlischen *Buddhas*, *Bodhisattvas* oder schützenden Götter und Göttinnen bevölkert. Diese können in bildhafter Form dargestellt sein, durch Symbole oder als einzelne „Keim-"Silben, deren heiliger Klang durch Rezitation im Geist des Praktizierenden das Bild der Gottheit erzeugen soll (siehe Abbildung S. 16 und S. 86–87).

In ihrer einfachsten Form sind *Mandalas* simple Linienzeichnungen. Eines der ältesten Beispiele dieser Art kommt aus Dunhuang in Zentralasien und stammt aus dem 9. Jahrhundert n. Chr. Der Lotos in der Mitte trägt das chinesische Zeichen Fo (für „Buddha"). Aufwändige *Mandalas*, die auf seidene Rollen oder auf Tempelwände gemalt sind, waren einst in vielen Regionen des Himalaja verbreitet. Sehr gut erhaltene Exemplare wurden in Bhutan, Nepal und in Teilen Indiens, die tibetisch geprägt sind, gefunden. Viele Teile eines *Mandala* weisen architektonische Merkmale auf. Deswegen werden *Mandalas* meist dreidimensional wahrgenommen bzw. konstruiert, entweder als Tempelkomplex, wie das großartige Werk aus dem 9. Jahrhundert bei Borobodur auf Java, oder als architektonisches Modell. In China wurden besonders kunstvolle Exemplare hergestellt. (siehe Abbildung links).

Die ältesten noch erhaltenen Beispiele sind die Gedenksteine, die in Mathura in Nordindien entdeckt wurden. Zahlreiche Inschriften bezeichnen sie als *Ayagapatta*, und sie stammen aus dem 2. oder 3. Jahrhundert n. Chr.

Ein vierteiliges Mandala *aus Tibet, das die vier Formen des Hevajra darstellt, dem Schutzgott der Sakyapa-Schule. Er ist in jedem der vier Kreise abgebildet, umgeben von acht mystischen Gestalten. Die unteren Kreise zeigen einfachere Formen der Gottheit, die oberen komplexere Darstellungen. Im Zentrum befinden sich zwei Sakyapa-Mönche. Nepalesischer Stil, um 1480.*

Als Gegenstand der Verehrung und Meditation waren *Mandalas* im 5. Jahrhundert n. Chr. also bereits weit verbreitet, zu einer Zeit, in der Buddhaghosa sein berühmtes Werk *Visudhimagga* („Weg der Reinigung") verfasste. Er beschreibt 10 Meditationshilfen: Erde, Luft, Wasser, Feuer, blau, gelb, rot, weiß, Raum und Licht. Diese Hilfen sind traditionsgemäß in einem Kreis arrangiert. Buddhaghosas Mittel repräsentieren die essenziellen Bestandteile des Praktizierenden und der Welt: die Elemente, die Himmelsrichtungen (durch Farben repräsentiert) und die Grenzen des menschlichen Geists (durch Licht dargestellt).

Die meisten *Mandalas* auf Papier sind kurzlebige Objekte, die dazu gedacht sind, für bestimmte Rituale verwendet zu werden. Wundervolle und gefeierte Kunstwerke sind temporäre *Mandalas*, die sorgfältig aus farbigem Sand hergestellt werden. Sobald die Initiationsriten, für die sie gefertigt wurden, vorüber sind, wird der Sand zusammengefegt und über einem Fluss oder See in alle Winde verstreut. Dies soll verdeutlichten, dass Vorgänge wie Visualisierung, Fertigung und Weihen eines *Mandala* vergänglicher Natur sind.

TEIL 2 • KAPITEL 5 *John Peacock*

DIE BUDDHISTISCHE GEMEINSCHAFT

BUDDHAS UND *BODHISATTVAS*

Obwohl die historische Figur, die den Namen Siddharta Gautama trug, im Allgemeinen als „der Buddha“ bekannt ist, bezieht sich der Begriff *Buddha* nicht auf eine einzelne Person. Alle unterschiedlichen buddhistischen Überlieferungen sagen aus, dass vor Siddharta bereits andere *Buddhas* existiert haben und dass weitere folgen werden.

Der Ehrentitel *Buddha* ist auch ein beschreibender. Er bedeutet „der Erleuchtete“ oder „der, der erwacht ist“. Der junge Prinz Siddharta Gautama erwachte und erkannte die wahre Natur menschlicher Existenz: Leiden (*Duhkha*), Unbeständigkeit (*Anitya)* und Nicht-Selbst *(Anatman).* In den Pali-Schriften wird der Buddha als der Tathagata bezeichnet, und auch er selbst nimmt diesen Namen an – einer, der sowohl „so gekommen“ als auch „so gegangen“ ist. Wenn ein *Buddha* jemand ist, der zur wahren Natur der Dinge „erwacht ist“, dann wandeln durchschnittliche Menschen in schlafendem Zustand durch das Leben, gefangen in der *Samsara*. Ihre Handlungen sind von Ignoranz, Gier und Hass gekennzeichnet. Es wird gesagt, dass ein *Buddha*, der

Ein tibetischer Thangka (geweihtes Rollbild), das den himmlischen Buddha Amoghasiddha („unfehlbare Kraft“) zeigt; umgeben von verschiedenen anderen Buddhas, Bodhisattvas, Lamas *und Schutzgottheiten.*

VERGANGENE UND ZUKÜNFTIGE BUDDHAS

Eine bedeutende *Jataka*-Geschichte erzählt, wie der Buddha in seinem vorherigen Leben als Sumedha einem früheren *Buddha* namens Dipankara begegnet. Sumedha ist von der unendlichen Weisheit und dem grenzenlosen Mitgefühl des Dipankara so beeindruckt, dass er beschließt, diese Qualitäten ebenfalls herauszubilden. Von dieser Begegnung inspiriert, erlangt Sumedha schließlich den Status eines *Bodhisattva* und wird so zu einem Wesen, das Leben um Leben zum Wohle aller fühlenden Wesen darauf verwendet, ein perfekter *Buddha* zu werden.

Wenn Dipankara ein *Buddha* der Vergangenheit ist und Shakyamuni ein *Buddha* der Gegenwart, dann ist der *Bodhisattva* Maitreya ein *Buddha* der Zukunft. Geschichten über Maitreya wurden zur Grundlage der messianischen Verehrung in China. Diese Auslegung findet man auch in Theravada-Ländern, wo das Streben, in der Zeit des Maitreya wiedergeboren zu werden, relativ weit verbreitet ist. Von Maitreya wird gesagt, dass er sich im Tushia-Himmel aufhalte, von wo aus er zu einer vorbestimmten Zeit auf die Erde hinabsteigen werde.

In der Kunst wird Maitreya oft sitzend gezeigt, jedoch nicht in der traditionellen Lotosposition, sondern auf einem Stuhl mit den Füßen auf dem Boden. Damit wird seine Bereitschaft symbolisiert, in vielen Äonen in der Zukunft auf die Erde hinabzusteigen.

Eine vergoldete Bronzestatuette aus dem 19. Jahrhundert des Bodhisattva *Maitreya („der Liebende"), dem* Buddha *der Zukunft, der die Wahrheit des Dharma neu begründen wird.*

diese negativen Eigenschaften erkannt und überwunden hat, die Tugenden der Weisheit, Großzügigkeit und Freundlichkeit verkörpert.

Angesichts der tiefen Einsicht, die der Buddha in die Natur der Realität hatte, darf man sich vielleicht fragen, ob der Buddha Mensch oder Gott ist. Die frühen buddhistischen Schriften sind tautologisch und geben einfach nur an, dass der Buddha ein *Buddha* ist. In seinen früheren Existenzen war das Wesen, das später Buddha werden sollte, jedoch sowohl göttlich als auch menschlich, wie viele der *Jataka*-Geschichten bezeugen. In der buddhistischen Kosmologie sind sowohl Menschen als auch Gottheiten (*Devas*) unwiederbringlich in der zyklischen Existenz (*Samsara*) verwurzelt. Der wichtigste Punkt ist, dass Siddharta Gautama sowohl die menschliche als auch die göttliche Sphäre überschritt, indem er zu einem *Buddha* wurde.

Obwohl sich ein *Buddha* außerhalb der Kategorien des menschlichen und des göttlichen Daseins befindet, besitzt er paradoxerweise drei Körper (*Trikaya*). Diese Körper sind unter den Bezeichnungen *Dharmakaya* („Wahrheitskörper"), *Nirmanakaya* („Erscheinungsleib") und *Sambhogakaya* („Körper der Freude") bekannt. Die Lehre der *Trikaya* und ihre komplizierte Auslegung wurden durch die Entwicklung komplexer Theorien im Mahayana-Buddhismus besonders wichtig. Im frühen Buddhismus wurde der Buddha wörtlich als „Verkörperung" der Eigenschaften, die den Dharma, seine Lehre, ausmachen, angesehen. Daher manifestieren sich im Buddha die Tugenden Mitgefühl, Weisheit, Gewaltlosigkeit, Freundlichkeit und Großzügigkeit.

BODHICHITTA

Der erste Schritt auf dem Pfad des *Bodhisattva* ist die Herausbildung des *Bodhichitta* oder „erwachenden Geistes". Die Entwicklung des *Bodhichitta* markiert eine grundlegende Verschiebung des Schwerpunktes von der Sorge um sich selbst hin zur Sorge um das Leiden anderer, was sich in Mitgefühl (*Karuna*) manifestiert. Shantideva betont in einer Passage aus der Bodhicharyavatara („Eine Anleitung zu dem Bodhisattva-Pfad des Erwachens") das ungeheure Ausmaß dieser Transformation, als er sagt: „Möge ich die Medizin für die Kranken und Ermatteten sein. Möge ich ihr Arzt und ihr Pfleger sein, bis keine Krankheit mehr ist. Möge ich die Qualen des Hungers und des Durstes mit einem Regen aus Nahrung und Trank bezwingen ... Möge ich die Fackel für die sein, die das Licht benötigen, ein Bett für die, die es brauchen, und ein Diener für alle Wesen, die der Bedienung bedürfen."

Die Entwicklung des *Bodhichitta* und das damit verbundene Mitgefühl stellen die treibende Kraft hinter dem Mahayana-Buddhismus dar. Nur durch das Herausbilden des *Bodhichitta* kann behauptet werden, dass der Einzelne sich wirklich auf den Pfad des *Bodhisattva* begeben hat. Bis das Erwachen des *Bodhichitta* geschehen ist, wird von dem Praktizierenden gesagt, dass er die Motivation des Nicht-Mahayana-Pfades in sich habe.

Es ist nicht so sehr der physische Körper, der ihn zu einem *Buddha* macht, sondern die Vervollkommnung seiner spirituellen Eigenschaften. Dies wird in der berühmten Aussage des Budda deutlich: „Wer den Dharma sieht, sieht mich, wer mich sieht, sieht den Dharma."

Spätere Theorien über den Körper des Buddha spiegeln eine allgemeine Veränderung der Art wider, wie der Buddha wahrgenommen wurde. Im frühen Buddhismus wird der Buddha als eine Figur gesehen, die das *Nirvana* erreicht, lehrt, schließlich in das *Parinirvana* eingeht und auf diese Weise dem *Samsara* für immer entkommen ist. Über den Status des Buddha nach seinem Tod gibt es unterschiedliche Meinungen, die frühen Schriften gehen jedoch davon aus, dass er keinen direkten Einfluss auf die Welt mehr hat. Die Mahayana-Schule vertritt eine andere Theorie: Nach seinem Tod wird der Buddha erhabener und existiert nun auf drei unterschiedlichen Ebenen – irdisch, überweltlich und transzendent. Die irdische Form, die menschliche Wesen sehen können, ist sein „Erscheinungsleib" (*Nirmanakaya*). *Sambhogakaya* hingegen ist die idealisierte überirdische Form des Buddha, die die Zeichen eines vollkommen Vollendeten besitzt (siehe Kasten S. 27). Als solche erscheint der Körper in unterschiedlichen Bereichen gemäß den unterschiedlichen Bedürfnissen fühlender Wesen und entspricht unter Umständen am ehesten dem wirklichen Buddha. Obwohl sein Körper physischer Natur ist, handelt es sich nicht um die Erscheinungsform des *Nirmanakaya*. Laut traditioneller Ansicht unterweist der *Sambhogakaya* nur *Bodhisattvas*, die ausreichend entwickelt sind, um das Reine Land erreichen zu können. Dieser Körper ist in den Ländern Ostasiens besonders wichtig, da er den Körper der buddhistischen Verehrung darstellt. Der *Dharmakaya* ist ein

Synonym für die letztendliche Wahrheit und wird als vollkommen transzendent und unveränderlich angesehen (siehe S. 45 und S. 176–177).

Die wichtigste Figur der Mahayana-Lehre ist der *Bodhisattva* (siehe auch S. 132–139). Während der *Bodhisattva* in der aufkommenden Mahayana-Lehre zunehmend an Bedeutung gewann, trat die Figur des Buddha ein wenig in den Hintergrund – was aber seiner Verehrung keinen Abbruch tat, er wurde erhabener und gottgleicher. Die Prominenz des *Bodhisattva* im Mahayana-Buddhismus bedeutet aber nicht, dass er in den anderen buddhistischen Bewegungen keine Gewichtung hätte. Die *Jataka*-Geschichten bezeugen, dass der *Bodhisattva* auch von anderen Schulen verehrt wird.

Der *Bodhisattva* ist ein Wesen, das schwört, das Dasein eines perfekten und vollständigen *Buddha* zum Wohle aller fühlenden Wesen erreichen zu wollen. Als solcher betritt der *Bodhisattva* einen beschwerlichen Weg, der die Bildung von sechs (oder zehn) Perfektionen (*Paramita*, siehe S. 136–137) sowie die Absolvierung von fünf Pfaden (*Marga*) und zehn Stufen (*Bhumi*) beinhaltet. Es ist diese Motivation, von der gesagt wird, dass sie den Pfad des *Bodhisattva* von anderen Formen des Buddhismus unterscheidet. Im frühen nicht mahayanischen Buddhismus wurde das Ziel mit *Shravakayana* („dem Pfad des Schülers") und dem *Pratyekabuddha* („dem einsamen *Buddha*") beschrieben. Obwohl diese Pfade von der Mahayana-Schule als eine Art spirituelles Erwachen anerkannt wurden, wurden sie dennoch als unterlegen (*Hina*) betrachtet. Der Pfad des *Bodhisattva* wurde jedoch als Weg zum *Samyak-Sambuddha* angesehen, dem „vollständigen und perfekten *Buddha*-Sein" zum Wohle aller Lebewesen (siehe S. 136–137).

Im Mahayana-Buddhismus haben sich um bestimmte Bodhisattvas, *die als sehr mächtig angesehen wurden und die sich nur wenig von* Buddhas *unterscheiden, Kulte entwickelt. Viele nehmen an, dass dieses heitere Gesicht den* Bodhisattva *Avalokiteshvara zeigt. Es wurde im Bayon-Tempel im zerstörten Komplex von Angkor Thom in Kambodscha gefunden. Es ist jedoch auch möglich, dass es das Porträt des Schöpfers der Anlage, den Khmer Gott-König Jayavarman VII. (1181–1219), darstellt, der sich selbst als himmlische Gottheit identifizierte (siehe S. 126–127).*

SEITE 94–95: *Das vergoldete Antlitz einer Statue des Maitreya, dem* Buddha *der Zukunft, im Tikse-Kloster in Ladakh. Die Ankunft eines solch hohen erleuchteten Wesens wird sowohl von der Theravada- als auch der Mahayana-Schule prophezeit. Dies wird jedoch erst dann geschehen, wenn der Dharma in Vergessenheit geraten ist.*

HEILIGE UND LEHRER

Der Buddha selbst war seit den Anfängen des Buddhismus die wichtigste Figur eines heiligen Individuums. Seine beispielhafte Lebensführung dient seinen Anhängern als Vorbild, und seine Heiligkeit wird durch seine „große Weisheit" (*Mahaprajna*) und sein „großes Mitgefühl" (*Mahakaruna*) ausgedrückt. Der buddhistische Begriff von Heiligkeit unterscheidet sich grundlegend von der christlichen Auffassung: Der Buddha erhielt keinen göttlichen Segen, sondern hat sich seine Heiligkeit durch seinen Lebensweg aus eigener Kraft „erarbeitet".

Nach dem Buddha waren die frühesten buddhistischen Heiligen seine engsten Schüler, von denen jeder den erleuchteten Zustand *Arhat* („der Wertvolle") erreichte. Die wichtigsten waren Ananda, Shariputra, Maudgalyayana und Kashyapa (oder Mahakashyapa, „Großer Kashyapa"). Ihr spiritueller Verdienst bestand darin, dass sie vom Buddha persönlich beauftragt wurden, ganze Diskurse über den Buddhismus abzuhalten. So steht es zumindest in den Sutras der Pali-Schriften. Laut Überlieferung soll sich jeder der Hauptschüler Buddhas durch besondere Tugenden ausgezeichnet haben. Kashyapa zum Beispiel wird der „Führende unter denen, die die *Dhuta*s befolgen" genannt, wobei die *Dhutavada* die Richtlinien sind, die für den Einsiedler im Wald und den Meditierenden gelten. Er war auch für seine übernatürlichen Kräfte berühmt. Shariputra wiederum soll seine Erleuchtung erlangt haben, indem er ein makelloses Leben innerhalb einer sesshaften Mönchsgemeinschaft führte.

Die ersten schriftlichen Aufzeichnungen, die wir über die Leben der *Arhat*s besitzen, sind die Gedichte in der Khuddaka-Nikaya („Kleinere Sammlung") des Sutta-Pitaka. Diese Sammlung enthält fünfzehn Werke, darunter die Theragatha („Verse der männlichen Ältesten") und die Therigatha („Verse der weiblichen Ältesten"). Sie wurden wahrscheinlich von Autoren verfasst, die zu Lebzeiten des Buddha als umherziehende Bettelmönche lebten. Die Verse wurden jahrhundertelang mündlich überliefert, bevor sie dann gegen Ende des 1. Jahrhunderts v. Chr. niedergeschrieben wurden. Die Gedichte sind erbauliche Lieder, die einerseits Einzelheiten über die Mühsal der buddhistischen Lebensart schildern, andererseits aber auch die Glückseligkeit preisen, der aus dem Erlangen der Erleuchtung erwächst. In den Werken gibt es viele Hinweise auf die Tugenden, die mit buddhistischer Heiligkeit verbunden sind: beispielsweise die Entsagung aller sinnlichen Freuden sowie der Verzicht auf ein weltliches Leben, die aber nicht von Nachteil sind, sondern zur Befreiung aus dem Zyklus der Wiedergeburt führen. In den Sammlungen wird deutlich, dass der Buddha das Paradigma dieses heiligen Lebens verkörpert: „Ich habe das Licht der Welt gesehen. Ich habe es verehrt und mich niedergesetzt. Aus großem Mitgefühl heraus hat mich derjeneige, der die Vision hat, den Dharma gelehrt."

Während der *Arhat* im Theravada-Buddhismus eine Quelle der Inspiration ist, wird im Mahayana die gleiche Funktion von der Figur des *Bodhisattva* (siehe S. 91, 93 und 136–137) übernommen. Im tibetischen Buddhismus zum Beispiel wird das *Bodhisattva*-Sein nicht als entferntes Ideal begriffen, sondern als lebendige Gegenwart

Ein Bronzebildnis des Padmasambhava aus dem 18. Jahrhundert. Dies ist der große Heilige, dem die Einführung des Buddhismus in Tibet durch den Bau des Samye-Klosters im 8. Jahrhundert n. Chr. zugeschrieben wird. Es wird angenommen, dass der tantrische Meister seine mystische Kraft dazu verwendete, die tibetischen Dämonen, die gegen die neue Religion waren, zu bändigen. Er hält eine Vase mit einem Elixier der Unsterblichkeit und einen diamantenen Donnerkeil in den Händen.

in Form der *Tulkus* oder wiedergeborenen *Lamas*, die die religiöse Landschaft Tibets bevölkern (siehe S. 170–171). Der berühmteste *Tulku* ist der Dalai Lama, er repräsentiert die Wiedergeburt seines Vorgängers und die des *Bodhisattva* Avalokiteshvara, des Schutzheiligen Tibets (siehe Kasten S. 171). Obwohl der Dalai Lama für alle tibetischen Buddhisten eine ungeheure Bedeutung hat, ist er dennoch nur einer von Hunderten, vielleicht Tausenden wiedergeborener *Lamas* und *Bodhisattvas*.

Der Dalai Lama („Ozeangleicher Lehrer") ist ein berühmtes Beispiel für eine buddhistische Heiligkeit: Er ist nicht nur ein Oberhaupt, sondern auch ein großer Lehrer (Sanskrit: *Guru*, tibetisch: *Lama*). Seit jeher war das Ideal der Heiligkeit eng mit der höchsten Fähigkeit, den Dharma auf andere zu übertragen, verbunden. Schließlich ist der Buddha selbst der Lehrer par excellence, der auf der Welt erschien, um durch seine grenzenlose Weisheit und Mitgefühl seine zeitlosen Einsichten zu verbreiten. Der Lehrer ist ein Kanal für den Dharma und hat eine solche Gewichtung, dass im tibetischen Buddhismus, wenn der *Lama* seine Rolle als Lehrer annimmt, er für die Zeitspanne seiner Lehrtätigkeit den Status eines *Buddha* erhält. In den meisten buddhistischen Traditionen ist die Beziehung zwischen Lehrer und Schüler sehr eng.

„VERSE DER ÄLTESTEN"

Die Theragatha und die Therigatha (siehe Haupttext) sind bemerkenswerte Verssammlungen, die uns das Leben und Streben der frühen buddhistischen Heiligen näher bringen. Ein kurzes Beispiel aus der Therigatha erfasst das Wesen dieser Werke auf wundervolle Weise:

Frei, frei, ekstatisch frei,
Von den betrügerischen Dingen,
Dem Stößel, dem Mörser, und meinem Mann
Mit dem gekrümmten Rücken.
Ich habe Befreiung aus dem Zyklus
Der Wiedergeburt gefunden,
Und jedes Ding, das zu weiteren
Wiedergeburten führen würde,
Wurde zerteilt.

DIE BEDEUTUNG DER MEISTER

Da sie diejenigen sind, die den Dharma direkt an die nächste Generation weitergeben, haben Lehrer in der Geschichte des Buddhismus von jeher eine zentrale Rolle gespielt. Lange, ungebrochene Linien von großen Lehrern sind für mehrere Überlieferungen wie die des Tantra und des Zen charakteristisch. Innerhalb der heutigen buddhistischen Welt haben einige Lehrer aufgrund der Qualität ihrer Lehren einen bedeutenden Ruf erhalten. Zwar sind die Persönlichkeiten dieser Lehrer ebenfalls wichtig, es ist jedoch ihre Fähigkeit, den Dharma an Menschen mit unterschiedlichen Fähigkeiten weiterzugeben, die als vorrangig angesehen wird. Hoch qualifizierte Lehrer aus allen buddhistischen Traditionen reisen regelmäßig und geben die Lehren sowohl an Laien als auch an Klostergemeinschaften in Ost und West weiter.

Bemerkenswerte Persönlichkeiten in der heutigen Welt sind der Dalai Lama (geboren 1935), das weltliche und spirituelle Oberhaupt der tibetischen Buddhisten, und Thich Nhat Hanh (geboren 1936), ein vietnamesischer Mönch, der in den 60er-Jahren des 20. Jahrhunderts während des Vietnamkrieges in den Westen floh. Beide reisen unaufhörlich und verbreiten die Botschaft der Weisheit und des Mitgefühls des Buddha.

Der erste und bedeutendste Lehrer in der buddhistischen Überlieferung war der Buddha selbst. Hier verehren Theravada-Mönche eine aus Stein gehauene Figur des Buddha (obwohl diese manchmal auch als dessen Schüler Ananda gesehen wird) in der Nähe des Gal-Vihara-Tempels in Polonnaruwa im Nordosten Sri Lankas.

MÖNCHE, NONNEN UND KLÖSTER

Die buddhistische klösterliche Tradition erwuchs aus jener der Samanas (siehe Kasten S. 21), die bereits zu Lebzeiten des Buddha in Indien wirkten. Beide Traditionen lehnten die konventionelle Lebensart ihrer Mitmenschen ab und bevorzugten einen Lebensstil, der spirituellen Zielen gewidmet war. Bei seiner Gründung war die Sangha, die durch den Buddha gegründete klösterliche Gemeinschaft, im Grunde genommen nichts anderes als ein wandernder Bettelorden (siehe S. 46–47). Die Sangha wies viele Ähnlichkeiten mit dieser früheren Tradition auf, einschließlich der Abhängigkeit von der Bereitschaft der Bevölkerung, Almosen in Form von Nahrungsmitteln oder Kleidung zu spenden. Dass der Buddhismus von Anfang an so erfolgreich war, lag zum Teil an diesen bereits etablierten Bräuchen.

Buddhistische Mönche sind unter dem Namen *Bhikshu*s bekannt, und um dem religiösen Orden der Thervada beizutreten, gibt die Vinaya vor, dass der Kandidat alt genug sein müsse, um „Krähen vertreiben zu können". Dies wird im Allgemeinen dahingehend interpretiert, dass der Kandidat das Alter von sieben oder acht Jahren erreicht haben muss. Sobald er dem buddhistischen Mönchsorden beitritt, beginnt der *Bhikshu* ein Leben, bei dem seine Existenz

Nonnen in Seoul (Südkorea) während der jährlichen Feierlichkeiten anlässlich des Geburtstages des Buddha in religiöser Andacht. Dieses Ereignis findet am Tag des Vollmondes im Mondmonat Vesak statt, der in den April oder Mai fällt und in vielen asiatischen Ländern ein Feiertag ist. Südkorea und Taiwan sind für ihre großen weiblichen Klostergemeinschaften bekannt.

DER NONNENORDEN

Der Tradition gemäß musste der Buddha von einem seiner Schüler, Ananda, darum gebeten werden, den Nonnenorden (*Bhikshunis*) zu gründen, und stand dem Vorhaben ursprünglich wohl skeptisch gegenüber. Als sein Zögern hinterfragt wurde, behauptete er, dass die Ordination von Frauen den Niedergang des Dharma beschleunigen würde. Seine Gründe für diese Ansicht sind jedoch unklar. Der Buddha war jedoch auf jeden Fall davon überzeugt, dass Frauen den *Arhat*-Status erreichen können, und in der Tat existiert eine Verssammlung, die unter dem Namen Therigatha bekannt ist, die von weiblichen *Arhats* verfasst wurde. Es ist beachtenswert, dass die Pratimoksha für Nonnen sogar noch strenger ist als für Mönche. Für Nonnen gibt es 311 Regeln, für Mönche nur 227 (siehe „Klösterliche Disziplin" rechts unten).

Die Ordination von Nonnen starb in der Theravada-Tradition bereits vor einiger Zeit aus, in Sri Lanka zum Beispiel bereits im 11. Jahrhundert. Bezüglich des heutigen Buddhismus bedeutet das, dass vollständig ordinierte buddhistische Nonnen nur in der ostasiatischen Mahayana-Tradition gefunden werden können.

von „sehr wenig" abhängt. Dies wurde von dem Buddha ausdrücklich betont, um das buddhistische Klostertum von den extremen Entbehrungen, die bei anderen Samana-Orden vorgeschrieben sind, abzugrenzen. Bei der Beendigung der vollständigen Ordination in den Sangha wird dem Mönch von den „vier Ressourcen" berichtet (*Nishreya*), auf die er sich immer für die „vier Requisiten" (*Parishkara*) verlassen kann: Unterkunft, Kleidung, Nahrungsmittel und Medizin. Die Ressourcen sind: der Fuß eines Baumes, Kleidung aus Lumpen, Nahrungsmittel, die ihm als Almosen dargeboten werden, und der fermentierte Urin einer Kuh. Zusätzlich dazu sind einem Mönch acht Besitztümer gestattet: drei Gewänder, ein Wasserfilter, eine Schale für Almosen, eine Nadel, ein Rasierer und ein Gürtel. Als Zeichen seiner Entsagung vom weltlichen Leben muss sich ein Mönch den Kopf rasieren und ein zölibatäres Leben führen.

Buddhistische Klöster variieren sowohl in Größe als auch in ihrer Funktion. Einige sind große Lehrinstitutionen, wie sie um Lhasa in Tibet zu finden sind. Andere sind kleine, in Dörfern gelegene Tempel, die nur von einigen Mönchen bewohnt werden. In der Regel besteht das religiöse Herz eines Klosters aus einem *Stupa* (einem Reliquienmonument, das Reliquien eines Heiligen oder des Buddha enthält), einem Bodhi-Baum (die Baumart, unter der der Buddha seine Erleuchtung erfuhr) und einer Bildnispagode oder einem Raum für einen Schrein. Darüber hinaus besitzen die meisten Klöster eine Bücherei, Wohnquartiere für die Mönche, Toiletten sowie Koch- und Waschbereiche. Einige der Klöster im Alten Indien und Sri Lanka waren in der Tat riesige Anlagen. Faxian, ein chinesischer Pilger des 5. Jahrhunderts, hielt schriftlich fest, dass das Abhayagiri-Kloster in Anuradharpura 5 000 Mönche beheimatete. Und noch 1959, kurz vor der chinesischen Invasion, lebten Schätzungen zufolge im Drepung-Kloster in Tibet 10 000 Mönche.

KLÖSTERLICHE DISZIPLIN

In der Theravada-Tradition müssen Mönche 227 Regeln gehorchen, die als die Pratimoksha bekannt sind. Die unterschiedlichen buddhistischen Traditionen unterscheiden sich in der Anzahl der Regeln: So befolgen tibetische Mönche z. B. 258 Regeln und japanische Mönche 250. Die Strafen für das Brechen dieser Regeln hängen von der Schwere der Regelverletzung ab. Die schwersten Verletzungen sind Geschlechtsverkehr, Stehlen, Töten und das Behaupten von falschen spirituellen Leistungen. Diese vier sind wörtlich als „Niederlage" (*Parajika*) bekannt und ziehen den Ausschluss aus der Sangha nach sich. In den meisten buddhistischen Traditionen gibt es alle 14 Tage bei Neumond und bei Vollmond eine Versammlung aller Klosterbewohner, um die Pratimoksha zu singen und Regelverletzungen zu beichten (siehe S. 46).

KUNST UND ARCHITEKTUR *Michael Willis*

ARCHITEKTUR DER KLÖSTER

Anathapindaka, ein reicher und einflussreicher Händler, lud den Buddha und sein Gefolge aus Mönchen dazu ein, die Regenzeit in seiner Heimatstadt Shravasti (Savatthi) zu verbringen, zu jener Zeit eine der führenden Städte Nordindiens. Nachdem der Buddha die Einladung angenommen hatte, begann Anathapindaka nach einem geeigneten Ort zu suchen, um die Mönche unterzubringen. Er entschied sich schließlich für einen wunderschönen Park außerhalb der Stadt, der einem Prinz namens Jeta gehörte. Der Park war demzufolge unter dem Namen „Wald des Jeta" bekannt. Der Prinz wollte den Park ursprünglich nicht verkaufen, wurde letztendlich jedoch davon überzeugt, als Anathapindaka dafür bezahlte, indem er den Boden des Parks vollständig mit Münzen bedeckte. Da der Prinz wusste, dass der Park dem Buddha übergeben werden würde und er selbst auch eine Gabe leisten wollte, behielt Jeta einen Teil des Landes. Er baute ein beeindruckendes Tor darauf, wofür er das Geld von Anathapindaka verwendete. In dem Park ließ Anathapindaka Klöster, Unterkünfte, Hallen, Brunnen und andere Gebäude erbauen, die alle ausführlich und poetisch in den schriftlichen Quellen beschrieben werden. Der Buddha verbrachte schließlich 19 Regenzeiten in dem Kloster, und es blieb für viele Jahrhunderte ein wichtiges Zentrum des Buddhismus. Auf dem Gelände befinden sich heute burmesische, tibetische und chinesische Tempel, die nicht weit entfernt von den ausgedehnten Ruinen der alten Klosteranlage liegen.

DHARMAKAYA

Ebenso wie die *Stupas* zu einem wesentlichen Bestandteil der buddhistischen klösterlichen Zentren wurden (siehe Kasten S. 48), so wurden die noblen Qualitäten des Wissens, der Konzentration und der Weisheit als Teile des „Dharma-Körper" des Buddha angesehen. Da dies in den Schriften deutlich niedergelegt war, galten diese als Ersatz des Buddha, wurden als wirkliche physische Reliquien verehrt und begründeten so buddhistische Praktiken wie z. B. das Deponieren von Texten in Bildnissen und *Stupas*. Im Haeinsa-Kloster in Korea ist der höchste Teil des Komplexes kein Tempel und kein *Stupa*, sondern eine große Bibliothek, die Druckblöcke für die gesamte Tipitaka (siehe S. 186–187) enthält.

Die bemalten Dachrinnen des Haeinsa-Tempels, Berg Kayasan, Südkorea.

Beschreibungen der Gründung und die darauffolgende Unterstützung der Jetavana boten ein Modell, dem Laienschüler in Sri Lanka, China, Korea und Japan unterschiedlich nacheiferten. Ökonomisch und politisch beinhaltete dieses Ideal den finanziellen Einfluss des großen Händlers und die Schutzherrschaft eines mächtigen Prinzen.

In jedem Teil Asiens sind buddhistische Klöster zu finden, die einem allgemein gültigen Muster folgen. Der berühmte Klosterkomplex bei Sanchi, der im 3. Jahrhundert v. Chr. errichtet wurde und bis etwa ins 13. Jahrhundert n. Chr. von Mönchen bewohnt war, liegt auf einem Hügel einige Meilen von der alten Stadt Vidisha entfernt. Mihintale, vielleicht der älteste buddhistische Rückzugsort in Sri Lanka (siehe Abbildung S. 102), befindet sich in ähnlicher Entfernung von Anuradhapura. Die berühmten Tempel bei Famen in China (siehe S. 103) und Nara in Japan (siehe S. 135) lagen in ähnlicher Distanz von der Hauptstadt und dem herrschaftlichen Palast.

Ein Kloster bestand aus Unterkünften (Mönche und Nonnen waren in unterschiedlichen Gebäuden untergebracht), Badezimmern, Refektorium und Klinik. Die Unterkünfte bestanden meist aus einzelnen Zellen, die in Kreuzgängen um den zentralen Hof angeordnet waren. In Sri Lanka wurde auf Hygiene großer Wert gelegt, und ein besonderes Merkmal der Klöster sind die ausgezeichnet angelegten und mit guten Abflüssen versehenen Badezimmer und Toiletten.

Rolle der Klöster war und ist, den Dharma innerhalb der eigenen Wände anzuwenden und zu gewährleisten, dass dieses für kommende Generationen erhalten bleibt. Klösterliche Bibliotheken waren nicht nur Studienorte und

Das Gartenkloster in Tibet, so benannt nach dem Paradies des Maitreya, wurde im Jahr 1409 durch Tsongkhapa gegründet und liegt auf dem Grat des Berges Wangkur mit Blick auf das Tal des Flusses Phenyul. Hier wurde während der chinesischen Kulturrevolution viel zerstört. Zu jener Zeit sank die Zahl der hier ansässigen Mönche von 3 000 auf nur 300, in den letzten Jahren ist jedoch viel getan worden, um die einstige Pracht des Klosters wieder herzustellen.

Aufbewahrungsorte für Bücher, sondern auch aktive Zentren, die sicherstellten, dass das Wissen verbreitet wurde. Manche buddhistische Klöster, wie die berühmte indische „Universität" Nalanda, zählen zu den wichtigsten Bildungsstätten ganz Südostasiens, eine Entwicklung, die in China und Korea durch die Einführung des Holzblockdrucks (siehe S. 182–185) weiter vorangetrieben wurde.

Die Milindapanha („Fragen des Menander") behandelt eine Reihe von Fragen, die von Menander (Milinda), einem griechischen König, der im 2. Jahrhundert v. Chr. in Nordwestindien herrschte, an den Mönch Nagasena gestellt wurden. Einst bat der König den Mönch, das „allgemeine Geschäft" des Buddha zu definieren – die Verwendung einer Metapher aus dem Handel weist auf die kaufmännische Schutzherrschaft hin, die der Buddhismus seit seinen Anfängen genoss. Nagasena entgegnete dem König, dass das „allgemeine Geschäft" des Buddha aus drei Dingen bestehe: seiner klösterlichen Gemeinschaft, seinen Lehren und „Schreinen für seine Reliquien". Dies verdeutlicht, dass nach seinem letzten Dahinscheiden die Präsenz des Buddha durch Reliquien, üblicherweise Fragmente von eingeäscherten Knochen, bewahrt werden würde. Diese Reliquien wurden immer in Klöstern aufbewahrt, wo sie in Monumenten, den *Stupas,* in einem Schrein aufgehoben wurden. Der große *Stupa* in Sanchi, der die Reliquien des Buddha enthält, liegt in der Mitte eines großen Klosterkomplexes. Ein ähnliches Arrangement kann in Sri Lanka gefunden werden, wo einige der Reliquien aufbewahrt werden. Die berühmteste ist die Zahnreliquie bei Kandy. In China wurde in einer vergessenen Gruft im Famen-Tempel (Famensi) in der Shaanxi-Provinz in den 1980er-Jahren ein Fingerknochen des Buddha gefunden. Als einer der vier bekannten Orte, die Reliquien des Buddha in China beheimaten, genoss der Famen-Tempel direkte kaiserlicher Schutzherrschaft, insbesondere im 9. Jahrhundert n. Chr. Die Reliquie wurde in eine Serie von Behältnissen gelegt und gemäß einer chinesischen Inschrift in einem „Ashoka-*Stupa*" aus weißem Marmor verwahrt. Diese Bezugnahme auf Ashoka verband das Kloster und seine Reliquien mit dem berühmten indischen Monarchen, der sich sehr für den Buddhismus einsetzte (siehe S. 50–53). In China wurde der ursprünglich kuppelähnliche Stupa zu seiner charakteristischen stufenartigen Form weiterentwickelt, die in der Regel Pagode genannt wird. Diese Form wurde auch in Regionen, die unter chinesischem kulturellem Einfluss standen, wie Korea und Japan, übernommen.

Vor dem 1. Jahrhundert n. Chr. waren Reliquien für die Verbreitung des Buddhismus von außerordentlicher Bedeutung. Sie halfen dabei, neue religiöse Zentren und Pilgerstätten zu etablieren. Als Bilder hinzukamen, wurden diese als „Verweisungs- oder Repräsentationsreliquien" (siehe S. 45) bezeichnet, und das wichtigste Bildnis des Buddha wurde üblicherweise in einem Schrein in einem separaten Raum untergebracht. Dieser Raum wird *Gandhakuti* („parfümiertes Gemach") genannt. Dies bezog sich ursprünglich auf die Gemächer, die der Buddha in Jetavana bewohnte. Später galt diese Bezeichnung für alle Orte, an denen er länger verweilt war, und man brachte dort sein Bildnis an.

GEGENÜBER: *In der Nähe der Buddha-Statue bei Mihintale in Sri Lanka steht der* Stupa *des Ambasthale Dagoba. Er ist im singhalesischen Stil gehalten und besteht aus unbemaltem weißem Verputz. Mihintale, 13 km von Anuradhapura entfernt, ist der Ort, wo der Mönch Mahinda, der der Überlieferung nach im 3. Jahrhundert v. Chr. den Buddhismus nach Sri Lanka brachte, zum ersten Mal predigte. Der* Stupa *war einst von einer schützenden hölzernen Kuppel bedeckt, jedoch alles, was davon noch übrig geblieben ist, sind die Steinsäulen, die einst das Dach stützten.*

DER LAIENSTAND

DIE TÄGLICHE ALMOSENRUNDE

In vielen Ländern, wo die um das klösterliche Leben zentrierte Theravada-Tradition vorherrscht, bestimmt die Almosenpraxis die Beziehung zwischen Mönchen und Laien. In Thailand und anderswo ist es z. B. immer noch verbreitet, dass die Mönche an einer täglichen Almosenrunde teilnehmen und dass die Laien in die Bettelschale der Mönche Nahrungsmittel legen. Solche Gelegenheiten des materiellen und spirituellen Austausches veranschaulichen die klar differenzierten wichtigsten Werte und Handlungen der Kloster- und Laiengemeinschaften. Zwar haben Mitglieder der Sangha aufgrund ihrer Treue für das Ideal der Entsagung einen hohen sozialen Status, aber sie sind dennoch materiell von den Laien abhängig, die auf dem Pfad des Buddha fortschreiten, indem sie das religiöse Ideal der Großzügigkeit erfüllen (siehe Haupttext und S. 110–111). Von Mönchen auf Almosenrunden wird erwartet, dass sie durch ihre Körperhaltung eine gewisse Zurückhaltung ausdrücken. Gebende Laien hingegen zeigen ihren niedrigeren Status durch Gesten des Respekts und der Dankbarkeit gegenüber jenen an, die dem Pfad, der zum *Nirvana* führt, folgen. Als Gegenleistung für ihre Gaben sammeln Laien Verdienste, die ihnen bessere Wiedergeburten ermöglichen und die Chance, selbst Entsagende zu werden.

Das Herzstück des traditionellen Buddhismus ist die Beziehung zwischen dem Laienstand und der Sangha. Bei der Gründung seines klösterlichen Ordens schuf der Buddha zwischen einem Mönch und Laien einen sozialen Vertrag, der heute noch genauso bedeutsam ist wie zu der Zeit, als die Sangha eingeführt wurde. Männliche und weibliche Laien, die sich sowohl dem buddhistischen Dharma als auch der Sangha verpflichteten, wurden als *Upasaka*s bzw. *Upasika*s bezeichnet. Formal gingen sie ihre Verpflichtung ein, indem sie die Dreifache Zuflucht (siehe S.106–107) in einem rituellen Rahmen rezitierten. Dadurch definierten sie sich selbst als Buddhisten.

Der buddhistische Pfad kann als progressive Entwicklung der Großzügigkeit (durch Almosen, *Dana*), der Moral *(Shila)* und der Meditation gesehen werden. In traditionellen buddhistischen Gesellschaften ist es immer noch relativ selten, dass Mitglieder des Laienstandes sich der Meditation widmen, die Ausübung der Praxis beschränkt sich in erster Linie auf die Entwicklung von Großzügigkeit und anderen Tugenden.

In Theravada-Gemeinschaften wird *Dana* durch die Gabe von Nahrung an Bettelmönche praktiziert (siehe „Die tägliche Almosenrunde" links). In Sri Lanka wiederum tendieren Mitglieder des Laienstandes, insbesondere Frauen, dazu, zubereitetes Essen direkt zum Kloster zu bringen. In Ländern, die von der Mahayana-Tradition beherrscht werden, ist die Situation ein wenig komplexer. In tibetischen Gemeinschaften bringen Laien häufig ein sogenanntes „Teeopfer", das darin besteht, ausreichend Geld zu sammeln, um allen Mönchen des Klosters das traditionelle tibetische Getränk aus heißem Buttertee anbieten zu können. Die Form, die *Dana* annimmt, ist vom jeweiligen kulturellen Kontext und der Größe der klösterlichen Institution abhängig.

Der Akt des Gebens wird dahingehend definiert, dass er die Fesseln der Bindung löst und den Geist dazu anregt, sich von egoistischem Denken zu befreien. Dieser Akt wird auch als ein Sich-Öffnen gegenüber anderen und als Entwicklung von Tugenden wie Loslösung und Freundlichkeit gesehen. Viele der *Jataka*-Geschichten erzählen von Handlungen höchster Großzügigkeit, die der Buddha in seinen vorherigen Leben vollzogen hat. Solche Beschreibungen verdeutlichen die vollendete Großzügigkeit des Buddha und sind dazu gedacht, praktizierende Gläubige zu inspirieren. Eine berühmte Geschichte erzählt etwa, wie der Buddha einst seinen Körper einer Tigerin anbot, damit diese ihre Jungen nähren konnte. Neben Almosen in Form von Nahrung und Kleidung beweisen Laien ihre Großzügigkeit durch Geldspenden, die dazu verwendet werden, Klöster instandzuhalten oder neu zu errichten sowie für die Förderung der Veröffentlichung von buddhistischer Literatur. Im Gegenzug für ihre Großzügigkeit erhalten Unterstützer der Sangha Meriten (*Punya*) oder „gutes *Karma*" (siehe auch S. 60–61 und 110–111).

Für das Leben eines Laien sind auch die Fünf Regeln (siehe S. 72) bedeutsam. Oft werden diese von Laien nach der Dreifachen Zuflucht rezitiert. Die Regeln schreiben vor: kein Lebewesen zu verletzen; nichts zu nehmen, was einem nicht angeboten wird; keinen Ehebruch zu begehen; nicht zu lügen; keine Rauschmittel zu konsumieren, die Unachtsamkeit verursachen können. Darüber hinaus kann sich der Laie an Vollmondtagen (siehe Kasten S.108) an weitere drei Regeln halten, die normalerweise Folgendes umfassen: nachmittags keine feste Nahrung zu sich zu nehmen; nicht zu tanzen, zu singen oder zu musizieren; sich ungebührlich zu verhalten; seinen Körper zu schmücken oder mit Düften oder Salben zu versehen sowie hohe und luxuriöse Betten oder Sitzgelegenheiten zu meiden.

Das fromme Verhalten der Laien konzentriert sich auf Aktivitäten, die der Erzeugung von Glauben (*Shraddha*) dienen. Die vorrangige Form des religiösen Ausdrucks, die der Laiengemeinschaft offensteht, ist die Ausübung des „guten Verhaltens" oder die Befolgung der Ethik (*Shila*), wie sie im Edlen Achtfachen Pfad (siehe S. 70–71) dargelegt wird. Eine weitere wichtige Form der Laienpraxis ist das Pilgern zu heiligen Stätten, die mit dem Leben Buddhas assoziiert werden, oder zu wichtigen Tempeln und Schreinen (siehe S. 108–109 und 112–113). In Tibet drücken Laien ihre Ergebenheit aus, indem sie sich selbst an heiligen Plätzen Hunderte Male niederwerfen (siehe Abbildung S. 113), Gebetsrollen, die mit kleinen Schriftrollen gefüllt sind, die mit *Mantra*s beschrieben sind, drehen oder indem sie Gebetsfahnen aufhängen.

Ein Mönch aus Thiripyitsaya, in der Nähe von Pagan in Burma (Myanmar) bietet auf seiner täglichen Almosenrunde seine Bettelschale dem Kutscher eines Fuhrwerks dar.

TEIL 2 • KAPITEL 6 *Kevin Trainor*

PRAKTIZIERTER BUDDHISMUS

DAS BETRETEN DES PFADES

Wie wird man zu einem Buddhisten? Diese Frage hat im Zuge der wachsenden Bekanntheit des Buddhismus auch außerhalb asiatischer Kulturen, wo er seit jeher eine dominierende spirituellen Kraft darstellt, neue Bedeutung gewonnen. Die Frage erhält eine andere Bedeutung, wenn sie in Gemeinschaften gestellt wird, wo buddhistische Lehren und Praktiken seit Langem einen tiefen und alles durchdringenden Einfluss auf die dominierende Kultur hatten und Kinder herkömmlicherweise in dieser Tradition erzogen werden.

Die Frage lässt sich folgendermaßen beantworten: Man muss die Dreifache Zuflucht nehmen (siehe „Das Ritual der Dreifachen Zuflucht“ gegenüber). Was heißt jedoch „Zuflucht“ in diesem Zusammenhang, und was ist damit gemeint, Zuflucht in diese drei Einheiten zu nehmen, die in buddhistischen Texten oft als das Dreifache Juwel bezeichnet werden? Sicher ist es unmöglich, darüber allgemeingültige Aussagen zu treffen. Denn was dieses Ritual für den einzelnen Buddhisten bedeutet, ist an unterschiedlichen Punkten in dessen Leben möglicherweise verschieden. Trotzdem ist klar, dass das Ritual eine wichtige Reorientierung im Leben derer bezeichnet, die sich dadurch in eine Abhängigkeitsbeziehung mit dem erleuchteten Buddha (oder *Buddhas*), dem Dharma (die transformierende Wahrheit, die erfasst und gelehrt wird) und der Sangha (die Gemeinschaft der Buddhisten) begeben. Im Kontext unserer zahllosen vergangenen und zukünftigen Leben kann die Annahme der Dreifachen Zuflucht den Punkt markieren, an dem der Einzelne den Verlauf seines Lebens vom endlosen Wandern zielgerichtet auf den Mittleren Pfad, der zum *Nirvana* führt, lenkt. Um eine verbreitete buddhistische Metapher zu verwenden, sie stellt einen auf ein Floß, das einen sicher über den riesigen Ozean des *Samsara* steuert.

In buddhistischen Gemeinschaften der Theravada-Schule wurde eine klare Unterscheidung zwischen Zuflucht für Laien und Zuflucht für Mönche und Nonnen getroffen. Denn die Mitgliedschaft in der Mönchsgemeinschaft wird hier traditionsgemäß als notwendige Voraussetzung für die effektive Praxis der Meditation und für den raschen Fortschritt entlang des Mittleren Pfades gesehen. Für letztere Gruppe repräsentiert die Ordination in die Sangha eine fortgeschrittenere Art der Zuflucht, eine, die von einem dramatischen Durchtrennen der konventionellen sozialen Bindungen und dem engen Befolgen der Richtlinien der Mönchsdisziplin, wie sie vom Buddha eingerichtet wurde, gekennzeichnet ist.

In den buddhistischen Gemeinschaften der Mahayana-Schule übernimmt die Dreifache Zuflucht eine verwandte und doch andere Vorstellung. Das „Juwel“ Buddha bedeutet möglicherweise nicht Gautama Buddha, sondern einen aus der

Zwei junge Mönche singen während eines Festes in Pang Mu (Thailand). In Ländern, in denen die Theravada-Tradition vorherrscht, wie dies in Thailand der Fall ist, repräsentieren die Mitglieder der Sangha im Prinzip die höchste Verkörperung der Lehre des Buddha und somit das beste Feld der Verdienste, das heißt die Quelle des größten karmischen Nutzens für die, die mit der richtigen Absicht Gaben in Form von materieller Unterstützung darbringen.

großen Anzahl der anderen *Buddhas*. Diese sind jenen zugänglich, die dem Mittleren Pfad folgen. Zuflucht im Dharma in diesem Zusammenhang beinhaltet das Sich-Verlassen auf erweiterte Sammlungen maßgeblicher Lehren, die sich von jenen der Theravada-Schule unterscheiden. Außerdem werden zur Mitgliedschaft der Sangha große *Bodhisattvas* gezählt, auf die sich die Anhänger der Mahayana zur Unterstützung ihres eigenen Fortschritts zur vollendeten Erleuchtung beziehen können.

Unter den Anhängern der Vajrayana, der Art des Buddhismus, die am häufigsten mit Tibet assoziiert wird, beinhaltet der Prozess zur Erleuchtung eine Abfolge esoterischer Initiationen, die die besonderen Beziehungen zu bestimmten Lehrern, *Bodhisattvas* und *Buddhas*, kennzeichnen (siehe S. 164–165).

Welches auch immer die markanten Variationen sind, die die Unterschiede der buddhistischen Gemeinschaften charakterisieren, ihnen allen ist eine Erkenntnis gemein: Individuen begeben sich auf den Pfad zur Erleuchtung, indem sie eine Abhängigkeitsbeziehung mit den mitfühlenden und vollständig erleuchteten Wesen eingehen, die den Pfad vor ihnen beschritten haben, sowie mit ihren Lehren und in Gesellschaft derer, die die höheren Ebenen des spirituellen Fortschrittes entlang des Mittleren Pfades verkörpern.

DAS RITUAL DER DREIFACHEN ZUFLUCHT

Wenn es etwas gibt, das einem Initiationsritus in die buddhistische Gemeinschaft ähnelt, dann ist es das Nehmen der Dreifachen Zuflucht. In Theravada-Gemeinschaften bedeutet dies, ein bestimmtes Ritual durchzuführen, währenddessen dreimal die folgenden Zeilen in Pali laut rezitiert werden: „Beim Buddha suche ich Zuflucht, bei dem Dharma suche ich Zuflucht, in der Sangha suche ich Zuflucht." Dies wird im Allgemeinen in antiphonischer Art rezitiert. Jede „Zuflucht" wird zunächst von einem buddhistischen Mönch vorgesprochen und dann von einer Gruppe von Laienbuddhisten wiederholt. Die große Mehrzahl der öffentlichen Zeremonien in der buddhistischen Gemeinschaft beginnt mit dieser öffentlichen Erklärung. In vielen Fällen wird das Rezitieren vom Niederwerfen des Körpers begleitet, einer physischen Verkörperung der Beziehung der Abhängigkeit und der Dankbarkeit, die das Ritual einleitet und vertieft. Andere buddhistische Gemeinschaften haben ihre eigenen Variationen dieses grundlegenden Rituals.

HINGABE

Hingabe im Buddhismus ist für westliche Forscher oft ein leidiges Thema. Obwohl seit Langem anerkannt ist, dass einige buddhistische Traditionen starke Elemente der Anbetung aufweisen, wurden diese gerne als relativ späte Entwicklung betrachtet – häufig als Reaktion auf die Bedürfnisse der Laien. Die früheste Tradition, so besagt jedenfalls diese Auslegung, war im Großen und Ganzen frei von Anbetung und den damit verbundenen Ritualen. Der Buddha war ein menschliches Wesen und kein Gott, und seine frühen klösterlichen Anhänger sahen in ihm nicht mehr als einen verehrten Lehrer. Entsprechend dieser Ansicht erscheint sogar die traditionelle Ausübung des „Zufluchtsuchens" bei dem verstorbenen Buddha problematisch, da er ja aus dem Zyklus der Wiedergeburt verschwunden ist und seinen Anhängern darum keine Zuflucht bieten kann. Sie betonen, dass Gautama Buddha ein Mensch war, der gestorben und nun nicht mehr in der Lage ist, seinen Anhängern zur Seite zu stehen.

Es ist zwar unmöglich, zu wissen, was die frühesten Anhänger des Buddha von ihm dachten, doch zeigen sowohl die schriftlichen als auch die archäologischen Zeugnisse, dass Hingabe seit Langem einen festen Bestandteil des Buddhismus bildet. Die Praxis der Verehrung von Reliquien und Bildern hat auch in den buddhistischen Traditionen eine zentrale Rolle gespielt. In den Traditionen des Mahayana-Buddhismus, die die fortgesetzte Interaktion mit einer praktisch unbegrenzten Anzahl an koexistierenden *Buddha*s und *Bodhisattvas* gestattet, ist die Bedeutung der Anbetung sogar noch ausgeprägter. *Buddhas*, wie z. B. Amitabha, haben die Macht, direkten Einfluss auf das Leben ihrer ergebenen Anhänger zu nehmen, um diese bei ihrem Tod von den Leiden der *Samsara* zu befreien. In diesem letzteren Fall hat das vollständige Verlassen der Ergebenen auf die Macht des Buddha, sie zu erlösen, die gleiche Funktion wie das Bestreben, Bindungen und die Illusion des Selbst hinter sich zu lassen. Dies entspricht auch jenen buddhistischen Traditionen, die den Schwerpunkt auf die Anstrengungen des Individuums legen. Obwohl sich die Strategien unter-

UPOSATHA-TAGE

Eingebunden in die vier Phasen des Mondzyklus geht die Tradition des Einhaltens von besonderen Fastentagen und religiösen Bräuchen, Uposatha-Tage genannt, auf die Anfänge des Buddhismus in Indien zurück. Der Tag des Vollmondes, der von den vier Phasen als die Glück verheißendste angesehen wird, ist der Tag, an dem viele Theravada-Buddhisten einen Tempel aufsuchen und Gaben in Form von Blumen, Weihrauch oder Lampenöl darbringen. Einige Uposatha-Tage sind durch besondere Feiern gekennzeichnet, wie z. B. der Vaishakha (siehe Abbildung gegenüber).

Der Tag beginnt mit der ritualisierten Durchführung der acht Regeln (siehe S. 104–105), durch die sich Laien zu einer höheren Form der moralischen Disziplin verpflichten, die den Regeln ähneln, die von Novizen angenommen werden. Im Verlauf des Tages hören die Anwesenden, von denen viele zur Feier des Tages weiße Kleidung angelegt haben, Lehrreden, bringen dem Buddha Gaben dar, sitzen auf dem Boden und lesen buddhistische Schriften. Solche Aktivitäten werden als sehr verdienstvoll angesehen.

Diese Religionsfeierlichkeiten erlauben es den Laien auch, sich für eine begrenzte Zeit von den Ablenkungen und Ängsten des weltlichen Lebens zu lösen und sich so den höheren Idealen einer buddhistischen Praxis zu nähern, wie sie die Sangha darstellt.

Eine Frau aus Sri Lanka bringt eine Gabe in Form einer Blume zu einem Stupa *am Kelaniya-Tempel während des Festes des Vesak (Sanskrit: Vaishakha; Pali: Vesakha). Es ist eines der wichtigsten Feste des Theravada-Buddhismus und erinnert an Geburt, Erleuchtung und Tod des Buddha. In Sri Lanka wird dieser besondere Tag durch den Besuch von buddhistischen Tempeln, andachtsvollem Singen und verdienstvollen Taten, wie z. B. dem Errichten von Ständen, die Fremden Erfrischungen anbieten, begangen.*

scheiden, ist das Endziel das gleiche – die Überwindung der egoistischen Selbstbetrachtung und die Entwicklung buddhistischer Tugenden wie Mitgefühl und Großzügigkeit.

Ein zentraler Punkt bei der buddhistischen Ergebenheit ist das Ideal, Verdienste zu sammeln – und zwar durch die Herausbildung der richtigen Geisteszustände und die Vollbringung guter Taten. Solche Taten werden zum Beispiel in den Riten, die an den Uposatha-Tagen (siehe Kasten gegenüber) vollzogen werden, gepriesen. Durch die Reflexion über die tugendhaften Handlungen des Buddha konzentriert sich der Geist des Gläubigen auf ein Gefühl der Abhängigkeit von dem, der durch unzählige Lebenszeiten der Aufopferung seiner selbst sich vervollkommnet und es damit anderen ermöglicht hat, seinen Fußspuren entlang des Mittleren Pfades zu folgen.

ALMOSEN

DAS DARBRINGEN VON MUSIK
Die buddhistische Tradition ist ambivalent, wenn es um die Freuden geht, die mit Musik verbunden sind. Mitgliedern der Sangha ist es verboten, Darbietungen von Musik und Tanz beizuwohnen, und die klösterliche Disziplin betont die Selbstbeherrschung der Sinne. Trotzdem entwickelte sich in Sri Lanka eine Tradition der Darbringung von musikalischen Gaben, insbesondere des Trommelns an den Buddha, wie es auch einem großen König gebührt. Diese Rolle wird traditionell von Mitgliedern einer bestimmten Kaste durchgeführt, die als Entgelt für ihr Trommeln das Recht erhalten, klösterliches Land zu bebauen.

Trommler begleiten im Tempel des Zahns in Kandy (Sri Lanka) eines der vielen täglichen Rituale der Verehrung. Diese Reliquie wurde lange als politische Machtquelle für die Herrscher der Insel angesehen.

Eines der am meisten praktizierten Ideale in der buddhistischen Welt ist das der *Dana* („Gabe") und die dazugehörige Tugend, die Großzügigkeit. Das höchste Vorbild für diese Tugend ist der Buddha, der während seiner vielen vorherigen Leben als *Bodhisattva* seine Besitztümer und sogar sein eigenes Fleisch opferte, um anderen Lebewesen zu nutzen, während er sich gleichzeitig in dem Ideal der Nicht-Bindung übte. *Dana* ist insofern mit zwei weiteren fundamentalen buddhistischen Idealen verknüpft – dem Mitgefühl für andere Lebewesen und der Einsicht in die Wahrheit des Nicht-Selbst (*Anatman*).

Angesichts der großen Bedeutung von Entsagung in der Geschichte des Buddhismus ist es nicht überraschend, welch enorme Gewichtung dem Spenden von Almosen beigemessen wird – denn ohne sie konnte die Sangha nicht überleben. Im Gegenzug für ihre Gaben in Form von Nahrung, Kleidung und Geld erwarben sich die Unterstützer der Sangha Verdienste. Eigentlich besteht ein Widerspruch zwischen dem Ideal der Selbstlosigkeit und dem Streben, Verdienste anzusammeln, die zu besseren Wiedergeburten führen. Doch die buddhistische Tradition betont wiederholt den hohen Wert der Freigebigkeit, die mit einem Gefühl der ruhigen Freude verbunden ist.

Hinzu kommt die Freude über den Nutzen, den andere durch die Großzügigkeit gewinnen werden. Mit anderen Worten, eine Person kann sich Verdienste einfach dadurch erwerben, indem sie glücklich ist, wenn andere

Verdienste erwerben – ein großer Vorteil für die, die selbst wenig zu geben haben. In erster Linie geht es um die Bereitschaft, seine Selbstsucht zu überwinden.

Einen weiteren Aspekt dieser Vorstellung bildet die „Übergabe von Verdiensten". Die konventionelle buddhistische Lehre besagt, dass die absichtlichen Taten einer Person den Verlauf seiner zukünftigen Wiedergeburten bestimmen. Deswegen ist jeder Einzelne für seinen eigenen Fortschritt entlang des Mittleren Pfades selbst verantwortlich. Die Übergabe von Verdiensten ist insbesondere mit den Riten für verstorbene Verwandte verbunden. Da angenommen wird, dass die verschiedenen Familienmitglieder möglicherweise als *Preta*s wiedergeboren werden, als rastlose und übelwollende Geister, die konstant Hunger und Durst leiden, umfassen buddhistische Begräbniszeremonien und Gedenkriten üblicherweise Zeremonien, bei denen die Verdienste auf den Verstorbenen übertragen werden, um ihm dazu zu verhelfen, eine bessere Wiedergeburt zu erlangen.

Das Ideal der Großzügigkeit war ebenfalls ein Leitprinzip der buddhistischen Könige. Aufgrund der angenommenen Kongruenz zwischen angesammelten Verdiensten und weltlichem Erfolg war die königliche Legitimität oft mit dem Gewähren einer solchen Schutzherrschaft verbunden. Denn die Personen, die des Königtums wert waren, hatten nach der Logik der karmischen Konsequenzen unweigerlich viele gute Taten in der Vergangenheit ausgeübt und würden dies auch weiterhin in der Zukunft tun. Von einigen Königen Sri Lankas wird sogar behauptet, dass sie „Verdienstbücher" zusammenstellten, in denen ihre vielen Gaben an die Sangha festgehalten waren. Diese Bücher sollten ihnen auf ihrem Sterbebett vorgelesen werden, um sie angesichts des nahenden Todes zu beruhigen.

KÖNIG SIRISANGHABODHI

Ein dramatisches Beispiel für die Tugend der Großzügigkeit stellt die Geschichte des historischen Königs Sirisanghabodhi dar, einem Köng, der im 4. Jahrhundert n. Chr. lebte. Nachdem er als Vorbild königlicher Tugend über Sri Lanka geherrscht hatte, dankte er ab und wurde zu einem wandernden Einsiedler. Der einstige Schatzmeister, der nun König war, fürchtete, dass die andauernde Beliebtheit Sirisanghabodhis einen Aufstand der Untertanen verursachen würde, und setzte einen Preis auf den Kopf des früheren Monarchen aus. Kurz darauf begegnete ein armer Mann, der im Wald umherzog, Sirisanghabodhi. Er ließ sich nicht davon abbringen, sein Essen mit dem einstigen König zu teilen. Dieser frohlockte, als er hörte, dass ein Preis auf seinen Kopf ausgesetzt war. Denn dies bedeutete, dass er die Perfektion der Großzügigkeit ausüben und den Mann für das Teilen seines Mittagessens bezahlen konnte. Er bestand darauf, dass der Mann seinen Kopf zum König brachte und das Kopfgeld erhalte. Als der Mann zögerte, köpfte Sirisanghabodhi sich selbst. An der vermeintlichen Stätte des Ereignisses wurde später ein berühmter buddhistischer Tempel errichtet. Die Geschichte von Sirisanghabodhi, dem König, der willens war, sogar seinen eigenen Kopf zu verschenken, wurde zu einer beliebten Metapher für buddhistische Großzügigkeit.

Skulptur im Atanagalla-Tempel (Sri Lanka), die den Moment abbildet, als der König Sirisanghabodhi in einer Handlung selbstloser Großzügigkeit bereit ist, sich selbst zu köpfen.

PILGERREISEN

Auch wenn sich die Lehre Buddhas hauptsächlich mit der Herausbildung von inneren Bewusstseinszuständen beschäftigt, scheinen spezielle Orte durchaus eine Bedeutung gehabt zu haben. Es ist nennenswert, dass die schriftlichen Aufzeichnungen über die letzten Tage des Buddha explizite Anweisungen für den Erbau von Monumenten an bestimmten Plätzen enthalten und auch, an welchen Orten seine Reliquien beheimatet sein sollten. Außerdem empfiehlt der Buddha seinen Anhängern Pilgerreisen zu vier Stätten, die mit wichtigen Ereignissen seines Leben verbunden sind (siehe S. 41). Überdies sagte er, dass die, die mit einem ruhigen, glücklichen Herzen sterben, während sie zu diesen Orten reisen, sicher sein dürfen, in einem glückseligen himmlischen Reich wiedergeboren zu werden Diese Texte verbinden somit die innere buddhistische Erfahrung mit einer äußeren heiligen Geografie.

Laut Aufzeichnungen war der indische Herrscher Ashoka im 3. Jahrhundert v. Chr. einer der ersten buddhistischen Pilger. Seine Pilgerreise nach Lumbini, dem Geburtsort des Buddha, verewigte er mit einer Säule, die mit Inschriften versehen war. Die Legende über Ashokas Leben berichtet auch, dass er die Reliquien des Buddha aufteilte und sie in insgesamt 84 000 *Stupa*s in seinem ganzen Königreich in Schreinen verwahrte (siehe S. 50–53). Diese Berichte hatten großen Einfluss auf die späteren Generationen buddhistischer Könige, die versuchten, Ashoka nachzueifern, indem sie *Stupas* errichteten und heilige Stätten besuchten.

Es bestehen auch schriftliche Zeugnisse, die die heroischen Reisen von chinesischen buddhistischen Mönche ins Mutterland ihrer angenommenen Religion darlegen. Der Erste, der Mönch Faxian, verließ China im Jahre 399 n. Chr. und reiste entlang des unteren Abschnitts der Seidenstraße durch Zentralasien und Nordindien. Sein Bericht beschreibt seine Besuche der vielen heiligen Stätten, die zu jener Zeit mit dem Leben des Buddha verbunden wurden, sowie die zahlreichen *Stupas*, die auf den Herrscher Ashoka zurückgeführt wurden. Zurück nach China nahm Faxian den Seeweg und machte auch in Sri Lanka und Java Halt. Schließlich gelangte er nach 15 Jahren Abwesenheit wieder in sein Heimatland zurück. Er führte eine kostbare Ladung mit sich – authentische buddhistische Texte, einschließlich einer vollständigen Vinaya (das Buch der klösterlichen Disziplin). Spätere Pilger führten diesen Brauch weiter, indem sie nach Indien reisten und mit heiligen Schriften und Reliquien zurückkehrten. Auf diese Weise unterstützten sie in China die Etablierung buddhistischen Brauchtums.

Als sich der Buddhismus in Asien zunehmend verbreitete, wurden neue Pilgerorte, einschließlich heiliger Berge (siehe „Heilige Berge" links), bestimmt. Diese wurden zu wichtigen Plätzen der Hingabe des Volkes. Was auch immer die Besonderheiten der einzelnen Pilgerorte waren, die Pilger der gesamten buddhistischen Welt verehren sie durch eine Reihe gemeinsamer Ideale und Bräuche. Pilgerreisen sind eine Quelle vieler Verdienste, vorausgesetzt, sie werden mit der richtigen Absicht und der angemessenen geistigen Haltung unternommen. Buddhistische Pilger tragen oft besondere Kleidung und halten während der Reise bestimmte Sprach- und Verhaltensregeln ein. Fasten oder eine besondere Aufmerksamkeit darauf, dass die geistige und körperliche

HEILIGE BERGE

Als sich der Buddhismus in ganz Asien etablierte, wurden die heiligen Wohnorte der indigenen Geister und Götter oft in die buddhistische Kosmologie mit einbezogen und zu wichtigen Pilgerorten. In Sri Lanka zum Beispiel hielten alte Chroniken fest, dass der Buddha zu Lebzeiten dreimal eine Insel besuchte und an einer Abfolge von Orten Halt machte, die später durch das Aufstellen von Schreinen mit wichtigen Reliquien heilig wurden. Schließlich wurde eine Liste mit 16 Pilgerstätten erstellt, einschließlich des Berges, der als Sripada oder „Adams Gipfel" (siehe Abbildung S. 194) bekannt ist. Er ist die Heimat des Gottes Mahasumana, und der Legende nach hat der Buddha dort einen gigantischen Fußabdruck hinterlassen. Der gleiche Gipfel wurde später Teil anderer religiöser Überlieferungen Sri Lankas und Pilgerort für Hindus und Moslems. Obwohl der Berg nie zu einer bedeutenden Pilgerstätte für Christen wurde, wurde überliefert, dass der Berg den Fußabdruck des Heiligen Thomas aufweise. Andere Berge in Asien wurden ebenfalls zu wichtigen buddhistischen Pilgerstätten, einschließlich des Berges Wutai in China, des Berges Fuji in Japan und des Kailash in Tibet.

Eine Pilgerin wirft sich im Gebet vor dem heiligsten Tempel Tibets, dem Jokhang in Lhasa aus dem 7. Jahrhundert, nieder. Das Gebäude, das eine berühmte Skulptur des Buddha beheimatet, die unter dem Namen Jowo Rinpoche bekannt ist, ist das ganze Jahr über, jedoch besonders an Neujahr, eine wichtige Pilgerstätte. Einige Gläubige werfen sich über Hunderte von Kilometern von ihrem Heimatdorf bis zum Zielort kontinuierlich zu Boden. Diese Reisen können mehrere Jahre in Anspruch nehmen. Solche Pilger schützen ihren Körper oft, indem sie Schürzen aus Leder sowie Arm- und Knieschützer tragen, die denen gleichen, die auf dem Foto abgebildet sind.

Reinheit aufrechterhalten wird, gehören dazu. Manchmal legen Pilger gegenüber regionalen Gottheiten und Geistern, die die Pilgerstätten bevölkern, bestimmte Gelübde ab. Sie erhoffen sich dadurch viele unterschiedliche irdische Vorteile. Das kreisförmige Gehen im Uhrzeigersinn, während der Pilger seine rechte Körperseite dem Objekt der Verehrung entgegenhält, wird ebenfalls oft praktiziert. Manche tibetische Pilger gehen lange Strecken im Kreis und werfen sich dabei regelmäßig der Länge nach zu Boden (siehe Abbildung oben).

Eine Grundlage der buddhistischen Pilgerreise ist die Annahme, dass die geistige Bildung durch eine Abwechslung vom Alltagsleben vergrößert werden kann. Ob der Pilger nun große Distanzen zurücklegen muss, um die Stätte zu erreichen, oder ob er stattdessen einen Schrein in einer Region besucht, der nur wenige Stunden Fußmarsch von seinem Zuhause entfernt liegt, in jedem Fall sorgen sowohl die Reise als auch das Ziel dafür, dass der Pilger seine gewohnte Routine aufgibt. Außerdem wird er von einem Gefühl der Vorfreude beflügelt. Pilgerreisen spiegeln auch die Bewegung wider, die der Buddha in seinen grundlegenden Metaphern formuliert hat – er und all jene, die seiner Spur folgen, beschreiten den Mittleren Pfad, der vom Entstehen des Leidens bis zu dessen Auslöschen führt.

KUNST UND ARCHITEKTUR *Michael Willis*

BODHGAYA

OBEN UND GEGENÜBER *Der alte Mahabodhi-Tempel wird seit Jahrhunderten restauriert. Die Burmesen waren an dieser Stätte vor dem späten 19. Jahrhundert aktiv, als erhebliche Wiederaufbauarbeiten unter britischer Leitung (oben) stattfanden. Die Instandsetzungsarbeiten dauern bis heute an.*

Bodhgaya ist die Stätte, an der Buddha vor mehr als zweitausend Jahren seine Erleuchtung erfuhr. Sie stellt daher in der heiligen Geografie des Buddhismus einen besonderen Ort dar. Er befindet sich im Zentrum des *Madhyadesha* („Mittleren Landes"), der Region, die durch die Präsenz des Buddha heilig wurde. Im Mahaparinirvana (das „Große Nirvana-Sutra", siehe S. 206–207) erklärt der Buddha seinen Anhängern, dass sie nach seinem Tode Verdienste sammeln und eine edle Wiedergeburt erreichen könnten, indem sie sich auf Pilgerreisen an die Orte begeben, wo er geboren wurde, die Erleuchtung erfuhr, zuerst lehrte und schließlich starb.

Seitdem haben sich zahllose Pilger auf den Weg nach Bodhgaya gemacht. Von dem dort stehenden Bodhi-Baum wird angenommen, dass er direkt von dem Baum abstammt, unter dem der Buddha die Erleuchtung erreichte. Ähnlich wie seine Bettelschale und sein Gewand wird der Baum als eine „Reliquie der Verwendung" (*Paribhogika*) verstanden, etwas, das heilig ist, weil der Buddha es zu seinen Lebzeiten gebrauchte. In den Anfängen des Buddhismus wurde als Teil der Bemühungen Ashokas, den Buddhismus auf der Insel Sri Lanka zu verbreiten, ein Steckling von dem Baum nach Sri Lanka gebracht.

Das erste Gebäude in Bodhgaya stammt aus dem 3. Jahrhundert v. Chr., als Ashoka neben dem Baum eine Plattform errichten ließ. Eine große bemalte Steinplatte wurde direkt an den Ort gesetzt, an dem der Buddha in Meditation versunken gesessen hatte. Im 1. Jahrhundert v. Chr. wurde die Stätte von Steinen umfasst, ähnlich den Umfassungen bei anderen buddhistischen Gedenkmonumenten. Unter den zahlreichen Ergänzungen späterer Zeiten ist die wichtigste ein großer, gemauerter Tempel, der im 6. Jahrhundert n. Chr. auf Anordnung des Mahanama, einem Mönch aus Sri Lanka mit Verbindungen zum Königshaus, direkt neben dem Baum errichtet wurde. Der Tempel, der unter dem Namen Mahabodhi bekannt ist, wurde vor allem unter den Pala-Königen aus Ostindien zwischen dem 8. und dem 11. Jahrhundert restauriert, später von frommen Buddhisten aus anderen Ländern.

Pilger unterstützten den Erhalt des Tempels. Die Reichen beschenkten Klöster oder ließen Bildnisse in Schreinen errichten, während ärmere Besucher in Massen produzierte Gedenktafeln zurückließen (siehe Abbildung S. 79). Mönche und Pilger errichteten außerdem kleine *Stupas* im Tempelbezirk. Viele dieser *Stupas* scheinen die Asche von Buddhisten zu enthalten, die in Bodhgaya starben.

Der Bodhi-Baum steht im Zentrum des *Bodhimanda*, dem „Ort des höchsten Wissens". Der Platz des Buddha unter dem Baum ist als *Vajrasana* oder „Diamantthron" bekannt. In der Mahayana-Tradition ist der *Vajra* oder „diamantene Donnerkeil" ein Symbol für die unzerstörbare Natur der absoluten Leere (*Shunyata*, siehe S. 140–141). Die *Vajrasana* ist darum ein Ort unübertroffener, spiritueller Kraft, denn sie markiert den Ort, wo der Buddha das abstrakte Konzept der Weisheit und Leere Realität werden ließ.

BUDDHISTISCHE ETHIK

Fundamental für die buddhistische Lehre ist der Begriff der absichtsvollen Handlung (*Karma*) und ihrer Konsequenzen (siehe S. 60–61). Aufgrund der geistigen und emotionalen Haltung, die ein Mensch einnimmt, haben seine Taten weitreichende Konsequenzen. Wenn jemand die wahre Natur der Realität verleugnet und seine Handlungen von Gier und Anhaftung bestimmt sind, dann spiegeln seine Taten notwendigerweise diese Haltung wider.

Obwohl die buddhistische Lehre viele Regeln und Verbote beinhaltet, so ist die buddhistische Ethik dennoch dauerhaft mit der Herausbildung geistiger Disziplin und mentalem Verständnis des Individuums verbunden. Die Regeln stellen dabei nur eine Art Orientierung dar. In diesem Zusammenhang ist zum Beispiel der Vegetarismus interessant. Die vegetarische Lebensweise nimmt in vielen buddhistischen Gesellschaften aufgrund des ersten Grundsatzes, der das Töten eines Lebewesens untersagt, einen hohen Stellenwert ein. Trotz dieses Ideals essen die meisten Buddhisten auch Fleisch oder Fisch. Eine vegetarische Ernährung wird möglicherweise an besonderen Tagen eingehalten. Die klösterlichen Richtlinien der Theravada-Buddhisten verbieten den Mitgliedern der Sangha nicht, Fleisch zu essen. Mönche und Nonnen werden angewiesen, den Verzehr von Tieren, die extra für sie geschlachtet wurden, zu meiden. Meist werden sie jedoch dazu angehalten, leidenschaftslos alle Nahrungsmittel zu sich zu nehmen, die sie bekommen. In diesem Fall ist das Ideal, Begierde und Anhaftung zu überwinden, wichtiger als das Verbot, Fleisch zu essen.

Obwohl das Prinzip des *Karma* die fundamentalen buddhistischen Grundsätze liefert, einige Handlungen als „geschickt“ und andere als „ungeschickt“ bezüglich

JIZO UND DIE BUDDHISTISCHE ETHIK

Der *Bodhisattva* Kshitigarbha ist in Japan eine beliebte Figur. Dort ist er unter dem Namen Jizo Bosatsu bekannt. Jizo hilft denen, die Hilfe bei der Entscheidung benötigen, welche Richtung sie einschlagen sollten. Deswegen wurde er lange mit Kindern und Reisenden assoziiert. Jedoch hilft er auch den kürzlich Verstorbenen, die in dem Zustand zwischen Tod und Wiedergeburt verwirrt sind, und er ist der *Bodhisattva*, an den sich Trauernde wenden, wenn Kinder sterben. Ein Phänomen aus neuerer Zeit ist die Rolle, die Jizo spielt, um den tiefen Schmerz von Eltern zu lindern, deren Kind tot geboren wurde, ebenso bei plötzlichem Kindstod und bei abgetriebenen Föten. Zusammen mit dem *Bodhisattva* Avalokiteshvara (Kannon Bosatsu in Japan) ist Jizo eine herausragende Figur in der neuen Art von Ritualen, die unter dem Namen *Mizuko Kuyo* bekannt sind. Hierbei werden Gaben dargeboten und Sutras gesungen, um einem toten Kind (*Mizuko* oder „Wasserkind“) Hilfe zu senden.

Eine kleine Statue des Jizo mit dem üblichen Lätzchen um seinen Hals. Diese Statue wurde auf das Gelände eines Tempels in Kyoto gestellt, um karmische Verdienste durch die dargebotenen Gaben an tote Kinder zu senden. Mit der Zeit wurde die Statue zum Symbol der Toten, und die Verwandten bringen zum Todestag Nahrungsmittel, Spielzeug und ähnliches.

ihrer Auswirkungen auf den Fortschritt des Einzelnen auf dem Mittleren Pfad zu erachten, hat es als Richtlinie für ideales Verhalten Grenzen. In buddhistischer Hinsicht trifft dies zu, weil wir zumindest unbewusst glauben, dass wir ein dauerhaftes Selbst haben und Wünsche sowie Bindungen sogar an „gute“ Dinge, wie das Erlangen des *Nirvana*, herausbilden. Seit *Buddhas*, *Arhats* und sehr fortgeschrittene *Bodhisattvas* die Wahrheit des Nicht-Selbst (und die „Leere“ des *Dharma*) vollständig verinnerlicht haben, handeln sie nicht mit Intentionen im herkömmlichen Sinn und haben aufgehört, die karmischen Konsequenzen, die zur Wiedergeburt führen, zu sammeln. In diesem Kontext gesehen, können einige Handlungen, die die konventionellen buddhistischen Lehren der Moral zu verletzen scheinen, dennoch als positiv bewertet werden, wenn sie durch das Mitgefühl für andere motiviert werden und in einer tieferen Einsicht in den Dharma begründet sind.

Ein bekanntes Beispiel für Selbstlosigkeit ist das des Prinzen Vessantara. Vessantara war für seine Großzügigkeit berühmt. Dies wurde besonders dadurch veranschaulicht, dass er seine Kinder, während die Mutter fort war, um Nahrung zu beschaffen, an den grotesken Brahmanen Jujaka abgab. Diese Geschichte lässt unterschiedliche Lesarten zu. Zum einen können Frauen die Qual der Mutter nachvollziehen, als diese erfährt, dass ihre Kinder fort sind. Zum anderen ist dies jedoch auch eine exemplarische Geschichte für buddhistische Mönche, die auf familiäre und soziale Verpflichtungen verzichten. Die Erzählung unterstreicht mehr den beispiellosen Charakter der Handlungen des Buddha, als dass sie als ein ethisches Beispiel dient. Was so fundamental ist, ist nicht so sehr die Tat selbst, sondern die Intentionalität dahinter.

Ausschnitt eines burmesischen Rollmanuskripts (Parabaik), Vessantara Jataka genannt (ca. 1800 n. Chr.). Es zeigt den König Vessantara, der in seinem Anwesen im Wald sitzt. Er gießt Wasser über die Hände des Brahmanen Jujaka, bevor er seine Kinder an ihn abgibt.

Eine logische Folge der Betonung der Überwindung der Selbsttäuschung – und in Mahayana-Kreisen die Einsicht in die Leere des *Dharma* (siehe S. 140) – ist die gegenseitige Abhängigkeit aller Dinge. Dies ist auch mit dem Ideal des Mitgefühls für alle Lebewesen und der positiven Bewertung der natürlichen Welt verbunden, die einige Formen des Buddhismus charakterisiert. Von diesem Standpunkt aus betrachtet kann jede weltliche Aktivität zutiefst mit spiritueller Bedeutung erfüllt sein.

Es ist zwar nicht schwer, einige der grundlegenden Lehren, die der ethischen Reflexion des Buddhismus zugrunde liegen, in groben Züge zu erläutern. Es ist jedoch unmöglich, auf dieser Basis das Verhalten von Buddhisten zu verallgemeinern. Ebenso unmöglich ist eine Voraussage darüber, welche generellen Entscheidungen eine Gesellschaft, die von der buddhistischen Lehre beeinflusst ist, treffen würde. Es scheint jedoch wahrscheinlich, dass der buddhistische ethische Diskurs zunehmend globaler wird und dass der wachsende Einfluss von Buddhisten, die sich für eine Transformation der Gesellschaft in Abstimmung mit den buddhistischen Werten (siehe S. 234–237) einsetzen, bei der Gestaltung der Zukunft der buddhistischen Ethik eine wichtige Rolle spielen wird.

MÖNCHE UND HERRSCHER

Als jemand, der sich von allem Weltlichem abgewandt hatte, stand der Buddha dem Aufstieg und Fall von Herrschern und der königlichen Hofpolitik gänzlich gleichgültig gegenüber. Gleichzeitig scheint er jedoch erkannt zu haben, dass die Unterstützung oder die Feindschaft der herrschenden politischen Ordnung einen großen Einfluss auf das Wohl der Sangha haben könnte. Indizien früher buddhistischer Quellen lassen den Schluss zu, dass der Buddha ein fähiger Politiker war, wenn er zu Lebzeiten gelegentlich mit Herrschern zusammentraf. Einige seiner Lehren warnen vor den Leiden, die tyrannische Könige ihren Untertanen auferlegen können, und die Vinaya-Berichte der frühen Jahre der Sangha zeigen, dass er willens war, die Regeln der Gemeinschaft zu ändern, um Konflikte mit den Königen der Region zu vermeiden. Ein Beispiel hierfür ist das Verbot der Ordination von Deserteuren der Armee oder die Anweisungen an die Gemeinschaft, die Termine für die Exerzitien in der Regenzeit zu ändern, um den königlichen Wünschen nachzukommen. Zwar wurde von Königen, die ihn besuchten, um seine Lehre zu erfahren, erwartet, dass sie ihrer religiösen Unterlegenheit durch Rituale der Ehrerbietung Ausdruck verliehen, doch scheint er ihre politische

*Der Dhameka-*Stupa *bei Sarnath kennzeichnet die Stätte der ersten Predigt des Buddha. Die existierende Struktur ist über einem früheren* Stupa *gebaut, der aus der Zeit des Ashoka stammt.*

DIE „FRAGEN DES MENANDER“

Einer der interessantesten frühen buddhistischen Texte außerhalb des Kanons der buddhistischen Schriften (Tipitaka) ist die Milindapanha („Fragen des Menander“), die auf Pali und in chinesischer Version überdauert hat. Der Text beschreibt eine Reihe von Dialogen, die zwischen dem König Menander I. (Milinda auf Pali) und einem buddhistischen Mönch namens Nagasena stattgefunden haben. Menander lebte im 2. Jahrhundert v. Chr. und regierte über eines der indogriechischen Königreiche, das im Zuge der Eroberungen von Alexander dem Großen zwei Jahrhunderte früher entstanden war. Nagasena reiste in das Königreich Menanders – das sich im heutigen Afghanistan und Nordpakistan befand. Der König befragte ihn bezüglich mehrerer Aspekte der Lehre, indem er ihm eine Reihe an Dilemmas präsentierte, die auf Zitaten aus den Schriften Buddhas beruhten. Nagasenas Antworten zeigten die Kohärenz und die Überzeugungskraft der Lehren Buddhas.

Der daraus resultierende Text wirft Licht auf einige Aspekte der Lehre des frühen Buddhismus, wie zum Beispiel das Ausmaß der Allwissenheit des Buddha, den Charakter des *Nirvana* und die Natur und die Erfahrung von *Arhats* (erleuchtete Anhänger des Buddha). In der Schlussfolgerung des Textes wird gesagt, dass Menander zugunsten seines Sohnes abdankte, um ein buddhistischer Mönch zu werden, und später das *Nirvana* erreichte.

Eine 4-Drachmenmünze in hellenistischem Stil mit einem Porträt des Königs Menander I., einen Speer haltend, etwa 150 v. Chr. Die griechische Inschrift besagt „Menander, König, Retter“.

Autorität nicht in Frage gestellt zu haben. Wenn wir uns den Legenden um den Herrscher Ashoka zuwenden, sehen wir wieder ein Modell der Kooperation zwischen Sangha und Staat. Ashoka konvertierte unter einem charismatischem Mönch zum Buddhismus und unterstützte die Sangha aktiv mit großzügigen Gaben und der Errichtung von *Stupas*. Von ebenso großer Bedeutung ist, dass er die Sangha reinigte, indem er Mitglieder ausschließen ließ, die disziplinäre Regeln verletzt hatten. Zwar stellen unterschiedliche Versionen der Legende Ashoka als Befürworter einer buddhistischen Schule dar, schriftliche Quellen weisen jedoch darauf hin, dass es seine größte Sorge war, die interne Disziplin des Ordens aufrechtzuerhalten und keinen grundsätzlichen Disput über die Lehre auszulösen.

Das Modell Ashokas erwies sich für die buddhistischen Könige in Süd- und Südostasien von großem Einfluss (siehe auch S. 126–131). Die Chroniken von Sri Lanka betonen zum Beispiel die enge Verbindung zwischen dem Hofe Ashokas in Pataliputra und dem König Devanampiytassia in Anuradhapura, von dem gesagt wird, dass er durch Ashokas Sohn Mahinda zum Buddhismus konvertierte. Ashoka wurde als beispielhafter Schirmherr und Schutzherr des Buddhismus angesehen. Spätere Monarchen Sri Lankas nahmen ihn zum Vorbild und errichteten klösterliche Residenzen, bauten neue *Stupas*, vergrößerten alte und hielten große religiöse Feste ab. Mönche wurden gebeten, dem König als Ratgeber zu dienen, und da Kenntnisse im Lesen und Schreiben eng mit der Sangha verbunden waren, hatten Könige oft klösterliche Lehrer. Was daraus hervorgeht, ist eine Beziehung sich gegenseitig ergänzender Verantwortlichkeiten und Vorteile.

EIN IDEALER BUDDHISTISCHER KÖNIG?

Die Geschichte des Königs Kirti Sri Rajasinha, einem der letzten Monarchen, der über das Kandyan-Königreich in Sri Lanka herrschte, illustriert die komplexen Mächte, die die Beziehungen zwischen den Mönchen und Königen formten. Die Überlieferung besagt, dass Kirti Sri, obwohl er dem Hinduismus der Shaiva anhing, ein beispielhafter Herrscher war. Er wird vor allem aufgrund seiner Bemühung gefeiert, die Sangha wiederzubeleben, da er eine Delegation von Mönchen aus Siam (Thailand) holte, um in Sri Lanka wieder eine Ordinationslinie einzuführen. Er überlebte ein Mordkomplott, das vom Mönch Valvita Saranamkara unterstützt wurde, dem Oberhaupt der Sangha, mit dem der König kooperiert hatte, um sie sieben Jahre zuvor wiederzubeleben. Nachdem die Anführer der Rebellion bestraft worden waren, ließ er Saranamkara weiterhin als Oberhaupt der Sangha auf seinem Posten.

TEIL 2 • KAPITEL 7 *Kevin Trainor*

THERAVADA-BUDDHISMUS

DER WEG DER ÄLTEREN

Von den vielen charakteristischen Schulen des Buddhismus, die sich in den ersten Jahrhunderten nach dem Tode des Buddha herausbildeten (siehe S. 40–41), hat nur eine bis heute überlebt – der Theravada oder auch „Weg der Älteren". Die Anhänger dieser Tradition führen ihre Ursprünge direkt auf Gautama Buddha selbst zurück.

Sie verfechten, dass die Lehre des Buddha in einer ungebrochenen Nachfolge innerhalb der Sangha oder Mönchsgemeinschaft weitergegeben wurde, daher die Bezugnahme auf die „Älteren" oder altehrwürdigen Mitglieder der Sangha, die die Integrität dieser Tradition behüten. Ihre Ursprünge sollen auf die Gemeinschaft der Ältesten (Sthaviras) vor der Abspaltung der Mahasamghikas zurückgehen, doch dafür gibt es keinen historischen Beweis. Der Theravada wird auch „südlicher Buddhismus" genannt, da diese Schule besonders in den südlichen Teilen Asiens einen vorherrschenden Einfluss hatte (siehe Karte gegenüber).

Die zentrale Stellung der Sangha und ihre vorrangige Verantwortung für die Erhaltung und Verkörperung der Lehren des Buddha sind charakteristische Eigenschaften der Theravada-Tradition, und zwar in all ihren unterschiedlichen kulturellen sowie historischen Ausformungen. Obwohl man dazu neigt, die Kontinuität der Theravada-Lehre zu übertreiben, ist der bewahrende Charakter der Schule trotzdem bemerkenswert. Im Gegensatz zum Mahayana hat der Theravada von jeher die Tendenz, die zentrale Bedeutung des historischen Gautama Buddha zu betonen und sich einer Erweiterung der „authentischen" Schriften zu widersetzen. Dennoch hat die Theravada-Tradition in ihrem langen Bestehen eine Vielzahl unterschiedlicher Formen angenommen. Die Geschichte der Theravada-Literatur verdeutlicht diese Dynamik. Zwar sind dies vor allem Schriften, die innerhalb der Theravada-Mönchsgemeinschaften verfasst wurden und die sich in der Regel auf den Pali-Kanon, die früheste vollständige Sammlung buddhistischer Texte, berufen. Dennoch zeugen diese Kommentare von einem dauernden Prozess der Anpassung.

Eine weiteres Merkmal der Nationen und Kulturen, die von der buddhistischen Theravada-Lehre geprägt wurden, ist die enge Verbindung, die normalerweise zwischen Sangha und Staat existierte. Das klassische Modell hierfür war die legendäre Schutzherrschaft, die der indische König Ashoka im 3. Jahrhundert v. Chr. gewährte (siehe S. 50–53 und 119). Sie bildet das grundlegende Ideal einer gegenseitigen Unterstützung zwischen buddhistischen klösterlichen Einrichtungen und staatlichen Institutionen und hat sowohl die Geschichte des Theravada-Buddhismus als auch die Menschen, die diese Lehre angenommen haben, stark beeinflusst.

HINAYANA-BUDDHISMUS

Der Theravada wird manchmal auch als Hinayana oder das „Kleine Fahrzeug" bezeichnet. Der Name Hinayana wird auch heute noch manchmal von Schülern als Sammelbegriff für die unterschiedlichen buddhistischen Schulen verwendet, die der Entstehung des Mahayana oder des „Großen Fahrzeugs" (siehe S. 46–49) vorausgingen. Die grundlegende Bedeutung des Begriffes hat jedoch eine herabsetzende Konnotation und sollte als Bezeichnung für die Anhänger des Theravada vermieden werden.

Diese Karte illustriert die Verbreitung der Theravada-Tradition von Nordindien nach Süd- und Südostasien. Sri Lanka wurde im 3. Jahrhundert v. Chr. zu einem Zentrum des Theravada, und möglicherweise erreichten buddhistische Missionare zu jener Zeit auch Südostasien. Bis zu einer Reformbewegung des Theravada im 11.–15. Jahrhundert n. Chr. herrschte in dieser Region eine Mischung aus Theravada, Mahayana und Hinduismus vor.

Ungeachtet der Tatsache, dass die Sangha stets Mittelpunkt der Organisation und Praxis des Theravada war, wird die moderne Zeit Zeuge eines dramatischen Zuwachses der Macht und des Einflusses des Laienstandes. So hat die Theravada-Schule zum Beispiel seit jeher die Ausübung der Meditation Mitgliedern der Sangha vorbehalten und im Gegenzug Laien dazu ermutigt, verdienstschaffende Tätigkeiten auszuüben, um den Status ihrer künftigen Wiedergeburt zu verbessern.

Trotzdem hat eine zunehmend einflussreiche Gruppe von Laien sich ebenfalls der Meditation zugewendet und strebt nach einem effektiveren Fortschritt auf dem Weg zum *Nirvana*. Andere nutzen die Meditation, um sich weltliche Vorteile zu verschaffen. Das hat zur Folge, dass die klare Trennung, die traditionsgemäß zwischen den jeweiligen Idealen und Praktiken der Sangha und dem Laienstand existiert, untergraben wird. Solche Veränderungen werden sich wahrscheinlich fortsetzen, da sich Theravada-Gemeinschaften tiefer in westlichen Nationen verwurzeln, die nicht die lange Geschichte der buddhistischen Mönchsgemeinschaften besitzen.

BUDDHA UND DIE GÖTTER

Diejenigen, die annehmen, dass der Buddhismus atheistischer Natur ist, sind möglicherweise überrascht, dass die Verehrung unterschiedlicher Götter Teil der Ausübung des Theravada-Buddhismus ist. Die Schriften des Theravada stellen den Buddha in Interaktion mit zahlreichen *Devas* dar, übernatürliche Wesen oder Gottheiten, deren Existenz innerhalb des nordindischen kulturellen Milieus seinerzeit weithin akzeptiert war. Was an den Lehren Buddhas über die *Devas* im Gegensatz zu den brahmanischen religiösen Ansichten jener Zeit so besonders ist, ist seine Verneinung eines göttlichen Schöpfers und seine Versicherung, dass selbst die höchsten *Devas* im Zyklus der Wiedergeburt gefangen sind (siehe S. 28–35). Diese brahmanischen Gottheiten, ebenso wie eine große Bandbreite an übernatürlichen Wesen wie Dämonen und Geister, waren im herkömmlichen buddhistischen Weltbild fest verankert und außerdem mit dem grundlegenden Prinzip des *Karma* verbunden: Diejenigen, die sich in den höheren Ebenen des himmlischen Pantheons befinden, sind dort aufgrund ihrer früheren guten Taten, während jene, die Gier und Feindschaft an den Tag legen, die niedrigeren Positionen innehaben. Dies entspricht exakt dem Grundprinzip des *Karma*, und was für menschliche Wesen gilt, gilt auch für Gottheiten.

Nachdem der Buddha in Shravasti das „Doppelte Wunder“ (siehe S. 193) vollbracht hatte, verwendete er den Berg Yugandhara (links, durch eine Säule repräsentiert) und den Berg Meru als Kletterhilfe, um in den Himmel der Dreiunddreißig hinaufzusteigen. Dort saß er auf Shakras (Indras) Thron und predigte seiner Mutter die Abhidharma in Anwesenheit der Götter der Zehntausend Welten. Diese burmesische Manuskriptillustration aus dem 19. Jahrhundert fängt den Augenblick ein, als der Buddha in Begleitung der vielen Gottheiten die dreifache Treppe aus Gold, Silber und Juwelen hinabsteigt und in der Stadt Samkashya ankommt. Dieses Ereignis wird durch das burmesische Lichterfest (Thadingyut) am Ende der Regenzeit gefeiert.

Insofern werden die *Devas* als vollkommen real angesehen. Ursprünglich gab es im vedischen Pantheon 33 Götter, doch ihre Anzahl dehnte sich rasch aus. Ihnen werden übernatürliche Kräfte zugeschrieben, obwohl sie dem Buddha dienen. Zu seinen Lebzeiten stand der Buddha an der Spitze dieser Hierarchie, und nach seinem letzten Tod auf Erden herrschte er weiterhin über die *Devas* und die niedrigeren übermenschlichen Wesen. Aufgrund ihrer enormen Tugendhaftigkeit sind *Devas* selten mit menschlichem Schicksal verbunden.

Ehrfurcht gebietend und den Menschen näher sind die niedrigeren übernatürlichen Wesen, deren Macht und Kult regional sehr unterschiedlich definiert sind. Zusätzlich existiert eine große Anzahl an lokalen Dämonen und Geistern, von denen angenommen wird, dass sie Krankheit und Unglück über die Menschen bringen. Jede Ebene der übernatürlichen Wesen besitzt ihre jeweiligen Opfer und religiösen Hierarchien. Sie alle besitzen die Macht, Menschen in ihrem täglichen Leben Schaden oder Nutzen zuzufügen. Diese Götter kann man um Schutz und Hilfe bitten. Es sind diese Wesen und nicht der Buddha, die die Anhänger des Theravada anrufen und versuchen, günstig zu stimmen, um Unglück abzuwenden und Wohl zu erhalten.

Die Struktur der Hierarchie der übermenschlichen Wesen trifft auch auf andere Theravada-Kulturen zu. In Sri Lanka variieren diese Wesen stark in ihrer Reinheit und in ihrem Verhalten. Was gleich bleibt, ist die Organisation des Pantheons gemäß dem Prinzip des *Karma* und die symbolische Überlegenheit des Buddha über diese mächtigen Gestalten, ihre Verehrung und der Mittlere Pfad.

SCHUTZGOTTHEITEN

Gemäß der alten Chroniken Sri Lankas erteilte der *Buddha* Shakra, dem König der Götter (ein anderer Name für Indra), ausdrücklich den Auftrag, die Insel Sri Lanka zu beschützen. Dieser wiederum delegierte diese Verantwortung an den Gott Upulvan (Vishnu, einem der vier Schutzgötter Sri Lankas). Jeder Schutzgott wachte über ein Viertel der Insel. Diese Gestalten sind aufgrund ihrer himmlischen Höhe und ihrer Tugendhaftigkeit sehr weit von den Menschen entfernt und beschäftigen sich nicht besonders viel mit den leidenschaftlichen und irregeleiteten Dingen auf der Erde. Deswegen wenden sich die Buddhisten Sri Lankas nur selten an sie, um direkt um Hilfe in ihrem alltäglichen Leben zu bitten. Eine wichtige Ausnahme hierbei bildet der Gott Skanda oder Kataragama. Er ist zwar auch ein Schutzgott, sein Verhalten und sein Kult entsprechen jedoch nicht den buddhistischen ethischen Normen (siehe Kasten unten).

VEREHRUNG DES KATARAGAMA

Der Tempelkomplex des Kataragama befindet sich im südöstlichen Sri Lanka und ist wahrscheinlich das beliebteste Andachtszentrum der Insel. Jedes Jahr pilgert eine große Anzahl von Gläubigen aus allen wichtigen Religionsgemeinschaften an diesen Ort. Hauptanziehungspunkt der Anlage ist der Gott Kataragama, der unter den Hindus besser als Skanda bekannt ist, dem kriegerischen Nachwuchs von Shiva und Parvati. Obwohl die Verehrung des Kataragama in Sri Lanka jahrhundertelang tamilische Hindus anzog, wurde der Gott unter den Sinhala-Buddhisten in der zweiten Hälfte des 20. Jahrhunderts unglaublich beliebt und heute bilden Buddhisten den Hauptanteil der Besucher.

Viele Verehrer Kataragamas versuchen, die Gunst des Gottes zu gewinnen, indem sie sich harten körperlichen Praktiken aussetzen. Mehr als eine halbe Million Besucher strömt jährlich zu der Anlage, die meisten versammeln sich dort während der Feierlichkeiten des Gottes im Monat des Esala (Juli oder August). Obwohl Kataragama von vielen Buddhisten als ein *Bodhisattva* angesehen wird, wird er auch mit sinnlicher Leidenschaft und Vergeltung assoziiert. Im Gegensatz zu vielen anderen Schutzgöttern, die meist wohlwollend und rational sind (siehe „Schutzgottheiten" oben) ist Kataragama dafür bekannt, dass er sich aller Mittel bedient, um denen zu helfen, die er begünstigt.

Die Zunahme der Beliebtheit von Kataragama lässt sich durch zahlreiche Faktoren erklären. Die Anlage ist aufgrund der verbesserten Straßenführung heute leichter zu erreichen, zudem gibt es mehr Transportmittel als früher. Der Anthropologe Gananath Obeyesekere, der die Verehrung des Kataragama über viele Jahre lang studiert hat, unterstreicht die Bedeutung der sozialen Veränderung in Sri Lanka, einschließlich der Bevölkerungszunahme, der Urbanisierung, dem Zusammenbruch der traditionellen Dorfkultur und der unsicheren Wirtschaftslage. Seiner Meinung nach fühlen sich Buddhisten von Kataragama angezogen, weil die exzessiven religiösen Bräuche, die mit seiner Verehrung verbunden sind und die größtenteils von hinduistischen Tamilen nach Sri Lanka gebracht wurden, eine Art emotionale Befriedigung bieten. Diese steht im starken Gegensatz zu den Idealen der sinnlichen und emotionalen Zurückhaltung, die traditionellerweise den Buddhismus Sri Lankas kennzeichnet.

BUDDHISMUS AUF SRI LANKA

Seit Anfang des 3. Jahrhunderts v. Chr. ist der Theravada-Buddhismus untrennbar mit der Geschichte Sri Lankas verknüpft. Die Legende, wie Mahinda den König veranlasste, zum Dharma Buddhas (siehe Kasten unten) zu konvertieren, die darauffolgende Gründung einer Sangha sowie der Bau von Klöstern und Reliquiendenkmälern durch den König unterstreichen die dauerhafte Verbindung zwischen Sangha und Staat. Dharma, Sangha und Buddha – alle drei Elemente der Dreifachen Zuflucht (siehe „Das Ritual der dreifachen Zuflucht" S.107) wurden zeitgleich etabliert. Dies hat die Geschichte des Buddhismus in Sri Lanka geprägt.

Unser Wissen über die Geschichte des Buddhismus in Sri Lanka ist zu einem großen Teil den Chroniken der Mönche zu verdanken, die in der Mahavihara-Mönchsgemeinschaft verfasst wurden und dort erhalten blieben. Die Wurzeln dieser Gemeinschaft lassen sich auf die ursprüngliche Klostergemeinde Mahindas und die von König Devanampiyatissa in der alten Hauptstadt von Anuradhapura zurückführen. Laut dieser Chroniken entstand im 1. Jahrhundert v. Chr. die erste wichtige Spaltung in der Sangha Sri Lankas, als sich das königliche Protektorat auf eine Gruppe regimekritischer Mönche verlagerte, die das Kloster Abhayagiri gründeten. Die Abhayagiri-Gemeinde scheint die erste gewesen zu sein, die sich gegenüber der Mahayana-Lehre aus Indien mehr öffnete (siehe „Avalokiteshvara in Sri Lanka" links). Eine zweite Spaltung entstand im 4. Jahrhundert n. Chr. durch die Errichtung der Jetavana-Gemeinde in Anuradhapurna, wiederum unter

AVALOKITESHVARA IN SRI LANKA
So sehr Sri Lanka auch in der heutigen Zeit ausschließlich mit der Theravada-Tradition identifiziert wird, so war dies jedoch nicht immer der Fall. Es existieren bedeutende schriftliche und archäologische Hinweise, die die Präsenz des Mahayana-Buddhismus auf der Insel bezeugen. Ein überraschendes Beispiel hierfür ist die Anbetung des Avalokiteshvara, einem der beliebtesten *Bodhisattvas* im Mahayana-Buddhismus. Dieser war in Sri Lanka im 8. Jahrhundert n. Chr. gut etabliert, insbesondere in den seefahrenden Gemeinschaften. Die Gestalt des Avalokiteshvara wurde später mit Natha assoziiert, einem der vier Schutzgötter Sri Lankas. Dieser wiederum wurde mit Maitreya (Pali: Metteyya) identifiziert, dem von den Anhängern der Theravada-Lehre erwarteten nächsten *Buddha*. Der Einfluss des Mahayana sank, nachdem König Parakramabahu I. die Sangha Sri Lankas unter der Führung Mahaviharas im 12. Jahrhundert n. Chr. vereinigte.

DAS POSON-FEST

Eines der im größten Umfange gefeierten buddhistischen Feste in Sri Lanka ist Poson, der Vollmondtag im Mai oder Juni, der die Ankunft des Buddhismus aus Indien in Sri Lanka im 3. Jahrhundert v. Chr. zelebriert. Hunderttausende Pilger aus ganz Sri Lanka reisen in die alte Hauptstadt Anuradhapura und in das nahe Mihintale, um den Tag zu markieren, an dem der Mönch Mahinda (Sanskrit: Mahendra), der Sohn des großen indischen Herrschers Ashoka, den König Sri Lankas dazu brachte, zum Buddhismus zu konvertieren.

Die Stätte, wo Mahinda oben auf einem Berg bei Mihintale dem König zum ersten Mal den Dharma lehrte, ist die gleiche Stelle, an der Buddha laut Überlieferung bei seinem legendären dritten Besuch auf Sri Lanka verweilte. Der Ort ist eine von 16 Pilgerstätten auf der Insel (siehe S. 112–113). Archäologische Ausgrabungsarbeiten haben zahlreiche Reliquienmonumente und die Ruinen eines ausgedehnten Komplexes klösterlicher Strukturen freigelegt. Seit den 50er-Jahren des 20. Jahrhunderts geriet das Fest in den Mittelpunkt der Aufmerksamkeit von Medien und Politikern. Auf diese Weise hat es der Integration der buddhistischen Verehrung und dem Nationalgefühl des Sinhala-Buddhismus gedient.

königlicher Schutzherrschaft. In der Sangha Sri Lankas verblieb zumindest in Anuradhapura bis ins 12. Jahrhundert die Aufteilung in diese drei Orden – bis König Parakramabahu I. eine bedeutende Reform der Klostergemeinschaft durchsetzte und die drei Gruppen unter einem einzigen klösterlichen Oberhaupt aus der Abstammung der Mahavihara wiedervereinigte.

Drei aufeinanderfolgende Perioden der europäischen Kolonialisierung hatten tiefe Auswirkungen auf die Geschichte des Buddhismus in Sri Lanka. Dies begann mit den Portugiesen zu Beginn des 16. Jahrhunderts. Anschließend übernahmen die Niederländer zum Ende des 17. Jahrhunderts die Herrschaft über die Insel. Mit der britischen Eroberung des Kandyan-Königreiches im Jahr 1815 befand sich Sri Lanka zum ersten Mal unter der zentralisierten Herrschaft einer ausländischen Macht. Obwohl die christliche Missionierung unter unterschiedlichen europäischen Mächten nur einen geringen Prozentsatz der Bevölkerung konvertierte, beschleunigte die offizielle Gleichgültigkeit und gelegentliche Feindschaft den Niedergang der Sangha. Nach der Unabhängigkeit im Jahr 1948 bildete sich eine mächtige Welle des buddhistischen Sinhala-Nationalismus heraus, die sich auf die Wahlen im Jahr 1956 und den 2500. Jahrestag des letzten Dahinscheidens des Buddha gründete. Der momentane ethnische Konflikt zwischen der von Sinhala dominierten Regierung Sri Lankas und der Unabhängigkeitsbewegung der Tamilen ist zwar nicht fundamental religiöser Natur. Doch das wichtige Ideal des Wiederaufbaus und des Schutzes des buddhistischen Erbes spielt auch auf diesem postkolonialen Schauplatz eine Rolle.

Das Fest der Esala Perahera wird jedes Jahr in Kandy abgehalten. Bei dieser Gelegenheit findet eine Parade kostümierter Elefanten zu Ehren einer der am meisten angebeteten Reliquien des Buddha in Sri Lanka statt. Es handelt sich um einen Zahn Buddhas, der angeblich im 4. Jahrhundert n. Chr. auf die Insel gebracht wurde.

SÜDOSTASIEN I

Das riesige Gebiet, das heute Südostasien genannt wird, wurde vom Zusammenspiel indischer Einflüsse und der großen Vielfalt lokaler indigener Kulturen geformt. Im Westen ist Südostasien durch den indischen Subkontinent begrenzt, im Norden durch China, im Südosten erstreckt es sich über die Inseln Indonesiens. Obwohl die modernen Nationen des Festlandes in Südostasien mit Ausnahme Vietnams vorherrschend dem Theravada-Buddhismus anhängen, beeinflussten auch Formen der brahmanischen Hindureligion und des Mahayana-Buddhismus, einschließlich des Vajrayana, bereits im 1. Jahrhundert n. Chr. die Region sehr stark.

Über die Seehandelsrouten, die Sri Lanka und die östliche Küste Indiens mit dem Festland und den Inseln Südostasiens verbanden, wurden die religiösen Vorstellungen und Gebräuche Indiens vermutlich zunächst innerhalb ganz Südostasiens von den regionalen Herrschern angenommen, um ihre politische Autorität zu stärken. Die wundervollen Ruinen von Angkor in Kambodscha, Pagan in Burma (Myanmar) und Borobudur in Japan zeugen vom Einfluss brahmanischer/hinduistischer Kultur und buddhistischer königlicher Herrschaft. Prächtige Bauwerke, Statuen und *Stupas* zeigen deutlich, wie sehr man darum bemüht war, diese starken religiösen Anschauungen in Holz und Stein festzuhalten und sie zu einem Objekt der Verehrung zu erheben. Herrscher in ganz

DER SMARAGD-BUDDHA

Die lange Geschichte der kulturellen Verbindungen zwischen Süd- und Südostasien und das enge Band zwischen Buddhismus und Staatsmacht werden beide durch den Kult verdeutlicht, der den Smaragd-Buddha umgibt. Er ist das bedeutendste thailändische Bildnis des Buddha. Laut thailändischen Chroniken stammt die Figur aus Indien, als der Mönch Nagasena (siehe Kasten S. 119) mit Unterstützung des großen Gottes Shakra ein mächtiges Juwel erhielt, das mit dem *Cakravartin*-Königtum assoziiert wurde. Der göttliche Architekt Vishvakarma schuf dann dieses Abbild und Nagasena platzierte Reliquien des Buddha darin. Von Indien reiste es nach Sri Lanka und von dort zu unterschiedlichen Orten in ganz Südostasien. Diese Überlieferung wurde dann mit einer Statue assoziiert, die erstmals im 15. Jahrhundert in Thailand auftauchte und später dann nach Laos gebracht wurde. Im 18. Jahrhundert beschlagnahmte der König Chakri, der die heutige Thai-Dynastie begründete, die Figur während eines Militärangriffs in Laos und brachte sie nach Thailand zurück. Als er seine Hauptstadt in Ratanakosin (heutiges Bangkok) gründete, baute er dafür neben seinem Palast ein wunderschönes Haus. Die Buddhafigur (in Wirklichkeit aus Jade und nicht aus einem Smaragd gefertigt) wurde mit dem Wohlergehen der Dynastie und der thailändischen Nation identifiziert. Dreimal im Jahr, zum Jahreszeitenwechsel, führt der König einen komplizierten Wechsel seiner Roben zu Ehren des Smaragd-Buddha durch.

Die kleine Figur des Smaragd-Buddha (rechts) flankiert von einem vergoldeten Bodhisattva, *im Hauptheiligtum von Wat Phra Kaew („Tempel des Smaragd- Buddha") in Bangkok.*

Südostasien festigten ihre politische Legitimität durch ehrgeizige Bauprojekte. Die Struktur ihrer Königreiche sollte auch die kosmische Hierarchie der himmlischen Wesen, die auf dem heiligen Berg Meru im Zentrum des Universums wohnen, widerspiegeln.

Laut der alten Chroniken über die Tradition Sri Lankas erreichte die Lehre Buddhas Südostasien zum ersten Mal durch buddhistische Missionare, die im 3. Jahrhundert v. Chr. von König Ashoka ausgesendet wurden. Die frühesten archäologischen Funde des Theravada in dieser Region sind eine Reihe von Pali-Inschriften aus dem Mon-Dvarati-Königreich in Thailand und dem unteren Irrawaddy-Tal in Burma (Myanmar), die wahrscheinlich aus dem 5. bis 8. Jahrhundert n. Chr. stammen. Die Mon-Völker waren die frühen Bewohner großer Teile Thailands und Burmas, die von der indischen Kultur, einschließlich des Theravada, beeinflusst wurden. Diese Hinweise erwecken den Eindruck, dass der Theravada die Unterstützung der politischen und sozialen Eliten in diesen Regionen genoss, obwohl dies nicht notwendigerweise zur Ausgrenzung anderer Formen des Buddhismus führte. Die ausgeprägte Dominanz der Theravada-Tradition auf dem Festland in Südostasien entstand erst viel später: als Folge der groß angelegten Theravada-Reformbewegung, die sich in diesen Gebieten vom 11. bis zum 15. Jahrhundert vollzog. Auslöser der Reformbewegung war die Konvertierung des Königs Anawratha in Pagan durch einen Mon-Theravada-Mönch. So breiteten sich Formen des Theravada-Buddhismus langsam über die Region aus und wurden sowohl von der Elite als

Eine riesige Buddha-*Statue in Wat Tham Sua, im Ratanakosin-Stil (ab dem späten 18. Jahrhundert) gefertigt. Die kunstvolle Dekoration, bei der Giebel und Dächer mit einer Art Vogelkralle verziert sind, wird „Luftquaste" genannt. Es wird angenommen, dass sie von einer stilisierten Form des Garuda stammt, einer Vogelfigur aus der hinduistischen Mythologie, die gegen übelwollende Mächte schützt.*

auch von breiten Schichten der Gesellschaft übernommen. Das Zentrum des Reichs von König Anawrahta lag in Pagan, Burma. Offensichtlich kam es zu einem regen Austausch mit König Vijayabahu von Sri Lanka, bei dem buddhistische Reliquien und Texte ihren Besitzer wechselten. Auch Mönche wurden hin- und hergesandt. Im Gegenzug schickte König Vijayabahu eine Kopie der Zahnreliquie des Buddha nach Pagan. Der Einfluss der burmesischen Mönche, die in Sri Lanka studiert hatten, führte schließlich dazu, dass sich die Mahavihara-Theravada-Linie Sri Lankas in Burma durchsetzte.

Der Einfluss des Theravada in Thailand, der bereits im Mon-Dvaravati-Königreich vorhanden war, verstärkte sich mit der Zeit durch die Migration von Thai in Regionen Chinas und ihre Absorption der Mon-Kultur, die auch Elemente des Theravada-Buddhismus enthielt. Durch die Etablierung der Sukhothai- und Chiangmai-Königreiche in südlichen und zentralen Teilen Thailands im 13. und 14. Jahrhundert wurden große Tempelanlagen gebaut, die von der Theravada-Tradition inspiriert waren. Im 14. Jahrhundert weitete sich der Einfluss des Theravada Sri Lankas durch die Bemühungen der Thai-Mönche und unter der Protektion der Sukhothai-Herrscher und einer Ordination einer Linie Sri Lankas in großen Teilen Thailands aus. Während dieser Zeit der Theravada-Reform in Burma und Thailand begann der Buddhismus, die Religionsausübung des ganzen Volkes zu bestimmen.

Angesichts der weitreichenden kulturellen Verbindungen zwischen Sri Lanka, Burma und Thailand sind die Ähnlichkeiten in den religiösen Traditionen des Theravada-Buddhismus, der heute in diesen Ländern praktiziert wird, nicht weiter verwunderlich. Es gibt jedoch auch einige wichtige Unterschiede. Obwohl die buddhistische Sangha zentraler Punkt in all den regionalen Formen der Theravada-Praxis ist, wurde sie in Sri Lanka und Südostasien bis zu einem gewissen Grad institutionalisiert. So war es zum Beispiel unter thailändischen und burmesischen Männern lange Brauch, eine gewisse Zeit ihres Lebens als Mitglied einer Sangha zu verbringen, wobei jene, die die ernsthafte Absicht hatten, für den Rest ihres Lebens in der Sangha zu verbleiben, darin ermutigt wurden, sich ordinieren zu lassen.

Ein anderer wichtiger Unterschied ist, bis zu welchem Maß die Sangha einer zentralistischen bürokratischen Organisation ausgesetzt war. Obwohl die Sangha Sri Lankas in ihrer Geschichte bewegte Zeiten erlebte und mal mehr, mal weniger staatlich kontrolliert wurde, ist sie größtenteils frei von starker zentralisierter Autorität geblieben. Im Gegensatz dazu tendierte die Theravada-Sangha in Südostasien zu größerer Zentralisation unter königlicher Herrschaft. Insbesondere die Reform der Sangha in Thailand im 19. und 20. Jahrhundert führte zu einer vom Staat beaufsichtigten, klösterlichen Bürokratie mit einem komplizierten Bildungssystem für Mönche. In Thailand ist Buddhismus eine streng reglementierte Staatsreligion.

Die Theravada-Tradition in Burma (Myanmar) und Thailand, ebenso wie in Sri Lanka, erfuhr im 19. und 20. Jahrhundert einen neuen Aufschwung. Sowohl in Sri Lanka als auch in Burma, die beide unter britischer Kolonialherrschaft standen, war das Wiederaufkommen des Buddhismus eng mit der Unabhängigkeitsbewegung verbunden. In Thailand, das seine Unabhängigkeit beibehalten hatte, wurde die Reformbewegung unter königlichem Patronat begründet, vor allem unter der Herrschaft von König Rama IV. (regierte 1851–1868). König Rama war selbst 27 Jahre lang ein Mönch.

DER BUDDHA UND DIE NATS

Die Shwezigon-Pagode, die unter dem König Anawrahta begonnen und unter seinem Sohn, König Kyanzittha, im 11. Jahrhundert n. Chr. vollendet wurde, ist der wichtigste Reliquienschrein in Pagan. Auch heute noch ist er ein wichtiger Pilgerort für burmesische Buddhisten, insbesondere zu den jährlichen Festtagen im November und Dezember. Der Schrein diente als Prototyp für den Bau späterer burmesischer *Stupas,* und die Überlieferung besagt, dass der Schrein mehrere wichtige Reliquien enthielt, einschließlich des Schlüsselbeins des Buddha, des Stirnknochens und eine Replik der Zahnreliquie, die König Anawrahta aus Sri Lanka mitbrachte (siehe Haupttext). Der Schrein verdankt seine Beliebtheit zum Teil den Figuren der 37 *Nats*, übermenschliche Geister, die um der weltlichen Vorteile wegen, die sie gewähren können, verehrt werden (siehe S. 122–123). Sie waren ursprünglich auf den Terrassen der Pagode zu sehen, befinden sich jetzt jedoch in einem Schrein in der Nähe.

Ruinen eines Tempels in der burmesischen Stadt Pagan, der zwischen 1000–1200 n. Chr. errichtet wurde. Der Bau wurde vom Königtum der Mon unterstützt und von Handwerkern der Mon durchgeführt. Der Stil entspricht einer Mischung aus burmesischer und monischer Bauweise, dabei diente die indische Architektur als Vorbild. Pagan wurde Mitte des 9. Jahrhunderts n. Chr. gegründet und war 250 Jahre lang die Hauptstadt Burmas.

SÜDOSTASIEN II

Der Buddhismus wurde zur Zeit des Funan-Reiches, dessen Ursprung bis ins 1. Jahrhundert n. Chr. zurückgeht, in den unteren Bereichen des Mekong-Deltas etabliert, eine Region, die heutzutage einen Teil von Kambodscha und Vietnam bildet. Laut chinesischen Quellen war Funan das erste „indisierte" Königreiche dieser Gegend. Überreste von Skulpturen weisen darauf hin, dass religiöse Praktiken des Hinduismus und des Buddhismus hier gut eingeführt waren. Ab dem 6. Jahrhundert weitete sich der Hof Funans entlang des Mekong-Flusses in das heutige Laos aus. Hier entstand das Königreich, das in chinesischen Aufzeichnungen als Chenla (Zenla) geführt wird und dessen Blütezeit bis zum Ende des 8. Jahrhunderts andauerte.

In der gleichen Region entstand ein Reich, das zu einem der größten und mächtigsten Südostasiens wurde – das Königreich der Khmer. Um 800 n. Chr. errichtete Jayavarman II. seine Hauptstadt auf einer Hügelkette, die als Phnom Kulen bekannt ist, im Norden des Großen Sees im heutigen Kambodscha. Fast ein Jahrhundert später legte Indravarman I. den Grundstein für seine Hauptstadt im nahen Angkor. Wie die außergewöhnlichen Ruinen in Angkor bezeugen, begründeten die Khmer-Könige ihre politische Herrschaft hauptsächlich auf den Hinduismus, obwohl auch einige den Mahayana-Buddhismus annahmen. Im 13. und 14. Jahrhundert etablierte sich im heutigen Kambodscha und Laos der Theravada als vorherrschende Religion. Diese Entwicklung war vor

JAYAVARMAN VII. UND ANGKOR THOM

Angkor Thom wurde von König Jayavarman VII. im 12. Jahrhundert gegründet und ist einer der größten Stadtkomplexe bei Angkor, der großartigen Stadt, die mehr als 400 Jahre lang (außer einer Zeitspanne von 20 Jahren im 10. Jahrhundert) im Herzen des Reiches der Khmer lag, bis die Thailänder sie im Jahr 1431 eroberten.

Während der mehr als 30-jährigen Regierungszeit des Königs Jayavarman VII. erreichte das Königreich der Khmer seiner größte Ausdehnung; auch Burma (Myanmar), das südliche Laos, Zentralvietnam sowie Teile der malaysischen Halbinsel gehörten dazu. Der König, ein begeisterter Anhänger des Mahayana-Buddhismus, ließ mehr als 100 Hospitäler bauen, die dem heilenden *Buddha* Bhaishajyaguru, dem „Lehrer der Medizin", gewidmet waren. Er unternahm außerdem eine ehrgeizige Baukampagne, bei der hauptsächlich Zwangsarbeiter zum Einsatz kamen. Der Angkor-Thom-Komplex, der den Bayon-Tempel umgibt, veranschaulicht die Verschmelzung des hinduistischen *Devaraja*-Symbolismus mit den *Bodhisattva*-Idealen des Mahayana-Buddhismus (siehe Abbildung S. 93). Der Tempelkomplex repräsentiert einen Mikrokosmos des Universums mit dem himmlischen Berg Meru, dem Wohnsitz Indras, der sich in seiner Mitte befindet. Die Wände des Tempels sind mit Basrelief-Schnitzereien bedeckt, die religiöse Figuren, Szenen des alltäglichen Lebens und Schlachten zwischen den Khmer und Chams zeigen. Ein Bildnis des Buddha, von einer Schlangengottheit (*Naga*) beschützt, stand ursprünglich im Zentrum des Tempels. Archäologen entdeckten seine zerstörten Überreste auf dem Boden des Hauptbrunnens.

Eines der auffallendsten Merkmale des Angkor-Thom-Komplexes und insbesondere des Bayon-Tempels sind die zahlreichen Türme, die mit großartigen, lächelnden Gesichtern verziert sind. Zwar gibt es zahlreiche Theorien über die Bedeutung dieser Figuren und ihre Beziehung zu dem Gesamtsymbolismus des Komplexes, ihre genaue Identität bleibt jedoch schwer bestimmbar.

allem auf den wachsenden Einfluss des thailändischen Königreiches Sukhothai (siehe S. 126–129) zurückzuführen.

Die allgemeine Beschaffenheit des buddhistischen Teravada-Glaubens und seine Praktiken blieben in Südostasien verhältnismäßig unverändert. Die Reformen im 19. Jahrhundert innerhalb der Thai-Sangha (siehe S. 126–129) wirkten sich auch auf die Sangha in Kambodscha und Laos aus. Was Kambodscha und Laos von anderen buddhistischen Ländern der heutigen Zeit allerdings unterscheidet, sind die verheerenden Auswirkungen des Krieges in Vietnam und die darauffolgende politische Destabilisierung. Mit dem Aufstieg der Roten Khmer in Kambodscha 1975 wurde die zentrale Funktion des Theravada-Buddhismus in Kambodscha zerstört. Von den 65 000 Mönchen in der kambodschanischen Sangha vor 1970 überlebten laut Schätzungen nur etwa 3 000 die Schrecken des Pol-Pot-Regimes. Über zwei Drittel aller buddhistischen Tempel wurden zerstört. Bemühungen, die Sangha wieder zu beleben, wurden bis in die späten 80er-Jahre des 20. Jahrhunderts von der vietnamesisch kontrollierten Regierung abgewehrt. Seitdem haben wichtige Wiederbelebungsmaßnahmen stattgefunden und mehr als 95 Prozent der Bevölkerung sind nach wie vor Anhänger des Theravada-Buddhismus.

In Laos floh eine große Prozentzahl der Sangha-Führung im Zuge der von der Regierung erzwungenen Sangha- „Reformen", die von dem kommunistischen Regime, das 1975 die Macht übernahm, eingeführt wurden, außer Landes. Trotz der verfassungsmäßigen Garantie der religiösen Freiheit befinden sich religiöse Gemeinschaften unter strenger Kontrolle durch den Staat.

Mit dem Bau des Hindu-Tempelkomplexes von Angkor Wat wurde im 12. Jahrhundert unter der Herrschaft von König Suryavarman II. begonnen. Er wurde als ein Mikrokosmos des Univerums mit dem Berg Meru in seinem Zentrum erbaut und dem Hindugott Vishnu gewidmet. Im Jahr 1431 wurde die Stadt Angkor verlassen, nachdem sie von einer thailändischen Armee geplündert worden war. Die Annahme des Theravada-Buddhismus brachte einen zurückhaltenderen künstlerischen Stil mit sich. Monumentale Steinkonstruktionen wichen Gebäuden aus Holz.

TEIL 2 • KAPITEL 8 *Mark L. Blum*

MAHAYANA-BUDDHISMUS

DAS GROSSE FAHRZEUG

Nach dem Tod Buddhas wurde der Buddhismus im Lauf der Zeit zur Religion unterschiedlicher asiatischer Völker. Innerhalb des 1. Jahrhunderts n. Chr. entstand eine neue Bewegung, die sich gegen viele der vorherrschenden Glaubensrichtungen stellte. Sie wurde bei ihren Anhängern unter dem Namen Mahayana oder „das große Fahrzeug" bekannt (ein Begriff, der zum ersten Mal im 6. Jahrhundert n. Chr. schriftlich festgehalten wurde). Diese Bezeichnung sollte den Mahayana von anderen Schulen des Buddhismus abgrenzen, die von Anhängern des Mahayana abschätzig als Hinayana, das „geringere" oder das „kleinere Fahrzeug" bezeichnet wurden.

Mahayana bot einen neuen Weg für ein neu definiertes Ziel und einige bemerkenswert innovative philosophische und psychologische Erklärungen. Es gab eine Reihe sehr unterschiedlicher Interpretationen der Botschaft des Buddha, die auf einer Anzahl von Schriften basierten, deren Inhalt angeblich vom Buddha selbst stammte, die jedoch jahrhundertelang unentdeckt geblieben waren. Der Mahayana erreichte in Nordindien eine vorherrschende Position. Daher waren es fast ausschließlich Mahayana-Missionare, die Tibet, die Mongolei, China und Japan durchdrangen, als sich der Buddhismus vom Subkontinent bis nach Zentralasien und darüber hinaus ausbreitete.

Wenn ein Schüler des Buddha die Erleuchtung erfahren hatte, erhielt er den Titel *Arhat* („der Würdige"). In den Mahayana-Sutras werden Mönche, die ihr Leben einzig dem Erreichen des *Nirvana* zu ihrem eigenen Wohl widmen, *Shravakas* („Zuhörer") genannt. Diese Bezeichnung kommt daher, dass die *Shravakas* nur die Buchstaben dessen verfolgen, was sie gelehrt wurden, und nicht den Geist.

Demnach wird das *Buddha*-Sein als das wirkliche Ziel der Botschaft des Shakyamuni dargelegt und der, der dies anstrebt, wird als *Bodhisattva* bezeichnet, was „erleuchtetes Wesen" oder „zukünftiger *Buddha*" bedeutet. Vor der Entstehung des Mahayana wurde das Wort *Bodhisattva* für die Bezeichnung des Buddha vor seinem Erreichen des *Buddha*-Zustandes verwendet. Laut dem Mahayana war es unmöglich, den Pfad ins *Nirvana* ohne die Einbeziehung der Vervollkommnung von anderen zu beschreiten – ein Ideal, das in dem Tugendpaar Erkenntnis und Mitgefühl ausgedrückt wird. *Bodhisattvas* benötigen beides zu gleichen Teilen, um ihr Ziel zu erreichen. Darum bedeutet Befreiung im Mahayana *Buddhaschaft*. Die Mahayana-Tradition wird auch Buddhayana oder Bodhisattvayana genannt (Begriffe, die sich mit „Weg des *Buddha*" oder „Weg des *Bodhisattva*" übersetzen lassen).

Der neue Pfad wurde auf unterschiedliche Arten definiert, aber meistens wurde der Eingeweihte dazu ermutigt, die sechs „Perfektionen" (*Paramitas*)

DIE ZWEI WAHRHEITEN

Die Mahayana-Lehre der Zwei Wahrheiten, die von Nagarjuna verkündet wurde, bezieht sich auf die „konventionelle Wahrheit" im Sinne von messbaren Tatsachen und auf die „ultimative Wahrheit" im Sinne der höheren, absoluten Natur von Dingen jenseits jeglicher Beschreibung. Wenn ein *Bodhisattva* diesen Zustand erreicht und die Dinge nicht mehr auf eine dualistische Art sieht und ihm klar wird, dass Gut und Böse nicht vollkommen verschieden sind, dann spiegelt dies die höhere Natur der Dinge wider. Barmherzigkeit, in der alle sie begleitenden Identitäten frei sind von einer inhärenten Realität, erzeugt Verdienste, die „unermesslich" sind. Barmherzigkeit jedoch, die die Realität des Gebenden, des Geschenkes, des Begünstigten oder der Belohnung voraussetzt, erzeugt minimale Verdienste. Die Doktrin ist auch eine Kritik an der Sprache, da sie kulturelle Vorstellungen ausdrückt, die unweigerlich unser Verständnis der Welt bestimmen. Aus diesem Grund kann sogar das Dharma selbst nur als eine Sammlung vorläufiger Aussagen angesehen werden und kann bei genauer Analyse nur als „konventionelle Wahrheit" betrachtet werden.

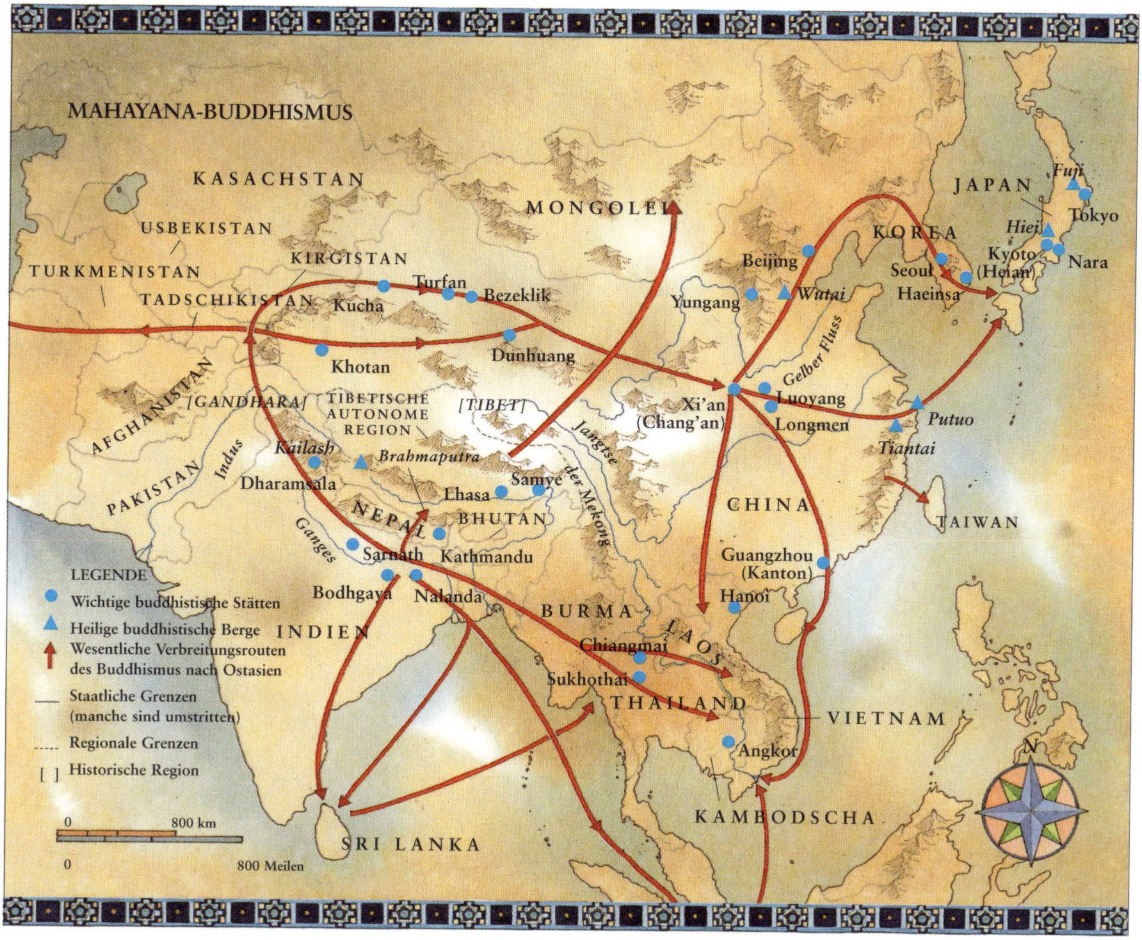

Die Wege der Verbreitung des Mahayana-Buddhismus. Die Route nach Ostasien durch Zentralasien war für die Entwicklung der neuen Lehren besonders wichtig . Durch sie wurde der Mahayana in einer Reihe von Ländern, einschließlich Tibet, der Mongolei, China und Japan, zur vorherrschenden Form des Buddhismus.

Großzügigkeit, Moral, Geduld, Ausdauer, Meditation und Erkenntnis herauszubilden. Manchmal wurde diese Liste auf zehn erweitert, wobei jeder Perfektion die gleiche Bedeutung wie den einzelnen zehn „Stufen" der spirituellen Erleuchtung (*Bhumi*) wie Freude, Reinheit usw. verliehen wurde (siehe „Zehn Stufen der *Bodhisattvas*" S. 136).

Der Mahayana brachte eine Anzahl charakteristischer philosophischer Glaubenslehren hevor, insbesondere das Konzept der Leere (siehe S. 140–141). Ein zusätzliches markantes Merkmal des neuen Konzeptes war der Buddha, der über drei Formen oder „Körper" (*Kaya*s) verfügte (siehe S. 91–92).

Im Mahayana gewann der Glaube an die Kraft, Allwissenheit und an den ewigen spirituellen Beistand des Buddha eine neue Gewichtung, und die liebevolle Verehrung des *Bodhisavatta* trat in den Vordergund. Sämtliche Mahayana-Schriften wie das Lotos-Sutra, die Sutras des Reinen Landes und das Blumenkranz-Sutra beschreiben einen *Buddha* von kosmischer Gestalt. Es gibt jedoch noch weitere kosmische *Buddha*s: Shakyamuni, Amitabha (siehe S. 144–147), Vairochana, Vajradhara, Akshobhya, Bhaishajyaguru und andere. Ihre

Eine Frau in Andacht vor einer Buddhastatue in den Höhlen von Hoa Nghiem. In den Marmorbergen in der Nähe von Danang (Vietnam) gibt es eine Reihe solcher Höhlen, die, seitdem die chinesische Form des Buddhismus im 6. Jahrhundert in Vietnam übernommen wurde, als heilige Stätten verehrt wurden (siehe Kasten gegenüber).

ZEITALTER DES LETZTEN GESETZES

Die buddhistische Schöpfungsgeschichte kennt keinen eindeutigen Anfang und keinen höhepunktartigen Ausgang. Selbst in der buddhistischen Kosmologie sind Anfänge und Enden relativ und nicht absolut. In Ostasien herrschte jedoch ein starker Mahayana-Glaube, dass die Welt unweigerlich auf ein Zeitalter des dunklen Niedergangs zuginge, das als das Zeitalter des letzten Gesetzes (*Mofa* auf Chinesisch und *Mappo* auf Japanisch) bekannt ist. Dieses werde stattfinden, da seit dem Tod des Buddha zu viel Zeit vergangen sei und zunehmend weniger Menschen seine Lehren verstünden. Abhängig vom jeweiligen Sutra, das diese Betrachtungsweise vorlegte, wurden Berechnungen durchgeführt, wann das letzte Zeitalter beginnen sollte, für gewöhnlich entweder im 6. oder im 11. Jahrhundert. Dieses letzte Zeitalter könnte bis zu 10 000 Jahre andauern und alle möglichen schrecklichen Konsequenzen wurden beschrieben, wie z. B. die Zunahme von Korruption, Konflikten und sogar eine Verkürzung des menschlichen Lebens. Das Ende dieses Zeitalters ist eindeutig durch die Ankunft eines neuen *Buddha*, Maitreya, gekennzeichnet, der eine neue Ära des Friedens und der Erleuchtung einführen wird.

Leistungen lagen jenseits der Vorstellungskraft. Dies lässt sich mit der früheren Tradition vergleichen, in der der Buddha ein mitfühlender Lehrer war, der dafür verehrt wurde, dass er sämtliche Ängste und jegliches Leiden in sich zerstört hatte und dadurch das Ende seiner Beteiligung am Zyklus der Wiedergeburt erreicht hatte. Aber hierin liegt das grundlegende Paradox der Mahayana-Ideale: Auf der einen Seite ist das *Buddha*-Konzept den Anhängern näher gebracht worden, mit dem Versprechen, dass jeder Mensch dieses Ziel erreichen könne; auf der anderen Seite werden *Buddhas* mit solch gewaltigen kosmischen Begriffen beschrieben – jenseits der Erfahrung und Vorstellungskraft der meisten Menschen –, dass das Wesen des *Buddha* schier unmöglich fassbar ist. Somit wird die Kluft zwischen *Buddha* und der Menschheit nur vergrößert.

Die Welten, die in den Mahayana-Sutras beschrieben werden, sind voller Wunder, und sie besitzen wenig Ähnlichkeit mit dieser Welt. Ein großer Teil dieser Literatur stellt einen idealisierten Kosmos der „*Buddha*-Reiche“ oder „Reinen Länder“ dar, in die die Gläubigen hineingeboren werden können, wenn sie bestimmte andächtige Praktiken ausüben. Ein *Buddha* ist dazu da, um den Gläubigen zu leiten. Der Fortschritt zur vollständigen Erleuchtung ist somit relativ einfach (siehe S. 144–147).

Die Allwissenheit des Buddha gestattet ihm nicht nur, zu wissen, was andere denken, warum sie handeln und wie sie es tun, sondern auch, ihre vergangenen und zukünftigen Leben zu sehen. Dies ermöglicht ihm, eine Botschaft oder Handlung so zu gestalten, dass sie dem spirituellen Zustand des Einzelnen angemessen ist (siehe auch S. 142–143). Kein *Buddha* ist jedoch ein Schöpfer des Universums oder des Lebens darin. Das Große Fahrzeug mag erlösende Merkmale haben, der *Buddha* stellt seine Anhänger jedoch nicht auf die Probe und belohnt oder bestraft sie wie der Gott der Christen.

Er schenkte der Menschheit den Dharma, der aber in erster Linie auf innere Ausgewogenheit und spirituelle Weiterentwicklung abzielt. Moralische Richtlinien stehen dabei nicht im Vordergrund. Von *Buddhas* wird auch gesagt, dass sie durch Anwendung meditativer Übungen angetroffen werden konnten. In der Überlieferung des Reinen Landes lädt der *Buddha* Amitabha jeden dazu ein, die Wiedergeburt in seiner Welt zu suchen, damit sie unter seinem Schutz eifrig praktizieren können und somit gewiss selbst zum *Buddha* werden. Zwar ist das Land des Amitabha-*Buddha* ein Paradies, aber nicht im Sinn eines christlichen Himmels. Wie alle *Buddha*-Länder ist es durch die Präsenz eines *Buddha* rein. Und es gibt viele derartige Länder, denn alle *Buddhas* bewohnen ein solches (siehe S. 144–147).

DIE VERBREITUNG DES OSTASIATISCHEN BUDDHISMUS

Die Verbreitung des Buddhismus in Ostasien begann mit den ersten indischen Missionaren in China, die das Land im 1. Jahrhundert n. Chr. erreichten. Im 7. Jahrhundert war der chinesische Buddhismus mit eigenen philosophischen Schulen, Traditionen der Kunst und Architektur usw. so weit entwickelt, dass diese Form auch von Vietnam, Korea und Japan übernommen wurde.

Spätestens ab dem 3. Jahrhundert hatte der Hafen von Hanoi als Zwischenstopp für Schiffe gedient, die zwischen Indien und China verkehrten. Im 6. Jahrhundert nahm Nordvietnam den chinesischen Buddhismus an, und diese Form breitete sich mit der Vereinigung des Landes im 15. Jahrhundert nach Süden aus.

Obwohl sie politisch noch nicht vereinigt waren, hießen alle drei rivalisierenden Königreiche in Korea die Ankunft des chinesischen Buddhismus in der zweiten Hälfte des 4. Jahrhunderts willkommen. Der Buddhismus breitete sich im 6. Jahrhundert von Korea nach Japan aus, war in Form und Sprache jedoch eindeutig chinesisch.

Die Pagode des Horyuji-Tempels in Nara (Japan). Der Tempel wurde von dem Prinzen Shotoku gegründet, kurz nachdem die japanische Herrscherfamilie den Buddhismus im Jahr 592 n. Chr. als Staatsreligion akzeptiert hatte.

DER WEG DES *BODHISATTVA*

Der *Bodhisattva* („Erleuchtungswesen") verkörpert das spirituelle Ideal des Mahayana-Buddhismus. Das Ideal wurde inspiriert durch die in den *Jakatas* beschriebenen früheren Leben des Buddha, bevor er erleuchtet wurde. Es bezeichnet ein Wesen, das für die Erleuchtung bestimmt ist oder das sich der Erleuchtung zugewandt hat. In der frühen Pali-Literatur sind die einzigen *Bodhisattvas* jene, die zu *Buddhas* wurden, in unserer Zeit vor allem Shakyamuni. In der Theravada-Überlieferung, die 24 oder 27 frühere *Buddhas* zählt, ist Siddharta Gautama zum Beispiel der vierte *Buddha* seiner Epoche und Maitreya wird der fünfte sein (siehe S. 91). Jede Epoche oder *Kalpa* dauert Millionen von Jahren und die Erscheinung eines *Bodhisattva* oder *Buddha* ist eine überaus seltene Erscheinung. Alle *Buddhas* haben einen ähnlichen Werdegang als *Bodhisattvas*, die formale Gelübde ablegen, um unter dem *Buddha* ihrer Epoche zu einem *Buddha* zu werden, und empfangen von dem Buddha Prophezeiungen, wann und wo ihr Ziel erreicht sein wird. Über den Verlauf vieler Lebenszeiten streben sie dann danach, sich selbst zu perfektionieren, bis dieser Prozess erfolgreich abgeschlossen ist. Das Leben des Buddha wird als Modell der Entwicklung eines *Bodhisattva* gesehen. Es existieren viele *Jataka*-(„Geburts-")Geschichten seines beispiellosen Verhaltens in den früheren Leben.

Mit der Entstehung der Bewegung innerhalb des Buddhismus, die Mahayana (siehe S. 132–135) genannt wurde, erhielt das Konzept des *Bodhisattva* eine neue Bedeutung. In den frühen Sutras wird deutlich, dass die Schüler des Buddha, die vollständig erleuchtet wurden, *Arhats* („Würdige") und nicht *Buddhas* genannt wurden, doch die Unterscheidung war nicht wichtig, da beide demselben Dharma folgten. Später kam es zu einer Differenzierung. In der Mahayana-Perspektive beinhaltete der Weg des *Arhat* andere Praktiken und Überzeugungen als der Weg des *Bodhisattva*. *Arhats* seien reine „Zuhörer" (*Shravaka*s), die nicht mehr tun konnten, als dem zu folgen, was sie den Buddha predigen hörten. Dies wurde von Denkern der Mahayana-Schule als egozentrischer Pfad gesehen, bei dem der Einzelne sich so sehr auf seine eigene Befreiung konzentriert, dass er den Kontakt zur Umwelt und dem Leiden anderer verliert. Im Gegensatz dazu wird der Weg des *Bodhisattva* wegen seiner großen Gewichtung auf die Herausbildung eines Mitgefühls für andere, die Hilfe benötigen, als ethisch und spirituell höher gestellt angesehen. Nur der Weg des *Bodhisattva* kann zum transzendenten, kosmischen Status eines *Buddha* führen. Mahayana-Theoretiker vertreten die Auffassung, dass der Weg des *Bodhisattva* der einzige vollständige Pfad ist, den Buddha wirklich gelehrt hat.

In der Mahayana-Kultur verdienen alle Buddhisten, die sich der vollständigen Befreiung von sich selbst und anderen verschrieben haben, den Titel *Bodhisattva*. Da das Konzept der persönlichen Erleuchtung ohne die Erleuchtung von anderen aus der Mahayana-Perspektive keine wahre Erleuchtung darstellt, ist der Weg des *Bodhisattva* durch einen hohen Standard des Mitgefühls, *Karuna* genannt, gekennzeichnet. Hierbei legt der Ergebene das „*Bodhisattva*-Gelübde" ab und verspricht entsprechend einiger Mahayana-Texte, dass seine letztendliche Befreiung zurückgestellt wird, bis alle anderen

ZEHN PERFEKTIONEN

Großzügigkeit
Moral
Geduld
Ausdauer
Meditation
Weisheit
Geschickte Mittel
Überzeugung
Stärke
Erkenntnis

ZEHN STUFEN DER *BODHISATTVAS*

Freude
Reinheit
Helligkeit
Glanz
Schwer zu besiegen
Vorwärts gerichtet
Weit gehend
Unerschütterlich
Spirituelle Intelligenz
Dharma-Wolke

Eine tibetische Thangka *zeigt den* Bodhisattva *Avalokiteshvara (unten rechts); die Grüne Tara (Mitte), die die göttliche Energie repräsentiert und die Weiße Tara (unten links), die die transzendente Weisheit verkörpert. Ebenfalls abgebildet ist der Gründer der Gelugpa-Schule Tsongkhapa (oben, Mitte), der von zwei* Lamas *flankiert wird.*

TARA

Einer der besonders wichtigen *Bodhisattvas* für die Tibeter ist Tara, die den weiblichen Aspekt des Mitgefühls oder der liebenden Güte (*Maitri*) verkörpert. Die Verehrung von Tara wurde im 11. Jahrhundert n. Chr. von dem indischen Meister Atisha in Tibet eingeführt und gewann wahrscheinlich aufgrund seiner eigenen Leidenschaft für diese Göttin im tibetischen Buddhismus eine wichtige Bedeutung. Tibetische Legenden erzählen, wie Tara aus einer Träne des Mitgefühls geboren wurde. Diese wurde von Avalokiteshvara vergossen, als er mit dem ungeheuerlichen Ausmaß der Aufgabe konfrontiert war, allen leidenden Wesen zu helfen. Von Tara, die unterschiedliche Formen besitzt, wird gesagt, dass sie die Mutter aller *Buddhas* sei und dass ihre Augen (auf der Stirn, den Handflächen und den Fußsohlen) es ihr gestatten, jegliches menschliche Leiden zu erkennen.

Menschen das gleiche Ziel erreichen können. Dies erklärt, warum es unter ihnen keine *Buddhas* gibt. Stattdessen kann es jedoch viele *Bodhisattvas* geben, die auf die Hilferufe ihrer Mitmenschen sensibel reagieren und deren Wohl über das eigene stellen.

Da sich viele Menschen fern von jeglicher Befreiung befinden, muss es eine große Anzahl von *Bodhisattvas* geben, die wie *Buddhas* in dieser Welt aktiv sind und versuchen, anderen beizustehen. *Bodhisattvas* werden angewiesen, die sechs Tugenden, oder „Perfektionen" (*Paramitas*) herauszubilden, die später auf zehn erweitert werden. Der *Bodhisattva*-Pfad erfordert ebenfalls zehn Stufen zur Erleuchtung oder *Bhumi*, die lose mit diesen Tugenden verbunden sind (siehe Kasten gegenüber). Nachdem er die siebte Stufe erreicht hat, ist der *Boddhisattva* in der Lage, ein *Buddha* zu werden, wenn er sich dazu entscheidet. Ähnlich einem *Buddha* besitzt er übernatürliche Kräfte, die es ihm ermöglichen, zu erscheinen, wo und wann immer er es wünscht. Mahayana-Anhänger haben ein Grundvertrauen in die Macht derjenigen, die häufig himmlische *Bodhisattvas* genannt werden, wie z.B. Avalokiteshvara, Manjushri, Kshitigarbha und Maitreya (siehe S. 91).

KUNST UND ARCHITEKTUR *Michael Willis*

DIE GÖTTERWELT DES MAHAYANA

Der Mahayana-Buddhismus legt einen besonderen Schwerpunkt auf *Bodhisattvas* oder „zukünftige *Buddhas*" (siehe S. 132–137). Der führende *Bodhisattva* ist Avalokiteshvara, dessen Name wörtlich „Herr, der in Mitgefühl hinuntersieht" bedeutet. Die frühesten Skulpturen des Avalokiteshvara aus Indien, China, Korea und Japan zeigen den *Bodhisattva* gelassen nach unten schauend. Skulpturen in Indien, die vermutlich aus dem 7. Jahrhundert n. Chr. stammen, zeigen ihn von Tafeln umgeben, die die Acht Großen Gefahren abbilden. Vier von ihnen entstanden durch menschliches Zutun – Schiffbruch, ungerechte Gefangenschaft,

HANDGESTEN: MUDRAS
Auf Bildnissen werden *Buddhas*, *Bodhisattvas* und die ihnen dienenden Gottheiten immer gezeigt, wie sie symbolische Gegenstände halten, oder ihre Hände werden in bestimmten Gesten (*Mudras*) abgebildet. Die Gegenstände und Handhaltungen sind zahlreich und komplex, bestimmte grundlegende Gesten findet man aber überall in der buddhistischen Welt. Besonders verbreitet ist z. B., wie der Buddha kurz vor seiner Erleuchtung die Erde berührt (siehe Abbildung S. 79). Wenn er beim Lehren gezeigt wird, sind seine beiden Hände für gewöhnlich vor seiner Brust erhoben. Eine andere verbreitete Geste, besonders bei frühen Skulpturen, ist die rechte, zum Gruß erhobene Hand, das bedeutet Beschwichtigung oder ohne Furcht zu sein (siehe Abbildung S. 147).

Eine Figur in einer Vitarkha-Mudra-*Pose: Daumen und Zeigefinger bilden einen Kreis, um das „Rad des Gesetzes" zu symbolisieren. Das Fresko, das etwa im 6. Jahrhundert n. Chr. entstand, befindet sich in den buddhistischen Höhlenklostern in Bamiyan (westliches Zentralasien).*

Buddhistische Manuskripte wurden in den Klöstern von Tibet von hölzernen Buchdeckeln umschlossen, die oft auf einer oder auf beiden Seiten bemalt waren. Dieses Beispiel aus dem 13. Jahrhundert ist innen mit einer dreiteiligen Tafel verziert, die Prajnaparamita, die Göttin der Weisheit, im Zentrum zeigt. Sie hält ein Buch und macht die Mudra *des Lehrens. Sie ist flankiert von dienenden* Bodhisattvas. *Die neun Quadrate auf den anderen zwei Feldern zeigen jeweils entweder einen* Lama *oder einen* Bodhisattva.

Diebstahl und Feuersbrünste –, und vier entstammen den gefährlichen Kräften der natürlichen Welt – Löwen, giftige Schlangen, wilde Elefanten und Krankheit. In ganz Asien wird Avalokiteshvara von Gläubigen angerufen, um sich vor diesen sehr realen und allzeit gegenwärtigen Bedrohungen zu schützen.

In China wurde Avalokiteshvaras Gelassenheit betont, und da Mitgefühl als eine feminine Eigenschaft verstanden wurde, wurde der *Bodhisattva* zu Guanyin, der Göttin der Gnade (in Japan Kannon genannt). In Tibet blieb Avalokiteshvara (Chenzri) männlich, doch der weibliche Aspekt seiner Persönlichkeit wurde in den Taras (siehe S. 137) offenbart. Dies waren Göttinnen, die der Legende nach aus Lotosblüten geboren wurden, die in den Teichen wuchsen, die aus den Tränen des Mitgefühls des Avalokiteshvara entstanden waren.

Ein weiterer *Bodhisattva* ist Maitreya, der weit in der Zukunft in die Welt wiedergeboren in Bodhgaya meditieren wird und zu einem *Buddha* werden wird, der den Dharma zum Wohle der Lebewesen erneut lehren wird (siehe S. 91). Diese bedeutende Linie aus *Bodhisattvas* und *Buddhas* verkörpert ein wichtiges Mahayana-Ideal. Während die „*Buddha*-Natur" oder „*Buddha*-Essenz" in weltlichen Gefilden ständig zu kommen und zu gehen scheint, bildet dieses Ideal eine verlässliche Konstante, die in den himmlischen Reichen, wo die *Buddhas* in ihren überirdischen Körpern (*Sambhogakaya*) für immer wohnen, allzeit präsent ist. Die *Buddhas* und *Bodhisattvas* werden auch mit bestimmten Farben und Merkmalen assoziiert (siehe S. 78), anhand derer sie auf Abbildungen symbolisch dargestellt werden.

Neben Avalokiteshvara, der allgemein verehrt wird und sogar seinen Weg in die Theravada-Länder gefunden hat, steht der ebenfalls sehr beliebte *Bodhisattva* Manjushri („angenehme Pracht"), der als *Bodhisattva* der Weisheit angesehen wird. Manjushri wird normalerweise ein Buch und ein Schwert haltend gezeigt. Das Buch steht für Wissen, und das Schwert repräsentiert die Macht des Wissens, die Fesseln der Ignoranz zu zerschneiden. Aufgrund dessen wird Manjushri von vielen Schülern verehrt, die hoffen, dass sich ihr Gedächtnis und ihre Fähigkeit, buddhistische Texte zu meistern, durch die Hingabe an Manjushri bessern.

„LEERE“

RICHTIG ODER FALSCH
Die Lehre von der Leere bewirkte eine grundlegende Änderung der buddhistischen Werte. Die vorherrschende Interpretation des Achtfachen Pfades (siehe S. 70–71), dass richtige Ansichten oder die richtige Rede bedeuteten, dass man bestimmte wohl definierte Regeln über das, was eine richtige oder eine falsche Meinung ausmacht, beachtete, konnte danach nicht weiterhin akzeptiert werden. Da richtige und falsche Meinungen keine inhärente Natur oder Essenz verkörpern, die man erkennen kann, besitzen sie auch keine inhärente Realität. Von der Perspektive der Leere aus gesehen ist die einzige „richtige Meinung“ gar keine Meinung. Trotzdem wäre es ein Fehler, die Leere als ideale Lehre oder „Antwort“ anzusehen, da dies voraussetzt, dass die Leere selbst eine „richtige Ansicht“ verkörpert, die allen anderen überlegen ist. Leere ist keine Substanz im philosophischen Sinne, es ist nichts. Mit anderen Worten: Leere ist auch leer. Der Glaube an eine „Nicht-Leere“ verfehlt ebenso das Ziel. Aus Mahayana-Perspektive ist dieses „Nicht-Ding“ das bestimmende Element der Welt.

Eine berühmte philosophischen Lehre der Mahayana-Schule ist die der *Shunyata* oder „Leere“. Eine Art Vorläufer bildet die Lehre des Nicht-Selbst oder *Anatman* im frühen Buddhismus. Die Mahayana-Anhänger erweiterten das Adjektiv *shunya* oder „leer“ durch das Hinzufügen der Nachsilbe *ta*. Hierdurch bildet sich das Wort *Shunyata*, was „Leere“ oder „leerer Raum“ bedeutet. Die Lehre kommt zu dem Schluss, dass alle Phänomene, selbst die reine Vorstellung eines „Phänomens“, durch eine Eigenschaft des „Fehlens“ charakterisiert sind – „leer sein“ bedeutet die Abwesenheit einer eindeutigen, permanenten, kennzeichnenden Markierung. Es ist dieses „Fehlen“, das den eigentlichen Schlüssel für das Verständnis der religiösen Wahrheit über Phänomene liefert. So entstand der Begriff der Leere als neuer Ausdruck für die ultimative Wahrheit der Existenz.

Das Konzept der Leere wurde zuerst in der Prajna-Paramita („Sutras der Vollkommenheit der Erkenntnis) (siehe S. 196–197) entwickelt. In den Schriften wurde argumentiert, dass die Wahrheit der Welt jenseits dualer Unterscheidungen liegt. Diese Texte widerlegen die Position, die die traditionelle Abhidharma (siehe S. 192–193) vertrat. Dort wird das Fehlen des sich unverändernden Selbst erklärt, indem eine zeitweise Ansammlung aus individuellen Komponenten, die in sich wirklich und erkennbar sind, postuliert wird. Beim Ansatz der Verfechter der Abhidharma wird die Essenz oder das Selbst einer Person durch eine Vielzahl winziger Essenzen ersetzt, was immer noch impliziert, dass die Wahrnehmung der Welt als real angesehen wird. Für Mahayana-Denker sind diese individuellen Komponenten, die *Dharma*s (nicht zu verwechseln mit dem Dharma, dem Hauptteil der Lehren des Buddha), ebenso frei von unveränderbarer Essenz wie der einzelne Mensch.

Es wird weiterhin dargelegt, dass das analytische Denken, mit dem wir uns für gewöhnlich beschäftigen, Ideen, Interpretationen, Ansichten usw. erzeugt, die wir aufgrund ihrer Plausibilität beibehalten. Vom Gesichtspunkt der Leere gesehen, sind diese „Realitäten“ nicht vollkommen falsch, jedoch auch nicht vollkommen richtig. In der Terminologie von Nagarjuna sind sie „konventionellerweise wahr“, doch das Festhalten an herkömmlichen Sichtweisen der individuellen Identität hält davon ab, zu sehen, was „letztlich wahr“ ist (siehe „Die zwei Wahrheiten“ S. 132). Dieser Begriff der Leere spiegelt so ein neues Verständnis der grundlegenden buddhistischen Lehre des „Bedingten Entstehens“ wider. Hieraus wird gefolgert, dass alle bekannten Realitäten konstruierte Realitäten sind, deren Identitäten lediglich intellektuellen Zweckmäßigkeiten entsprechen, die zum Ordnen der Welt verwendet werden, damit diese verstanden werden kann.

Wenn die Wahrheit über die leere Natur aller Identitäten oder Kategorien der Identität verstanden wird, dann werden gebräuchliche Unterscheidungen wie rein/unrein, gut/schlecht, attraktiv/unattraktiv und sogar ich/du bedeutungslos (siehe „Richtig oder Falsch“ links oben). Die Lehre von der Leere befreit uns von dem verzerrenden Einfluss der Vorurteile, die Meinungen begleiten. Die Befreiung kann an dem Punkt gefunden werden, an dem Identitäten verschwinden, wo es keine Interpretationen oder Urteile gibt, wo das Selbst und die Welt als das gesehen werden, was sie sind, und nicht interpretiert werden.

Sowohl Ochse als auch das Selbst vergessen, *eines der zehn Bilder aus der berühmten Zen-Sequenz* Die Bilder des Ochsen, *einer zehnteiligen Bilderserie des japanischen Mönchs Shubun aus dem 15. Jahrhundert. Sie repräsentiert den Pfad des Einzelnen von der Ignoranz – der Illusion des Selbst – zur Erleuchtung. Der Kreis kann gegensätzlich interpretiert werden: Ignoranz oder die vollständige Realisierung und Loslösung, was ganz dem Mahayana-Begriff der ultimativen Leere entspricht.*

„GESCHICKTE MITTEL“

Eines der herausragenden Merkmale des Buddhismus ist das Prinzip des *Upaya* oder der „geschickten Mittel“, um andere über die Wahrheit zu belehren oder sie dorthin zu führen. Diese Idee tritt am deutlichsten im Lotos-Sutra, einer Mahayana-Schrift (siehe S. 198–199), zum Vorschein. Jede Strömung des Buddhismus geht jedoch davon aus, dass ein erleuchteter Lehrer alle verfügbaren Mittel anwenden wird, um eine Wahrheit zu vermitteln, die sich manchmal schlecht mit der Intuition vereinen lässt. Im Grunde wird Sprache als unzureichendes Medium für die Kommunikation angesehen, da Worte nicht bei jeder Person die gleiche Reaktion auslösen. Für Buddhisten stellt es kein Problem dar, zuzugeben, dass ein Vortrag, der eine Person inspiriert, bei einer anderen Person möglicherweise auf taube Ohren stößt. In der früheren Literatur werden Beispiele von Personen beschrieben, die den Buddha predigen hörten und am Ende der Predigt den Ort ungerührt verließen. Der Buddha erklärte, dass wenn sich eine Menschenmenge versammelte, um ihm zuzuhören, alle Anwesenden unterschiedliche Predigten hörten, da jeder Zuhörer nur das verstand, was er in diesem Moment nachvollziehen konnte. In der Mahayana-Lehre ist eine der übernatürlichen Fähigkeiten, die einem *Buddha* zugeschrieben werden, das

Ein japanischer Mönch bei einem tantrischen Ritual. Die Flammen des Feuers, die die Weisheit symbolisieren, verzehren das Holz, das die mentalen Schwächen Anhaftung und Ignoranz repräsentiert. Man glaubt, dass sie den Weg zur Wahrheit behindern.

KISA GOTAMI UND DAS SENFKORN

Die bemerkenswerte Fähigkeit des Buddha, jedem Individuum seine Botschaft zu übermitteln (siehe Haupttext) wird durch die Geschichte einer jungen Frau namens Kisa Gotami illustriert. Diese fand nach einer arrangierten Hochzeit heraus, dass ihre Schwiegereltern sie nicht als ideale Braut betrachteten. Sie wünschte sich inständig, deren Billigung zu erhalten, indem sie einen männlichen Erben gebar, sie wurde jedoch lange Zeit nicht schwanger.

Schließlich wurde sie schwanger und gebar einen Sohn. Der Säugling wurde aber krank und starb. Vollkommen außer sich lief sie in die Stadt, um jemanden zu suchen, der das Baby wieder zum Leben erwecken konnte. Die Menschen in der Stadt hatten Mitleid mit ihr und schlugen den Buddha vor. Die Frau fand ihn und flehte ihn an, ihren Sohn wieder zum Leben zu erwecken. Der Buddha versprach, dies zu tun, wenn sie ihm ein Senfkorn aus einem Haushalt bringen könnte, wo noch nie jemand gestorben wäre.

Obwohl es an Senfkörnern nicht fehlte, stellte Kisa Gotami fest, dass es in jedem Haushalt bereits einen Tod in der Familie gegeben hatte. Langsam dämmerte ihr die Erkenntnis, dass das, was ihr zunächst als einfache Aufgabe erschienen war, in Wirklichkeit unmöglich war. Sie kehrte zu dem Buddha zurück, gestand ihren Irrtum und das tiefe Verständnis für die „Wahrheit der Vergänglichkeit“. Ohne eine explizite Aussage des Meisters wurden ihr nun die tiefgründigen Folgen der Ersten Edlen Weisheit der *Duhkha* klar und sie trat einer Nonnengemeinschaft bei.

Vermögen, jedem Anwesenden eine unterschiedliche Botschaft zu übermitteln, und das zeitgleich. Aber auch ohne solche Offenbarungen des Übernatürlichen wurde der Buddha stets als Wesen betrachtet, das die unheimliche Gabe hatte, wahrzunehmen, auf welchem geistigen Entwicklungsstand sich jeder Zuhörer befand, und seine Lehre dementsprechend anzupassen. Manche Weisheiten wurden auch ohne nähere Erklärung vermittelt (siehe Kasten oben).

In Ostasien führte die Lehre der „geschickten Mittel“ zu einer großen Anzahl neuer Interpretationen der Schriften. Die Quelle dieser Bewegung war das Lotos-Sutra, das sich dort eines viel größeren Einflusses erfreute als im übrigen Teil der buddhistischen Welt. Dieses Sutra teilt den Dharma in Lehren der Zweckdienlichkeit und Lehren der Wahrheit ein. Die verbreitete Aufteilung der Gemeinschaft in unterschiedliche „Pfade“ oder Herangehensweisen an den Glauben und dessen Ausübung wird als ein Schema beschrieben, das nur der Einfachheit dient. Das Sutra erklärt, dass der Buddha manchmal geschickte Mittel verwendet, um seine Anhänger darin zu unterstützen, weiterhin Fortschritte zu machen.

Ab dem späten 6. Jahrhundert wurde dieses Modell, das Zweckdienliche dem Wirklichen gegenüberzustellen, in China und später in ganz Ostasien dazu verwendet, um den vielen unterschiedlichen Lehren, die in den Hunderten von Schriften in dem Kanon der Region enthalten waren, Sinn abzugewinnen. Schriften und Lehren wurden unter der Annahme klassifiziert, dass der Buddha seine „geschickten Mittel“ dazu genutzt hatte, seine Anhänger von den konkreten zu abstrakten Wahrheiten zu führen und von moralischen zum metaphysischen Verstehen. Die vielleicht revolutionärste Anwendung dieser Lehre erfolgte in China mit der Schule des Reinen Landes, als Daochuo alle Lehren und ihre Ausübung als Mittel benannte, um das Reine Land des Amitabha zu erreichen. Dies sei die Absicht des Buddha gewesen, und alle anderen Hilfsmittel sollten aufgegeben werden (siehe S. 144–147).

DAS REINE LAND

Ursprünglich bezeichnet der allgemeine Begriff „reines Land“ das sogenannte „gereinigte Feld“, das alle *Buddhas* umgibt, die durch die Tugend ihres großen Mitgefühls und der Weisheit natürlicherweise einen Raum bilden, der keine Befleckung aufweist. Der Ausdruck „reines Land“ stammt aus einer Abkürzung einer Zeile der Übersetzung eines chinesischen Sutra, worin Amitabha Buddha („Unendliches Licht“, in China als Amituo Fo und in Japan als Amida Butsu bekannt) bei dem Gelöbnis beschrieben wird, sein Reich für andere zu reinigen, die wünschen, sich dorthin zu wagen. Obwohl ein solcher Ausdruck in Sanskrit nicht existiert, gab es in Indien Lehrsätze, die aussagten, dass *Bodhisattvas* diese Welt verwandeln würden und dass solche idealisierten *Buddha*-Felder (*Buddhakshetra*) als Ziele für das nächste Leben in jeder der vier Himmelsrichtungen existierten.

In seiner Erläuterung des Lotos-Sutra aus dem 6. Jahrhundert n. Chr. schrieb Chih-i, ein herausragendes Mitglied der Tiantai-Schule in China (siehe auch S. 200–201), über eine „absolute“ Reinigung dieser Welt durch das erlösende Licht des Dharmakaya (der „Dharma-Körper“ des Buddha, siehe „Dharmakaya“, S. 100). Zu jener Zeit existierten viele beliebte Praktiken, die dem *Buddha* im Osten, Akshobya („Unerschütterlich“, in China als Achu bekannt), gewidmet waren, und ebenso dem *Buddha* im Westen, Amitabha. Mit der Zeit entwickelten sich Rituale, die auf eine Wiedergeburt abzielten: in die gereinigten Reiche der transzendenten *Bodhisattva*s Maitreya (Mile Fo) im Tushita-Himmel und Avalokiteshvara (Guanyin). Maitreya als der prophezeite zukünftige *Buddha* und sein Reines Land erwiesen sich für eine große Bandbreite der Ergebenen beson-

REZITIEREN EINES HEILIGEN NAMENS

Daochuos Schüler Shandao (613–681 n. Chr.) verdeutlichte zwei Punkte, die von seinem Meister dargelegt worden waren: das Hinnehmen der eigenen spirituellen Grenzen und die Rolle, die Amitabha als Vermittler der Rettung innehat. Shandaos einzigartige Vision ergab, dass unter den vielen unterschiedlichen und schwierigen Übungen, die der Wiedergeburt im Reinen Land dienen, der *Buddha* Amitabha bereits auf eine Übung als allen anderen überlegen seiend hingewiesen hatte: das einfache Rezitieren seines heiligen Namens in der Formel *Nianfo Amituo Fo* („Nimm Zuflucht bei Amitabha Buddha“).

Auf Chinesisch als *Nianfo* bezeichnet, war dies eine Praktik, die jeder ausüben konnte und die nur Aufrichtigkeit und einen minimalen Konzentrationsaufwand erforderte, um effektiv zu sein. Shandao versicherte, dass Amitabha darin einzig sei, jedem helfen zu wollen, nicht nur den Gelehrtesten. Damit kehrte er die traditionelle buddhistische Ansicht um, laut der schwierige Übungen mit höheren Leistungen gleichgesetzt werden. Das rituelle Rezitieren von Amitabhas Namen, zusammen mit dem rituellen Singen der Sutras des Reinen Landes (siehe auch S. 84–85), führten zu einer Reihe komplizierter und bewegender musikalischer Zeremonien, die auch heute noch ausgeübt werden.

Im Japan des 12. Jahrhunderts entwickelte Honen die Vision Shandaos entscheidend weiter, er forderte zum Beispiel die Anerkennung des gleichen Status von Frauen und Laien, einschließlich derer der niedrigsten sozialen Klassen. Honens Schriften (siehe Kasten S. 147) wurden von einigen so aufgefasst, dass das Klostertum keinen Sinn habe und dass die etablierte klösterliche Ordnung untergraben worden sei. Die einzige Rettung sei Amida Butsu, mit seiner Hilfe sollten Gläubige nun versuchen, das Reine Land zu erreichen. Honen führte sein klösterliches Leben jedoch fort, ebenso wie seine Erben für weitere 700 Jahre.

ders attraktiv. Zu seinen Verehrern zählten neben Mönchen auch die Kaiserin Wu Zetian (regierte 690–705 n. Chr.), die sich selbst zu seiner Reinkarnation erklärte (siehe auch S. 91).

Schließlich begann der Glaube an das sogenannte Reine Land, auch *Sukhavati* („Behausung der Seligkeit") genannt, alle anderen zu überschatten. So kam es, dass im Mittelalter – in China im 7. Jahrhundert und in Japan im 13. Jahrhundert – Begriffe wie die Lehre des Reinen Landes und die Schule des Reinen Landes auftauchten, obwohl es sich streng genommen noch nicht um eine Schule, sondern um einen Teilaskpekt des Mayahana handelte. Es ist wahrscheinlich, dass die Namen Amitabha und Amitayus ursprünglich zwei unterschiedliche Figuren bezeichneten (sie beziehen sich auf „Licht" bzw. auf „Leben"). Als jedoch das gemeinsame Element *amita* („unendlich" auf Sanskrit) ins Chinesische als Amituo übertragen wurde, begann dieser Name einen einzigen *Buddha* zu bezeichnen. Unter einem dieser zwei Namen erscheint dieser *Buddha* in Hunderten von Mahayana-Sutras und anderen Texten. Im Gegensatz zu der verunreinigten menschlichen Welt wird das Reine Land als eine Art Paradies ohne Ablenkungen wie Frauen oder Konflikte beschrieben und es ist anderen Himmeln überlegen, da Amituo hier wohnt. Er ist bereit, allen, die ihn um seine Unterstützung bitten, den Dharma zu predigen. Es gibt überzeugende Anzeichen dafür, dass die gesamte indische buddhistische Welt danach strebte, nach dem Tod die Wiedergeburt in Sukhavati zu erlangen, und dieser Wunsch wurde auch in China populär. Die Grundsätze des philosophischen Systems, das die Lehren des Reinen Landes untermauert (siehe auch S. 200–203), wurden in China während des 6. und 7. Jahrhunderts n. Chr. durch eine Anzahl von Mönchen festgelegt, die nun als die chinesischen Patriarchen der Überlieferung des Reinen Landes angesehen werden: Tanluan, Daochuo, Shandao (siehe Kasten gegenüber), Jiazai und Huaikan.

Tanluan (474–542 n. Chr.), ein Schüler der Madhyamika-Tradition Nagarjunas (siehe S. 197) und Anhänger des Nirvana-Sutra (siehe S. 206–207), war mutlos geworden, nachdem er die Theorie vernommen hatte, dass der Buddhimus seinem Verfall entgegenginge. Diese Theorie beschreibt ein Zeitalter des zunehmenden sozialen Chaos, in dem die Qualität des Dharma nachlässt und die Menschen immer weniger in der Lage sind, den Dharma zu verstehen und demzufolge auch keine Erleuchtung mehr erlangen (siehe „Zeitalter des letzten Gesetzes" S. 134). Da er zu einer Zeit der Kriege und der politischen Unruhen in China lebte, glaubte Tanluan, dass dieses degenerierte Zeitalter bereits gekommen sei. Hoffnung brachte ihm das Sukhavativyuha-Sutra über Amitabha Buddha und sein Reines Land, das beschreibt, wie Menschen, die die Präsenz Amitabhas ersehnten, diese auch bewirken könnten. Tanluan leistete den wichtigen Beitrag, indem er die Ideen des Reinen Landes mit den verbreiteten Mahayana-Begriffen des *Bodhisattva*-Pfades in Einklang brachte und darlegte, dass die, die im Reinen Land wiedergeboren würden, anschließend von dort zurückkehren würden, um in Erfüllung ihres *Bodhisattva*-Gelöbnisses anderen zu helfen (siehe S. 137).

Vergoldete Bronzefigur aus China, die den Amitabha Buddha (Amituo Fo) versunken mit nach unten gerichteten Augen zeigt und mit einem Bein unter den fließenden Gewändern überkreuzt. Frühe Tang-Dynastie, etwa 7.–8. Jahrhundert.

Daochuo (562–645 n. Chr.) begann vor seiner „Konvertierung" zur Lehre des Reinen Landes ebenfalls als ein Anhänger des Nirvana-Sutra. In seiner Abhandlung Anleji („Sammlung [von Passagen] über [das Land des] Friedens und [der] Freude") legte Daochuo zum ersten Mal ein systematisches Rahmenwerk für die Lehren und Praktiken des Reinen Landes fest. Geschickt erklärte er, dass der Pfad zum Reinen Land dem traditionellen *Bodhisattva*-Pfad ebenbürtig sei und parallel zu ihm verlaufe (siehe S. 136–137).

Nicht lange nach der Schöpfung der chinesischen Ideen des Reinen Landes gewann der Buddhismus in Japan zunehmend an Einfluss. Während der Nara-Periode (710–794 n. Chr.) erschienen die ersten japanischen buddhistischen Aufsätze, einschließlich einer Abhandlung über den Buddhismus des Reinen Landes. In der Heian-Ära (805–1185) nahm der Glaube an Amida stetig zu. Nicht nur die Aristokratie in Kyoto (Heian) war ihm zugetan, die gesamte Bevölkerung fand Gefallen an der neuen Religion. 985 n. Chr. verfasste der Gelehrte Genshin (942–1017) Ojoyoshu („Geburt im Land der Reinheit"), und ein Werk, das den Ruhm von Amidas Reinem Land beschrieb. Genshin gehörte der Tendai an, einer japanischen Sekte, die die Lehren der Tiantai vertrat, die ursprünglich 805 n. Chr. von Saicho aus China mitgebracht worden waren.

Ein wichtiger Teil bei der Entwicklung des Buddhismus in Japan war die Einführung der esoterisch gefärbten Rituale der Glaubensgemeinschaft der Tendai, insbesondere der Gesang der Preisung des Amida Butsu und die Förderung der Bedeutung des Lotos-Sutra. Ein Mönch im Chion-Tempel in Kyoto reinigt den Altarschmuck.

Ebenso wie China vor dem Beginn der Kamakura-Periode (1185–1333) erfuhr nun Japan eine Zeit des inneren Chaos, und die buddhistische Theorie über den Zerfall gewann an Glaubwürdigkeit. Sie veranlasste viele Buddhisten, das Erreichen der individuellen Befreiung durch konventionelle Mittel als aussichtslos anzusehen. Die überzeugendste Antwort auf diese Situation kam von der entscheidenden Figur im japanischen Buddhismus des Reines Landes, dem Tendai-Mönch Honen (1133–1212). Honens Offenbarung erfolgte, als er das

DIE JODO-SCHULE

Der japanische Mönch Honen (siehe Haupttext) war wahrscheinlich die erste Person in der buddhistischen Geschichte, die offen erklärte, dass es seit der Zeit des Shakyamuni keine *Buddhas* gegeben hatte und dass die Menschen deswegen jede Hoffnung aufgeben sollten, selbst zu einem zu werden, außer im Reinen Land (japanisch: Jodo). Er legte seine Doktrin in einer Abhandlung mit dem Namen Senchakushu („Passagen über die Auswahl des *Nembutsu* im ersten Gelöbnis") dar. Das Werk wurde zu seinen Lebzeiten geheim gehalten, da er fürchtete, den Zorn etablierter Buddhisten auf sich zu ziehen. Nach seinem Tod wurde es veröffentlicht, aber mehrmals verboten, um die rasche Ausweitung des Glaubens an das Reine Land aufzuhalten.

In der Tokugawa-Epoche (1605–1868) war Honens Jodo-Schule zum Glauben der herrschenden Shoguns Japans geworden. Jodo bot ein neues buddhistisches Paradigma, in dem es keine Illusionen über persönliche Heiligkeit mehr gab. Jeder, der die Erleuchtung suchte, war auf den Status einer durchschnittlichen Person herabgesetzt, während Amida auf die Stellung des universellen Retters angehoben wurde, durch den ihn unterstützende Gläubige das Reine Land erreichen konnten, dem einzigen Ort, an dem Erleuchtung möglich war.

Eine Statue aus Zypressenholz des Amida Butsu aus dem späten 12. Jahrhundert. Die Statue zeigt die Abhaya-Mudra-*Geste des Vertrauens.*

Werk des chinesischen Meisters Shandao (siehe Kasten S. 144) las, dessen Schriften in Japan zuvor nur wenig Aufmerksamkeit erfahren hatten. Honen war insbesondere von Shandaos Zusicherung beeindruckt, dass das mehrfache Rezitieren von Amitabhas Namen die einzig wahre Übung sei. Sie sei einfach und könne von jedermann und jederzeit ausgeführt werden. Honen entwickelte diesen Ansatz weiter, und seine öffentlichen Reden in Kyoto zogen eine große Anzahl von Schülern aus allen gesellschaftlichen Schichten an.

Honens Schüler Shinran (1173–1263) führte die Dinge noch einen Schritt weiter, indem er sich selbst zum sichtbaren Fehlschlag des Klosterlebens erklärte, öffentlich heiratete und alle Hoffnung auf das Erreichen des Reinen Landes durch eigene Anstrengung aufgab. Shinran entwickelte eine radikale Lehre, die jegliche Praktiken, die darauf abzielten, dem *Samsara* aus eigener Kraft zu entkommen und erlöst zu werden, ablehnte. Er behauptete, dies weise auf einen Mangel an Glauben an die Botschaft des Buddha hin. Stattdessen vertrat er *Tariki* („andere-Kraft"), die Amida Butsu als den einzigen Grund nannte, aus dem jemand das Reine Land erreiche, das er als gleichbedeutend mit dem Erreichen des *Nirvana* ansah. Shinran sah die Praxis des Wiederholens der *Nembutsu* als unnötig an, da dies für ihn kein Mittel zu irgendeinem Ziel darstellte, sondern nur einen Ausdruck der Dankbarkeit an den Buddha. Die Anhänger Shinrans bildeten schließlich eine unabhängige Jodoshin-Schule („Wahres Reines Land"-Schule). Als erster buddhistischer Orden, der es seinen Mitgliedern gestattete zu heiraten, ist Jodoshin auch heute noch in Japan die größte religiöse Organisation.

KUNST UND ARCHITEKTUR *Michael Willis*

BILDER DES REINEN LANDES

Diese Seidenrolle aus dem 10. Jahrhundert aus Dunhuang zeigt Avalokiteshvara beim Tragen einer Lotosblüte und eines Weihrauchfasses, während er eine Seele, repräsentiert durch die gut gekleidete Frau, zu den Hallen des Paradieses (oben im Bild) geleitet. Die Blüten symbolisieren die Segnungen. Menschen auf dem Sterbebett ließen oft ein Rollbild des Avalokiteshvara oder des Amitabha vor sich anbringen, um sich die Reise zum Paradies und zur Errettung zu erleichtern.

Eines der repräsentativsten Kennzeichen der Bewegung des Reinen Landes ist eine Praktik, die als „achtsame Erinnerung an den Buddha" bekannt ist. Auf ihrer grundlegendsten Ebene beinhaltet diese die Visualisierung der besonderen Kennzeichen seines glorifizierten Körpers und die Wiederholung seines Namens. Diese Praktiken waren in vielen Strömungen des Mahayana üblich. Was die Anhänger des Reinen Landes unterscheidet, ist ihre besondere Anbetung des *Buddha* Amitabha/Amitayus, ihr einziges Interesse am Erreichen der Wiedergeburt in Sukhavati, seiner „Behausung des Segens" oder im Reinen Land, wie es in den Sukhavati-vyuha-Sutra („Aufstellung des [Landes der] Glückseligkeit-Sutra", siehe S. 202–203) beschrieben wird.

Die Verwendung von bestimmten spirituellen Techniken, um dieses Ziel zu erreichen, werden insbesondere im Guanwuliangshou jing („Sutra der Meditation des Buddha des unendlichen Lebens" oder „Meditations-Sutra" siehe S. 203) deutlich. Dieser Text verkündet, dass der Buddha Königin Vaidehi, der Mutter des Ajatashatru, eine Vision über all die himmlischen Welten eingab, die in einem goldenen Strahl sichtbar wurden, der aus der Stirn des Buddha schien. Die Königin gab zu, dass all diese himmlischen Reiche rein und brillant seien, aber dass sie gern in der Welt des Amitabha wiedergeboren werden würde. Um ihr und folgenden Anhängern dabei zu helfen, dieses Ziel zu erreichen, unterwies der Buddha Vaidehi (und Ananda, seinen Lieblingsschüler) in eine Reihe zunehmend komplexer Visualisierungen. Jede musste zuerst gemeistert werden, bevor die nächste versucht werden konnte. Der erstaunliche Reichtum dieser Meditationstechniken und ihr Potenzial für eine Verwendung in der Kunst wird durch die achte Visualisierung gezeigt, die sich auf Amitayus, den *Buddha* des Unendlichen Lebens, konzentriert. Sie enthält einige eindringliche Beschreibungen der „Glücklichsten Welt":

„Du solltest an den *Buddha* des Unendlichen Lebens [Amitayus] denken. Warum? Weil der Körper des *Buddha* der Körper des Universums ist und es im Geist aller Lebewesen ist. Darum, wenn Du an jenen *Buddha* denkst, wird Dein Geist zu dem Einen, der die zweiunddreißig herrlichen Gestalten und die achtzig Tugenden besitzt. Es ist der Geist, der zu einem *Buddha* wird, und es ist der Geist, der *Buddha* ist. Der Ozean der allwissenden Weisheit aller

Buddhas erwächst aus dem Geist ...Wenn einer diese Visualisierung erreicht hat, dann kann er den murmelnden Laut der Bäche hören und die Strahlen, Juwelenbäume und Brandenten und Mandarinenten sehen, deren Stimmen das Wundervolle Gesetz preisen." Während die Visualisierungen fortschreiten, werden sie zunehmend ausgefeilter. Gegen Ende der Serie wird der Gläubige angewiesen, sich selbst auf einer Lotosblume sitzend zu sehen und sich vorzustellen, dass sich der Lotos vor den *Buddhas* und *Bodhisattvas*, die zuvor visualisiert wurden, öffnet. Wenn dies erreicht wurde, ist die Wiedergeburt im Reinen Land garantiert und Hunderte von Inkarnationen in weltlichen Körpern müssen nicht mehr erfolgen.

Obwohl die Visualisierungen im Guanwuliangshou jing sich fast wie Beschreibungen von einigen Szenen lesen lassen, die auf buddhistischen Bildern dargestellt werden, insbesondere auf jenen komplexen Werken, wie sie in Tibet entstanden, sind direkte Parallelen zwischen der Kunst und den Textquellen selten. Viele der alten Gemälde und Skulpturen in Indien und China sind verloren gegangen, und die Texte selbst waren im Verlauf der Übersetzungen subtilen Überarbeitungen ausgesetzt. In Indien erscheinen archäologische Belege der Verehrung Amitabhas zuerst in den ersten zwei Jahrhunderten n. Chr. Sein Name wird in einer Inschrift erwähnt, und einige Stelen aus Nordwestpakistan zeigen Amitabha von Gläubigen auf kleinen Lotossen umgeben.

Visualisierung verlangt von dem Meditierenden oft, an die Figur des Buddha Amitabha zu denken, der sich in Sukhavati befand, als er von einem Licht getroffen wurde, das von dem Buddha stammte. Amitabha nahm dies als ein Zeichen, sich Avalokiteshvara, den meist verehrten Bodhisattva *Tibets, bewusst zu machen. Amitabha ließ seine Gedanken in einen See strahlen, wo sie einen Lotos erzeugten, der auseinanderfiel und Avalokiteshvara zeigte. Der* Bodhisattva *verwandelte sich dann in einen Affen und suchte die Vereinigung mit Tara, um die Ahnen des tibetischen Volkes zu zeugen. Dieses tibetische Bild, datiert wahrscheinlich aus dem 18. Jahrhundert, zeigt unterschiedliche paradiesische Orte der Reinheit und der Macht zusammen mit* Buddhas, Bodhisattvas, Lamas *und Affen.*

TEIL 2 • KAPITEL 9 *Mark L. Blum*

CHAN UND ZEN – DER WEG DER MEDITATION

ZEN IN OSTASIEN

Der Zen-Buddhismus zeichnet sich durch eine Hingabe an die Meditation und einen relativ ehrfurchtslosen, oft unvorhersehbaren Lehrstil aus. Zen ist die japanische Übertragung des chinesischen Wortes Chan. Dies ist eine Abkürzung von *Chan-na*, was wiederum eine Übertragung des Sanskrit-Wortes *Dhyana*, Meditation, darstellt. Zen spiegelt sowohl indische buddhistische als auch chinesische daoistische Konzepte wider und hatte auf alle buddhistischen Länder, die intensiv mit der chinesischen Kultur in Berührung kamen, etwa Taiwan, Korea, Vietnam und natürlich Japan, einen enormen Einfluss.

Im Gegensatz zu älteren buddhistischen Schulen, die die frühen Zen-Praktizierenden als öde und zu akademisch empfanden, beruht die Autorität des Zen nicht auf schriftlichen Lehren, sondern auf seinen „erleuchteten" Meistern. Zen definiert sich traditionsgemäß durch vier Prinzipien: Weitergabe außerhalb der orthodoxen buddhistischen Lehren durch seine Meister; die Überzeugung, dass Wahrheit nicht von etablierten Lehren abhängt, und die Überzeugung, dass gemachte Erfahrungen mehr wert sind als Schriften; die enorme Bedeutung des Geists; das Bestreben nach der Erforschung der eigentlichen Natur des Selbst und nach Erreichen der Erleuchtung.

Eine vergoldete Bronzestatue des indischen Schülers Bodhidharma, dem Gründer des Chan/Zen in Ostasien aus dem Son (Zen) Haein-sa-Kloster in Südkorea (siehe Abbildung gegenüber). Bodhidharma stellte das Praktische über das Intellektuelle und bestand auf der Vorrangstellung der Leistung durch eigene Anstrengung.

Man sagt, dass Zen auf Kashyapa, einen Schüler Buddhas, zurückgeht, der auch als Mahakashyapa („Großer Kashyapa") bekannt ist. Während einer seiner Andachten beantwortete der Buddha eine Frage, indem er einfach eine Blume hochhielt und lächelte. Unter allen Anwesenden war es allein Kashyapa, der verstand – er erreichte sofort die vollständige Erleuchtung. Die Geschichte bietet die Grundlage für den Glauben des Zen: Die tiefe Wahrheit kann von Geist zu Geist übertragen werden, auch ohne die Vermittlung von Worten.

Kashyapa wird als Erster von 28 indischen Patriarchen einer direkten Linie angesehen. Der letzte war Bodhidharma, der etwa 520 n. Chr. ins südliche China reiste und der der erste chinesische Patriarch des Chan (Zen) wurde. Im späten 7. Jahrhundert n. Chr. gab es mehrere Klöster in unterschiedlichen Teilen Chinas, die Zen (Chan) praktizierten. Das wichtigste war die Bergschule in der Provinz Hubei, die vom fünften Patriarchen, Hongren (601–674 n. Chr.), gegründet wurde. Nach seinem Tod wurde Huineng (638–713 n. Chr.) sein Nachfolger, ein Bauer, der die Erleuchtung erlangte, als er einen Satz aus dem Diamant-Sutra hörte (siehe S. 183–184

und 197). Ein weiterer Kandidat für die Nachfolge war Shenxiu (605–706 n. Chr.), ein höher gestellter Mönch, der die Reinigung des Geistes durch langes Üben propagierte. Diese unterschiedlichen Ansätze führten zu der Position der „plötzlichen Erleuchtung“ der südlichen Schule (Nachfolger Huinengs) und der Position der „allmählichen Erleuchtung“ der nördlichen Schule (Shenxius Nachfolger).

Obwohl die Ansicht der südlichen Schule vorherrschte, blieb die Spannung zwischen den beiden Sichtweisen bestehen. Im 9. Jahrhundert existierten fünf „Häuser“ des Zen, die alle zu der Linie Huinengs gehörten, und Zen breitete sich während der Song-Dynastie mit Unterstützung der Regierung weiter aus.

Die Zen-(Thien)Tradition erreichte Vietnam im Jahr 580 durch den indischen Mönch Vinitaruci, und eine zweite Verbreitungswelle der Lehre erfolgte im 8. Jahrhundert durch den Chinesen Wu Yantong. Ab dem 13. Jahrhundert war Zen in Vietnam aufgrund seiner engen Verbindung zum königlichen Hof eingeführt. In Korea, wo Zen unter dem Namen Son bekannt ist, und in Japan boten das 12. und 13. Jahrhundert ein fruchtbares Klima für die Verwurzelung des Zen, der auf beide Kulturen einen grundlegenden Einfluss haben sollte. Die koreanischen Meister Chinul (1158–1210) und T'aego (1301–1382) etablierten die Chogye-Schule, die auf direkten Verbindungen mit Chinas Linji-Tradition basierte. Auch die japanischen Mönche Eisai (1141–1215) und Dogen (1200–1253) wurden beide von chinesischen Meistern ausgebildet und gründeten dann jeweils die Schulen Rinzai (linji) und Soto (Caodong) (siehe S. 154–155).

Ein Mönch durchquert den Hof des Haeinsa-Klosters (Südkorea). Haeinsa befindet sich in wundervollen Wäldern im heutigen Kayasan-Nationalpark und beheimatet eine der größten Sammlungen buddhistischer Schriften (siehe auch Abbildung gegenüber und auf S. 100 und 187). Obwohl die religiöse Autorität des Zen mehr auf einzelnen Lehrern beruht und weniger auf Schriften, bedeutet dies jedoch nicht, dass Zen nicht auch Inspiration in Schriften findet. Historisch gesehen wurde Zen in erheblichem Maß von den Lankavatara-, Diamant- und Avatamsaka-Sutras (siehe S. 196–211) inspiriert.

ZEN-MEDITATIONEN

Meditation bildet von jeher einen zentralen Teil der Ausübung des Zen. Der Begriff Zen stammt von dem Sanskrit-Wort für Meditation (siehe S. 150). Dennoch gab es von Anfang an eine gewisse Kontroverse innerhalb des Zen, wie Meditation zu definieren und in welchem Ausmaße deren Ausübung notwendig sei, um die Erleuchtung zu erreichen. Ursprünglich lag der Schwerpunkt hauptsächlich auf der sitzenden Meditation (*Zazen*). Eine frühe Legende des Bodhidharma (siehe S. 150) berichtet, dass der große Patriarch so lange saß, bis seine Beine verkümmerten und abfielen. Der sechste Patriarch Huineng (siehe S. 151) wies allerdings darauf hin, dass Erleuchtung nicht von der sitzenden Meditation abhängt, eine Ansicht, die von seinen Nachfolgern der südlichen Schule des Chan oder Zen geteilt wurde. Im Gegensatz dazu glaubten Anhänger

Ein Soto-Zen-Mönch sitzt mit geradem Rücken auf seinem Kissen oder Zafu. Er ist von einer Form des Zazen in Anspruch genommen, die unter „einfach nur sitzen“ bekannt ist. Dadurch wird versucht, einen Bewusstseinszustand zu erzielen, der die Tiefen des eigenen Seins erkennt.

MÖNCHE UND MEDITATION: *ZAZEN* IN RINZAI- UND SOTO-KLÖSTERN

Obwohl sich die wichtigsten japanischen Zen-Schulen (siehe S. 154) in ihren Meditationsansätzen unterscheiden (siehe Haupttext), spielt *Zazen* im täglichen Leben der Mönche in Rinzai- und in Soto-Klöstern eine zentrale Rolle. Tatsächlich kann man seiner Allgegenwärtigkeit nicht entkommen – der *Zenzo* (Meditationsraum), wo jeder Mönch bis zu sieben Stunden am Tag mit der Ausübung des *Zazen* verbringt, dient auch als Essraum und Schlafsaal. Zen-Mönche meditieren in einer sitzenden Position, mit geradem Rücken und gekreuzten Beinen und halb geöffneten Augen, um ihre Anteilnahme an der Außenwelt aufrechtzuerhalten. In Soto-Klöstern ist *Zazen* eine recht einsame Angelegenheit Die Mönche sitzen mit dem Gesicht zur Wand und kehren einander den Rücken zu. In Rinzai-Klöstern sitzen sich die Mönche gegenüber, denn wenn man dem anderen zusieht, wie er sein Bestes versucht, steigert sich die eigene Energie. Ein Mönch schreitet langsam durch die Reihen und schlägt Meditierenden, deren Konzentration nachlässt, auf die Schulter.

der nördlichen Schule (siehe S. 151), dass die „allmähliche Erleuchtung" das Ergebnis einer langen Praxis der regelmäßigen Meditationsausübung sei.

Mazu (709–788 n. Chr.) war ebenfalls ein Meister, der die Ansicht vertrat, dass die Erleuchtung nicht stufenartig durch Meditation erreicht werden könne. Mazu glaubte, dass ein vollständiges Erwachen nur möglich sei, wenn man bereits eine *Buddha*-Natur besitze. Er begann, jegliche Art des künstlichen Strebens nach der stufenweisen Erleuchtung zu kritisieren, und lehrte, dass die Ausübung nur mit dem vollständigen Durchbruch zum Verstehen Bedeutung erlangt. Wie einst Huineng, der durch einen einzigen Satz aus dem Diamant-Sutra Erleuchtung erlangte, unterstrich Mazu den plötzlichen, unerwarteten Charakter der Erfahrung der Erleuchtung.

Linji (verstorben 866 n. Chr.) und Dahui (1089–1163), die beide in der Geistestradition Mazus standen, verfochten die gleiche Erkenntnis. Sie favorisierten eine konfrontierende Direktheit der Lehre und kritisierten die Form der Meditation, die „stilles Sitzen" genannt wird und die darauf abzielt, eine mentale Stille zu erreichen. Linji lehrte den Wert des plötzlichen Gewahrwerdens, der auf dem Vertrauen in die eigene *Buddha*-Natur basiert. Dahui drängte auf die Verwendung der *Koan*s (siehe „Meditationsrätsel" S. 155), um diese Manifestation der inneren Spiritualität zu unterstützen. Er bezeichnete die Form der Meditation, die von Hongzhi (1091–1157), einem Zen-Meister jener Zeit, gelehrt wurde, als „stille Illumination" und nannte es eine falsche Form des Praktizierens, die „die Krankheit mit der Medizin verwechselt und die Erfahrung der Erleuchtung verneint". Im Gegenzug bezeichnete Honghzi Dahuis Ansatz als „*Koan* starrendes Zen". Die beiden Begriffe gingen in den Sprachgebrauch des Zen ein: „Stille Illumination" beschreibt die *Shikan-taza* („einfach nur sitzen") der heutigen Soto-Schule und „*Koan* starrendes Zen" die Methoden der Rinzai-Schule (siehe S. 154).

Der Hauptunterschied zwischen der Rinzai- und der Soto-Schule besteht eher in der Gewichtung als in der Essenz. Beide können ihre Abstammung auf Huineng zurückführen und beide betonen, dass Meditation nicht als Methode für das Erreichen von Weisheit Wert hat, sondern als Verkörperung der Weisheit selbst. Sie ist ein dynamischer aktiver Zustand der erhöhten Achtsamkeit.

RINZAI UND SOTO

Rinzai und Soto sind im heutigen Japan die beiden größten Zen-Schulen. Sie entstanden in Folge der Übernahme der chinesischen Chan-Lehre in Japan durch Eisai (1141–1215) und Dogen (1200–1253) (siehe S. 151) und haben sich nach und nach der japanischen Kulturtradition anverwandelt.

Eisai (oder Yosai) wurde in eine Familie von Shinto-Priestern hineingeboren und wurde später Mönch der Tendai-Schule. Er unternahm zwei Reisen nach China, wo er unter einem Linji-Meister (siehe S. 153) studierte. Er kehrte mit einem Zertifikat der Erleuchtung sowie der Verpflichtung zurück, Zen in Japan einzuführen. Als Gründer des Kenninji, eines Rinzai-Klosters in Kyoto, das auch heute noch besteht, lehrte Eisai auch tantrische Rituale (siehe Abbildung, S. 142) und die Bedeutung der klösterlichen Regeln.

Im 14. und 15. Jahrhunderts genoss die Rinzai-Schule unter den Ashikaga-Shogunen enormes Ansehen. Dies führte schließlich dazu, dass die Schule öffentlich verwaltet und unterstützt wurde. Historisch gesehen breitete sich die Rinzai-Schule vor allem durch die Elite der *Samurai* aus. Die meisten Tempel der Rinzai in Japan wurden in Städten errichtet. Die Soto-Schule verbreitete sich hingegen mehr in ländlichen Gebieten. Durch den Verfall der Militärkultur im 19. Jahrhundert verlor die Rinzai-Schule an Bedeutung. Ihre Tempel, die im Mittelalter in den einstigen politischen Machtzentren in Kyoto und Kamakura errichtet wurden, sind jedoch noch heute aktive Klöster.

Obwohl das Bewusstsein des Absoluten, das aller Realität immanent ist, das gemeinsame Ziel der Rinzai- und Soto-Schulen ist, haben sie einen unterschiedlichen praktischen Ansatz. Dogen betrachtete Erleuchtung und die Ausübung des *Zazen* oder die sitzende Meditation (siehe S. 152) als ein und dasselbe. Soto lehnt die Verwendung der Techniken oder Ziele der Meditation als irreführend ab. Diese Schule nimmt an, dass es nichts Äußeres gibt, wonach gesucht werden müsse. Obwohl *Zazen* in seinem idealen Status des reinen Bewusstseins als besonders bedeutsam betrachtet wird, sollte jegliche Aktivität meditativ sein, das heißt von gesammelter Konzentration durchdrungen. In der Regel benutzen typische Soto-Zen-Anhänger keine *Koans* (Meditationshilfen oder Rätsel), sie treffen sich auch nicht regelmäßig mit dem Zen-Meister.

Die Rinzai-Tradition geht davon aus, dass Rinzai nur transformative Auswirkungen hat, wenn es zum Absoluten führt. Verglichen mit Idealen der Soto-Schule, die Geduld, korrektes Benehmen und Fleiß fordern, ist die Rinzai-Schule daher zielorientierter und zögert nicht, psychologische Werkzeuge zu nutzen, um ein solches Erwachen herbeizuführen. Die heutige Verwendung von *Koans* in der fortgeschrittenen Praxis hat ihren Ursprung in der Herangehensweise des großen Rinzai-Meisters Hakuin (1685–1768). Sowohl die Anwendung der *Koans* als auch die häufigen Zusammentreffen mit dem Zen-Meister erzeugen im Praktizierenden eine Spannung, die dem ersehnten Durchbruch förderlich ist – dem Erleuchtungs-Ereignis, das *Satori* (siehe S. 78) oder *Kensho* genannt wird. Das Leben im Rinzai-Kloster ist tendenziell weniger streng reglementiert als im Soto-Kloster, da sich die Konzentration des Einzelnen mehr auf sein *Koan* richtet als auf die Feinheiten des täglichen Lebens.

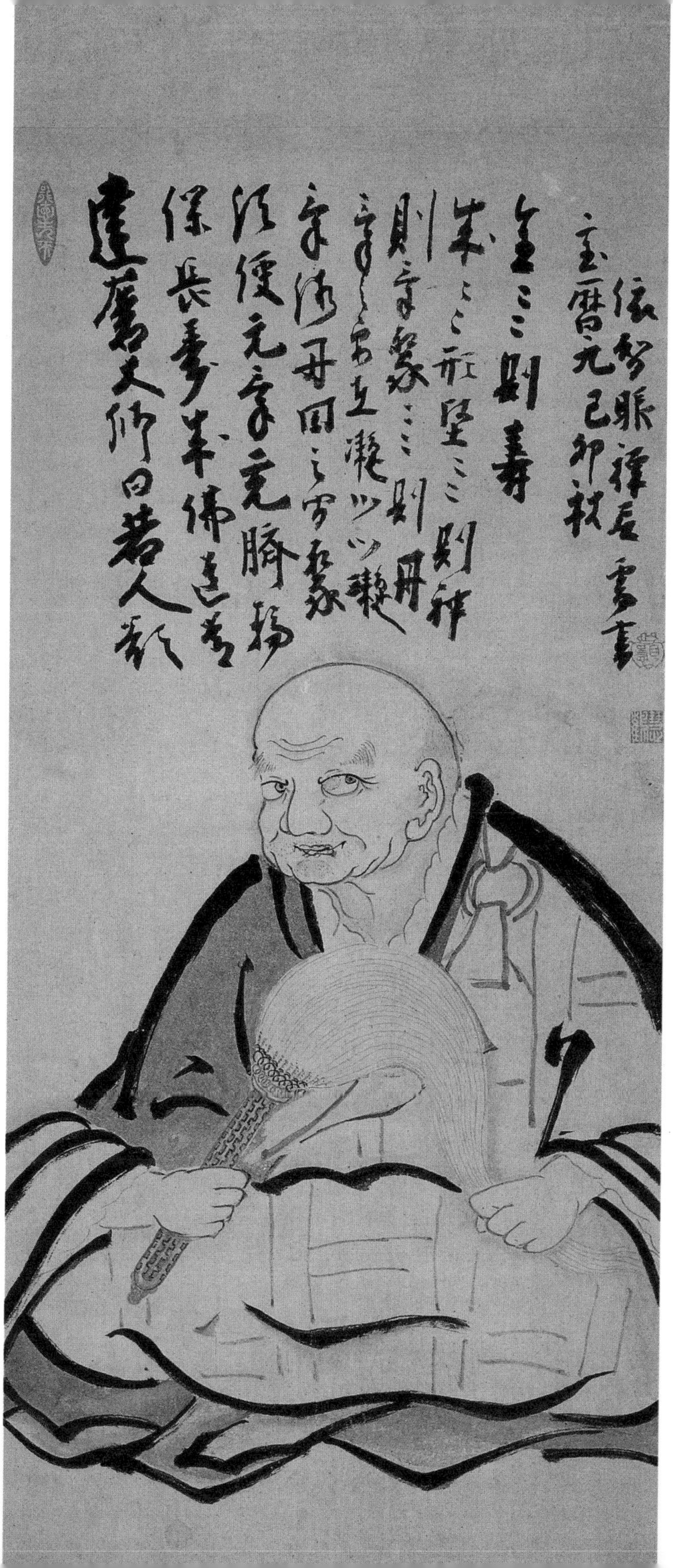

MEDITATIONSRÄTSEL
Schwierige Fragen oder Geschichten, die oft den klassischen Berichten der Chan-Meister in China entnommen sind, werden den Schülern des Zen vorgetragen, um ihnen zum spirituellen Durchbruch zu verhelfen. Diese Rätsel werden *Koans* genannt und ihre Schwierigkeit liegt nicht nur im Entschlüsseln der verwendeten Symbole, sondern sie sollen den Schülern helfen, die rationalen Gewohnheiten des Geistes zu überwinden und sich auf die Ebene des tieferen Verstehens zu begeben. (Zum Beispiel: „Wie kommt es, dass ein Haar viele Gräben gräbt?“ In diesem *Koan* muss erkannt werden, dass das Haar das Absolute repräsentiert und die Gräben die Unzahl der Erscheinungsformen der materiellen Welt.) Hakuins Wiederbelebung der Rinzai-Schule entstand aus seiner Überzeugung vom besonderen Wert der Übungen mit *Koans*. Er selbst schuf ebenfalls viele *Koans*, von denen der berühmteste lautet: „Welches Geräusch macht eine klatschende Hand?“

Ein Selbstporträt des großen Rinzai-Zen-Meisters, Dichters, Künstlers und Kalligrafen Hakuin (1685–1768). Die kräftigen Linien seiner Kleidung scheinen im Kontrast zu dem etwas schüchternen Aussehen dieses ansonsten mächtigen religiösen Anführers zu stehen. Es war nicht ungewöhnlich, dass Zen-Meister in einer übertriebenen ernst-komischen Art unter Verwendung einer begrenzten Anzahl von Strichen gezeichnet wurden.

KLOSTERLEBEN DES ZEN

Wasserkellen, die für den streng vorgeschriebenen Akt der rituellen Reinigung von Händen und Mund verwendet werden. Diese Reinigung muss von allen Besuchern eines japanischen Tempels durchgeführt werden.

Als sich die buddhistische Tradition des Mönchtums auch in China durchsetzte, kam es aufgrund der Unterschiede zwischen der indischen und chinesischen Kultur und Spiritualität zu Veränderungen. Von allen Schulen des Buddhismus war es die des Zen, die das Mönchtum zu höchster Disziplin entwickelte. Die ersten Chan-Aufzeichnungen sind vor allem anekdotischer Natur und berichten von Lehrmethoden, wie dem Anschreien oder Schlagen von Mönchen. Doch der vierte Patriarch Daoxin (580–651) schildert auch spezifische Klosterregeln, etwa die Handarbeit der Mönche, um das Fortbestehen des Klosters zu sichern. Es war Baizhang Huaihai (720–814 n. Chr.), der die klösterliche Ordnung und die institutionelle Organisation etablierte, die noch heute gültig ist. Sie grenzte das Zen-Mönchtum vom restlichen chinesischen Buddhismus auf eine Weise ab, die den religiösen Zielsetzungen diente und seine finanzielle Unabhängigkeit sicherte.

Heute gibt es in Japan, Korea, Vietnam und China Zen-Klöster. Die Bräuche sind jeweils unterschiedlich, aber Japan kann als repräsentativ gesehen werden. Das klösterliche Leben des Zen basiert auf Demut, Selbstdisziplin und dem Streben nach Einsicht. Die einzigen persönlichen Besitztümer eines Mönchs sind die Gegenstände, die für das tägliche Leben im Kloster benötigt werden: ein Rasierer, ein Satz Essschalen, Mönchsroben, Untergewand und ein Überwurf aus Baumwolle, ein großer Bambushut und Strohsandalen, die auch im Winter ohne Socken getragen werden.

Die Meditation bildet nur einen Teil der Ausbildung eines Mönchs. Darüber hinaus müssen die Schüler betteln gehen, einfache Arbeiten verrichten, Rituale praktizieren, Sutras rezitieren und sich den *Koans* (siehe S. 154–155) widmen. In Soto-Klöstern werden keine *Koans* benutzt. Der Tag beginnt um 3:30 oder 4 Uhr morgens und endet offiziell um 21 Uhr (obwohl darauf in Japan ein vorgeschriebenes „Nacht-Sitzen“, *Yaza* genannt, folgt). Die tägliche Meditation

DAS BETRETEN DES PFADES

Das klösterliche Leben des Zen ist eine körperliche und mentale Herausforderung. Darum ist es Standard, dass ein zukünftiger Mönch, der in das Kloster eintreten möchte, zunächst als eine Art Probe abgewiesen wird. Er muss seine Aufrichtigkeit zeigen, indem er zwei Tage lang vor dem Eingang des Klosters wartet und dann drei bis fünf Tage in einem kleinen Raum allein in Meditation verbringt. Wenn ihm schließlich der Zutritt zum Meditationsraum (*Zenzo*) gestattet wird, muss sich der Novize zunächst dreimal vor dem Bildnis des *Bodhisattva* Manjushri niederwerfen. Dem Novizen wird dann ein Platz in der Größe einer *Tatami*-Matte zugewiesen, etwa ein Meter mal zwei Meter, wo er leben, schlafen und meditieren wird. Nach ein paar Tagen findet ein erstes Treffen mit dem Zen-Meister statt. Es wird das erste von vielen sein und stellt den Anfang des Studiums als Zen-Mönch dar.

Ein Mönch geht durch einen Gang in dem entlegenen Eiheiji-Ausbildungskloster (13. Jahrhundert) im Nordosten Kyotos, Japan. Er hält seine Mahlzeit in der Art des Soto-Zen in die Höhe und verleiht einer ansonsten normalen Handlung absichtlich einen rituellen Charakter. Von Novizen wird verlangt, dass sie rennen, wenn sie sich innerhalb des Gebäudes bewegen – körperliche Ertüchtigung bildet einen Teil des Soto-Glaubens.

(*Zazen*) erfolgt im Allgemeinen am Morgen für zwei Stunden und drei bis fünf Stunden am Abend. Der klösterliche Zeitplan sieht auch lange Meditationssitzungen vor, die in Japan *Sesshin* heißen und ein- bis zwölfmal im Jahr abgehalten werden. Diese ziehen oft Mönche und Laien von außerhalb des Klosters an und können ein tägliches acht- bis fünfzehnstündiges *Zazen* über einen Zeitraum von fünf bis sieben Tagen beinhalten.

Betteln hat heutzutage keinen wirtschaftlichen Aspekt mehr, sondern dient der spirituellen Disziplin der Mönche. Die Arbeit in einem Kloster besteht aus Kochen, Putzen, Gärtnern und Tempelpflege. Man hält sich an den Grundsatz des Baizhang: „Ein Tag ohne Arbeit ist ein Tag ohne Nahrung." Körperliche Arbeit, sei es in der Küche oder auf dem Feld, trägt nicht nur zur Eigenständigkeit des Klosters bezüglich der Nahrung bei, sondern unterstützt auch die Konzentration des Geistes. Das klösterliche Zen-Leben zielt darauf ab, die mentale Konzentration, die während des *Zazen* herausgebildet wird, in allen Handlungen zu vertiefen. Ziel ist nicht das Entkommen, sondern den Mönch oder die Nonne darauf vorzubereiten, ein Leben des spirituellen Erwachens zu führen.

KUNST UND ARCHITEKTUR *Mark L. Blum*

ZEN UND DIE KÜNSTE

Die Geisteshaltung und Weltsicht, die mit dem Zen verbunden ist, hat eine spezifische künstlerische Tradition hervorgebracht. Der Kunst gegenüber bekunden Zen-Schulen die gleiche Ambivalenz wie gegenüber der Meditation: Sie wird hoch geschätzt, ist jedoch mit keiner bestimmten Wertung verbunden. Vielmehr ist sie Ausdruck des persönlichen, kreativen Selbst und insofern ein wichtiger Meilenstein bei der Erkundung des Ich auf dem Weg zur Erleuchtung. Die Zen-Kunst wurde seit jeher vom Westen sehr bewundert und hat weltweit Maler, Bildhauer sowie Landschaftsarchitekten inspiriert.

Ein Großteil der Kunst, die mit der Zen-Tradition verbunden ist, hat seinen Ursprung in China, es sind jedoch die japanischen Adaptionen, die im Westen die größte Aufmerksamkeit erzielt haben. Es gibt unterschiedliche Formen der Kunst, die mit Zen assoziiert werden: Malerei, Kalligrafie, Bogenschießen, *Kendo*-Schwertkampf und vieles mehr. Jede Form wird als Pfad zur Wahrheit in sich selbst und aus sich selbst heraus betrachtet. Aus diesem Grund entsteht besonders in Japan keinerlei Konflikt, wenn sich ein Mönch dazu entscheidet, einen beträchtlichen Teil seiner Zeit mit künstlerischer Tätigkeit zu verbringen.

Die Zen-Kunst zeichnet sich durch ihre prägnante und gleichzeitig anregende Art des Ausdrucks aus. Dies führt zu einer interessanten Mischung aus Kompaktheit und Offenheit. Es handelt sich um religiöse Kunst, die kein Drama, keine Leidenschaft und normalerweise auch kein Narrativ beinhaltet. Sie zielt darauf ab, eher Einsicht als Ergebenheit hervorzurufen. Häufig rätselhaft wie ein *Koan* (siehe S. 154–155) fordert ein großer Teil der Zen-Kunst den Betrachter heraus, das Bild, das Gedicht oder die Teeschale zu „verstehen".

Unter der Song-Dynastie (960–1279) erlebten Malerei und Zen-Kloster-Brauchtum in China eine Blütezeit. Dies führte zu einem fruchtbaren Austausch. Mönche und Berufsmaler begannen, von Zen inspirierte Bilder zu produzieren. Die Techniken der chinesischen Malerei gehen auf die Kalligrafie zurück. Während Mönche das Potenzial nutzten, das kalligrafische Pinseltechniken für flexiblen Ausdruck in der Malerei boten, ließen sich professionelle Maler durch Zen-Geschichten und die positive Betrachtungsweise der Spontaneität anregen.

Thematisch wird die Zen-Kultur in der Malerei in drei Grundarten gegliedert: Porträts, Landschaften und beschreibende Szenen. Die berühmten Zen-Geschichten illustrieren zum Beispiel Dialoge zwischen Meister und Schüler und *Koan*-Themen. Die „Bilder des Ochsen" verwenden das Sujet eines jungen Mannes, der einen großen Ochsen jagt, um die zehn Stufen des spirituellen Fortschrittes darzustellen. Diese Bilder sind auch für Lehrzwecke gedacht (siehe S. 79 und Abbildungen auf S. 141).

Porträts wurden geschaffen, um das Aussehen eines berühmten Meisters festzuhalten. Sie wurden auch zur Dokumentation der Abstammungslinie an die Wände eines Tempels gehängt. Eines des frühesten noch vorhandenen vom Zen inspirierten Porträts ist *Der zweite Patriarch ordnet seinen Geist*, gemalt von dem chinesischen Einsiedler Shike im 9. Jahrhundert n. Chr. Es ist eine ausgesprochen zwangslose Arbeit, die den Chan-Patriarchen Huike (487–593) in nachdenklicher Pose zeigt, den Blick nach unten gerichtet. Shikes impressionistische Gestaltung der Gewänder des Patriarchen wurde von späteren Malern imitiert und erweitert. Diese impressionistische Malweise findet sich in den Werken von Künstlern des 13. Jahrhunderts wie etwa Linagkai (frühes 13. Jahrhundert) oder Muqi (etwa 1210 bis ca. 1288). Die „echten" französischen Impressionisten des 20. Jahrhunderts waren später große Bewunderer der Zen-Malerei. Liangkais *Tanzender Budai* zeigt die sparsam gezeichnete Figur eines Mönchs, der barfuß läuft, die einfachen Umrisse seines Beutels und des Stocks, den er trägt. Das wilde Lächeln des Mönchs und seine gespreizten Finger kennzeichnen ihn als exzentrisch und nicht ganz von dieser Welt – ein beliebtes Thema der Chan-/Zen-Malerei.

Zen-Landschaftsmalerei drückt häufig die enormen Ausmaße des Universums aus. Auf dem berühmten Bild *Fischer* hat Mayuan (1190–1230) nur eine kleine Ecke der seidenen Leinwand bemalt: ein Hinweis auf die Unermesslichkeit des kosmischen Raumes. *Sonnenuntergang in einem Fischerdorf* von dem Mönch Muqi bildet lediglich die Bergspitzen ab, die aus dem Nebel hervorragen, ein paar verstreute Dächer und einen kleinen Fischer, der von einem Boot aus sein Netz in den Fluss auswirft. Damit betont der Maler die Bedeutungslosigkeit des Menschen im Gegensatz zur Natur. Gleichzeitig ist ein Moment festgehalten, der die Harmonie zwischen Mensch und Universum widerspiegelt und insofern durchaus bedeutungsvoll ist.

In Japan wurde die chinesische Tradition des Malens mit Tinte ab dem 14. Jahrhundert von Künstlern favorisiert, die ebenfalls im Sinn der Zen-Tradition arbeiteten. Im 14. Jahrhundert kreierte der Berufsmaler und spätere Mönch Kao (gestorben 1345) eindrucksvolle Bilder von Mönchen, um Themen des Zen zu illustrieren. Seine spontanen lebensnahen Zeichnungen der Poeten der Tang-Dynastie Hanshan (japanisch: Kanzan) und Shide (japanisch: Jittoku) wurden oft von späteren Künstlern kopiert. Das Werk des Mönchs und Malers des frühen 15. Jahrhunderts Josetu *Das Fangen eines Welses mit einem Kürbis*, in dem der Fisch größer aussieht als der Kürbis, ist eine Parabel über die Irrationalität des Suchens nach Erleuchtung. Sein prägnanter Linienstil wurde von Shubun und Sesshu, zwei Mönchen und Malern, die im Zen-Kloster Shokokuji in Kyoto lebten, erweitert. In ihren Werken nimmt der Grad an Abstraktion zu, bis natürliche Formen scheinbar realistisch erscheinen. In *Winterlandschaft* von Sesshu werden dicke Pinselstriche und dramatische

GEGENÜBER *Dieses einfache in Tinte gemalte Rollbild heißt* Morgenglanz *und stammt aus den Jahren 1830–1840. Es hätte als einziger Wandschmuck in einem Raum gehangen, der für Teezeremonien (siehe S. 161) genutzt wurde. Die subtilen einfarbigen Schattierungen des Bildes unterstützen die Entstehung der erforderlichen meditativen Atmosphäre. Die Brokatenden wurden mit taufeuchtem Gras geschmückt und der Rahmen aus blauem Seiden-Damast mit einem Welle-auf-Wasser-Motiv. All dies wurde sorgfältig ausgewählt und umgesetzt, um die Zurückhaltung des Bildes zu unterstreichen.*

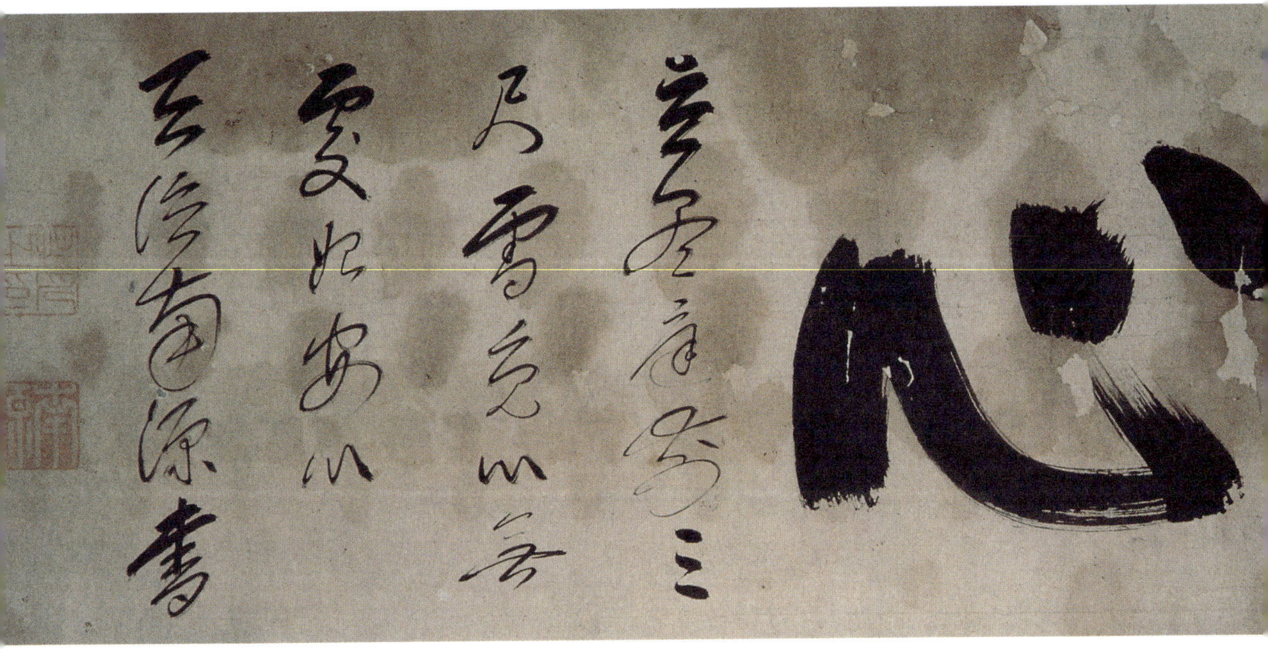

Diese japanische Kalligrafie aus dem 17. Jahrhundert wurde von einem chinesischen Mönch namens Nangen gefertigt, der im Alter von 15 Jahren in das Zen-Kloster in Manpukuji in der Nähe von Kyoto (Japan) eintrat. Das größere Schriftzeichen liest sich Kokoro, *was Herz bedeutet – eine Bezugnahme auf die besondere Bedeutung des Herz-Sutra im Zen-Buddhismus.*

Kontraste meisterhaft gegeneinander gesetzt, um eine ästhetische Komposition wiederzugeben, die typisch japanisch ist.

In der Tokugawa-Periode (1603–1868) wurden Zen-Gemälde persönlicher. Der Rinzai-Zen-Meister Hakuin (1685–1768, siehe S. 154–155) gab Laien, die ihn aufsuchten, um spirituellen Rat zu erhalten, oft Bilder mit. Obwohl er keine künstlerische Ausbildung durchlaufen hatte, waren Hakuins einzigartige Kreationen bemerkenswert fesselnd und zuweilen humorvoll. Durch sie wird uns die Möglichkeit gegeben, zu sehen, wie sich ein erleuchteter Geist ausdrückt. Sein Werk *Blinde, eine Brücke überquerend* ist nicht nur optisch verblüffend. Bei näherer Betrachtung der Kreaturen, die über einen Bambus kriechen und zunächst wie Ameisen aussehen, stellt sich heraus, dass es blinde Menschen sind. Die spontanen, aus dem Moment heraus entstandenen Werke von Mönchen wie Torei, Jiun und Sengai sind wesentlich abstrakter.

Das Brauchtum des Teetrinkens hat in China eine sehr lange Geschichte. Die berühmte Teezermonie entstand jedoch in Japan. In Kyoto trafen sich im 15. Jahrhundert Zen-Mönche und Adlige zum Gedankenaustausch. Im Lauf der Zeit wurden die Zubereitung, das Darreichen und das Trinken von Tee, das bei diesen Gesprächen stattfand, auf eine Weise formalisiert, die Ästhetik mit meditativer Ruhe kombinierte. Besondere Räume, wie der in Ginkakuji von Shogun Ashikaga Yoshimasa (1438–1491) entworfene, wurden vom Adel zu dem Zweck gebaut, um Tee zu genießen. Der Mönch Shuko erfuhr von seinem Meister, dem Dichter Ikkyu, welchen hohen Wert die Kombination aus Meditation und künstlerischer Aktivität hat. Shuko formulierte die vier Grundsätze, die auch heute noch für die Teezermonie gelten: Harmonie, Ehrehrbietung, Reinheit und Ruhe.

Im 16. Jahrhundert erfuhr die Ästhetik der Teezeremonie (*Chanoyu*) unter dem Einfluss von Sen no Rikyu (1522–1591) eine gewaltige Weiterentwicklung.

ZEN-POESIE

Während der gesamten Geschichte des Zen haben sich zahllose Mönche der Poesie bedient, um ihre spirituellen Erfahrungen auszudrücken. Das folgende *Haiku* (ein Gedicht aus 17 Silben, das beabsichtigt, im Leser eine plötzliche Einsicht hervorzurufen) des japanischen Dichters Basho (1644–1694) bringt die gleiche geistige Haltung des Zen zum Ausdruck, die auch Bildern, Gärten und anderen Formen der Zen-Kunst innewohnt:

Der alte Teich, ah!
Ein Frosch springt hinein:
Der Klang des Wassers.

Als Meister des guten Geschmacks scheute Rikyu die Opulenz der Paläste und der reichen Häuser. Er entwarf das Teezimmer (*Chashitsu*) neu und verwandelte es in einen kleinen, schlichten Ort, an dem die Eleganz und die Einfachheit der Teezeremonie genossen werden konnten. Der Eingang zu seinem neuen Teesalon war so niedrig, dass sich die Besucher bücken mussten, um einzutreten. *Samurai* sahen sich gezwungen, ihre Schwerter draußen zu lassen. Innen war der Raum fast leer. Nur ein Kunstwerk durfte den Raum schmücken (siehe Abbildung S. 158). Der Raum vermittelte eine zurückhaltende, doch außergewöhnlich ästhetische Erfahrung. Rikyu nannte dies einen Ausdruck des *Wabi*. Begriffe wie *Wabi* und *Sabi* wurden den Schilderungen von Mönchen, die als Einsiedler lebten, entliehen, um damit die Ästhetik der Zurückhaltung und des natürlichen Verfalls zu beschreiben.

Die Ausgestaltung eines meditativen Ortes durch Zen-Kultur spiegelt sich wider in der Gartenkunst, die im Westen sehr populär ist. Sie stammt ursprünglich aus China, doch in ganz Ostasien schmücken wunderschöne, sorgfältig gestaltete Gärten die Anlagen buddhistischer Tempel. In Japan entwickelte sich die Kombination aus Zen-Spiritualität und Gartenästhetik bis zu einem Punkt, an dem Gartendesign und -pflege und religiöse Praxis eins wurden. Gärten in Zen-Klöstern sind Objekte der Meditation, visuelle Tableaus, die zum Nachdenken anregen und auf religiöse oder kosmische Themen hinweisen. Darin liegt auch die Zielsetzung, dass sie im Betrachter einen tiefen Eindruck von der Schönheit der Natur hinterlassen, obwohl Zen-Gärten eigentlich ein Paradoxon darstellen, da ihre Konzeption künstlich und nicht natürlich ist.

Der bekannteste Schöpfer von Zen-Gärten war Muso (1275–1351), ein charismatischer Mönch, der mehrere Male zum Abt großer Zen-Klöster ernannt wurde und der diesem Amt wiederholt entfloh, um die Einsamkeit zu suchen. In Saihoji und Tenryuji, Orte in der Umgebung von Kyoto, verwandelte Muso bereits bestehende Gärten in atemberaubende Landschaften, die Ehrfurcht vor der Natur erwecken. Tenryuji ist eine exquisite Komposition aus abwechselnd blühenden Pflanzen und enthält einen Teich, der in der Form des Schriftzeichens für Geist (*Kokoro*) angelegt ist und der durch natürliche Quellen mit Frischwasser gespeist wird. Ein deutlicher Verweis auf den uneingeschränkten Geisteszustand, den die Erleuchtung darstellt. Von der Veranda des Tempels aus gesehen deutet eine kleine Reihe von Steinen hinter dem Teich einen entfernten Wasserfall an, es fließt jedoch kein Wasser hindurch. In Saihoji errichtete Muso ebenfalls einen „Geistes"-Teich und pflanzte mehr als zwanzig unterschiedliche Arten Moos auf Erde, Bäume und Felsen, wodurch der Garten den Namen Moosgarten erhielt. Im Gegensatz zu den meisten Zen-Gärten, die entworfen wurden, um von außen betrachtet zu werden, ist der Garten in Saihoji ein Garten, der zum Umherwandeln einlädt. Die Kombination aus harten, hervorstehenden Felsen und dem weichen Moos, das den Boden bedeckt, deutet die sich ergänzenden Gegensätze von *Yin* und *Yang* (*In* und *Yo* auf Japanisch) an.

Die Mitglieder von Japans herrschender Kriegerklasse waren die bedeutendsten Schutzherren des Zen und verwendeten bestimmte Disziplinen der Kampfkunst als Mittel zum Erreichen der Erleuchtung. Dieser Handschutz eines Samurai-Schwertes, Tsuba *genannt, ist mit einem komplexen religiösen Motiv verziert, das einen Einsiedler oder Mönch darzustellen scheint, der unter einem blühenden Baum meditiert. Indem der Zen die Kampfkunst akzeptierte, schuf er so eine spirituelle Grundlage für die Samurai, um die Schwertkunst und das Bogenschießen zielstrebig zu vervollkommnen.*

TEIL 2 • KAPITEL 10 *Todd T. Lewis*

TANTRA

DAS DIAMANT-FAHRZEUG

Die esoterisch-spirituelle Schule, die sich innerhalb des Mahayana-Buddhismus entwickelt hat, ist zumeist unter dem Namen tantrischer Buddhismus oder Tantra bekannt, basierend auf den Texten, die Tantras heißen (siehe S. 208–211). Diese Schule wird auch Tantrayana („Tantra-Fahrzeug") und Mantrayana („Mantra-Fahrzeug") genannt – die gebräuchlichste Bezeichnung ist jedoch Vajrayana („Diamant-Donnerkeil-Fahrzeug"). Diese Bezeichnung bezieht sich auf die Unzerstörbarkeit eines Diamanten *(Vajra)*, sein Vermögen, alle anderen Materialien zu schneiden, und auf die Annahme, dass der tantrische Weg es ermöglicht, die Fesseln der Unwissenheit *(Avidya)* rasch zu zerstören (daher „Donnerkeil", eine weitere Bedeutung von *Vajra)*, die alle Lebewesen an *Samsara* binden. Tantrische Buddhisten streben die schnelle Erleuchtung innerhalb eines Lebens an. Hierfür wenden sie wirkungsvolle Techniken an, die sie unter Anleitung eines fähigen Eingeweihten oder Heiligen *(Siddha)* erlernt haben.

Diese esoterische und mystische Form des Buddhismus ist vor allem in Tibet verbreitet. Man nimmt an, dass sie im 8. oder 9. Jahrhundert n. Chr. von Indien nach Tibet kam. Es ist nicht möglich, die Anfänge des tantrischen Buddhismus zeitlich genau festzulegen, da es nur mündliche Überlieferungen gab, viele grundlegende Konzepte basieren jedoch auf Yoga-Traditionen, die bis ins Zeitalter des Buddha zurückgehen.

Tantrischer Buddhismus entstand um 600 n. Chr. zuerst in Nordindien: als spirituelle „Gegenkultur" von *Siddhas*, die das mönchische Leben der Sanghas mit der Begründung ablehnten, es sei zu verschult und hierarchisch geworden. Aufzeichnungen schildern, dass sich das Klosterleben so entwickelt hatte, dass die Mehrzahl der Mönche eher nach einem Gelehrtenstatus in Philosophie strebte, als spirituelles Vorbild zu sein. Daraufhin begannen einige spirituelle Wegbereiter, auch *Mahasiddhas* („Große Heilige" oder „Große Eingeweihte", siehe S. 164–165) genannt, mit meditativen Übungen *(Sadhanas)* zu experimentieren, die sich auf Gottheiten des Mahayana-Pantheon konzentrierten. Diese *Siddhas* betrachteten jedoch auch die Mahayana-Kultur spirituell als unzureichend, vor allem den Lehrsatz, dass die Eigenschaften, die für eine Erleuchtung vonnöten sind, nur über einen Zeitraum von mehreren Leben „reifen" können.

Auch andere Richtungen innerhalb der Mahayana-Philosophie bewirkten einen Aufschwung der Vajrayana. Der Philosoph Nagarjuna stellte *Samsara* mit dem *Nirvana* (siehe S. 69) gleich und behauptete, dass die Immanenz der Erleuchtung in allen Bereichen menschlicher Erfahrung liege und die Suche nach Erkenntnis ermögliche. Die Tathagatagarbha-Schule (siehe S. 205) besagt, dass allen Lebewesen ein angeborener „Buddha-Embryo" *(Tathagatagarbha)* inne-

Ein tantrischer Meister oder Vajracharya *des nepalesischen Newar-Stammes bei einem Segnungs-Ritual. Er hält einen* Vajrakila *(„Vajra-Dolch") in der Hand, einen der drei rituellen Gegenstände der Vajracharya, die beiden anderen sind Glocke und Vajra („Diamant-Donnerkeil"; siehe S. 164–165).* Der Vajrakila *wird zur Abwehr oder Tötung von Dämonen (siehe S. 166) benutzt, die von unreinen Opfergaben angezogen werden. Tantrische Rituale waren zur Festigung des neuen Glaubens während der frühen buddhistischen Missionen in Tibet und Japan von großer Bedeutung. Besonders beliebt waren Rituale, die Verdienste an Tote übertrugen und ihren Seelen zu einer guten Wiedergeburt verhelfen sollten.*

wohnt. Sie unterstützt somit die gleiche Sichtweise. Die Chittamatra-Schule, deren zentraler Punkt das Bewusstsein als Ort der spirituellen Verwandlung ist, vertrat die Vergegenwärtigung der Gottheiten, ein verbreiteter tantrischer Gedanke.

Ironischerweise wurden die Überzeugungen und Bräuche der *Mahasiddhas* im Lauf der Zeit von der Mehrheit der Gelehrten und Mönche übernommen. Lehrsätze, meditative Übungen und Rituale der *Mahasiddhas* wurden in verschlüsselter Sprache niedergeschrieben und Tantras genannt, um sie vor neugierigen Nicht-Eingeweihten zu schützen.

In den letzten Jahrhunderten des indischen Buddhismus entwickelte sich Tantra von einer Randerscheinung zu einem dominanten Teil der buddhistischen Kultur. Tantrische Traditionen fanden ihren Weg auch nach Ostasien, in China und Korea wurden sie in den Zhenyan- und Milgyo-Lehren praktiziert, die später jedoch stark an Bedeutung verloren. Als Shingon manifestierte sich die Schule in Japan. Dort bildete sich eine eifrige Anhängerschaft, die vielfältige künstlerische und rituelle Traditionen hervorbrachte und bis heute existiert.

FRAUEN UND TANTRA

Obwohl der soziale Kontext des frühen tantrischen Buddhismus im Dunkeln liegt, hat ein wichtiger Teil der tantrischen Subkultur zweifellos die Spiritualität von Frauen zelebriert. Damit widersetzte sich die früheste Tradition dem Patriarchat der indischen Kastengesellschaft und den Vinaya-Regeln des Mönchtums. In vielen Tantras steht geschrieben, dass Respekt vor Frauen eine der Voraussetzungen für die Erleuchtung darstellt.

In der Mahayana-Philosophie muss jeglicher Dualismus abgelehnt werden, um das *Nirvana* zu erreichen – Tantra verwirklichte die Idee der sexuellen Gleichberechtigung, denn die Suchenden werden aufgefordert, ihre Geschlechtszugehörigkeit zu transzendieren. Die erleuchtete Göttin Prajnaparamita ist als Verkörperung von *Prajna* („Weisheit", siehe Abbildung S. 87) dargestellt. Im Vajrayana wird *Yogini* stark verehrt, eine Göttin, die Bindungen durchtrennen kann und den Praktizierenden zur vollkommenen Erfahrung der *Prajna* führt. Tantra-Vertreter behaupten, dass Buddha die vielen Entbehrungen gar nicht überlebt oder seine Erleuchtung nicht erreicht hätte, wenn Sujata, eine Frau, ihm nicht das Geschenk der Speise gemacht hätte. Suchende auf dem Vajrayana-Weg bezeugen, dass sich die dynamische Energie von Mann und Frau vereinen muss, damit das *Nirvana* erreicht werden kann.

GLOCKE UND DONNERKEIL

Tibetische Mönche während einer Gebetszeremonie in einem Hof des Jokhang-Klosters in Lhasa, dem heiligsten Tempel Tibets, gegründet im Jahr 647 n. Chr. Vor den Mönchen befinden sich die beiden am häufigsten verwendeten Gegenstände in tantrischen Ritualen – ein Vajra *(„Diamant-Donnerkeil") und eine Glocke. Der* Vajra *übermittelt das Ideal der gekonnten, einfühlsamen Ausübung, die Glocke, hohl und doch wunderschön klingend, symbolisiert Weisheit (*Prajna*). Durch selbstlosen Dienst kann ein* Vajracharya *den eigenen Körper als Hülle für göttliche Anwesenheit nutzen, und sein Verstand kann Kräfte entwickeln, die er mit anderen teilen kann. Ein dritter Gegenstand ist der* Vajrakila *(„Vajra-Dolch", tibetisch* phurbu*: siehe Abbildung S. 163).*

Die Weisen, die besondere Wege einschlugen, um das *Nirvana* schnell zu erreichen, werden *Mahasiddhas* („Große Heilige" oder „Große Eingeweihte") genannt. Ein Text, der in tibetischer Sprache erhalten ist, verzeichnet Kurzbiografien von 84 *Mahasiddhas*, die zwischen 700 und 1100 n. Chr. lebten. Er beschreibt die Meditationsübungen, die sie benutzten, um zur Erleuchtung zu gelangen. Die *Mahasiddhas* stammten aus allen Schichten. Luipa aß Fischinnereien, Virupa besuchte häufig die Tavernen, Shanaripa war ein Jäger, Aryadeva gab eins seiner Augen als Opfergabe, Vinapa spielte die Laute. Jeder Heilige traf auf einen Meister, der ihn auf den Weg zur Erleuchtung brachte: Manche Meister waren Asketen, es gab aber auch Frauen, die in ungewöhnlicher Verkleidung auftraten. Die wohl bekanntesten tibetischen *Mahasiddhas* sind Naropa (11. Jahrhundert n. Chr.) und sein Schüler Marpa (ein Bauer von Geburt). Der berühmteste ist Milarepa, ein Schüler Marpas.

Jeder *Mahasiddha* wird mit einer speziellen tantrischen Praxis *(Sadhana)* assoziiert, die der Heilige an seine Schüler weitergibt. Ein *Siddha* ist erleuchtet und verfügt über besondere übernatürliche Kräfte, auch *Siddhi* genannt (daher der Name *Siddha*). Die meisten *Siddhas* sahen sich selbst als *Bodhisattvas*, die ihre Fähigkeiten nutzten, um rituelle Techniken zu entwickeln. Die Gaben, die aus ihren tantrischen Kräften entstanden, sollten vervielfacht und mit der gesamten Gemeinschaft geteilt werden.

Diejenigen, die in der Vajrayana-Tradition Meditation und Rituale praktizieren, werden *Vajracharyas* genannt oder auch „*Vajra*-Meister". Diese Praxis

entstand und entwickelte sich im Laufe der letzten Jahrhunderte des indischen Buddhismus (bis ungefähr 1200 n. Chr.; siehe Kasten S. 54) und wurde im Rahmen der Verbreitung nach Nepal, Tibet und Japan in die Tradition integriert. Im Newar-Stamm in Nepal sind *Vajracharyas* eine Kaste buddhistischer Priester, die sich auf Vajrayana-Meditation und -Riten spezialisiert haben (siehe S. 163). Ein *Vajracharya* muss eingeführt werden und lernen, wie die Gegenstände der tantrischen Rituale, die Glocke und der Donnerkeil *(Vajra)*, zu handhaben sind. Eine oder mehrere Einführungen in tantrische *Sadhana*-Bräuche müssen absolviert werden, da Meditation, Visualisierungsverfahren und *Mantra*-Vorträge für den Erfolg eines *Vajracharya*-Rituals unverzichtbar sind. Bei den Hauptritualen bittet der *Vajracharya* die himmlischen *Buddhas* und *Bodhisattvas* (siehe S. 138), im Ritualraum (meist ein spezielles Gefäß) zu verweilen, verschiedene Opfergaben in gesegnete Substanzen zu verwandeln und dadurch spirituelle „Medizin" für die am Ritual Teilnehmenden zu erzeugen. Die himmlischen *Buddhas* werden auch angerufen, um Gottheiten, Geister und Seelen in Schach zu halten, die Einfluss auf ein Menschenleben haben.

In einem interessanten, wenn auch noch nicht völlig geklärten historischen Zusammenhang haben die frühesten *Vajracharyas* auch eines der wichtigsten vedisch-hinduistischen Rituale übernommen: das Feueropfer oder *Homa* (siehe S. 16). Obwohl sie im Großen und Ganzen den gleichen Ablauf für das Ritual wählten, benutzten sie andere *Mantra*-Gesänge und veränderten die symbolische Bedeutung des Rituals grundlegend. So dienen beispielsweise die verschiedenen Opfergaben nicht als Speisen für die Götter, sondern stellen die Gebundenheit und Ignoranz des Einzelnen dar. Die Flammen sollen die Hürden des Individuums oder der Gesellschaft auf dem Weg zur Erleuchtung vernichten. Dieses Ritual, das mehr als 3500 Jahre alt ist, wird noch immer von *Vajracharyas* in Nepal, der tibetischen Kulturregion und in Japan (siehe Abbildung S. 142), praktiziert.

MILAREPA

Milarepa (1052–1135) ist der bekannteste *Siddha* in Tibet. Er wird vor allem aufgrund seiner Lebensgeschichte und den vielen Liedern verehrt, die ihm zugeschrieben werden. Er wurde in eine reiche Familie geboren, doch als sein Vater starb, wurden er und seine Mutter von Tante und Onkel väterlicherseits zu Bettlern erniedrigt. Man sagt, dass Milarepa in jungen Jahren Schwarze Magie studierte, damit er Unglück über seine Verwandten bringen und seinen Reichtum wiedererlangen könne.

Anfangs noch von Rachegedanken getrieben, verspürte Milarepa später Reue und suchte den *Mahasiddha* Marpa auf, der sich bereit erklärte, sein Meister zu werden. Marpa gab Milarepa schwere Prüfungen, da er erkannte, dass Milarepa zuerst sein schlechtes *Karma* ablegen müsse. Dazu gehörte auch das Bauen, Zerstören und Wiederaufbauen von Türmen. Nachdem Milarepa lange Zeit in abgelegenen Höhlen des Himalaja-Gebirges meditiert hatte, erreichte er das *Nirvana*. Sein Name rührt von seiner Spezialisierung auf Wärme erzeugende Meditation (*Tummo*), bei der er nur ein Gewand aus Baumwolle (*Milarepa*) trug.

TANTRISCHE GOTTHEITEN

In der tantrischen Lehre werden die drei Elemente der Dreifachen Zuflucht (Buddha, Dharma, Sangha; siehe „Das Ritual der Dreifachen Zuflucht“ S. 107) sowie weitere Hauptaspekte des Buddhismus von zusätzlichen esoterischen Bedeutungen überlagert. „Buddha“ wird vom tantrischen *Guru* repräsentiert, der die Einweihung vollzieht; „Dharma“ wird zu männlichen tantrischen Gottheiten, die in der Visualisationsmeditation zum körperlichen Ausdruck höchster Wahrheit werden; und „Sangha“ setzt sich aus den weiblichen Gottheiten zusammen, die als *Yoginis* (siehe S. 163) bezeichnet werden, da ein Praktizierender durch ihre Anwesenheit die *Prajna* und daher Erleuchtung erfährt. Diese Gottheiten dominierten allmählich die tantrische buddhistische Kunst und verwandelten in vielen Fällen den historischen Buddha, die überidischen *Buddhas* und mitfühlenden *Bodhisattvas* in Objekte meditativer Bräuche.

Die Vajrayana basiert auf dem im Mahayana vorherrschenden Glauben an überirdische *Buddhas* und *Bodhisattvas* und geht davon aus, dass die Menschheit hin und wieder von Dämonen heimgesucht wird. Dementsprechend verlangt das Mitgefühl, dass buddhistische Gottheiten zornige Gestalten annehmen, die Dämonen entweder vertreiben oder machtvoll zerstören. Denn Dämonen sind psychologische Hürden auf dem spirituellen Weg. Die zornigen Gestalten der erleuchteten Gottheiten verkörpern nach außen hin Böswilligkeit, aber im Innern sind sie von Mitgefühl geprägt.

Jede böse Gestalt eines *Buddha* oder *Bodhisattva* hat ein „Samen-*Mantra*“, das der Praktizierende zu Beginn der Visualisierung rezitiert, und ein „Herz-*Mantra*“, das bei der Gottheit Mitgefühl auslösen soll. Tantrische Interpretationen besagen, dass diese *Mantras* intuitiv funktionieren, sie beanspruchen nicht den Intellekt des Praktizierenden.

Auf esoterischer Ebene hat jede zornige Gottheit – viele dienen im tibetischen Buddhismus als Dharmapala („Schützer der Lehre“) – ein Erscheinungsbild mit komplexer Symbolik.

DIE *PANCHARAKSHA*

Mahapratisara ist eine der fünf tantrischen Gottheiten, die in der *Pancharaksha* („Fünf Schutzgöttinnen“) erwähnt werden, einem der bekanntesten buddhistischen Texte in Tibet, Nepal, China und Japan, datiert um 800 n. Chr. Die Rezitation dieses Textes soll Segen über die eigene Person, das Haus, die Familie und die gesamte Gemeinschaft bringen. Jede der fünf Gottheiten hat ein *Mantra* und ein Zeichen, das man sich beim Rezitieren vorstellen soll. Zudem gibt es Fabeln über die Gottheiten, die den Erfolg dieses Rituals belegen. Mahapratisara hat vier Köpfe und acht Arme, die verschiedene Ritualgegenstände halten. Die Geschichten in dem Text, die dem *Sadhana*-Brauch dieser tantrischen Göttin zugehörig sind, werden von Buddha erzählt, der das *Mantra* vorgibt, die *Sadhana* enthüllt und viele Segnungen verspricht. Dazu gehören zum Beispiel Schutz vor Unheil durch andere Wesen und Geister, ansteckenden Krankheiten, Gift, Feuer, Waffen und Schlangen; man erntet Anerkennung, Reichtum und gesunde Kinder. Der Text empfiehlt auch die Herstellung von Amuletten und Gebetsfahnen, auf denen das *Mantra* der Göttin geschrieben steht.

Ein Beispiel ist die Gottheit Mahakala („Großer Schwarzer" oder „Große Zeit", siehe Abbildung rechts, der – wie der Eingeweihte durch Anleitung, Gesang und Meditation lernen wird – zwei ihm gewidmete *Sadhanas* hat. Der erste unterstreicht seine Funktion als Beschützer der buddhistischen Lehre, als solcher zieren seine Statuen die Eingänge von Klöstern in Nordindien, Nepal und Tibet. Er kann auch die Gestalt eines Wolfs oder Tigers annehmen, wie rechts und links auf der abgebildeten Stele zu sehen ist.

Der zweite *Sadhana* nutzt Mahakala als Meditations-Gottheit *(Yidam)*. In diesem Zusammenhang wurde Mahakala als zornige Verkörperung des *Bodhisattva* Avalokiteshvara beschrieben, der sich insbesondere der sofortigen Vernichtung aller Hindernisse auf dem Weg zur Zufriedenheit verschrieben hat. Die Krone, die er trägt, zeigt ein Abbild des Buddha, wie er die Erde berührt, um seinen Sieg über Mara zu bezeugen. Mahakala wird auch auf einem Dämonen reitend dargestellt. Der Dämon verkörpert eine Hürde auf dem Weg zur Erleuchtung, und seine Bezwingung beweist die Fähigkeit Mahakalas, meditativen Erfolg herbeizuführen.

Als „Große Zeit" hält Mahakala eine Klinge, die die Macht hat, alle abschweifenden Gedanken abzutrennen, und eine Hirnschale, die Weisheit und Erkenntnis symbolisiert. Beide Gegenstände werden auch von Eingeweihten in ihrem *Sadhana* benutzt. Darüber hinaus kann Mahakala auch einen Kranz von fünfzig Schädeln tragen, um seine Doppelrolle als irdische und überirdische tantrische Gottheit darzustellen – die Schädel sollen böse Wesen abschrecken und repräsentieren gleichzeitig die fünfzig Vokale und Konsonanten des Alphabets in Sanskrit. Somit umfassen sie die Gesamtheit reiner *Mantra*-Klänge, die es dem Praktizierenden in Kombination mit der Mahakala-Meditation ermöglichen, die Zeit zu überwinden und Erleuchtung zu erfahren.

Zornige Gottheiten verkorpern erleuchtete Wesen, die grimmige Gestalt angenommen haben, um in der Gedankenwelt der Schüler Veränderungen hervorzubringen. Yamantaka ist eine Erscheinungsform von Manjushri (siehe S. 78–79), die entstand, als Manjushri in die Hölle ging, um Yama, den Herrn des Todes, zu bezwingen, da dieser das Gesetz des *Karma* störte, indem er Opfer „vor ihrer Zeit" holte. Manjushri nahm die Gestalt eines Dämons an, dessen Aussehen Yama im wahrsten Sinn des Wortes zu Tode erschreckte. Diese Gestalt Manjushris wurde als Yamantaka, „Bezwinger des Yama", bekannt. Im Tantra können diejenigen, die ihren Körper, ihre Sprache und ihren Geist öffnen und die Transformation durch die Visualisierung dieser Gottheiten und anderer tantrischer Bräuche annehmen, effektiv die „inneren Dämonen" besiegen, die den Weg zur Freiheit behindern.

Tibetische Überlieferungen berichten, wie der große Siddha *Padmasambhava, der im 8. Jahrhundert n. Chr. das erste Kloster in Tibet gründete, die präbuddhistischen Götter Tibets zwang, als Dharmapalas zu dienen. Einer der bekanntesten ist Mahakala („Großer Schwarzer" oder „Große Zeit"), hier auf einer Steinstele dargestellt.*

SEITE 168–169 *Mönche tragen Nahrungsmittel als Opfergaben in die Haupthalle bei einer Zeremonie im tibetischen Kloster Nechung bei Dharamsala, Indien. Nechung ist der Aufenthaltsort einer Schutzgottheit namens Pehar, dessen fünf Gestalten gemäß der Schilderung von Padmasambhava zum Buddhismus konvertierten.*

LAMAS UND *TULKUS*

Nachdem der Buddhismus eine Zeit lang von der tibetischen Monarchie Unterstützung erhalten hatte, wurde die Religion um 840 n. Chr. unterdrückt, als der Staat von Bürgerkriegen und Wirren heimgesucht wurde. Zwei Jahrhunderte später musste der Buddhismus von *Siddhas* und Gelehrten aus Indien erneut eingeführt werden, und die politischen Mächte, die die darauffolgende tibetische Geschichte beherrschten, waren die vier wichtigsten Mönchsorden: Sakyapa, Nyingmapa, Kagyupa und Gelugpa. Sie waren von Schülern der indischen *Siddhas* gegründet worden. Zuerst kam der Sakyapa-Orden an die Macht, später regierten dann die Gelugpa („Gelbmützen"), angeführt vom jeweiligen Dalai Lama (siehe Kasten gegenüber) – dies war die einzige Zeit in der die Sangha säkulare Macht ausübte.

Eine einzigartige Besonderheit des tibetischen Buddhismus war die hohe Prozentzahl an Männern, die zu Mönchen *(Gelong)* wurden: zu Beginn des zwanzigsten Jahrhunderts ungefähr ein Viertel der männlichen Bevölkerung. Tibetischer Buddhismus wurde im Westen früher oft „Lamaismus" genannt, basierend auf der Bezeichnung *Lama*. Dies ist die tibetische Übersetzung des Sanskrit-Wortes *Guru*, und wird von jenen verwendet, die die tantrische *Sadhana*-Meditation und die damit verbundenen Rituale beherrschen.

Die Führung in den tibetischen Orden hat der *Tulku* inne, das wiedergeborene Oberhaupt. Der *Tulku* geht auf die Mahayana-Lehre der „Drei Körper des Buddha" (siehe S. 91–92) und die Annahme zurück, dass erleuchtete *Bodhisattvas* (oder auch *Buddhas*) mehrere Male in einen menschlichen Körper *(Nirmanakaya)* geboren werden, um der Menschheit durch Lehren, Heilen und Vorbildlichkeit zu helfen. Durch ihren Tod werden sie wiedergeboren, damit sie diese Aktivitäten als Oberhaupt desselben Mönchsordens oder Klosters, das von ihrem Vorgänger geleitet wurde, wieder aufnehmen können. Mehrere Tausend *Tulkus* wurden in Tibet anerkannt, fast alle waren Männer. Manche Familien, vor allem aristokratischer Abstammung, sind bekannt dafür, viele *Tulkus* hervorgebracht zu haben, und es ist nicht selten, dass Streitigkeiten über die Anerkennung einer neuen Inkarnation aufkommen.

Ein Grund für solche Zwistigkeiten ist, dass bedeutende *Tulkus* in der Geschichte große *Labrangs* („Hausstände") besaßen, die große Ländereien und andere Reichtümer einschlossen, die für das materielle Wohlergehen des wiedergeborenen *Tulku* und späteren Lehrers zur Verfügung stehen sollten, bis der *Tulku* erwachsen war. Vor der chinesischen Besetzung Tibets in den 1950er-Jahren gehörten zu den *Labrangs* der wichtigsten Familien einst ausgedehnte Ländereien, feste Arbeitskräfte und viele Häuser.

Dieses System der Wiedergeburt bringt oft außergewöhnliche Personen hervor, die ihre Schüler durch ihre Erfahrung, ihre Lehre und spirituelles Charisma inspirieren. In Tibet gibt es Geschichten, in denen sich *Tulkus* an Namen ehemaliger Schüler erinnern und spezifische Details aus deren früheren Leben kennen. Das *Tulku*-System macht die immanente Realität des überirdischen *Bodhisattva* glaubhaft, der auf seine Bestimmung im unmittelbaren Zustand *(Bardö)* zwischen Geburten Einfluss hat und mit unglaublichem Mitgefühl wiederkehrt, um in einen anderen sterblichen Körper zu fahren und sein heiliges Werk weiterzuführen. Diese großen *Lamas* erhielten den Titel *Rinpoche* („der Kostbare").

DIE ERKENNUNG EINES *TULKU*

Die Methoden, den Nachfolger des *Tulku* in einem Kleinkind ausfindig zu machen, sind in nahezu allen tibetischen Schulen gleich. Normalerweise liefert der *Tulku* in hohem Alter Hinweise auf die Zeit, in der seine nächste Wiedergeburt stattfinden wird, manchmal schreibt er auch Details der Umstände nieder. Nach seinem Tod folgen die Schüler diesen Hinweisen und konsultieren vielleicht einen anderen *Tulku* oder ein Orakel, um detaillierte Führung zu erhalten. Ein Ernannter aus dem Kloster, oft als Laie ausgegeben, kundschaftet Familien mit Kindern in passendem Alter aus. Wird ein möglicher Kandidat gefunden, untersucht die Delegation die körperlichen Merkmale des Kindes auf verheißungsvolle Zeichen hin und stellt dem Kind Fragen, um dessen moralischen Charakter zu prüfen. Als Nächstes präsentieren sie dem Kind einige Gegenstände wie Gebetsketten, rituelle Gegenstände oder Teetassen, von denen das Kind dann richtig und wiederholt diejenigen aufzeigen muss, die vom letzten *Tulku* benutzt worden sind. Besteht das Kind diese Prüfung, wird es als nächster *Tulku* anerkannt und unter großen Feierlichkeiten ins Kloster gebracht, um dort seine Studien zu beginnen. Manchmal wird es dabei von den Eltern begleitet.

DIE DALAI LAMAS

Historisch betrachtet ist der einflussreichste *Tulku* der Dalai Lama, Anführer des Gelugpa-Ordens, der als Wiedergeburt des *Bodhisattva* Avalokiteshvara gesehen wird. Seit Mitte des 17. Jahrhunderts sind die Dalai Lamas politisches und spirituelles Oberhaupt Tibets gewesen, mit Hauptsitz in Lhasa. Der Name „Dalai" bedeutet „Ozean (der Weisheit)", ein mongolischer Titel, den Altan Khan dem Meditationsmeister Sonam Gyatso (1543–1588) verlieh. Später wurde der Titel Dalai Lama rückwirkend zwei früheren *Lamas* verliehen, dadurch wurde Gyatso zum dritten Dalai Lama. Nach seinem Tod wurde der vierte Dalai Lama in der Mongolei gefunden. Als Ngawang Losang Gyatso, der „Große Fünfte" Dalai Lama (1617–1682), den König von Lhasa absetzte, übernahm der Gelugpa-Orden die politische Kontrolle der Hauptstadt und weitete schon bald seine Macht auf andere große Städte Zentraltibets aus, indem er Klöster in Shigatse und andernorts annektierte.

Der „Große Fünfte" baute den Potala-Palast, ging ein Bündnis mit Chinas neuen Manchu-Kaisern ein und ernannte Panchen Lama, den Abt des Tashilhunpo-Klosters des Gelugpa-Ordens in Shigatse, zum *Tulku* von Amitabha. Der gegenwärtige (vierzehnte) Dalai Lama, Tenzin Gyatso (geb. 1935), floh 1959 aus Tibet nach Indien und steht seither im Mittelpunkt der Bemühungen, Tibets buddhistische Kultur gegenüber der Politik des kommunistischen China aufrechtzuerhalten, das Tibet seit 1950 besetzt.

Der Dalai Lama spricht zu Mönchen in Dharamsala, Indien, Sitz der tibetischen Exilregierung.

BEGIERDE NUTZBAR MACHEN

Die Vajrayana-Schule bestritt die Ansicht, dass die Selbstzügelung des frühen buddhistischen Mönchtums dem einzelnen Praktizierenden Herrschaft über seine Begehren verlieh – sie würden nur unterdrückt. Laut den Vajrayana-Anhängern besteht die beste Methode, Begierde zu überwinden, darin, diese vollständig zu erfahren, um sie dadurch von allem Geheimnisvollen zu befreien – nur dann kann man das *Nirvana* wirklich erreichen. Im Tantra heißt es: „Den Dorn mit einem Dorn entfernen." Man macht sich die Begierde nutzbar, um sie zu besiegen.

Die Vajrayan-Anhänger wissen, dass ihr Weg für Nicht-Eingeweihte ein gefährlicher ist. Außerdem warnen sie diejenigen, die sich in *Sadhana*-Bräuche einweihen lassen, davor, dass die Nicht-Befolgung von Regeln eventuell in Geistesverwirrung oder vielen Geburten in der Hölle endet. Aber jenen, die bereit sind und die sich an den geleisteten Eid halten, verspricht der tantrische Weg die Erreichung des *Nirvana* in einem einzigen Leben. Daher wird die Tradition von verehrten *Gurus* kontrolliert, die die Bereitschaft ihrer Schüler einschätzen und den für sie geeigneten *Sadhana* wählen müssen. Die Einweihung (siehe Kasten gegenüber) kann ein langer Prozess sein, der sich manchmal über mehrere Tage hinzieht.

Der Glaube an körperliche und überirdische Energie ist wesentlicher Bestandteil der Überzeugungen und Bräuche des Tantra. Diese Energien werden bei der Suche des Schülers nach Erleuchtung genutzt. Die Farben dieser tibetischen Gebetsfahnen symbolisieren die fünf Elemente Erde, Wasser, Feuer, Luft und Raum – die lebenswichtigen Dinge im Leben.

Ausgehend von der Annahme, die ihren Ursprung in der hinduistischen Yoga-Lehre hat, dass menschliche Wesen Mikrokosmen des Universums sind, betrachtet Tantra den Körper und dessen Energien als Erfahrungsbereiche, die den Menschen zur Erleuchtung führen können. Obwohl sich die *Sadhanas* im Einzelnen unterscheiden, wird gelehrt, dass es im Körper subtile Energieflüsse gibt, die an der Wirbelsäule entlanglaufen. An diesen gibt es wiederum spezielle Zentren, die *Chakren* („Räder") heißen. Das Ziel der *Sadhanas* ist, freigewordene Energie, genannt *Bodhichitta* („erwachter Geist"), nach oben zu befördern, bis sie das „Kronen-*Chakra*" am Kopf erreicht, den Sitz des kosmischen Bewusstseinszentrums. Dort bewirkt sie eine unvergleichliche Glückserfahrung, erweitertes Bewusstsein und Erreichen des *Nirvana*.

Männliche und weibliche Körper besitzen unverwechselbare und sich ergänzende Energien, von den Buddhisten *Upaya* („Werkzeuge") bzw. *Prajna* („Weisheit" oder „Erkenntnis") genannt. Da die weibliche Energie als *Prajna* betrachtet wird, ist es nicht verwunderlich, dass Frauen und tantrische Göttinnen (*Yoginis* und *Dakinis*) in vielen Tantras besonders verehrt werden. Wird männliche und weibliche Kraft vereint, kann die freigesetzte Energie genutzt und durch spezielle Kanäle im Körper geleitet werden. Manche *Sadhanas* fordern, dass ein Paar sexuelles Yoga praktiziert. Dabei vereinigen sich die beiden als göttliche Gefährten, um ihre innere Energie zu vervielfachen. Das Streben nach weltlichem Genuss und Orgasmus gilt als Fehler, da sexuelle Energie in mystische Erleuchtungsenergie verwandelt werden soll. Daher mag diese Praxis unter Paaren eine große Anhängerschaft gefunden haben.

TANTRISCHE EINFÜHRUNG

Wenn ein tantrischer Meister einen Schüler annimmt, um ihn eine meditative Technik (*Sadhana*) zu lehren, so muss eine Einführung (*Abhisheka*) stattfinden, in der der Schüler über die Details der Lehre aufgeklärt wird. Er erhält die Segnung der jeweiligen Gottheit, auf die sich die Lehre konzentriert, damit er von den mächtigen spirituellen und emotionalen Mächten beschützt wird, denen er ausgesetzt sein wird. Der Lehrer beginnt mit seinen eigenen Visualisierungen: von sich selbst als zentraler Gottheit; von rituellen Gegenständen (*Vajra*, Glocke, Wasservasen) als reiner Verkörperung der Elemente der Erleuchtung; und einem Bild (oder *Mandala*) der Gottheit, durchdrungen von göttlicher Präsenz. Der Lehrer gibt dem Schüler gesegnetes Wasser für die rituelle Reinigung, lässt den Schüler den *Bodhisattva*-Eid (andere sowie sich selbst zu retten) ablegen und besiegelt den Eid mit einem Glockenschlag und der Präsentation des *Vajra*. Dann berührt er den Kopf des Schülers mit einer Statue der Gottheit und visualisiert dabei ein Bild der Gottheit, wie sie aufsteigt und sich mit dem Körper des Schülers verbindet.

Die *Chakra*-Punkte (siehe Haupttext) am Körper des Schülers werden mit Symbolen der Gottheit berührt. Der Schüler hält mit dem Lehrer gemeinsam eine Gebetskette, dabei rezitiert der Lehrer das „Herz-*Mantra*" der Gottheit (siehe S. 166), während er visualisiert, wie das *Mantra* von seinem Herzen zu dem des Schülers wandert. Andere Opfer und rituelle Gesten besiegeln die *Sadhana*-Weitergabe und Verbindung durch den Lehrer.

DER GÖTTLICHE WEG

Der tantrische Weg verlangt eine genaue und sehr individuelle Anleitung für die Beherrschung der strengen Praktiken. Die meisten tantrischen Lehren verlangen nach der Einführung (siehe Kasten unten) weitere einleitende Praktiken, bevor der vollständige *Sadhana* probiert werden darf. Atemkontrolle, der Kniefall vor Bildern und das Auswendiglernen von *Mantras* kann anspruchsvoll sein. Die meisten *Sadhanas* verlangen vom einzelnen die Beherrschung von schwierigen Visualisierungen seiner selbst als erleuchtetem Wesen – oft mit Hilfe von *Mandalas* (siehe S. 88–89) – sowie rituelle Handbewegungen *(Mudras)*, Tanz, *Mantras* und spezielle rituelle Kleidung, um eine weitgehende Identifikation mit dem Göttlichen zu erreichen. Um jegliche Verbindung zur normalen weltlichen Identität zu überschreiten, vollführen manche Schüler verbotene Praktiken, um eine Verschmelzung des Körpers, der Sprache und Seele mit der Gottheit zu erfahren. Wenn die Verschmelzung vollkommen ist, nehmen die Tantrismus-Anhänger an, dass der Suchende auch die Erleuchtung der zentralen Gottheit erlangen wird.

TEIL 3

HEILIGE SCHRIFTEN

Im frühen 20. Jahrhundert entdeckte der englisch-ungarische Forscher Sir Aurel Stein in Zentralasien einen reichen Fund buddhistischer Schriften und Wandmalereien aus dem 9.–10. Jahrhundert. Dieses Bild aus Ming-oi, in der Nähe der Dunhuang-Höhlen am Rande der Wüste Gobi, hebt die Bedeutung des Schreibens im monastischen Leben hervor. Es zeigt einen älteren Mönch, der einen Stift und ein Pothi*-Blatt hält, während er jüngere Mönche anleitet.*

TEIL 3 • KAPITEL 1 *Mark L. Blum*

DIE ENTSTEHUNG DES DHARMA

DER „DHARMA-KÖRPER" DES BUDDHA

Im Angesicht von Buddhas Tod befürchteten einige seiner Anhänger, dass ihre Glaubensgemeinschaft nach seinem Dahinscheiden auseinanderfallen würde. Der Erhabene sprach: „So mögt ihr denn, ihr Mönche, all die Dinge, die ich erkannt und euch gelehrt habe, recht erfassen, danach wandeln, sie verwirklichen, sie ausbreiten, auf dass dieser heilige Wandel dauern und lange währen möge."

In diesen Worten liegt die Idee der buddhistischen Gemeinde, die Worte Buddhas, den Dharma, als zeitlose Bekundung des Buddha selbst zu nehmen. Die Sammlung dieser Worte der Wahrheit nach dem Tode Buddhas ergaben die Zusammensetzung des „Dharma-Körpers" des Buddha.

Aufzeichnungen zufolge begann dies mit der Einberufung einer Versammlung in einer großen Höhle in der Nähe von Rajagriha, bei der jeder Mönch vortrug, was er von den Lehren Buddhas behalten hatte, und es wurden Regeln für die mönchische Disziplin aufgestellt (siehe auch S. 186–187). Die Ältesten prüften und korrigierten diese Textsammlung, und aus dieser gemeinsamen Arbeit wurde der buddhistische Kanon geboren. Von Mönchen der nachfolgenden Generationen wurde dann verlangt, einen Teil dieser Schriften zu studieren. Diese Tradition besteht noch bis zum heutigen Tag. Als dann die Lehrschriften, die den Inhalt und Zweck dieser Schriften erklärten, auch anerkannt wurden, entstand die Dreifachteilung maßgeblicher Schriften, die als die „Drei Körbe" (Tipitaka in Pali, Tripitaka in Sanskrit) bekannt sind.

Wie überall in Indien setzte auch hier die allgemeine Tendenz von der gesprochenen zur geschriebenen Kultur ein, und die Buddhisten fingen an, ihren Kanon im 1. Jahrhundert v. Chr. (siehe S. 180–181) niederzuschreiben. Die Texte der Mahayana-Schule hatten ihren Ursprung in geschriebenen Texten und sind daher oft viel länger. Diese physische Verkörperung der Wahrheit in geschriebener Form führte auch zu neuen Formen des religiösen Ausdrucks. Ähnlich Reliquien wurden auch die buddhistischen Schriften greifbare Objekte, die auf einem Altar verehrt und in der Erde vergraben wurden, um einem Platz heilig zu sprechen, oder in *Buddha-* und *Bodhisattva*-Statuen gelegt wurden, um sie zu symbolischen Darstellungen des Buddha zu machen. Mahayana-Buddhismus ist dafür bekannt, Sanskrit als normative Sprache zu benutzen, und für den „Bücherkult", in dem die Sutras geehrt werden. Das Lotos-Sutra, eines der ältesten Mahayana-Schriften (siehe S. 198–201),

DIE WORTE DES BUDDHA
Zweck buddhistischer Texte war es nicht, ein praktisches Nachschlagewerk zu erstellen, sondern Buddhas Worte zu erhalten und sich dadurch spirituell verdient zu machen. Die frühesten Mahayana-Sutras, die in schriftlicher Form entworfen wurden, versprechen etwa ihrer Leserschaft Segen, da durch Lesen, Aufsagen und Vervielfältigung das Sutra für andere erhalten bleibt. Gelehrte sprechen vom „Bücherkult" in der Mahayana, weil die physische Form der Sutras als Verkörperung der Wahrheit verehrt wird. Das Lotos-Sutra schreibt sogar vor, Schreine zu errichten, die dann Kopien des Sutra enthalten und vor denen Gläubige später Opfergaben bringen sollen.

Eine Tafel aus dem 19. Jahrhundert als Teil des Pali-Kanons, der Tipitaka. Es handelt sich um eine von 729 Marmorstelen, die in den Höfen der Kuthodaw-Pagode in Mandalay, Burma (Myanmar), stehen und die in ihrer Gesamtheit den vollständigen Text des Kanons enthalten. Jede Tafel steht in einer eigenen Miniaturpagode (siehe auch Abbildung auf S. 190).

betont, dass derjenige, der eine Kopie dieses Sutra anfertigt, unermessliche Anerkennung erhält.

Der Mahayana-Buddhismus erweiterte den Sutra-„Korb" und schloss Hunderte neuer Texte ein, häufig erkennbar an ihren großartigen Eröffnungsszenen, in denen Buddha aus tiefer Meditation erwacht, kurz danach ereignen sich Wunder. Wahrscheinlich übertrugen die Reden des Buddha auf seine Zuhörerschaft dieselbe transzendente Einsicht, die er selbst gerade in seinem Trancezustand erfahren hatte.

Als sich der Buddhismus außerhalb des indischen Subkontinents zu verbreiten begann, veränderte sich dementsprechend auch die Auffassung des Dharma. Die Texte wurden in andere asiatische Sprachen übersetzt. Große Teile des Kanons exisitieren nur als Fragment in chinesischer und tibetischer Sprache. Ohne sie wäre eine Studie der indischen Mahayana-Lehre unmöglich, da in Indien zu viele Texte verloren gingen. Die chinesischen Überlieferungen beginnen mit der Ankunft des Parthers An Shihgao im Jahr 148 n. Chr. Tibetische Überlieferungen begannen wahrscheinlich im 7. Jahrhundert.

SPRACHE UND ÜBERTRAGUNGEN

Eines der ältesten und bekanntesten buddhistischen Gebäude Chinas ist die Große Wilde-Gans-Pagode im Tempel Da Cien in Xi'an. Mit ihrem Bau wurde 589 n. Chr. begonnen. Das heute siebenstöckige Bauwerk aus der Tang-Dynastie (618–907 n. Chr.) wurde errichtet, um die vielen Schriften aufzubewahren, die der Pilger und Übersetzer Xuanzang (602–664 n. Chr.) aus Indien mitgebracht hatte. Die Pagode diente als Zentrum für deren Übersetzung.

Einer der schwierigsten Aspekte beim Studium des Buddhismus ist das Fehlen einer allgemein gültigen Sprache. Für Sri Lanka, Burma, Thailand, Kambodscha und Laos gilt Pali als Sprache des Kanons; in Tibet und der Mongolei ist es Tibetisch; in China, Vietnam, Korea und Japan ist es Chinesisch. Diese sprachliche Vielfalt warf innerhalb der buddhistischen Überlieferung viele Fragen auf: Sollte eine Sprache festgelegt werden, die die Ausdrucksform des Buddhismus am ehrwürdigsten wiedergeben würde?

Heutzutage wird Sanskrit oft als die maßgebliche Sprache des Buddhismus betrachtet, da diese tragende Wörter wie *Karma* oder *Nirvana* enthält. Es ist wahrscheinlich, dass Buddha einen verwandten Dialekt sprach, der sich Magadhi nannte und heute zu den sogenannten toten Sprachen zählt, obwohl Buddha sicherlich auch Sanskrit beherrschte (siehe S. 17), da diese

DIE GRENZEN DER SPRACHE

Unter Buddhisten wird seit langem darüber diskutiert, ob eine Sprache für die Übermittlung der Lehre Buddhas überhaupt ein geeignetes Medium sei. Manche glauben, Wahrheit könne nicht durch Worte übermittelt werden, andere hingegen, Wahrheit liege notwendigerweise in der Sprache begründet.

Die Mahayana-Lehre steht der Sprache besonders kritisch gegenüber, weil Worte für unterschiedliche Menschen unausweichlich eine unterschiedliche Bedeutungen haben. Um es anders auszudrücken, kein Wort kann die perfekte Übereinstimmung mit dem halten, was es darstellt – daher ist jegliche Sprache suspekt. In Sprache gefasst haben die Schriften daher für manche Buddhisten ihre absolute Autorität verloren – sie betrachten sie als „herkömmliche Wahrheit" (siehe „Die zwei Wahrheiten" S. 132). Außerdem beinhalten die höchsten Ebenen der Wahrheit Vorstellungen wie Leere (siehe S. 140), die Unbeständigkeit impliziert. Daher ist eine Sprache für manche im Grunde zu unbeständig, um ein verlässlicher Träger für die Wahrheit zu sein. Diese Auffassung tritt am deutlichsten in der Zen-Lehre (siehe S. 150–161) zu Tage, die an eine Verbreitung der Wahrheit in nonverbaler Form glaubt.

Sprache unter Indiens Elite üblich war. Er soll seine Nachfolger angewiesen haben, in der jeweiligen einheimischen Sprache zu predigen, wenn sie an abgelegene Orte kamen. Nach Buddhas Tod setzte sich jedoch zunehmend Sanskrit in der buddhistischen Lehre durch.

Die Tradition der sprachlichen Angleichung erleichterte die Übersetzung der Schriften, ein Prozess, der seinen Anfang nahm, als die ersten Mahayana-Sutras in Sanskrit niedergeschrieben wurden (siehe S. 196–211). Aufgrund der enormen Distanzen, über die diese Sutras transportiert wurden, und weil der Kanon von jeder buddhistischen Schule anders definiert wurde, kam die Übertragung nur langsam voran. Ein Vergleich der Kanons zeigt, wie unterschiedlich die einzelnen Lehren sind.

Der Kanon in Pali-Sprache wurde zuerst nach Sri Lanka übermittelt und verbreitete sich von dort unverändert nach Südostasien. Die nordindischen buddhistischen Schriften, die sich ungefähr zur gleichen Zeit nach Zentralasien verbreiteten (3. Jahrhundert v. Chr.), waren hingegen in Sanskrit verfasst. Sie wurden aber bald in andere Sprachen übertragen, da sie in die Regionen entlang der großen Handelsstraßen gelangten, von Baktrien im Westen bis Turfan im Osten (siehe Karte auf S. 133). In diesen Regionen herrschte eine enorme Sprachenvielfalt. Im 2. Jahrhundert n. Chr. erschienen die ersten Übersetzungen in chinesischer Sprache; viele weitere sollten über einen Zeitraum von Tausend Jahren folgen. In Tibet begann man im späten 8. Jahrhundert n. Chr. mit der Übersetzung der Schriften, die vom Königshaus finanziert wurde.

Die Völker Südostasiens übersetzten den Pali-Kanon nicht. Sie waren der Ansicht, dass es sich um die Worte Buddhas handle, daher käme eine Übersetzung einer Blasphemie gleich. Die Mongolen entschieden sich für die tibetische Fassung, die Koreaner und Japaner für die chinesische. Die übersetzten Texte in China und Tibet entstammten größtenteils der Mahayana-Lehre. Im Gegensatz zu den Pali-Sutras, die in erster Linie Aufzeichnungen einer ursprünglich mündlichen Überlieferung sind, wurden die umfangreichen Mahayana-Sutras in geschriebener Form entworfen. Ihre Übersetzung nahm jedoch häufig Jahre in Anspruch.

FORMEN UND MEDIEN

Die Übermittlung und Erhaltung buddhistischer Schriften haben in der Entwicklung von Mitteln für die Aufzeichnung von Sprache eine große Rolle gespielt. Der Prozess gleicht im Prinzip der historischen Entwicklung der Buchdruckkunst. Moderner technischer Fortschritt hat es vielen Menschen ermöglicht, leichter Zugang zu buddhistischen Schriften zu erlangen.

Die Schreibkunst war zu Buddhas Lebzeiten in Indien bereits bekannt, dennoch wurden religiöse Texte mündlich überliefert. Der Kanon des frühen Buddhismus, die sogenannte Tipitaka, folgt anfangs dieser Tradition. Dies ist der Grund, warum buddhistische Sutras mit dem Satz „Ich habe gehört ..." beginnen und warum sie zahlreiche Merkhilfen beinhalten.

Überlieferungen zufolge war die erste buddhistische Lehre in Schriftform der Pali-Kanon, der in Sri Lanka vermutlich im 1. Jahrhundert v. Chr. (siehe S. 187) erstellt wurde. Er wurde auf Blätter der Talipotpalme (oder Fächerpalme) geschrieben, dem üblichen Medium für Aufzeichnungen auf dem indischen Subkontinent und in Tibet. Nachdem die jungen Blätter von der Spitze der Palme geschnitten worden waren, wurden sie gebleicht, getrocknet und dann poliert. Der Text wurde mit einem Metallstift auf die glatte Oberfläche geschrieben, die dann vollständig mit Tinte bedeckt wurde. Schließlich wurde die Tinte weggewischt, in den eingeritzten Schriftzügen verblieb sie jedoch. Talipotblätter sind erstaunlich robust, sofern sie vor Insekten und Feuchtigkeit geschützt werden. Die ältesten noch erhaltenen buddhistischen Manuskripte auf Palmblättern stammen vermutlich aus dem 2. Jahrhundert n. Chr., eines davon ist das Mahaparinirvana, das in Bamiyan, Afghanistan, gefunden wurde.

Da Palmen nur in tropischen Regionen wachsen, wurden auch andere Materialien, etwa Birkenrinde, Stoff (einschließlich Seide) und sogar Kupferplatten beschrieben. Die Birkenrinde stammte von herkömmlichen Birken, einer Baumart, die im Himalaja-Gebirge weit verbreitet ist. Die Rinde wurde in lange, dünne Streifen geschnitten und eng beschrieben. Dann wurden die Streifen zu Schriftrollen eingerollt. Das älteste erhaltene Exemplar (ca. 1. Jahrhundert n. Chr.) eines geschriebenen buddhistischen Textes ist eine bruchstückhafte Schriftrolle aus Birkenrinde, die in der Gandharra-Region (Nordafghanistan und Pakistan) gefunden wurde.

Die Methode, lange Streifen zu beschreiben, verbreitete sich zusammen mit dem Buddhismus von Nordindien nach Zentralasien und von dort nach China. Die Schriftrollen, zum Beispiel das Diamant-Sutra (siehe S. 183–184), waren jedoch beim täglichen Lesen und Rezitieren unpraktisch. Dieser Umstand führte dazu, dass sie wie eine Ziehharmonika gefaltet wurden, damit die benötigte Textstelle schnell und einfach gefunden werden konnte. Das Anbringen einer seitlichen Naht markierte die Entstehung kleiner Broschüren, die in Ostasien vom 16. bis in das frühe 20. Jahrhundert weit verbreitet waren.

Heilige buddhistische Texte finden sich in einer Vielzahl an unterschiedlichen Formen. Zum Beispiel wurden neben Schriftrollen auch Loseblattmanuskripte aus Birkenrinde gefertigt. Hierfür wurden Stücke der Rinde in Blätter geschnitten, die zwischen Holzbrettern geplättet und gelagert wurden. Eine solche Loseblattsammlung, die Vinaya-Texte (4.–8. Jahrhundert n. Chr.), wurde in Gilgit im Himalaja-Gebirge gefunden.

Eine magische Inschrift – ein Teil des Mantra von Avalokiteshvara (Om mani padme hum) – eingraviert auf einer Felstafel auf einem buddhistischen Pilgerweg in der Nähe des Berg Kailash in Westtibet, dessen schneebedeckte Spitze im Hintergrund sichtbar ist.

Die Übersetzung buddhistischer Sutras ins Chinesische setzte etwa zur gleichen Zeit ein wie die dortige Erfindung von Papier, im 2. Jahrhundert n. Chr. Einige erhaltene chinesische Sutras, die mit Tinte auf Papier geschrieben wurden, stammen aus dem 3. Jahrhundert n. Chr. (siehe S. 198). Der nächste wichtige technische Fortschritt war die Erfindung des Buchdrucks (siehe S. 182–183), die etwa im 7. Jahrhundert n. Chr. erfolgte. Sie entsprang u. a. dem Wunsch, in China buddhistische Texte zu verbreiten. Der Holztafeldruck löste eine wahre Flut an Büchern in Ostasien und Tibet aus, in erster Linie handelte es sich um buddhistische Schriften. Ab der Tang-Zeit (618–907 n. Chr.) unterstützte jede nachfolgende chinesische Dynastie die Herausgabe, das Schnitzen und den Druck des buddhistischen Kanons – ein Präzedenzfall, der in Korea, Tibet und Japan nachgeahmt wurde. Der gebräuchliche chinesische Kanon aus dem 20. Jahrhundert, die Taisho Tripitaka, wurde zwischen 1924 und 1932 in Japan hergestellt. Er umfasst 2184 Werke in 55 Bänden mit je Tausend Seiten.

Moderne Verbreitungsmethoden bewirken, dass Sutras, die in einem Land gedruckt wurden, in einem anderen Land zum ersten Mal leicht zugänglich sind. Das digitale Zeitalter hatte ebenfalls große Auswirkungen, und heute gibt es eine Vielzahl an Projekten, die es sich zum Ziel gemacht haben, buddhistische Schriften in Pali, tibetischer und chinesischer Sprache in Computerdatenbanken einzulesen. Früher verbrachten Schüler Monate damit, Hunderte Seiten der Schriften nach einem Wort oder einem Satz zu durchsuchen. Bei digitalen Texten können Wörter oder Sätze in Sekundenschnelle gefunden werden (siehe auch S. 232–233).

KUNST UND ARCHITEKTUR *Michael Willis*

BUDDHISTISCHE BUCHKUNST

Die Prajnaparamita-Sutras („Vollkommenheit der Erkenntnis"-Sutras) waren manchmal mit kleinen Illustrationen verziert, die verschiedene Bilder von *Buddhas, Bodhisattvas* und Schutzgottheiten zeigten. Die Sutras wurden in den großen buddhistischen Klöstern Süd- oder Nordwestindiens gefertigt, die ihre Blütezeit unter der Pala-Dynastie hatten. Diese letzte bedeutende Dynastie (8.–12. Jahrhundert n. Chr.) ist für ihre großartigen geistigen und künstlerischen Leistungen berühmt. In dieser Periode erreichte der Mahayana-Buddhismus seinen intellektuellen Zenit. Die Illustrationen nehmen nur einen Teil des Blattes ein, da die meiste Fläche für den eigentlichen Text genutzt wurde. Die Innenseiten der zugehörigen Buchhülle boten mehr Raum für Illustrationen. Die Hüllen bestanden aus dünnen Holzplatten, und da auf der Oberfläche des Holzes nur selten Text geschrieben wurde, konnte die flache Innenseite vollständig mit Abbildungen bedeckt werden. Es gibt eine Reihe von Exemplaren aus dem 12. Jahrhundert n. Chr. und später, die überwiegend *Jataka*-Szenen (die das frühe Leben des Buddha darstellen) abbilden oder sitzende buddhistische Gottheiten. Sie sind sehr bedeutend für die Geschichte der Malerei in Indien, weil sie eine Vorstellung jener Fresken vermitteln, die einst die Klöster in Indien verzierten, die heute nur noch in Fragmenten erhalten sind.

Manuskripte aus Birkenrinde und Palmblättern (siehe S. 180–181) waren in Indien bis zur Erfindung des Papiers im 13. Jahrhundert n. Chr. mehr als tausend Jahre lang weit verbreitet. Folglich wurden das Querformat und andere Merkmale indischer Buchkunst auch nach der allgemeinen Verwendung von Papier beibehalten. Dies lag an der Hochachtung vor bewährten Bräuchen und der Heiligkeit des Buches in der Mahayana-Lehre.

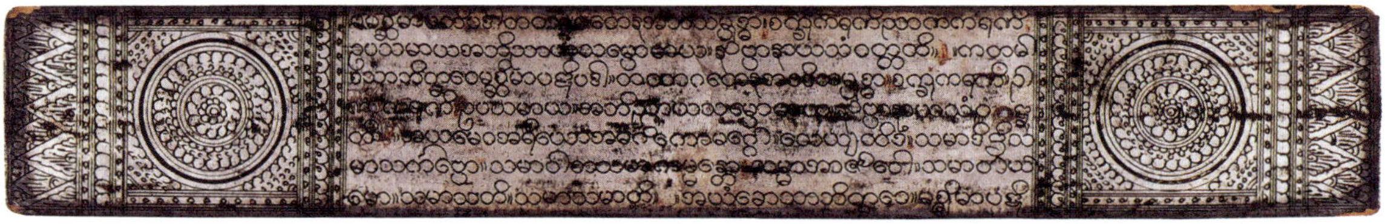

Ein Einband für ein burmesisches Palmblatt-Manuskript aus dem 19. Jahrhundert. Es enthält die erste Rede des Buddha: „Das Rad des Gesetzes in Gang setzen." Die Kreise stellen das Rad des Dharma dar.

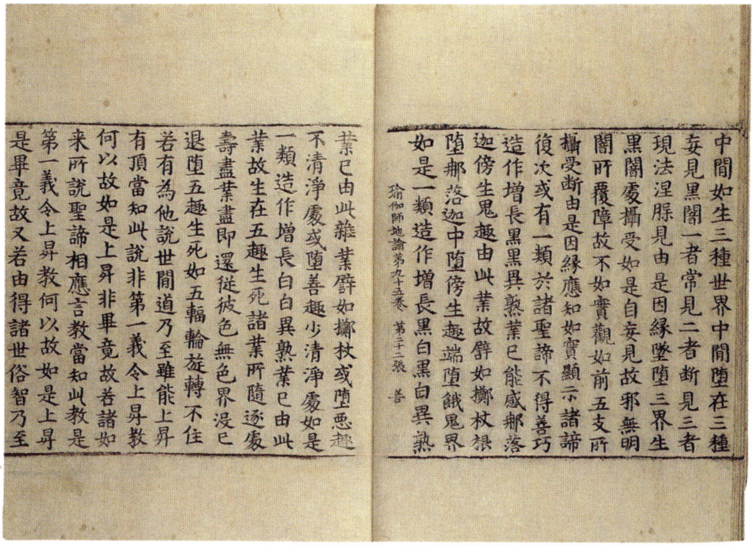
中間如生三種世界中間墮在三種
妄見黑闇一者常見二者斷見三者
現法涅槃見由是因緣墜墮三界生
黑闇處攝受如是自妄見故邪無明
闇所覆障故不如實觀如前五支所
攝受斷由是因緣應知如實顯示諸諦
復次或有一類於諸聖諦不得善巧
造作增長黑黑異熟業已能感那落
迦傍生鬼趣由此業故譬如擲杖根
墮那落迦中墮傍生趣端墮餓鬼界
如是一類造作增長黑白黑白異熟
瑜伽師地論第九十五卷 第二十二張 善
業已由此雜業譬如擲杖或墮惡趣
不清淨處或墮善趣少清淨處如是
一類造作增長白白異熟業已由此
業故生在五趣生死諸業所隨逐處
壽盡業盡即還從彼色無色界沒已
退墮五趣生死如五輪輪旋轉不住
若有為他說世間道乃至雖能上昇
有頂當知此說非第一義令上昇教
何以故如是上昇非畢竟故若諸如
來所說聖諦相應言教當知此教是
第一義令上昇教何以故如是上昇
是畢竟故又若由得諸世俗智乃至

Ein Yogachara-Text, der im 20. Jahrhundert mit Holztafeln aus dem 13. Jahrhundert gedruckt wurde. Die Tafeln werden im Kloster Haeinsa in Südkorea aufbewahrt.

Tibetische Papiermanuskripte ähneln daher in der Gestaltung den älteren Büchern aus Palmblättern und Birkenrinde. Das größere Papierformat ermöglichte aufwändiger gestaltete Titelblätter mit reicheren Illustrationen. Das Titelbild wurde meist durch mehrere Lagen aus Seide geschützt. Tibetische Buchdeckel sind oft mit großartigen Schnitzereien versehen, die buddhistische Gottheiten und Symbole zeigen. Gemäß alter Tradition sind die Innenseiten der Einbände mit Malereien verziert, die aufgrund des größeren Formates immer aufwändiger wurden. In dieser hoch entwickelten Tradition der Buchkunst gab es jedoch keine in Leder gebundene Exemplare: Dieses Material empfand man ungeeignet für Texte einer Weltanschauung, die Mitgefühl und Gewaltlosigkeit vertrat.

Zusätzlich zu den handgeschriebenen Exemplaren wurden tibetische Bücher und Gebete auch mit Holztafeln gedruckt. Diese Technik, wie auch das Papier, war in China erfunden worden. Der Brauch, von antiken Inschriften Kopien herzustellen, der seit der Han-Ära vorherrschend gewesen war, könnte vielleicht bei der Erfindung des Verfahrens hilfreich gewesen sein, der eigentliche Auftrieb für den chinesischen Holztafeldruck erfolgte jedoch durch die Verbreitung buddhistischer Texte während der Tang-Dynastie (618–906 n. Chr.). Bei dieser Methode werden die Schriftzeichen seitenverkehrt auf einen flachen Holzblock gezeichnet. Dann werden die Schriftzeichen herausgeschnitzt und mit Tinte bedeckt. Anschließend wird ein Blatt Papier genommen, daraufgelegt und fest angedrückt.

Es existieren Schriftstücke, die darauf hinweisen, dass buddhistische Sutras und Bilder bereits im 7. Jahrhundert n. Chr. auf Seide und Papier gedruckt wurden. Das älteste bekannte Werk neben den frühen *Dharani*-Texten ist eine chinesische Übersetzung des Vajrachedika-Prajnaparamita-Sutra. Dieses Schrift-

stück, das in der Höhle 17 bei Dunhuang in Zentralasien gefunden wurde und heute in der British Library aufbewahrt wird, wird im Allgemeinen als „Diamant-Sutra" bezeichnet. Der Text wurde auf einer nahezu 6 Meter langen Schriftrolle gedruckt, und das Titelbild zeigt den Buddha, der von Mönchen, Adeligen und Schutzgöttern umringt ist. Das Kolophon am Ende des Textes besagt: „Ehrerbietig zur weltweiten Verbreitung beauftragt von Wang Jie im Auftrag seiner Eltern am fünfzehnten Tag des 4. Mondes des 9. Jahres des Xiantong [11. Mai 868]." Diese Geisteshaltung entspricht exakt der Verehrung, die der Mahayana-Buddhismus heiligen Schriften entgegenbrachte.

Die Übersetzung buddhistischer Texte in die chinesische Sprache war ein großes intellektuelles Vorhaben, dessen Ausführung sich über mehrere Generationen von Schülern aus Indien, Zentralasien und China erstreckte. Um ihr Werk zu vollenden, nahmen einige Mönche den weiten Weg von China nach Indien auf sich, um Texte zu sammeln (siehe Abbildung S. 178). Sobald die Übersetzung fertig war, sorgten Holztafelexemplare für die weitere Verbreitung des Buddhismus und stellten die korrekte Wiedergabe der Lehrsätze sicher. 130 000 Holzblöcke wurden 983 n. Chr. in Chengdu, Sichuan, geschnitzt und gedruckt, um die vollständige Tipitaka in China herzustellen. In Chengdu wuchsen unzählige Maulbeerbäume, deren Fasern für die Papierherstellung ideal sind.

Das berühmteste und wahrscheinliche vollständigste Beispiel eines Kanons in chinesischer Sprache auf Holztafeln wurde Mitte des 13. Jahrhunderts in Korea geschnitten. Die Holztafeln werden heute im Haeinsa-Kloster in Südko-

Dieser große (73 cm x 27,3 cm) Bucheinband wurde mit fünf Buddha-Abbildungen bemalt. Jeder Buddha nimmt eine andere Handhaltung (Mudra) ein. Sie stellen entweder die fünf überweltlichen oder überirdischen Buddhas *dar oder ihre Erscheinungsformen, die fünf menschlichen* Buddhas, *die die Retter der Welt in ihrer jeweiligen Epoche sind (siehe S. 78). Die fünf* Buddhas *bilden den Kernpunkt der Mahayana-Lehre; Anhänger der Theravada-Lehre glauben jedoch auch daran. Dies ist die Innenseite des Bucheinbandes, die normalerweise mit dem Bildgesicht nach unten auf den Blättern des Manuskripts liegen würde. Sie wurde in Tibet gemalt, möglicherweise bereits im 14. Jahrhundert.*

rea aufbewahrt. Sie sind meisterhaft ausgeführt (siehe Abbildungen auf S. 183 und S. 187).

Die Tatsache, dass der Druck und die Verbreitung des Buddhismus Hand in Hand gingen, wird dadurch belegt, dass das älteste erhaltene Exemplar eines Drucks ebenfalls aus Korea stammt. Es handelt sich um ein *Dharani*, ein aus dem 8. Jahrhundert stammendes Gebet, das in einem *Stupa* im buddhistischen Tempel von Bulguksa gefunden wurde. Von Korea ausgehend verbreitete sich die Drucktechnik weiter nach Japan, wo sie zwischen 764 und 770 n. Chr. überwiegend zum Druck von *Dharani*-Gebeten eingesetzt wurde. Die Schriftrollen wurden dann in hölzerne Miniatur-*Stupas* gelegt. Unter Kaiserin Shotoku (718–770 n. Chr.) soll es eine Million dieser *Stupas* gegeben haben, die berühmten Hyakuman To. Einige Tausend *Stupas* sind erhalten geblieben.

Die Reproduktion bestimmter Texte und Gebete in großer Stückzahl hängt eng mit der Herstellung vieler kleiner Tafeln aus Pressformen zusammen. Die Votivtafeln zeigen normalerweise Buddha-Abbildungen und -Texte (siehe Abbildung auf S. 79). Diese Technik war in Indien, Burma, Thailand und Zentralasien weit verbreitet und ist heute noch in Tibet üblich. Der Druck von *Dharanis* und die Herstellung von Tafeln können, wie das Drehen tibetischer Gebetsmühlen, als Parallele zur geistigen Übung des ständigen Wiederholens von Gebeten und Anrufungen gesehen werden. Die Buddhisten gehen davon aus, dass die ständige Wiederholung besonderer religiöser Formeln ein wirkungsvolles Werkzeug ist, um sie auf ihrem Weg zur Erleuchtung voranzubringen.

TEIL 3 • KAPITEL 2 *Kevin Trainor*

DIE „DREI KÖRBE“

DIE TIPITAKA

Es wird erzählt, dass Buddha in den letzten Augenblicken seines Lebens seinen persönlichen Begleiter Ananda beruhigte, indem er ihn erneut darauf hinwies, dass sein Tod nicht das Ende seiner Lehre bedeute. Nach seinem Tod, sagte der Buddha, könne sich Ananda am Dharma („Lehre“) und an Vinaya („Disziplin“) orientieren, die er gelehrt und erklärt hatte. Diese zweifache Organisation der Lehre Buddhas stellt die Gesamtheit der mündlichen Anweisungen Buddhas an die Gemeinschaft seiner Anhänger dar, die sich über 45 Jahre erstreckte. Laut der Theravada-Lehre erhielt diese umfassende mündliche Überlieferung durch einen gemeinsamen Vortrag, der in der Stadt Rajagriha (heute Rajgir) während der ersten Regenzeit-Klausur nach dem Tod Buddhas gehalten wurde, eine feste und verbindliche Form (siehe S. 176–179).

Die Tipitaka (Sanskrit: Tripitaka) „Drei Körbe“ ist eine Kollektivbezeichnung für den buddhistischen Kanon, der aus einer dreifach untergliederten Sammlung heiliger Texte besteht: dem Sutra-Pitaka (Pali: Sutta-Pitaka) oder „Korb der Lehrreden“; dem Vinaya-Pitaka oder „Korb der Ordensdisziplin“ und schließlich dem Abhidharma-Pitaka (Pali: Abhidhamma-Pitaka) oder „Korb der höheren Lehren“.

Die frühsten direkten Verweise auf die Tipitaka tauchen in Inschriften aus dem 2. Jahrhundert v. Chr. auf und beziehen sich auf Gruppen von Menschen innerhalb der Sangha (buddhistischen Gemeinschaft), die für das Auswendiglernen und Aufsagen von drei bezeichnenden Gattungen der mündlichen Lehre verantwortlich waren. Es ist wahrscheinlich, dass diese drei allgemeinen Kategorien der buddhistischen Lehre Sammlungen waren, die in den Jahrhunderten nach dem Tode des Buddha entstanden. Als sich dann die buddhistische Gemeinde in eine Vielzahl von Schulen aufteilte, wurden verschiedene Versionen der Tipitaka in mehreren indischen Spachen und Dialekten niedergeschrieben. Von diesen Originalen sind nur Bruchstücke erhalten geblieben. Die einzige heute noch vollständig erhaltene Tipitaka-Sammlung ist die der Theravada-Lehre, die in Pali-Sprache geschrieben wurde. Es ist auch die Version, die hier beschrieben wird. Obwohl dieser Text von den Theravada-Anhängern als „die wahren Worte Buddhas“ angesehen wird, ist es unwahrscheinlich, dass der Dialekt, den Buddha sprach, mit der Pali-Sprache der Tipitaka völlig identisch ist.

Mehrere Faktoren trugen zur Formation eines geschlossenen Kanons von Texten innerhalb der Theravada-Lehre bei. Es wird weitgehend akzeptiert, dass die Tipitaka in Pali-Sprache zuerst in Sri Lanka im 1. Jahrhundert v. Chr. schriftlich festgehalten wurde (siehe „Das Schreiben des Pali-Kanons“ gegenüber), was zweifellos den Prozess der Entschlüsselung vereinfachte.

Ein Bibliothekar des Klosters Haeinsa in Südkorea. Dieses Kloster ist berühmt für seine 81 000 original gravierten Holzdruck-blöcke aus dem 13. Jahrhundert, als eine offiziell unterstützte vollständige Version der Tripitaka (Pali: Tipitaka) in chinesischer Sprache gedruckt wurde.

Darüber hinaus trugen Spaltungen innerhalb der Sangha in Sri Lanka zu dieser Zeit vermutlich auch zur Festlegung des Kanons bei. Die Mahavihara-Gemeinschaft behauptete, der alleinige Träger orthodoxer Tradition zu sein, und begründete dies mit ihrer geschlossenen Schriftsammlung, ihren umfangreichem Kommentaren und einer Reihe von klösterlichen Chroniken, die die Abstammungslinie der Brüderschaft und ihrer königlichen Unterstützer schildern. Im 12. Jahrhundert n. Chr. wurde die Tipitaka ausschließlich der Theravada-Lehre in Sri Lanka zugeschrieben, als sich die Sangha unter der Mahavihara-Herrschaft wiedervereinte (siehe S. 124–125).

Die Sammlung von kanonischen Pali-Texten, die in Sri Lanka und Südostasien erhalten geblieben sind und die den Auffassungen der Theravada-Schule entsprechen, ist sehr umfangreich. Viele Schriften, die als Grundlage für moderne Versionen benutzt wurden, stammen aus dem 18. und 19. Jahrhundert. Der Pali-Tipitaka wird weitgehend zugestanden, eine der ältesten historischen Quellen für die Rekonstruktion früher buddhistischer Lehre zu sein. Dennoch sollte sie nicht mit einem „ursprünglichen" Buddhismus gleichgestellt werden.

DAS SCHREIBEN DES PALI-KANONS

Wir sind es gewohnt, geschriebene Texte zu lesen. Daher fällt es schwer, den Wert, der im frühen Buddhismus der mündlichen Verbreitung beigemessen wurde, zu würdigen. Die maßgeblichen Lehren des Buddha wurden in den ersten Jahrhunderten nach seinem Tod innerhalb der Sangha von Lehrern an Schüler weitergegeben. Die Lehre zu kennen bedeutete nicht nur, sie gelesen zu haben, sondern auch, sie auswendig zu können. Nur unter extremen Umständen, die etwa durch Invasion, Kriege und Hungersnöte hervorgerufen wurden, begannen Mitglieder der Klostergemeinschaft in Sri Lanka die Lehren des Buddha niederzuschreiben, um sie zu erhalten. Angeblich haben sich im 1. Jahrhundert v. Chr. fünfhundert *Arhats* in einem Höhlentempel bei Aluvihara zusammengefunden und die gesamte Tipitaka nebst Pali-Kommentaren niedergeschrieben. Daraufhin wurden das Abschreiben und die Verbreitung buddhistischer Texte zur wichtigen Übung, und diese geschriebenen Texte dienen seit dem 19. Jahrhundert als Basis für viele westliche Studien über den Buddhismus. Das Auswendiglernen und Aufsagen der Lehren des Buddha waren weiterhin hoch angesehene Übungen in der buddhistischen Theravada-Kultur. Ein Aphorismus in Pali lautet: „Das Wissen in Büchern [ist wie] Geld in den Händen von jemand anderem: Wenn du es brauchst, ist es nicht da."

DER VINAYA-PITAKA

DIE ORDINATION VON FRAUEN

Im Vinaya-Bericht über die Etablierung von Nonnenorden wird geschildert, dass Buddha besorgt war, welchen Eindruck ein weiblicher Orden bei Laien hinterlassen könnte. Nachdem er zunächst die Bitte seiner Stiefmutter Mahaprajapati um Ordination abgelehnt hatte, erklärte er sich schließlich doch bereit, Frauen zur Nonne zu weihen: unter der Maßgabe, dass sie eine Reihe zusätzlicher Regeln befolgen, die die Gemeinschaft der Frauen symbolisch und institutionell unter die der Männer stellte. Buddha soll explizit bejaht haben, dass Frauen das *Nirvana* erreichen können, während er gleichzeitig darum bemüht war, Kritik abzuwehren, die möglicherweise durch die gesteigerte Unabhängigkeit der Frauen hervorgerufen werden würde. Wie sehr die Sangha auch das Ideal der sozialen Loslösung repräsentiert, so reflektiert der Vinaya auch das Wissen, dass das kontinuierliche Überleben der Sangha von der Akzeptanz der Laien und deren materieller Unterstützung abhängt. Weibliche Ordination wurde im 11. Jahrhundert in Sri Lanka eingestellt, es gibt jedoch in neuester Zeit kontroverse Versuche, sie wieder einzuführen (siehe S. 222–225).

Die erste der drei Textsammlungen, aus denen die Tipitaka besteht, ist der Vinaya-Pitaka („Der Korb der Ordensdisziplin“), der meist als Vinaya bezeichnet wird. Seine Priorität innerhalb des schriftlichen Kanons deutet auf seine Wichtigkeit für die Sangha und die Theravada-Lehre hin. Die Sammlung ist in drei Abschnitte unterteilt. Der erste, Suttavibhanga („Erklärung der [Patimokkha]“), enthält ein umfassendes Regelwerk (Patimokkha) für Mönche und Nonnen. Er besteht aus 227 Regeln für Männer und 311 Regeln für Frauen. Suttavibhanga schildert auch die spezifischen Umstände im Leben der Sangha, die zur Entstehung jeder einzelnen Regel führten. Die Wichtigkeit dieser Regeln für das Leben der klösterlichen Gemeinschaft wird rituell durch die Patimokkha-Zeremonie (Sanskrit: Pratimoksha) betont, die alle Mitglieder der Sangha zweimal im Monat während der Uposatha-Tage (Tag des Vollmonds, des Neumonds und die beiden dazwischen liegenden Tage) durchführen (siehe Kasten gegenüber).

Der zweite Teil des Vinaya nennt sich Khandhaka („Die Menge“) und hat zwei Unterteilungen. Die erste enthält eine umfangreiche Erzählung über das Leben des Buddha, von seiner Erleuchtung bis zur Weihung seiner beiden wichtigsten Schüler, Sariputta (Sanskrit: Shariputra) und Moggallana (Maudgalyana), sowie Regeln für wichtige Rituale wie die Weihung und das Aufsagen des Patimokkha. Der zweite Teil führt detailliert aus, welche Verantwortung und

Prachtvolle Einbände sowie ein Textbeispiel der Kammavaca („Die offizielle Verordnung der Sangha“), eine Sammlung von Auszügen aus der Vinaya-Pitaka. Diese Texte wurden in buddhistischen Ländern häufig kopiert, aber burmesische Familien bestellten oft ein kunstvoll verziertes Exemplar des Kammavaca als Andenken an den Eintritt eines Sohnes in das Mönchtum. Von oben nach unten: ein vergoldeter und lackierter Holzeinband aus dem 18. Jahrhundert mit Pali-Text in burmesischer Sprache auf Elfenbein; ein gold und rot lackierter Holzeinband aus dem 19. Jahrhundert sowie eine Ausführung des Pali-Texts in schwarzem Lack; ein rot-goldener Holzeinband aus dem 19. Jahrhundert mit einem gewebten Schriftband.

DIE UPOSATHA-HALLE UND DIE PRATIMOKSHA

Einer der Hauptpfeiler für Einigkeit innerhalb örtlicher Theravada-Klostergemeinschaften war die vorschriftsmäßige Einhaltung der Pratimoksha-Zeremonie (Pali: Patimokkha).

Zweimal im Monat versammeln sich alle höher ordinierten Mitglieder der Gemeinschaft in der Uposatha-Halle und bestätigen in einem Ritual ihre kollektive Reinheit hinsichtlich jeder Regel. Obwohl diese öffentliche Abfrage nicht mehr den Rahmen für öffentliche Eingeständnisse von Regelverstößen bietet, so definiert sie doch die kollektive Identität innerhalb von Klostergemeinschaften und innerhalb ihrer weiteren brüderlichen Verbindung. Die rituellen Grenzen (*Simas*), die formal um ein von Mönchen bewohntes Gebiet gezogen werden, legen fest, wo die Mönche an dieser zweimal im Monat stattfindenden Zeremonie teilnehmen. Dafür wird in den Klosteranlagen ein spezielles, rituell umzäuntes Bauwerk bestimmt, das auch für formelle Anlässe wie eine Mönchsweihe genutzt wird. Die Zeremonie dient außerdem als symbolische Zusicherung an die Laien, dass die örtliche Sangha weiterhin Vinaya befolgt und daher ein hoch produktives „Feld des Verdienstes“ für diejenigen bleibt, die die Erhaltung mit materiellen Spenden unterstützen.

Teil eines aus dem 3. oder 4. Jahrhundert n. Chr. stammenden Freskos im Sasanianstil aus Miran, Zentralasien. Es zeigt Siddharta (links) bei der Erklärung des Vinaya-Gesetzes, begleitet von sechs frühen Schülern und Mitgliedern der Sangha.

welches Verhalten das klösterliche Leben impliziert. Das Zusammenspiel innerhalb der Gemeinschaft sowie zwischen Mönchen und Laien wird anhand eines Regelwerks festgelegt. Dieser Teil enthält außerdem eine Erzählung über die Etablierung des Mönchsordens für Frauen sowie über das erste und das zweite Konzil.

Der dritte Teil des Vinaya, Parivara („Anhang“), besteht aus ausführlichen Zusammenfassungen des umfangreichen Materials der zwei vorhergehenden Abschnitte. Diese Zusammenfassungen gliedern den Inhalt des Vinaya in eine Vielzahl von Formen, die die Einweisung von neuen Mitgliedern in die Gemeinschaft erleichtern.

Der komplexe Kodex der Klosterdisziplin im Vinaya erscheint dem heutigen westlichen Betrachter vielleicht als übertrieben reglementierend und zu sehr auf Verhaltensfragen reduziert. Hier gilt es zu berücksichtigen, wie stark der Kodex der klösterlichen Disziplin ein vorbildliches Leben nach buddhistischen Prinzipien bestimmt. Die geistige Kultivierung und das Erkennen des Dharma sind untrennbar mit dem Kodex verbunden. Seit mehr als zweieinhalb Jahrtausenden dient der Vinaya buddhistischen Theravada-Gemeinschaften als Basis, um den Weg des Buddha zum *Nirvana* zu beschreiten, und für die Absicherung des Weiterbestehens des Dharma.

DER SUTTA-PITAKA

Der Sutta-Pitaka („Korb der Lehrreden“) ist der bekannteste Teil des Theravada-Kanons. Er ist bei weitem der umfangreichste der drei Textsammlungen der Tipitaka und besteht aus mehr als dreißig Sutta-Bänden (Sanskrit: Sutra), auch Lehrreden genannt, die dem Buddha und seinen frühen Schülern zugeschrieben werden. Traditionell wird er in fünf Abschnitte geteilt – die *Digha*-Nikaya („Die Sammlung der langen Lehrreden“); die *Majjhima*-Nikaya („Die Sammlung der mittellangen Lehrreden“); die *Samyutta*-Nikaya („Die gruppierte Sammlung“); die *Anguttara*-Nikaya („Die angereihte Sammlung“); und die *Khuddaka*-Nikaya („Die kleinere Sammlung“), eine vielschichtige Sammlung von Texten, die den anderen Sammlungen nicht eindeutig zuzuordnen ist.

Die Lehrreden beginnen meist mit der Formulierung: „Also habe ich gehört“, eine Aussage, die dem Schüler Ananda zugeschrieben wird, da dieser nach dem Tod Buddhas die Auswahl der Lehrreden besorgte und jede mit die-

Die Kuthodaw-Pagode in Mandalay, Burma (Myanmar), der Hauptstadt von König Mindon (regierte 1853–1878) im Norden Burmas, in der der Monarch 1871 eine buddhistische Ratsversammlung einberief, um einen verbindlichen Text der Schriften festzulegen. Die Texte, die in der Versammlung bestätigt wurden, sind auf Stelen eingraviert, die jeweils in eine der hier abgebildeten Pagoden gestellt wurden (siehe auch S. 177).

sen Worten einleitete. Dieses Bemühen, die Suttas bis zu Augenzeugen oder besser „Ohrenzeugen" zurückzuverfolgen, zeigt die Bedeutung, die die Theravada-Lehre dem historischen Bindeglied zwischen ihren Lehren und dem Leben des Gautama Buddha eingeräumt hat.

Die Suttas geben auch im Allgemeinen an, wo Buddha sich befand, als er die Reden hielt und wer seine Zuhörer waren. Damit wird betont, dass, wie universell die Wahrheit von Buddhas Lehre auch sein mag, doch jede Rede in einer Art und Weise vorgebracht wurde, die sich an den speziellen Bedürfnissen und am Wissensstand derer orientierte, an die sie sich richtete.

Trotz der enormen Vielfalt an Fragen, die von Buddha im Sutta-Pitaka angesprochen werden, zeigen die Lehrreden, dass Buddha nicht alle Fragen für würdig befand, beantwortet zu werden. Er weigerte sich, auf spekulative Fragen einzugehen, etwa über das Alter und die Reichweite des Universums, über das Verhältnis zwischen Lebenskraft und Körper oder über die Existenz des Buddha nach seinem Tod. Eine berühmte Lehrrede in der Majjhima-Nikaya schildert, dass ein Mönch drohte, die Sangha zu verlassen, wenn der Buddha diese Fragen nicht beantworten würde. Buddha reagierte mit einem Gleichnis und verglich den Mönch mit einem Mann, der von einem vergifteten Pfeil angeschossen worden war. Der Mann lehnte die Behandlung der Wunde unklugerweise ab, bevor er keine Einzelheiten über den Schützen herausgefunden hatte, über den Bogen, der benutzt wurde, und über den Pfeil an sich. Der Buddha ermahnte seine Anhänger, keine Zeit und Energie mit solch spekulativen Debatten zu verschwenden und sich stattdessen auf das zu konzentrieren, was wirklich wichtig sei: die Ursache des Leidens und dessen Beendigung.

Angeblich haben einige Mönche und Nonnen den gesamten Sutta-Pitaka auswendig gelernt. Teile der Sammlung waren aber aufgrund ihres Bezugs zu alltäglichen Bräuchen der klösterlichen Gemeinschaft und der Bedürfnisse der Laien besonders einflussreich. So rezitieren Sangha-Mitglieder regelmäßig Texte aus der Mahaparitta („Buch des Schutzes"), einer besonderen Sammlung von Schutzversen, die aus verschiedenen Teilen des Sutta-Pitaka stammen. Diese Suttas sind weit verbreitet und hoch geehrt, obwohl sie keine gesonderte Sammlung innerhalb des „Korbs der Lehrreden" darstellen (siehe „Paritta" S. 85). Einige Verse stammen aus der Khuddakapatha („Kleines Lesebuch"), einer kurzen Sammlung von Passagen aus der Khuddaka-Nikaya, die ihren Ursprung wahrscheinlich in einer Art Einweihung für Novizen hatte. Zwei weitere Texte der Khuddaka-Nikaya, Jataka („Geburtsgeschichten") und Dhammapada („Verse aus der Dharma"), waren auch sehr populär. Beide Texte werden häufig zitiert, wenn Mönche Laien unterweisen. Szenen aus der Jataka, die die vorhergehenden Leben des Buddha schildert, bilden die Vorlage für unzählige buddhistische Tempelmalereien (siehe Text rechts oben). Novizen lernen üblicherweise alle 423 Verse des Dhammapada auswendig, eine Sammlung von Auszügen der Lehren des Buddha in Versform. Das Dhammapada ist einer der ersten vollständigen buddhistischen Texte, der in westliche Sprachen übersetzt wurde, er ist seit Mitte des 19. Jahrhunderts in Europa und Nordamerika wohl bekannt. Vers 183 dieser Anthologie wird mittlerweile von vielen als die Zusammenfassung der gesamten Lehre Buddhas gesehen: „Jegliche böse Tat meiden; sich hinwenden zur rechten Tat; zur Reinheit seinen Sinn läutern; das sind die Gebote aller *Buddhas*."

JATAKA-GESCHICHTEN

Geschichten über die vorhergehenden Leben des Buddha waren in der buddhistischen Welt weit verbreitet und tauchen in vielen frühen Schriften auf. Die bekannteste ist Jataka („Geburtsgeschichten"), eine Sammlung von mehr als fünfhundert Erzählungen, die einen Teil des Sutta-Pitaka darstellt. Die Entstehungszeit dieser Sammlung ist ungewiss, doch bereits im 2. Jahrhundert v. Chr. fanden sich in Nordindien Reliefskulpturen, die Szenen aus dem Jataka darstellen. Die Legenden erzählen, wie der *Bodhisattva* jede Wiedergeburt dazu nutzte, Großmut, Mitgefühl und andere edle Eigenschaften zu kultivieren. Das Jataka preist den einzigartigen Charakter des zukünftigen Buddha, gleichzeitig macht sie ihn auch zugänglicher und den Pfad der Erleuchtung greifbarer. Er hatte viele verschiedene Leben und durchlief eine breite Palette an möglichen Wiedergeburten: Er wurde als König geboren, als Prinz, als Edelmann, Minister, Brahmane, Kaufmann, Reh, Vogel, Antilope, Hund, Affe, Bulle, Ochse, Asket, Baumgeist und sogar als überirdisches Wesen. Die Geschichten stellen daher in dramatischer Weise die Erarbeitung des Prinzips des *Karma* dar und bieten ein lebendiges Bild der Vielfalt an empfindungsfähigen Erlebnissen. Das Jataka ist auch ein Teil der kanonischen Texte, auf die die Mönche üblicherweise bei der Unterweisung von Laien zurückgreifen.

DER ABHIDHAMMA-PITAKA

Die dritte Sammlung von Schriften in der Tipitaka ist der Abhidhamma-Pitaka (Sanskrit: Abhidharma-Pitaka, der „Korb der höheren Lehren“), der in Form und Inhalt sehr stark von den anderen beiden abweicht. Während die ersten beiden zum größten Teil in Erzählform geschrieben sind, in denen der Buddha auf spezielle Fragen oder Ereignisse innerhalb des Gemeinschaftslebens eingeht, ist der Inhalt des Abhidhamma-Pitaka hoch abstrakt und analytisch. Trotz der Schwierigkeit, diese Texte zu verstehen, hat die Theravada-Lehre ihren großen Wert gefeiert, vor allem als Unterstützung für jene, die sich der fortgeschrittenen Form der Meditation gewidmet haben. Die Texte werden als so tiefgreifend angesehen, dass sogar Laien, die ihre Bedeutung vielleicht nicht bewusst verstehen, allein vom Lauschen ihrer Rezitation enorm profitieren. Auszüge des Abhidamma werden häufig bei Begräbnissen und Festlichkeiten aufgesagt.

Dieses Monument bei Bodhgaya markiert den Ort, an dem Buddha der Legende nach seine Meditation über den Abhidhamma in der vierten Woche nach seiner Erleuchtung abhielt.

SARIPUTTA
Beim Eintreten in die Bilderhalle eines buddhistischen Tempels in Sri Lanka sieht man üblicherweise ein Bildnis eines Mönchs an der rechten Seite des Buddha. Dies ist sein bedeutender Anhänger Sariputta, der von der Theravada-Schule für sein Verständnis des Dharma hoch verehrt wird. Der Legende nach soll Buddha den Abhidhamma zuerst seiner verstorbenen Mutter im Himmel gelehrt haben (siehe Kasten gegenüber). Er unterwies auch jeden Tag seinen Hauptschüler Sariputta.

Der Abhidhamma besteht aus sieben Büchern. Das erste, Dhammasangani („Aufzählung der Daseinsphänomene“), schildert die 82 Dharmas oder Phänomene, die laut der Theravada-Lehre die Realität ausmachen (andere buddhistische Schulen berufen sich auf eine andere Anzahl von Dharmas; die Sarvastivadins haben beispielsweise 75 anerkannt). Davon sind 81 „bedingt“ oder entstehen abhängig voneinander – eine ist unbedingt: das *Nirvana*. Aus der Sichtweise der vollkommenen Erleuchtung sind diese Dharmas die Grundfaktoren, die jegliche Erfahrung bedingen, und der Weg des Buddha zur Erlösung kann als Möglichkeit dafür gesehen werden, die Dinge zu so sehen, „wie sie wirklich sind“, das heißt, wie sie durch die bedingte Entstehung dieser Dharmas beschaffen sind. Derjenige, der diese Phänomene direkt wahrnimmt, realisiert die Nicht-Existenz seiner eigenen Person und versagt sich daher jegliches Begehren oder jegliche Anhänglichkeit. Solch eine Person hat das *Nirvana* erreicht, das eine unbedingte Dharma. Adhidhamma behandelt daher den Prozess der Umsetzung und die Wahrheit, zu der dieser Prozess führt. Der Text wurde als eine Analyse der Realität beschrieben, die Philosophie, Psychologie und Moral mit einschließt.

Diese Dharmas werden mit einer Reihe von Ansätzen der anderen sechs Bücher untersucht: Vibhanga („Buch der Klassifizierungen“), Dhatukatha („Buch der Elemente“), Puggalapannatti („Buch der Person“), Kathavatthu („Buch der Streitfragen“), Yamaka („Buch der Paare“) und Patthana („Buch der Kausalität“). Letzteres ist das längste der gesamten Tipitaka mit über 6 000 Seiten in der siamesischen (Thai) Ausgabe. Es untersucht die vierundzwanzig Gesetze der Bedingungen, die sämtliche mögliche Beziehungen zwischen den Dharmas definieren, und wird als die tiefgründigste Darstellung der vollständigen Erleuchtung des Buddha betrachtet (siehe Kasten gegenüber).

DER BUDDHA PREDIGT SEINER MUTTER DEN ABHIDHAMMA

Trotz historischer Beweise, dass zumindest Teile des Abhidhamma-Pitaka nach dem Tod des Buddha entstanden sind, besagt die Theravada-Lehre, dass die Gesamtheit der Lehre auf den Buddha zurückzuführen ist. Laut dieser Schule hat er über den Inhalt des Abhidhamma in der vierten Woche nach seiner Erleuchtung meditiert (siehe Abbildung gegenüber), und während er über das siebte Buch (Patthana) sinnierte, erstrahlte sein Körper in buntem Glanz, ein Zeichen für die tiefe Wahrheit des Textes.

Darüber hinaus behauptet die Theravada-Lehre, dass Gautama Buddha wie seine Vorgänger in den „Himmel der Dreiunddreißig" aufgefahren sei, um diese Wahrheit seiner Mutter zu lehren, die hinabstieg, um sie zu hören, da sie als männlicher *Deva* im Tushita-Himmel wiedergeboren wurde. Er soll diesen Text drei Monate lang gelehrt haben. Eines der meist zelebrierten Ereignisse in der Biographie des Buddha ereignete sich nach diesem überirdischen Aufenthalt, als er an einer mit Juwelen geschmückten Leiter zur Stadt Samkashya hinabstieg, flankiert von den Göttern Brahma und Shakra (Indra) auf Leitern aus Silber und Gold. Dem Aufstieg des Buddha in den Himmel der Dreiunddreißig ging unmittelbar sein „Wunder des Doppelten" in Shravasti voraus: Er stieg in den Himmel auf und zur gleichen Zeit strömten Feuer und Wasser aus seinem Körper.

Buddha beim Hinabsteigen nach Samkashya auf einer Juwelen besetzten Leiter (Tempelmalerei in Bangkok, 18. Jahrhundert).

KOMMENTARE UND CHRONIKEN

Der Berg in Sri Lanka, der als Sripada oder Adam's Peak bekannt ist, hier als Silhouette in der Wolkendecke erkennbar, ist seit Jahrhunderten ein Ziel buddhistischer Pilgerwanderungen (siehe S. 112). Der englische Name kommt aus einer muslimischen Überlieferung, in der die merkwürdige Einbuchtung an der Spitze des Berges (der von Buddhisten als Fußabdruck des Buddha betracht wird) von Adam stammen soll, der dort als Buße für tausend Jahre auf einem Bein stand.

Die buddhistische Theravada-Lehre wird nicht nur von der Tipitaka definiert, sie verfügt auch über wichtiges, umfangreiches Kommentarmaterial und Chroniken. Die Kommentare sollen – ähnlich wie die Tipitaka – bei der ersten Versammlung nach Buddhas Tod entstanden sein. Der Legende nach sollen diese mündlich überlieferten Interpretationen im 3. Jahrhundert v. Chr. von Mahinda (Mahendra) nach Sri Lanka gebracht worden sein, dem Mönch, dem auch die Einführung der Lehre Buddhas auf der Insel zugeschrieben wird (siehe S. 124–125). Es ist nicht bekannt, in welcher Sprache die frühen mündlichen Kommentare weitergegeben wurden, aber die Schriften, die der Gelehrte Buddhaghosa, der meist verehrte Autor von Kommentaren in Pali-Sprache (siehe gegenüber), im 5. Jahrhundert n. Chr. im Mahavihara-Kloster in Sri Lanka fand, waren in Sinhala-Sprache verfasst. Buddhaghosa sortierte die Texte, übersetzte sie in Pali und schuf so eine umfangreiche Kommentarsammlung, die bis zum heutigen Tage die Grundlage der Theravada-Schule für die Interpretation der Tipitaka darstellt. Seine Übertragung galt als derart bedeutend, dass man frühere Versionen verbrannte.

DIE PALI-CHRONIKEN

Das 5. Jahrhundert n. Chr. markiert die Periode, in der Mahavihara-Mönche begannen, die sehr einflussreichen Pali-Vamsa oder „Chroniken" zu verfassen. Wie die Kommentare in Pali-Sprache (siehe Haupttext) basieren auch die frühesten Exemplare dieser Texte auf früheren Sinhala-Überlieferungen, die nicht mehr existieren. Sie bieten wertvolle Quellen für die Geschichte der Theravada-Lehre in Indien und Sri Lanka.

In Süd- und Südostasien entwickelte sich ein umfangreiches Werk mit Chroniken, das auch Fassungen in Dialektform enthält. Zentrales Thema ist die Kontinuität der Theravada-Lehre, die durch ununterbrochene Mönchslinien und die Erhaltung und Verehrung der Reliquien des Buddha definiert wird. Die Chroniken haben daher die Bedeutung bestimmter buddhistischer Stätten und ritueller Bräuche wie den Bau eines *Stupa* und die Pilgerschaft (siehe S. 108–109 und S. 112–113) etabliert. Im vergangenen Jahrhundert haben diese Chroniken bei der Entwicklung der buddhistischen Sinhala-Nationalgesinnung eine bedeutende Rolle gespielt (siehe S. 229). Der große Einfluss dieser Überlieferungen wird durch die periodische Erweiterung der Mahavamsa („große Chronik") in Pali-Sprache deutlich, die zuletzt in den späten 1980er-Jahren unter der Schirmherrschaft der Regierung Sri Lankas auf den neuesten Stand gebracht wurde.

Die Pali-Chroniken besagen, dass der Buddha nach Sri Lanka gereist ist. Angeblich hat er die Yakkhas *(Dämonen) von der Insel vertrieben, indem er seine Meditationsmatte vergrößerte, die von Feuer umringt ist. Diese Szene wird auf diesem Gemälde im Kelaniya-Tempel auf Sri Lanka dargestellt.*

Traditionell werden Buddhaghosa sämtliche Kommentare zu allen Büchern der Tipitaka zugeschrieben. Eine Ausnahme bilden einige Schriften im Sutta-Pitaka, die als „Sammlung kleiner Texte" bekannt sind. Diese wurden von anderen Kommentatoren zur Verfügung gestellt, vor allem der Dhammapala, der im 5. und 6. Jahrhundert n. Chr entstand. Die Pali-Kommentare förderten auch die Entwicklung von Subkommentaren. Gleichzeitig wurden manche Kommentare in Pali-Sprache in Dialekte zurückübersetzt, um sie einem breiteren Laienpublikum zugänglich zu machen.

Die Kommentare befassen sich mit der Klärung der Bedeutung einzelner Worte und grammatikalischer Zweideutigkeiten im Kanon. Gleichzeitig lenken sie auch die Interpretation einzelner Passagen in einer Art und Weise, die auf das Gesamtbild der Lehre Buddhas ausgerichtet ist. Denn jede Passage dient schlussendlich dem Zweck, menschliche Wesen dabei zu unterstützen, das *Nirvana* zu erreichen. Darüber hinaus sind die Chroniken eine reichhaltige Quelle für Erzählungen, deren Inhalt Wissenschaftlern dabei helfen kann, die Geschichte des Buddhismus und der antiken indischen und sri-lankischen Gesellschaft zu rekonstruieren. Die umfassende Kommentarsammlung in Pali-Sprache und auch die Pali-Chroniken zeugen von dem ständigen Bestreben der Theravada-Schule, Buddhas geistiges Vermächtnis in Worten und Reliquien lebendig zu halten.

BUDDHAGHOSA

Nach der Überlieferung wurde Buddhaghosa, dessen Name „Stimme des Buddha" bedeutet, in der Nähe von Bodhgaya geboren und hatte eine brahmanische Ausbildung absolviert. Er konvertierte aber später zum Buddhismus und ging in die antike Hauptstadt Sri Lankas, Anuradhapura, um die Sinhala-Kommentare, die von den Mahaviharins erhalten worden waren, in Pali-Sprache zu übersetzen. Als Prüfung forderten ihn die Mönche auf, einen Kommentar zu zwei Zeilen des Samyutta-Nikaya zu schreiben. Das Ergebnis war die berühmte Visuddhimagga („Pfad der Reinheit") von Buddhaghosa, eine riesige Enzyklopädie, die Buddhas Weg zur Erreichung des *Nirvana* beschreibt.

TEIL 3 • KAPITEL 3 *Mark L. Blum*

SCHRIFTEN DES MAHAYANA

DIE VOLLKOMMENHEIT DER ERKENNTNIS

Die philosophischen Lehren des Mahayana („Großes Fahrzeug") zeichnen sich in einer neuen Gattung von Literatur ab, die man als Pranja-Paramita oder „Sutras der Vollkommenheit der Erkenntnis" bezeichnet. Obwohl eine genaue Datierung eines Schriftstückes im Buddhismus schwierig ist, glauben viele Wissenschaftler, dass die Erstellung des Lotos-Sutra, eine der frühesten Mahayana-Schriften, im 1. Jahrhundert vor oder vielleicht kurz nach dem Anfang der christlichen Zeitrechnung erfolgte.

Im Lauf der Zeit entstanden unter dem Dach des Mahayana neue Lehren und Schulen wie die Tradition des Yogachara und des Reinen Landes. Jede präsentiert unterschiedliche Auffassungen über das Verhältnis zwischen Kosmos und Menschheit. Die Sutras der Vollkommenheit der Erkenntnis sind benannt nach der Wahrheit aus der Liste der Tugenden („Vollkommenheit"), die alle *Bodhisattvas* anstreben. Die Prajna-Paramita ist daher eine umfangreiche Abhandlung über die Natur der religiösen Wahrheit; sie konzentriert sich auf die Unbedingtheit der *Shunyata* oder Leere (siehe S. 140–141).

Andere buddhistische Schulen betonten, wie wichtig es sei, die Bedeutung des Nicht-Selbst (*Anatman*), der Unbeständigkeit (*Anitya*) und des Leidens

Die Turfan-Senke im östlichen Turkistan in Zentralasien (heute autonome Region Xinjiang, China). Sie liegt an der alten Seidenstraße, einem Teil des Netzwerkes von Handelsstraßen, auf denen buddhistische Mahayana-Sutras nach China und in andere Länder gebracht wurden. In der Senke befinden sich zahlreiche frühe buddhistische Stätten und Höhlen, unter anderem die bei Bezeklik, hier auf dem Bild gezeigt, wo sich auch noch ein Kloster befindet, eingelassen in die Wand einer Schlucht in den Flaming Mountains. Die Fresken in den Klosterzellen in Bezeklik stammen vermutlich aus dem 8.–10. Jahrhundert n. Chr.

Eine tibetische Übersetzung der „Vollkommenheit der Erkenntnis in 8000 Zeilen", wahrscheinlich das älteste der Mahayana-Sutras, das im 1. Jahrhundert v. Chr. entstand. Auf dem Einband befindet sich ein Bildnis Buddhas (links) und der Vollkommenheit der Erkenntnis (rechts), personifiziert durch die vierarmige Göttin Prajaparamita.

(*Duhkha*) zu verstehen. Viele Buddhisten fanden jedoch, *Anatman* sei zu wenig unmittelbar, und argumentierten, dass, selbst wenn es keine beständige Substanz in einem einzelnen empfindungsfähigen Wesen gebe, so hätten doch die Einzelelemente (*Dharmas*) aller Wesen ein gleichbleibendes „Eigenwesen" (*Svabhava*, siehe S. 192).

Die Sutras der Vollkommenheit der Erkenntnis vermitteln eine andere Sichtweise. In ihnen wird die Behauptung aufgestellt, dass einzelne *Dharmas* auch ohne festes Selbstwesen existieren. Diese Meinung war zum Teil ein Angriff auf die Vorstellung, dass das *Nirvana* eine „Sache" wäre, die man erlangen oder erreichen könne. Laut der Lehre der Vollkommenheit der Erkenntnis müssen alle vorgefassten Meinungen aufgegeben werden, weil sie unausweichlich die Wahrnehmung beeinträchtigen: Leere bedeutet, keine spekulativen Gedanken zu haben (siehe S. 140–141).

Die Datierung der Sutras der Vollkommenheit der Erkenntnis ist unklar, aber die älteste, die „Vollkommenheit der Erkenntnis in 8000 Zeilen", scheint, zumindest in einer frühen Form, im 1. Jahrhundert v. Chr. entstanden zu sein. Hierauf basierend schuf der im 2. Jahrhundert n. Chr. lebende buddhistische Philosoph Nagarjuna, der auch die Lehre der Zwei Wahrheiten (siehe S. 132) darlegte, eine interpretative Lehre, die als Madhyamaka („Anschauung des Mittleren Weges") oder als Shunyatavada („Lehre von der Leere") bekannt ist. Er sagte, dass die Lehre des „Bedingten Entstehens" von Buddha bedeute, dass nichts erfahren werden kann, es sei denn durch etwas anderes. Das *Nirvana* selbst hätte nur Bedeutung, weil es das Gegenteil der unruhigen, karmischen Welt des *Samsara* sei. Daher ist das *Nirvana* für Nagarjuna nur eine andere Dimension unserer Welt: Wir können sie einfach nicht wahrnehmen, weil wir nicht fähig sind, unsere gegensätzliche Sichtweise aufzugeben. Laut Nagarjuna hängen alle Phänomene der Welt voneinander ab und können nur durch einen dialektischen Prozess erfasst werden, in dessen Verlauf sich gegensätzliche Positionen irgendwann von selbst aufheben.

LITERARISCHE FORMEN

Die Sutras der Vollkommenheit der Erkenntnis haben eine große Variationsbreite. Das kürzeste, das Herz-Sutra, besteht aus einer einzigen, direkten Aussage über die gegenseitige Bedingtheit von Gegensätzen: „Form ist nicht verschieden von Leerheit, Leerheit ist nicht verschieden von Form." Am umfangreichsten ist die „Vollkommenheit der Erkenntnis in Hunderttausend Zeilen". Sie enthalten auch praktische Predigten, wie die im Diamant-Sutra: „Wahre Wohltätigkeit findet nur dann statt, wenn es keine Vorstellung des Gebens, des Gebenden oder der Gabe gibt."

DAS LOTOS-SUTRA

Wie bei vielen buddhistischen Schriften indischer Herkunft ist es unklar, aus welcher Zeit genau das Saddharma-Pundarika-Sutra („Das Sutra der Lotosblüte des wunderbaren Dharma", gängiger Kurztitel: „Lotos-Sutra") stammt, aber meist wird es auf die frühe Phase der Mahayana-Lehre datiert, entweder auf das 1. Jahrhundert v. Chr. oder das 1. Jahrhundert n. Chr. Es wurde eine der einflussreichsten aller buddhistischen Schriften. Die Popularität des Lotos-Sutra wird durch alte chinesische Kataloge beurkundet, die nicht weniger als siebzehn chinesische Übersetzungen verzeichnen (von denen nur noch drei erhalten sind). Der früheste noch existierende Text des Sutra ist eine chinesische Übersetzung aus dem Jahr 286 n. Chr. des zentralasiatischen Missionars und Gelehrten Dharmaraksha. Seit Ende des 19. Jahrhunderts sind einige Versionen in Sanskrit gefunden worden, in Nepal, Tibet, Kaschmir und Zentralasien, die inhaltlich leicht voneinander abweichen.

Das Lotos-Sutra ist ein langes Schriftstück, mit siebenundzwanzig oder achtundzwanzig Kapiteln, und im Lauf der Zeit erschien es vorteilhaft, diese in zwei Abschnitte zu unterteilen. Die ersten vierzehn Kapitel behandeln „zweckmäßiges Lehren" – die Verbreitung des Dharma durch Parabeln und Beispiele. Die restlichen Kapitel erläutern die Lehre vom überirdischen Wesen Buddhas. Chih-i (538–597 n. Chr.), der große chinesische Gelehrte des Lotos-Sutra, nannte die erste Hälfte die „Spuren" der Wahrheit und die zweite Hälfte die „wirkliche" Wahrheit. Heute werden üblicherweise drei Lehrthemen mit diesem Werk identifiziert: die universelle Erlösung der Menschen; das transzendente Wesen Buddhas; und die Möglichkeit, eine *Buddhaschaft* zu erlangen, wie sie vom *Bodhisattva* repräsentiert wird.

Zentraler Punkt im Lotos-Sutra ist das Fehlen des Buddha in der Welt und der damit einhergehende Verlust seiner erlösenden Lehre. Im Kapitel mit dem Titel „Die Lebensdauer des Tathagata [des Buddha]," offenbart Buddha, dass Hunderte von Millionen von Weltzeitaltern (*Kalpas*) vergangen seien, seitdem er ein *Buddha* geworden sei, und dass er nur vortäusche, von der Welt gegangen zu sein, um zu vermeiden, dass die Menschen sein Dasein als selbstverständlich hinnehmen würden. Er sagt: „Ich war immer hier. Ich werde nie sterben." Dieser Prozess der Neudefinierung des Buddha transformiert ihn in ein Symbol der Allwissenheit und Erhabenheit, ein überirdisches Wesen, das in der Lage ist, *Buddhas*, die auf anderen Planeten weilen, herbeizurufen, um dieses wunderbare Sutra namens Lotos zu erfahren. Die erlösende Macht Buddhas ist nicht verloren gegangen, sondern sehr präsent, da Hunderte von Millionen empfindungsfähige Wesen den Punkt erreicht haben, an dem sie aus dem Kreis der Wiedergeburt ausbrechen, seitdem er auf der Erde erschienen ist.

Das Sutra ist auch bekannt für die geschickte Anwendung von Parabeln und Metaphern, auf die in der Literatur in China, Korea und Japan derart häufig hingewiesen wird, dass frühe westliche Gelehrte den Einfluss des Lotos-Sutra dem der Bibel in der christlichen Welt gleichsetzten. Das Sutra enthält viele bekannte und oft zitierte Parabeln. Eine der bekanntesten ist das Gleichnis vom „verlorenen Sohn": Ein Sohn verlässt sein Zuhause und bleibt fast fünfzig Jahre lang in der Fremde, bis er wieder in seine Heimat kommt. In der Zwischenzeit erlangt sein Vater Reichtum und Macht, während der Sohn in Armut lebt.

Eines Tages sieht der Vater zufällig seinen Sohn, der jedoch seinen Vater nicht erkennt und davonläuft. Der Vater lässt ihn zunächst mit Gewalt in sein Haus bringen, erkennt aber, dass es eines „geschickten Mittels" bedarf, um seinen Sohn zurückzugewinnen. So entsendet er Diener, die dem Sohn eine niedere Tätigkeit für einen guten Lohn anbieten. Der Sohn nimmt das Angebot an. Als Belohnung für seine Ehrlichkeit und harte Arbeit wird der Sohn gut behandelt und verbringt so zwanzig Jahre im Haus seines Vaters. Als der Vater seinen Tod nahen spürt, versammelt er hochgestellte Persönlichkeiten und seine Angestellten um sich, einschließlich seinen Sohn. Dann erklärt er, dass er der Vater dieses Mannes sei und dass er seinen gesamten Reichtum an ihn vererbt. Der Sohn

Das Titelbild eines Manuskripts des Lotos-Sutra aus dem 17. Jahrhundert, gemalt in gold, silber und blau auf indigofarbenem Papier, im Auftrag für eine berühmte Familie. Zwei Bodhisattvas (Bosatsu *auf Japanisch) sitzen auf Lotosblüten in einer Pagode, die von Wächtern bewacht wird.*

妙法蓮華經信解品第四
尒時慧命須菩提摩訶迦栴延摩訶迦葉摩
訶目揵連從佛所聞未曾有法世尊授舍利
弗阿耨多羅三藐三菩提記發希有心歡喜
踊躍即從座起整衣服偏袒右肩右膝著地
一心合掌曲躬恭敬瞻仰尊顔而白佛言我

Ein Auszug aus einer japanischen Ausgabe des Lotos-Sutra, einem der ältesten Mahayana-Sutras. Das Abschreiben des Lotos-Sutras gilt als Mittel, um viel Anerkennung zu erlangen.

ist erstaunt, da er nur ein bescheidenes Leben durch ehrliche Arbeit erwartet hatte. Das Sutra erklärt dann, dass der Sohn einem Hinayana-Anhänger (also einem Nicht-Mahayana-Buddhisten) gleicht, der hart arbeitet, aber nur auf das bescheidene Ziel des *Arhattums* hofft. Der Buddha ist der Vater, der einen weit größeren Reichtum besitzt, als der Sohn es sich vorstellen kann – die *Buddhaschaft*.

Eine weitere, oft zitierte Parabel ist „Das Brennende Haus“, und auch hier stellt ein reicher Vater den Buddha dar. Kinder spielen fröhlich in einem Haus, das plötzlich Feuer fängt, sind aber so in ihr Spiel vertieft, dass sie es nicht bemerken. Der Vater weist sie an, das Haus zu verlassen, aber sie hören nicht auf ihn. Er überlegt, sie hinauszutragen, aber es sind zu viele, und die Tür ist zu eng. Dann erzählt er ihnen, dass er vor dem Haus eine besondere Kutsche angespannt habe, die von Ochsen, Antilopen und Ziegen gezogen wird. Aufgeregt rennen die Kinder zur Tür hinaus, drängeln und schieben in großer Eile. Nachdem alle draußen sind, gibt der Vater jedem Kind eine große Karre, die mit Juwelen und Glocken geschmückt ist und von Bediensteten begleitet wird. Obwohl diese Karren nicht der ursprünglichen Beschreibung des Vaters entsprechen, sind die Kinder überglücklich. Aus der Sicht des Buddha wissen die meisten Menschen nicht, dass die Gier und die Besessenheit, die mit ihrem Streben nach Reichtum und Macht einhergehen (symbolisiert durch das Spiel der Kinder), eine Bedrohung schaffen, die für ihr spirituelles Wohl gefährlich ist (das Feuer steht für diese Gefahr). Aber wenn diese Tatsache direkt angesprochen wird, will sie niemand hören, daher nutzt der gute Lehrer die materielle Gier seiner Zuhörer aus, indem er Verlockungen (die Tiere) einsetzt, um sie zu einem tieferen Verständnis (die Juwelen und die Glocken, die den Dharma darstellen) zu führen.

Das oberste Ziel des Sutras liegt im Wesentlichen darin, zu vermitteln, dass die Lehren des Buddha der kosmischen Wahrheit entsprechen. Um an dieser Wahrheit teilhaben zu können, muss man an sie glauben, vor allem daran, dass es „ein Fahrzeug“ (*Ekayana*) für den Ausdruck dieser Wahrheit gibt. Dabei ist „ein Fahrzeug“ Synonym für die Mahayana-Lehre, und „ein“ bedeutet „universell“. Davon zeugt die Geschichte von Devadatta in Kapitel 12 des Lotos-Sutras: Ein Cousin des Buddha namens Devadatta trat einst in die Gemeinschaft der Mönche unter Buddhas Leitung ein, wurde dann aber neidisch auf ihn. Er versuchte mit allen Mitteln, die Sangha zu spalten, er wollte Buddha sogar mehrfach umbringen. In früheren Leben hatte er jedoch viele gute Taten vollbracht, und daher wurde vorausgesagt, dass auch er irgendwann die *Buddhaschaft* erreichen würde. Die Moral der Geschichte ist, dass auch der verdorbenste Mensch befreit werden und Selbstvervollkommnung erlangen kann.

Das Lotos-Sutra wurde die Grundlehre der chinesischen Tientai-Schule, die im späten 6. Jahrhundert n. Chr. gegründet wurde (siehe S. 144–145). Chih-i benutzte frühere chinesische philosophische Kategorien des *Li* (grundlegendes oder beinhaltetes Prinzip) und *Shi* (der Ausdruck dieses Prinzips in Erscheinungen), um ein systematisches Verständnis buddhistischer Philosophie zu schaffen, bei dem das

Lotos-Sutra als vollkommenster Ausdruck buddhistischer Wahrheit betrachtet wird. Er setzte es an die Spitze aller buddhistischen Schriften und verhalf dem Sutra somit zu hohem Ansehen und offiziellem Status. Chih-i klassifizierte die buddhistischen Wahrheiten und Schriften in ein fünfstufiges chronologisches System, mit der Überlegung, dass Buddhas Lehre der „Geschickten Mittel“ (siehe S. 142–143) bedeutete, dass er die Präsentation des Dharma so geordnet hatte, dass die Zuhörer von der relativ einfachen Wahrheit zu komplizierten, von konkreten zu abstrakten Wahrheiten kommen können. Chih-i verband die Lehre vom universellen *Buddha*-Wesen mit dem Nirvana-Sutra (siehe S. 206–207). Die Einfachheit des Lotos-Sutra und seine Anschaulichkeit trugen dazu bei, dass sich die Schrift in ganz Ostasien enormer Beliebtheit erfreute.

NICHIRENS VISION DER UTOPIE

Besonders stark kommt der Glaube an das Lotos-Sutra in dem Werk des japanischen Mönchs Nichiren (1222–1282) zum Ausdruck. Obwohl Nichiren aus der Tendai-Sekte ausgetreten war, war sein Glaube an das Lotos-Sutra ungebrochen. Er begründete dies mit der Aussage, dass das Sutra die Verkörperung unendlicher Macht sei, wenn alle anderen religiösen Institutionen deren Legitimation anerkennen. Würden sie von ihren anderen Glauben abkommen, so würde die enorme errettende Kraft Japan vor der Bedrohung der mongolischen Invasion beschützen. Nichiren verpflichtete sich mit Leib und Seele und war bereit, für die Sache sogar zu sterben. Er sah den Buddhismus nicht so sehr als Mittel zur individuellen Emanzipation, sondern mehr als Basis zur Erkennung einer Utopie.

Den Tantra-Symbolismus nachempfindend, kreierte Nichiren ein rituelles System, das ein *Mandala* mit dem Lotos-Sutra in der Mitte enthielt. Der rituelle Gegenstand der Verehrung in Nichiren-Tempeln war stets eine Schriftrolle mit dem Namen des Sutra in der Mitte, umringt von Kernaussagen und Namen himmlischer *Bodhisattvas.* Die Menschen sollten ihren Glauben auf die Macht des Lotos-Sutra richten, sich der Schriftrolle zuwenden und wiederholt rezitieren: *namu myoho renge kyo* – „Ich nehme Zuflucht zum Sutra des Lotos des wunderbaren Dharma.“

Ein Triptychon zeigt Nichiren, der auf seinem Weg ins Exil das Meer besänftigt. Er sah es als sein Schicksal an, die Welt in eine neue Ära zu führen, die von einer reineren Form des Buddhismus geleitet wird.

DAS REINE LAND

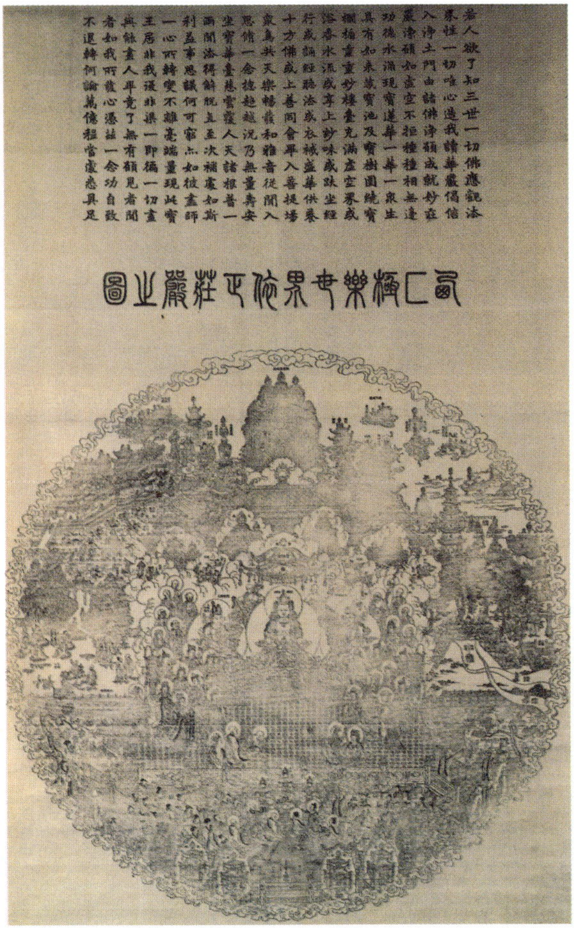

Ein chinesischer Text aus einem Kloster in Rehe in der Mongolei, gedruckt im 18. Jahrhundert, mit einem Bildnis des Reinen Landes. Es zeigt die „Wolkenbeschaffenheit“ des paradiesischen Reiches von Amitabha, der in der Mitte sitzt; an seiner Seite Avalokiteshvara und Mahasthamaprapta. Anhänger des Reinen Landes glauben, dass sie dieses Reich erreichen können, wo die Umstände ideal sind, um das Nirvana *zu erlangen, sofern sie die notwendige Hingabe zeigen.*

Man nimmt an, dass alle *Buddhas* lediglich durch ihre Anwesenheit das Reich, in dem sie sich aufhalten, reinigen, von daher wohnt eigentlich jeder *Buddha* in einem „reinen Land“. Das, was als Buddhismus des Reinen Landes (siehe S. 144–147) bezeichnet wird, bezieht sich jedoch speziell auf die Lehren, Praktiken und Vorstellungen, die sich auf Amitabha Buddha konzentrieren, den *Buddha* des unendlichen Lichts, auch Amitayus genannt, der *Buddha* des unendlichen Lebens. Weil er dem westlichen Paradies Sukhavati vorstand und wegen seiner großen Popularität aufgrund der Tugenden, die ihm zugeschrieben werden, kommt Amitabha Buddha in buchstäblich Hunderten von Mahayana-Sutras vor. Eine Reihe von Schriften förderte die Entwicklung der Schule des Reinen Landes in Ostasien, vor allem drei Sutras und eine Abhandlung (siehe Kasten gegenüber). Sie bilden die grundlegende Basis für die Sekten des Reinen Landes, die ab dem 9. Jahrhundert in Japan gegründet wurden.

Die ersten beiden Sutras tragen in Sanskrit den gleichen Titel – Sukhavati-vyuha-Sutra („Aufstellung des [Landes der] Glückseligkeit-Sutra“) –, obwohl sie in der chinesischen Übersetzung unterschiedlich benannt sind. Die westliche Welt folgt der indischen Tradition, dort entstanden die klassischen Schriften: das Kürzere Sukhavati-vyuha-Sutra und das Längere Sukhavati-vyuha-Sutra. Das Kürzere Sukhavati-vyuha-Sutra beschreibt in erster Linie die Wunder im Reinen Land des Amitabha Buddha, widmet sich aber auch der Preisung der Charakteristika des Amitabha selbst. Diejenigen, die über diesen *Buddha* meditieren und das Sutra ernsthaft studieren, sollen unter seinem Schutz stehen. Diese Praktiken wurden in China mit dem Begriff *Nianfo*, in Japan mit *Nembutsu* bezeichnet. Man hoffte, dass auch gewöhnliche Wesen durch die (zehnmalige) Anrufung des *Nembutsu* in das Reine Land kommen könnten, um dort mit Hilfe des Amitabha vom Leiden befreit und letztendlich erleuchtet zu werden.

Das Längere Sukhavati-vyuha-Sutra enthält die Erzählung, wie der Mönch Dharmakara auf Ersuchen eines früheren *Buddha* in Meditation alle Reinen Länder anderer *Buddhas* untersuchte und dann 48 Gelübde (die früheste Version hat nur vierundzwanzig) ablegte, durch die er die Merkmale festlegte, die sein Reines Land haben sollte, wenn er *Buddhaschaft* erlangen würde. Ohne die Erfüllung dieser Merkmale werde er nicht in die *Buddhaschaft* eingehen. Das 18. Gelübde gilt im Allgemeinen als wichtigste Aussage dieses Buddha, beziehungsweise bildet es den Kernpunkt der Lehre des Reinen Landes. Darin verspricht er gewöhnlichen, empfindungsfähigen Wesen, sie

JINGTU LUN

Der Titel des vierten Haupttextes des Reinen Landes nennt es einen Kommentar zum Längeren Sukhavati-vyuha-Sutra, üblicherweise ist es aber einfach als Jingtu Lun („Abhandlung über das Reine Land") bekannt. Die Abhandlung wurde ebenso populär wie die drei Sutras des Reinen Landes, existiert aber nur in chinesischer Übersetzung. Ursprünglich wurde es von Vasubandhu geschrieben, der vielleicht der gleiche ist, der für seine Abhidharma- und Yogachara-Gelehrsamkeit bekannt ist. Er wurde im späten 4. Jahrhundert n. Chr. in Nordwestindien geboren. Dieses Werk trug maßgeblich zur Entwicklung von Praktiken des Reinen Landes bei. Der Jingtu Lun enthält fünf Formen der Hingabe: den Amitabha Buddha zu verehren; seine Tugenden zu preisen, indem man seinen Namen anruft; verbaler Ausdruck der Hoffnung, im Reinen Land geboren zu werden; das Meditieren über die physische Form des Amitabha Buddha, die *Bodhisattvas*, die auch in seinem Reinen Land wohnen, und über das Reine Land selbst; und den eigenen Verdienst auf andere fühlende Wesen zu übertragen, um ihnen zu helfen, auch das Reine Land zu erreichen.

in sein Reines Land zu holen, sofern sie die richtige Geisteshaltung haben: „Möge ich, sobald ich die *Buddhaschaft* erreicht habe, nicht die vollständige Erleuchtung erfahren, solange es in den Ländern der zehn Himmelsrichtungen fühlende Wesen gibt, denen es nicht möglich ist, Geburt in meinem Reich zu erlangen, obwohl sie nur diesen einzigen Wunsch haben: in meinem Land geboren zu werden, mit Ehrlichkeit, Glauben und Freude, sogar bis hin zu denen, [die diesen Wunsch] nur zehn Minuten verspüren. Ausgenommen sind nur diejenigen, die die fünf abscheulichen Taten begangen haben (siehe S. 207) und die das wahre Dharma verleumdet haben."

Das dritte Sutra ist das leicht rätselhafte Guanwuliangshou jing (auch Amitayur-dhana-Sutra – „Das Sutra der Meditation des Buddha des unendlichen Lebens" oder das „Sutra der Visualisierung des Buddha des endlosen Lebens", oder einfach das „Meditations-Sutra" S. 86, 148-149). Es entstand wahrscheinlich nicht in Indien und später als die beiden anderen Sutras oder die Abhandlung des Reinen Landes und existiert nur auf Chinesisch und in zentralasiatischen Sprachen. Es weicht insofern vom Längeren Sukhavati-vyuha-Sutra ab, das diejenigen, die die „fünf abscheulichen Taten" oder *Icchantika* (siehe S. 207) begangen haben, ausschließt, als es ihnen explizit erlaubt, im Reinen Land geboren zu werden, und folgt damit der Richtung des Nirvana-Sutra. An eine Frau gerichtet, rühmt das Sutra verschiedene Formen der Visualisierungsmeditation, die mit Amitabha und der Pracht seines Reiches in Verbindung stehen. Dann beschreibt es neun verschiedene Klassen von Menschen gemäß ihren spirituellen Möglichkeiten sowie die Art und Weise, wie ihre Erfahrungen der Wiedergeburt im Reinen Land aufgrund ihrer Unterschiedlichkeit variieren werden. Zuletzt empfiehlt es die Anrufung des Namens Amitabha für die neunte und niedrigste Kategorie der Gläubigen, die nicht in der Lage ist, die schwierigen Meditationen und Übungen zu vollziehen, die in dem Sutra gerühmt werden. Aber für Shandao und Honen (siehe S. 144–147) wird in diesem Abschnitt die wahre Absicht des Amitabha offenbart, da sie der Meinung sind, dass Sinn und Zweck des Sutra vom Reinen Land darin liegt, universell weitestmögliche Wege zur spirituellen Erfüllung für die gesamte Menschheit zu schaffen.

YOGACHARA-SUTRAS

Ungefähr zwei Jahrhunderte nach der Lebenszeit des Brahmanen Nagarjuna (ca. 2. Jahrhundert n. Chr.) entwickelte sich eine neue Mahayana-Schule, die allgemein als Yogachara („Ausübung des Yoga") bekannt ist. Der Name zeugt von der Vorherrschaft yogischer Lehren der Meditation und kontrollierter Übungen, wie sie in allen indischen Religionen jener Zeit üblich waren, einschließlich des Buddhismus. Die Yogachara-Schule ist der Auffassung, dass die Philosophie der Leere – dargelegt in den Sutras der „Vollkommenheit der Erkenntnis" und in den Schriften des Nagarjuna – aufgrund ihrer Negierung der Realität von Phänomenen, wie sie auch von den Anhängern des Abhidharma bestätigt wird, zu weit gegangen sei. Yogachara präsentiert hingegen eine Studie der Phänomene des Bewusstseins, kombiniert mit besonderen meditativen Übungen, um eine grundlegende Veränderung des Bewusstseins zu erreichen.

Die Sutras, die die Entwicklung dieser Schule am meisten beeinflussten, sind das Sandhinirmochana-Sutra („Die Enthüllung [der Bedeutung] des Mysteriums") und das Lankavatara-Sutra („Eintreten in Lanka"). Ein weiteres Werk, das Avatamsaka-Sutra („Blumenkranz-Sutra"), beinhaltet auch einige Themen der Yogachara. Das Sandhinirmochana-Sutra ist die wichtigste textliche Grundlage der Yogachara-Theorien. Es unterscheidet acht Formen des Bewusstseins, den betroffenen Geist und die sechs Wahrnehmungsarten wie Sehen, Hören, Riechen, Schmecken, Berühren und Denken. Das Lankavatara wurde später geschrieben. Darin wird behauptet, dass Phänomene unabhängig von dem Geist, der sie wahrnimmt, keine Existenz haben. Es beschreibt die bewusste Erfahrung wie Wellen auf dem Ozean – eine Metapher, die später in der Lehre noch große Resonanz finden würde. Es enthält außerdem ein Kapitel über das Fleischessen und begründete somit den Vegetarismus als Ideal vieler Buddhisten der Mahayana-Schule.

Die Yogachara-Schule wird auch als „Weg des Bewusstseins" (Vijnanavada) bezeichnet, und ihre Gründer beteuerten, dass unser primäres religiöses Interesse in unserer Wahrnehmung begründet sein sollte. Nicht das, was wir wahrnehmen, steht im Mittelpunkt, sondern wie das wahrnehmende Organ, der Geist, funktioniert – denn es ist der Geist, der die Bedeutung des Wahrnehmens definiert, nicht das Objekt. Unsere geistigen Fähigkeiten und Funktionen können nie objektiv betrachtet werden, weil der Geist jedes Einzelnen durch individuelle Erfahrungen und Handlungen geformt worden ist. Nicht nur der Geist, der die Informationen verarbeitet, unterscheidet sich von anderen, auch die Sinnesorgane, die für die Wahrnehmung zuständig sind, sind auf gewisse Weise vom Geist „programmiert". Dementsprechend sind unsere Augen keine neutralen Sensoren, die unveränderte Lichtinformationen zum

Titelbild einer faltbaren Ausgabe des Huayen Ching oder Blumenkranz-Sutras (Sanskrit: Avatamsaka-Sutra), die aus dem späten 16. Jahrhundert stammt. Es zeigt den Buddha umringt von Arhats *und* Bodhisattvas. *Es war der Kerntext der chinesischen Huayen-Schule, einer Kontrahentin der Tientai-Schule, und der Ansatz des Blumenkranz-Sutra war höchst intellektuell. Es lehrte die Leere und Verflechtung aller Phänomene, räumte aber ein, dass nur wenige dieser Lehre folgen könnten. Für die Anhänger der Huayen-Schule bildete das Blumenkranz-Sutra die höchste existierende Form der Wahrheit.*

Ein südkoreanischer Mönch meditiert auf einem Felsen. Einer der wichtigsten Gelehrten bei der Etablierung der Yogachara-Schule war Vasubandhu, der behauptete, dass alles, was wir kennen und erfahren, ein falsches Selbst erzeugt. Der Schlüssel zur Befreiung liegt in der Meditation, weil sie es dem Meditierenden ermöglicht, den trügerischen Dualismus von wahrnehmendem Selbst und wahrgenommenen Objekten zu überwinden. Diese Behauptung führte zu heftigen Diskussionen, brachte aber die Hauptbotschaft des Gründers der Schule, Maireya (ca. 270–350 n. Chr.), klar zu Tage: Der Kernpunkt des Buddhismus ist die wahre Beschaffenheit der Subjektivität.

Gehirn senden. Jedes Augenpaar ist Teil eines sogenannten „visuellen Bewusstseins" und seine Funktionsweise ist sehr individuell. Jeder Mensch verfügt über einzigartige visuelle Erfahrungen, und diese prägen seine gesamte Wahrnehmung.

Da es keine Wahrnehmung ohne individuelle Interpretation gibt, muss es letztlich der Geist sein, der festlegt, was wir sehen, hören, schmecken, riechen usw. Die Yogachara-Theorie, dass der Geist unsere Erfahrungen dominiert oder „baut", folgert daraus die Existenz zweier mentaler Funktionen, die den Lehren Sigmund Freuds über das Ich (*Manas* oder *Adana*) und das Unterbewusstsein (*Alaya*) sehr ähnlich sind. In ihrer erkenntnistheoretischen Analyse besagt die Yogachara-Lehre, dass jeder Gedanke, jede Aussage, jede Handlung einen Samen karmischer Information produziert, der im Unterbewusstsein oder im „Schatz" des Bewusstseins (siehe Text rechts) abgelegt wird. Diese Samen verknüpfen sich automatisch mit der Wahrnehmung des Individuums und werden dann infiltriert, bis sie sich als neues Geschehnis offenbaren.

„DER EMBRYO EINES *BUDDHA*"

Laut der Theorie des Yogachara über den „Schatz des Bewusstseins" (siehe Haupttext) enthält der unbewusste Geist auch karmische Samen aus früheren Leben, die noch nicht reif sind. Dies schafft ein Potenzial für endlose Wiedergeburten ohne Hoffnung auf Befreiung, würden wir nicht auch mit reinen Samen des Wissens der Wahrheit geboren werden, die die Quelle der Befreiung ist. Diese Samen werden in den Yogachara-Sutras metaphorisch „Embryo eines *Tathagata [Buddha]*" (*tathagatagharba*) genannt (siehe S. 162). Durch Meditation können wir unsere Prägungen sowie unsere Psyche schwächen und dadurch den „Embryo" stärken – bis zu dem Punkt, an dem wir die sogenannte „Zeichenlose Erkenntnis" erfahren: eine Wahrnehmung ohne Identifikation der Person (die, die bewusst ist) oder des Gegenstands (das, was erkannt wird).

DAS NIRVANA-SUTRA

Das Nirvana-Sutra war eines der einflussreichsten Sutras in Ostasien. Der Titel geht auf zwei sehr unterschiedliche Sutras zurück, die beide Mahaparinirvana (das „Große Nirvana-Sutra“) genannt werden, wobei sich der Begriff *Nirvana* oder *Parinirvana* auf den Tod des Buddha bezieht, auf seine „letzte Befreiung“ (siehe S. 40–41).

Der ursprüngliche Text, das Mahaparinibbana-Sutra, das in Pali verfasst wurde – und auch noch in einer Sanskrit-Ausführung und vier chinesischen Übersetzungen existiert –, ist eine kurze Erzählung der letzten Tage des Buddha, als er mit achtzig Jahren noch unterwegs war, und beschreibt auch die Magen-Darm-Infektion, die ihm so viel Schmerzen bereitet hat und die ihn letztlich so geschwächt hat, dass er zur Erkenntnis kam, dass er nicht mehr genesen würde (siehe S. 41). Der Buddha hält eine letzte kurze Predigt, in der er seine Anhänger dazu auffordert, Fragen zu Themen zu stellen, bei denen sie sich unsicher fühlen, da er den nächsten Tag nicht überleben würde. Alle bleiben still und so mahnt er seine Schüler, dass seine Bitte zu Lebzeiten, ihn nicht als die Quelle ihrer Befreiung anzusehen, auch nach seinem Tod respektiert werden sollte: „Haltet an der Dharma [Lehre] fest und seid Euch selbst eine Insel,“ sagte er. Das Mahaparinirvana-Sutra endet mit einer Beschreibung der Leichenprozession und Einäscherung des Buddha und der Verstreuung seiner Asche.

Mönche in Festtagsgewändern huldigen einer Statue des liegenden Buddha am Wat Xieng Khuan bei Vientiane in Laos.

Im 4. Jahrhundert n. Chr. tauchte ein anderes Nirvana-Sutra auf, das in der Zeit zwischen 410 und 420 n. Chr. von einem Mönch aus Zentralasien ins Chinesische übersetzt wurde. Während die Szenerie und die grundlegende Handlung mit der der früheren Version übereinstimmen – die letzten Tage des Buddha, seine Krankheit, die letzte Predigt und sein Tod –, so ist die Präsentation eine völlig andere. Die Darstellung entspricht einem durchgeistigten Mahayana-Sutra, die Schrift ist sehr umfangreich und in einer grandiosen Erzählweise verfasst. Der Autor nimmt freizügig Anleihen bei populären Gleichnissen und Legenden, um philosophische Sachverhalte näher zu erklären, dabei sind manche recht unterhaltsam, die eigentliche Lehre tritt jedoch in den Hintergrund. Dieses Sutra übte in vielerlei Hinsicht großen Einfluss auf die Entwicklung des chinesischen Buddhismus aus. Es setzt das Lotos-Sutra und die Sutras der Vollkommenheit der Erkenntnis voraus, geht jedoch in der Aussage über die *Buddha*-Natur über sie hinaus.

Empfindungsfähige Wesen haben demnach eine heilige Beschaffenheit, die die Voraussetzung schafft, um *Buddha* werden zu können. Obwohl es vom alltäglichen Bewusstsein verdeckt und unausweichlich durch Verlangen, Gier, Irrglauben, Selbstgefälligkeit, Angst, Beklemmung etc. verdorben ist, ist dieses *Buddha*-Wesen im Grunde unsere wahre Natur. Diese Natur, so wird es deutlich von der Yogachara-Lehre und deren Sutras bestätigt, ist universell und völlig unbefleckt von jeglichem psychologischen und karmischen Zustand, in dem sich ein Individuum vielleicht befindet.

Einer der interessantesten Aspekte des Nirvana-Sutra ist, dass in der ersten Hälfte eine Aussage wiederholt wird, die in vielen Mahayana-Schriften im Zusammenhang mit spirituellen Aspirationen vorkommt: „Dies steht allen offen, mit Ausnahme der *Icchantika*." *Icchantika* bezieht sich auf die fünf schwerwiegenden Verstöße oder Untaten, die so abscheulich sein sollen, dass jene, die sie begangen haben, nicht imstande sind, in diesem Leben die Erleuchtung zu erlangen. Diese fünf beinhalten Elternmord, Muttermord, einem *Buddha* physisch zu schaden und andere. In der zweiten Hälfte des Sutra wird diese Aussage überraschend revidiert: Selbst *Icchantika* verfügen über ein *Buddha*-Wesen. Dies markierte eine radikale Veränderung der buddhistischen Sichtweise der karmischen Bindungen, die uns fesseln.

Bis dahin wurde gelehrt, dass jedes Individuum die Macht hat, seine Zukunft durch die aufrichtige Kultivierung von Weisheit und Mitgefühl zu verändern. Doch aufgrund der unterschiedlichen spirituellen Befähigung des Einzelnen, die unausweichlich die Folge des vorherigen *Karma* ist, fiel die Realisierung dieses Vorhabens eklatant unterschiedlich aus. Eine buddhistische Schule schlug vor, Menschen in fünf verschiedene Klassen oder „Familien" spirituellen Potenzials einzuteilen, dabei gehörten die *Icchantika* einer Klasse an, die gar keines besitzt. Das Nirvana-Sutra lehnt eine solche Klassifizierung als unkorrekt ab, und die neuen Ideen über universelle spirituelle Möglichkeiten bedeuteten, dass das vorherige *Karma* für niemanden mehr ein unüberwindbares Hindernis darstellte. Das Sutra besagt weiterhin, dass die Natur der Unbedingtheit persönlich, ewig und rein sei. Die Auswirkungen dieser ungewöhnlich positiven Aussage bezüglich der *Buddha*-Natur aller Lebewesen und der Freuden des *Nirvana* waren in China und ganz Ostasien sehr umfassend. Das Sutra beeinflusste alle Schulen des chinesischen Buddhismus und trat am deutlichsten in der Chan- oder Zen-Lehre hervor (siehe S 150–161).

Die Chan-Lehre berief sich stark auf eine schöpferische Abhandlung, das sogenannte „Erwachen des Glaubens in Mahayana", eine Schrift, die die Lehre des *Buddha*-Wesens im Nirvana-Sutra näher zu erklären versuchte. Hier wurden zwei Arten der Erleuchtung bestätigt: die ursprüngliche und die aus Erfahrung. Die ursprüngliche bezeichnet unser eigentliches, aber unerfülltes erleuchtetes Wesen, welches die Erfahrung der Erleuchtung erst ermöglicht. Die Abhandlung benutzt die Metapher von Wellen auf dem Ozean und beschreibt das, was wir sehen, als Wellen (die Erfahrung der Erleuchtung). Diese befinden sich aber nur auf der Oberfläche des Geistes und werden von den Winden der Erfahrung verursacht – ohne die enorme Wassermasse unter der Oberfläche, die die ursprüngliche Erleuchtung darstellt, wären solche Wellen gar nicht möglich. Dies bedeutet jedoch nicht, dass das, was wir erfahren, weniger wesentlich, weniger real ist, da das Wasser unter der Oberfläche und die Wellen gleich nass sind.

Eine japanische Tintenzeichnung aus dem 18. Jahrhundert, gemalt auf einem Blatt des Ficus religiosa, *besser bekannt als der Pipul-, Bo- oder Bodhi-Baum, der Baumart, unter der Buddha das* Nirvana *erreichte (siehe S. 34–35). Buddhistische Malereien auf Blättern dieses heiligen Baumes sind weit verbreitet. Dieses Beispiel stammt aus einer traditionellen Serie, die insgesamt 18* Arhats *darstellt.*

TANTRISCHE SCHRIFTEN

von John Peacock

Tantrischer Buddhismus, auch Tantra genannt, der in Tibet und in Regionen tibetischen Einflusses anzutreffen ist (siehe S. 162–163), basiert auf einer Sammlung von Schriften, die Tantras genannt werden. In der tibetischen Tradition werden diese als geheime Lehren des Buddha betrachtet, obwohl die moderne Wissenschaft belegt, dass viele von ihnen mehr als tausend Jahre nach seinem Tod verfasst wurden. Das eigentliche Wort Tantra ist Sanskrit und bedeutet „Stoff“ oder „gewebt“, es wird sowohl für hinduistische als auch für buddhistische Praktiken benutzt. Im buddhistischen Kontext bezieht sich das Wort auf eine „gewebte“ Vernetzung von Erfahrungen, bei der Körper, Sprache und Geist des Tantra-Praktizierenden in einzigartiger Harmonie zusammengebracht werden, die auf die Erlangung der *Buddhaschaft* abzielt. Im Allgemeinen ist der tantrische Weg von den „stufenweisen“ Wegen zur Erleuchtung zu unterscheiden, da das tantrische Verfahren die Erlangung der *Buddhaschaft* in möglichst kurzer Zeit anstrebt.

Tantra stellt eigentlich keine Weiterentwicklung des buddhistischen Gedankens dar, da die philosophische Basis in den Madhyamika- und Yogachara-Schulen des Mahayana-Buddhismus verankert ist (siehe S. 196–197 und 204–205). Das, was tantrischen Buddhismus ausmacht, ist ein spezieller Ansatz zum buddhistischen Weg in Bezug auf meditative Übungen. Daher konzentriert sich tantrische Literatur weniger auf philosophische Debatten über die buddhistische Lehre, sondern mehr auf die Ausübung, sodass viele tantrische Schriften akribische Beschreibungen meditativer Vorgehensweisen enthalten. Tantrische Literatur ist hierarchisch in vier klare Kategorien eingeteilt: Kriya-Tantra („tätiges Tantra“), Carya-Tantra („Darstellungs-Tantra“), Yoga-Tantra und Anuttara-Yoga-Tantra („höchstes Yoga-Tantra“).

Die große Masse existierender tantrischer Dokumente ist in tibetischer Sprache erhalten. Buddhistische tantrische Literatur ist in einer höchst indirekten und undeutlichen Form geschrieben, die als „tantrische Geheimsprache“ (*Sandhya bhasha*) bekannt ist, die dazu gedacht war, den Inhalt der Schriften vor Nicht-Praktizierenden zu schützen. Jedoch nicht, wie einige westliche Kommentatoren vermutet haben, um abartige sexuelle Tantra-Praktiken geheim zu halten.

Mit der Benutzung dieses komplexen Symbolismus verbindet tantrische Literatur Visualisierungsmethoden, die mit speziellen Gottheiten in Verbindung gebracht werden (siehe S. 162), sowie Elemente der Liturgie und des Rituals, die alle auf die Harmonisierung des Körpers, der Sprache und des Geistes abzielen, um die *Buddhaschaft* zu erreichen. Bevor die Kandidaten tantrische Verfahren erlernen können, müssen sie sich zuerst einer Initiation (*Abhisheka*) unterziehen, einer Prozedur, die unter Umständen das Aufsagen eines kompletten Tantras beinhalten kann (siehe auch S. 172–173). Die „niedrigeren“ Tantras (Kriya-Tantra und Carya-Tantra) enthalten hauptsächlich Details über andächtige und rituelle Übungen, die sich auf bestimmte Gottheiten beziehen. Tantras der Yoga- und Carya-Klasse liefern zudem umfassende Beschreibungen verschiedener komplexer Übungen zur Visualisierung und Meditation. Die Übungen, die in diesen Klassen des Tantra beschrieben werden, richten sich an eine „gegebene“ oder „ausgesuchte“ Gottheit (*Ishta-devata*), mit dem Ziel, zuneh-

In Himachal Pradesh, Nordindien, rezitieren zwei tibetische Mönche Gebete aus heiligen Texten, um dämonische Mächte vom Platz zu vertreiben, bevor der Shanak aufgeführt wird, der „Schwarze-Hut-Tanz". Die Mönche sind in Kostüme aus Brokatstoff gekleidet und tragen geschmückte schwarze Hüte mit breiten Krempen. Der „Schwarze-Hut-Tanz" zelebriert die Legende von König Langdarma von Tibet, von dem es heißt, dass er ein erbitterter Gegner des Buddhismus gewesen sei. 842 n. Chr. wurde er von einem buddhistischen Mönch ermordet, der einen schwarzen Hut und eine schwarze Robe trug, in deren Ärmel er Pfeil und Bogen versteckt hielt. Diese unbuddhistische Tat wird auf der Grundlage gerechtfertigt, dass sein Tod Langdarma davon abhielt, durch weitere böse Taten zusätzlich schlechtes Karma *anzusammeln.*

mend die Weisheit oder das Mitgefühl, das mit der Gottheit in Verbindung gebracht wird, in die Psyche des Praktizierenden aufzunehmen. Zunächst beginnt dieser Prozess mit der Visualisierung der Gottheit außerhalb des Praktizierenden (das „Stadium der Generation", *Kye rim*). Sobald das Bild vor dem inneren Auge perfekt visualisiert werden kann, fährt der Praktizierende des Tantras fort, sich selbst als die Gottheit zu visualisieren (das „Stadium der Vollendung", *Dzog rim*). Die Visualisierung des Selbst als Gottheit während der Meditation erlaubt es, die Eigenschaften dieser Gottheit (zum Beispiel Weisheit oder Mitgefühl) zu offenbaren.

Diese Techniken werden auch in den Tantras der höheren Klassen (Yoga-Tantra und Anuttara-Yoga-Tantra) angewandt, die Schriften und Kommentare dieser höheren Klassen befassen sich allerdings mehr mit komplexen Theorien über Yoga. Die höchsten Yoga-Tantras beschreiben Übungen, in denen der Praktizierende „Winde", „Kanäle" und „Zentren" des Körpers visualisiert. In solchen Visualisierungen lernt er, körperliche „Energien" zu manipulieren, mit dem Ziel, den Körper in den eines *Buddha* zu verwandeln. Darüber hinaus identifizieren die höchsten Yoga-Tantras die Glückseligkeit, die bei sexueller Vereinigung gefühlt wird, mit der ursprünglichen Glückseligkeit des Geistes.

Die Initiation und die Ausübung des Anuttara-Yoga-Tantras schließen daher unter Umständen die sexuelle Vereinigung mit einem Gefährten oder einer Gefährtin ein (siehe S. 173). In einigen tibetischen buddhistischen Schulen (besonders bei den Gelugpa), wo die Mönche im Zölibat leben, wird dieser Prozess jedoch visualisiert. In beiden Fällen wird die Vereinigung von Mann und Frau mit der Vereinigung von Weisheit (weiblich) und Mitgefühl (männlich) gleichgesetzt, und die Ikonographie des tibetischen Buddhismus zeigt häufig Gottheiten des höchsten Yoga-Tantra in sexueller Vereinigung. Dieser Prozess, wie er in den Tantras beschrieben wird, steht nicht im Zusammenhang mit der Befriedigung von Begehren, sondern wie alle Formen buddhistischer Übungen mit ihrer Umwandlung. Begehren oder Verlangen wird in diesem Fall als aktives Mittel eingesetzt, um das Ziel des Auslöschens von Begehren zu erreichen, eine Technik, die als „das Hindernis in den Weg verwandeln“ beschrieben wird.

Ein Manuskript des Bardö Thos Grol, besser bekannt als das „Tibetische Totenbuch“. Die Bilder zeigen einige der bösen Gottheiten, von denen angenommen wird, dass sie den Verstorbenen in den Tagen nach ihrem Tod erscheinen, und dass im Anschluss der Tote entweder von Samsara *befreit oder wiedergeboren wird.*

DAS TIBETISCHE TOTENBUCH

Das Werk, das populär „Tibetisches Totenbuch" genannt wird, heißt in tibetischer Sprache Bardö Thos Grol, wörtlich die „Befreiung durch Hören im Zwischenzustand". Es stammt aus der Nyingmapa-Schule des tibetischen Buddhismus und spiegelt die Aspekte der Nyingmapa-Lehre wider. Das Rezitieren am Bett des Toten oder Sterbenden soll in dieser Person die Bewusstheit zur Befreiung (*Nirvana*) erwecken. Wie jedoch der angesehene tibetische *Lama* Sogyal Rinpoche (geb. 1944) treffend feststellte, ist das Bardö Thos Grol sowohl ein Buch für die Lebenden als auch für die Toten, weil es Trost für die Hinterbliebenen spendet und einen klaren Ratgeber für den eigenen Tod darstellt.

Das Zwischenstadium (*Bardö*) zwischen Tod und Wiedergeburt soll 49 Tage andauern, und während dieser Zeit wird das Bewusstsein des Verstorbenen sowohl mit friedlichen als auch mit beängstigenden Bilder konfrontiert. Diese werden als Offenbarung des Geistes des Verstorbenen betrachtet und als „*Mandalas* der friedlichen und zornigen Gottheiten" bezeichnet. Die Rezitation des Bardö Thos Grol in Anwesenheit des Sterbenden oder Toten soll als Schritt-für-Schritt-Anweisung für die beschwerliche Reise durch das *Bardö*-Stadium fungieren. Das Rezitieren wird durch alle 49 Tage hindurch wiederholt und an ein Bild des Verstorbenen gerichtet, nachdem der Leichnam selbst entfernt wurde. Während der Lesung wird der Tote immer wieder daran erinnert, dass alle Bilder, die er erfährt, nur Offenbarungen seines Geistes sind: „Habe keine Angst und erschrecke Dich nicht, sei nicht verwirrt, erkenne dies als das Bild deines eigenen Geistes."

Man nimmt an, dass es eine sehr reelle Chance gibt, im Kreis der Wiedergeburt Befreiung zu erlangen, wenn das Bewusstsein des Verstorbenen die Visionen richtigerweise als Aspekte seiner selbst erkennt, Falls nicht, wird ihm womöglich eine günstigere Wiedergeburt beschert. Das Nichterkennen der Symbole im *Bardö* wird das Bewusstsein allein nur durch die Macht seines *Karma* dennoch in Richtung einer weiteren Geburt lenken.

Verschiedene Tantras und ihre Praktiken haben in den vielen Schulen des tibetischen Buddhismus mehr oder weniger Bedeutung erlangt, entsprechend dem Orden der Lehrer, durch die die Lehren weitergegeben wurden. Zum Beispiel initiierte Tsongkhapa (1357–1419), der Gründer der Gelugpa-Schule (die vom Dalai Lama angeführt wird), eine durchgreifende Reform der tantrischen Literatur und ihrer zugehörigen Übungen und reduzierte in großem Maß die Tantras, die bei den Gelugpa als authentisch und annehmbar galten. Im Gegensatz dazu hält sich die Nyingmapa, die älteste Schule des tibetischen Buddhismus, an eine gewaltige Anzahl tantrischer Werke, die sie allesamt als authentisch betrachtet.

Einen speziellen Bereich innerhalb der tantrischer Literatur bilden die Werke, die sich mit Tod, Wiedergeburt, und *Bardö*, dem „Zwischenstadium" zwischen Tod und Wiedergeburt, befassen. Diese Texte sind von großer Bedeutung, da sie die tibetische Sichtweise auf den Prozess der Befreiung sehr deutlich darstellen. Sie stammen nicht aus Indien, sondern scheinen komplett tibetischer Herkunft zu sein. Das bekannteste dieser Werke, besonders im Westen, ist das Bardö Thos Grol, das „Tibetische Totenbuch". Dieses Werk ist jedoch nur ein Beispiel einer umfangreichen Buchgattung, die in allen Schulen des tibetischen Buddhismus zu finden ist. Die Mehrheit des Materials in dieser Form der tantrischen Literatur zeigt deutlich den Einfluss vorbuddhistischer (Bön) Traditionen auf die Entwicklung des tibetischen Buddhismus.

TEIL 4

BUDDHISMUS HEUTE

Die Silhouette einer Nonne in einem Fenster des Thien Vien Truc Lam, einem Zen-Kloster in Da Lat im zentralen Mittelgebirge von Vietnam. Das Kloster beherbergt viele Mönche und Nonnen und ist eines der größten Meditationszentren in Vietnam. Die Anwesenheit eines angesehenen Lehrers, Thich Thanh Tu, sichert die Popularität des Klosters, das unzählige Menschen aus dem In- und Ausland anzieht, die sich für Zen interessieren.

TEIL 4 • KAPITEL 1 *David Chappell*

DIE WACHSENDE GEMEINSCHAFT

NEUE BUDDHISTISCHE BEWEGUNGEN

Die neuen populären Bewegungen, die seit dem Zweiten Weltkrieg entstanden sind, stellen die wohl dramatischste Entwicklung in jüngster Zeit dar. Einst waren buddhistische Geistliche Autoritäten in Bildungs- und Moralfragen, heute haben weltliche Institutionen die traditionelle Rolle der moralischen Instanz und Seelsorge übernommen.

Neue japanische buddhistische Sekten wie die Soka Gakkai (siehe Kasten S. 217) sind sehr erfolgreich. Einige wichtige Gruppen sind jedoch aus anderen buddhistischen Kulturen hervorgegangen, wie zum Beispiel die Fo Kuang Shan (Fo Guangshan) (FKS) in Taiwan.

Die Fo Kuang Shan wurde 1967 von dem Mönch Shih Hsing-yun (Shi Xingyun) (geb. 1927) gegründet und lehrt „humanistischen Buddhismus", der vorrangig darauf abzielt, das Leben hier auf Erden zu verbessern, anstatt das Hauptaugenmerk auf die Wiedergeburt im Reinen Land zu legen. Vom Hauptsitz in der Nähe von Kaohsiung (Gaoxiong) in Südtaiwan aus koordiniert FKS einen Kader junger, im Kloster ausgebildeter Führungskräfte, die meist weiblich sind. Zudem hat sie ein Bildungssystem errichtet, das vom Kindergarten bis zur Universität geht. Aufgrund seiner finanziellen Schirmherrschaft der World Fellowship of Buddhists, die 1950 in Bangkok gegründet wurde, und des World Buddhist Sangha Council, das seit 1966 besteht, reicht der Einfluss der FKS bis in chinesische Gemeinden in Übersee. Zwei Jahre nach der Aufhebung des Kriegrechts in Taiwan im Jahr 1989 bildete FKS mit seinen Anhängern eine weltweite Organisation, die sich Buddha Light International Association (BLIA) nennt und die mittlerweile Tempel in Australien, Südafrika und 30 weiteren Ländern hat. Eine weitere sozial aktive Bewegung taiwanesischer Herkunft ist die Buddhist Compassion Relief Tzu-chi Association (siehe S. 217).

Eine ganz andere Bewegung nahm 1958 in Sri Lanka ihren Anfang , als A.T. Ariyaratne (geb. 1931) seine Studenten an der buddhistischen Nalanda-Universität in Colombo dazu aufforderte, armen Dorfbewohnern zu helfen, indem sie Brunnen bauten und Gesundheitsvorsorge unterrichteten. Kurze Zeit später entstanden weitere Hilfslager, die auf eine Bürgerinitiative namens *Shramadana* („Arbeit spenden") zurückgehen. In dem Glauben, dass Entwicklung auf zwei Ebenen, der persönlichen und der sozialen, stattfinden sollte, nahm die Gruppe den Namen Sarvodaya an, was „allgemeines Erwachen" oder „Erhebung aller" bedeutet.

Bis Mitte der 1990er-Jahre hatte sich bereits die Hälfte der 24 000 Dörfer in Sri Lanka dem *Shramadana* verschrieben. Nach dem Ausbruch des Bürgerkriegs in Sri Lanka im Jahr 1983 organisierte Sarvodaya Friedensverhandlungen und Hilfsgüter für beide Konfliktparteien.

Auch in Südkorea entstanden neue Bewegungen. In den 1960er- und 1970er-Jahren wurde der Won-Buddhismus sehr populär, und die Mitgliederzahl wuchs auf mehr als eine Million an, obwohl diese Form des Buddhismus schon seit 1916 existierte. Die Oberhäupter des Won leben nicht nach strengen Klosterregeln, obwohl sich die meisten Frauen an das Zölibat halten. Der in den 1960er-Jahren gegründete Chontae-(Tiantai-)Orden besteht aus einem Kern von über 400 Klöstern und zählt mehr als eine Million Mitglieder. Beide Bewegungen lehren den Gedanken des Sozialdienstes, „handelnde Meditation" (Achtsamkeit während der täglichen Aufgaben) und globale Verantwortung.

In Thailand ist Buddhismus offizielle Staatsreligion. Es entstanden jedoch Reformbewegungen, deren Anhänger der Ansicht waren, die Rituale hätten sich von den wahren spirituellen Bedürfnissen der Menschen zu weit entfernt.

Die Santi-Asok-Bewegung setzte im Jahr 1973 als interne Reform klösterlicher Disziplin ein und lockte in kürzester Zeit 100 000 Anhänger an. Der

Novizen im Nan Hua Tempel der Buddha Light International Association (BLIA), Bronkhorstspruit bei Pretoria, Südafrika. Die Migration von Asiaten in andere Länder der Erde und das Wachstum der neuen buddhistischen Bewegung haben zur Verbreitung des Buddhismus über die Grenzen seiner traditionellen asiatischen Heimat hinaus beigetragen. Die BLIA ist eine internationale Organisation der Fo Kuang Shan in Taiwan (siehe Haupttext).

Buddhistische Organisationen spielten bei internationalen Hilfsaktionen nach dem zerstörerischen Erdbeben im Jahr 1999 in Taiwan eine wichtige Rolle. Die taiwanesische Tzu-chi-Organisation (siehe Text gegenüber, rechts oben) war an vorderster Front tätig und zudem die erste freiwillige Organisation vor Ort – lange bevor nationale Hilfstruppen eintrafen. Auch andere Organisationen lieferten einen wichtigen Beitrag: Hier helfen Mitglieder der Soka Gakkai International (siehe Kasten gegenüber) beim Transport von Hilfsgütern.

höchste buddhistische Rat verlangte jedoch, dass das Oberhaupt der Santi-Asok-Gruppe, Phra Bodhiraksa, festgenommen und aus der buddhistischen Gemeinde ausgeschlossen würde. Man warf ihm Sektengründung vor. Obwohl die Bewegung nicht aufgelöst wurde, sind Mönchen des Santi Asok staatliche Privilegien versagt und sie dürfen keine traditionellen safrangelbe Roben tragen. Der Ehrwürdige Buddhadasa (1906–1993) übertrug hingegen buddhistisches Gedankengut auf wirtschaftliche und politische Themen und nannte dies „Dhammischen Sozialismus“. Er umging die staatliche buddhistische Hierarchie und errichtete 1932 Suan Mokkh, ein religiöses Zentrum im Dschungel. Buddhadasas Lehren verschafften ihm internationale Anerkennung als prominentestem Intellektuellen Thailands, die Regierung sorgte jedoch dafür, dass seine Bewegung unterdrückt wurde.

Die erfolgreichste buddhistische Bewegung Thailands ist die Dhammakaya, die von einer Frau namens Khun Yay Ubasika Chandra Khonnokyoong (1908–2000) gegründet wurde. Die Meditationspraktiken für Laien wurden von dem Mönch Luang Por Wat Paknam (1884–1959) inspiriert. Das prachtvoll gestaltete Zentrum der Bewegung, Wat Dhammakaya (1970 von Khun gegründet), ist zu einer viel besuchten Pilgerstätte geworden. Da die Dhammakaya keine Tempel errichtet, sondern an allen Universitäten Thailands Meditationsprogramme organisiert, wurde sie nie als Sekte eingestuft. Im Jahr 1995 produzierte Dhammakaya eine CD-ROM mit buddhistischen Schriften in Pali-Sprache, und 1999 waren ihre Klosterschüler die erfolgreichsten Pali-Schüler in Thailand. Bis zum Jahr 2000 hatte Dhammakaya in Europa, Amerika und Asien vierzehn internationale Zentren errichtet.

Die Trailokya Bauddha Maha-sanga (TBM, „Die Universelle Sangha des Buddha der drei Reiche“) steht am unteren Ende der wirtschaftlichen Skala. Die Bewegung besteht hauptsächlich aus ehemaligen Unberührbaren (traditionell die Ärmsten der Armen, siehe S. 14) in Westindien. Nach der öffentlichen Konvertierung von Dr. Bhimrao Ramji Ambedkar zum Buddhismus im Jahr 1956, einem berühmten Unberührbaren und Hauptautor der indischen Verfassung, nahmen Millionen von Unberührbaren den Glauben an, da sie hofften, dieser würde am ehesten zur Befreiung führen. Von Buddhas Ablehnung des Kastensystems ermutigt, übertrugen sie seine Vision auf neue institutionelle Strukturen, um rechtlichen Schutz, Bildung, soziale Entwicklung und internationale Unterstützung zu erlangen. Im Gegensatz zum traditionellen Mönchtum müssen TBM-Oberhäupter nicht in Ehelosigkeit leben.

Zwischen TBM und einer weiteren Reformgruppe, der Friends of the Western Buddhist Order (FWBO), hat sich eine Allianz gebildet. Die FWBO wurde in England vom Ehrwürdigen Sangharakshita (1925 als Dennis Lingwood geboren) gegründet. Als Dr. Bhimrao Ramji Ambedkar 1956 überraschend verstarb, nahm Sangharakshita an der Beerdigung teil und hielt vor Anhängern Ambedkars viele Reden. Nach seiner Rückkehr nach England gründete Sangharakshita 1967 schließlich FWBO. Der Orden wuchs und besteht heute aus mehr als 80 Zentren in Europa und Amerika. 1978 gingen einige Schüler Sangharakshitas nach Indien zurück, um TBM zu unterstützen. Der Bekannteste ist Dharmachari Lokamitra (1947 als Jeremy Goody geboren). Er führt Ambedkars soziale Revolution weiter.

NEUE BEWEGUNGEN IN JAPAN

In Japan kamen nach dem Zweiten Weltkrieg neue Laienbewegungen auf, die sehr populär wurden. Sie dienten auch als Sammelbecken für vertriebene Menschen. Viele dieser Bewegungen heben die Wirksamkeit des Lotos-Sutra hervor, vor allem Reiyukai, Rissho Koseikai (RKK) und Soka Gakkai International (SGI). Basierend auf den Lehren des Nichiren (1222–1282), konzentrieren sich diese Gruppen auf das Rezitieren der Worte *namu myoho renge kyo* („Ich nehme Zuflucht zum Sutra des Lotos des wunderbaren Dharma“, siehe S. 201).

RKK hat die weltweite konfessionsübergreifende Zusammenarbeit mit der World Conference on Religion and Peace unterstützt, während SGI mehr durch ihr Schulsystem für alle Alterklassen und durch die Vereinten Nationen wirkt. Der dritte SGI-Präsident, Daisaku Ikeda (geb. 1928), startete im Oktober 1960 eine globale Mission, und heute gibt es in fast jedem Land der Erde Anhänger.

Soka Gakkai bedeutet wörtlich „Wertschöpfungs-Gesellschaft“, und im Mittelpunkt ihrer Lehren stehen Frieden und das menschliche Leben. Die SGI war in Japan nicht unumstritten, da ihre Anhänger Nichirens Vorbild eifrig folgten und in den 1960er- und 1970er-Jahren eine sehr aggressive Form der Bekehrung praktizierten, die zwar zu wachsenden Mitgliederzahlen führte, in der Gesellschaft jedoch harsche Kritik hervorrief. Heutzutage zählt die SGI zu den wichtigsten buddhistischen Laienorganisationen Japans.

TZU-CHI (ZOJI)

Die Buddhist Compassion Relief Tzu-chi Association wurde 1966 von der buddhistischen Nonne Shih Cheng-yen (Shi Zhengyan, geb. 1937) gegründet. Sie ist die größte, nicht staatliche Organisation in Taiwan und erhält jährlich Spenden in Höhe von über 300 Millionen US-Dollar, die in erster Linie von den fünf Millionen freiwilligen Helfern stammen. Die 100 Tzu-chi Klöster sind wirtschaftlich unabhängig und ihre Finanzen sind öffentlich einsehbar.

Tzu-chi betätigt sich im Gesundheits- und Sozialwesen, hilft beim Bau von Krankenhäusern und hat eine Fachschule für Medizin, eine Krankenpflegerschule und eine Universität gegründet. Die Organisation verfügt über das drittgrößte Knochenmarkverzeichnis der Welt und ist weltweit aktiv bei Hilfsaktionen und unterstützt global medizinische Einrichtungen. Sie war maßgeblich an der Organisation schneller Hilfe nach dem schweren Erdbeben in Taiwan im Jahr 1999 beteiligt: Die Hilfsmaßnahmen umfassten den Wiederaufbau von 75 der mehr als 200 Schulen, die bei dem Erdbeben zerstört worden waren.

Shih Cheng-yen interpretiert Sozialarbeit nicht nur als Engagement für Arme und Kranke, sondern vor allem als Möglichkeit, von ihnen zu lernen und die Spiritualität der praktizierenden Gläubigen zu vertiefen. Soziale Tätigkeiten sollen mehr Selbsterkenntnis und dauerhafte Glückseligkeit vermitteln.

GELEHRTE UND PRAKTIZIERENDE

Innerhalb des buddhistischen Bildungswesens findet derzeit eine leise Revolution statt, die historische Sichtweisen, die einst als unantastbar galten, auf die Probe stellt. Mit kritischem Blick analysieren buddhistische Gelehrte Schriften und Texte, die 1907 in Dunhuang (Westchina) entdeckt wurden. Sie bestätigen im Grunde sektiererische Behauptungen, vor allem in Bezug auf die Herkunft der Mahayana-Schriften und des Zen.

Eine Folge der westlichen Kolonialisierung des indischen Subkontinents im frühen 19. Jahrhundert war unter anderem die Sammlung und das Studium antiker Texte in Pali, Sanskrit und tibetischer Sprache. Eugène Burnouf (1801–1852) erstellte eine Grammatik der Pali-Sprache, las tibetische buddhistische Texte und übersetzte ein Lotos-Sutra, das der britische Gelehrte Brian Houghton Hodgson (1800–1894) im Jahr 1837 aus Katmandu nach Paris geschickt hatte, ins Französische. Auch in Sri Lanka widmete man sich dem Studium von Pali-Texten, und 1881 wurde in England die Pali Text Society gegründet.

Im 20. Jahrhundert florierten in Japan buddhistische Universitäten, die eigene Textanalysen entwickelten, doch ihre Ergebnisse flossen erst vor Kurzem in die internationale Buddhismus-Forschung ein. Der Tod Buddhas beispielsweise wurde in Sri Lanka, Indien, Burma, Thailand, Laos und Kambodscha auf das Jahr 544 v. Chr. datiert und dort 1956 als 2500. Jahrestag gefeiert. Viele westliche Gelehrte haben das Todesjahr Buddhas hingegen auf das Jahr 483 v. Chr. geschätzt. Aber erst in jüngster Zeit haben internationale Gelehrte die japanische Forschung berücksichtigt und ein Todesdatum im 4. Jahrhundert v. Chr. ernsthaft in Erwägung gezogen (siehe auch S. 23).

Als Textuntersuchungen darauf hinwiesen, dass die Texte der Mahayana-Schule nicht direkt vom historischen Buddha stammen, sondern wahrscheinlich später entstanden sind, standen ostasiatische Buddhisten vor einem Dilemma. Auch die Frage nach der Herkunft der Zen-Lehre gestaltete sich kompliziert, als Sir Aurel Stein 1907 eine umfangreiche Sammlung tausend Jahre alter buddhistischer Texte (umfangreicher als die Schriftrollen vom Toten Meer) in Dunhuang in Westchina entdeckte. Studien, die von Yanagida Seizan nach dem Zweiten Weltkrieg durchgeführt wurden, ergaben, dass die Zen-Lehre nicht von Bodhidharma (ca. 533 n. Chr. gestorben) von Indien nach China gebracht worden war, sondern nach dessen Tod entstanden ist (siehe auch S. 150).

Obwohl die meisten japanischen buddhistischen Gelehrten gleichzeitig Geistliche sind, werden neue Erkenntnisse der Forschung, die uralte Traditionen in Frage stellen, häufig vom Glauben isoliert: etwa die Annahme, dass das Lotos-Sutra vom historischen Buddha gelehrt wurde oder dass Zen-Meister in direkter Linie zu Buddha stehen und ihre Kraft seit Generationen von ihm erhalten. Die Trennung von Forschung und religiöser Praxis wurde unlängst von einer japanischen Bewegung, die sich „kritischer Buddhismus" nennt, angefochten. Die Bewegung wird von zwei Mitgliedern des Soto-Zen von der Komazawa-Universität, Hakayama Noriaki und Matsumoto Shiro, angeführt. Sie behaupten, die japanische Auffassung des *Buddha*-Wesens würde vom wahren, ursprünglichen Buddhismus abweichen.

HUMANISTISCHER BUDDHISMUS
Wie die FKS und Tzu-chi in Taiwan (siehe S. 214–217) hat Daisaku Ikeda, der Präsident der Soka Gakkai International (SGI; siehe S. 217), in Japan ein Bildungssystem mit Universitäten gegründet, deren Ziel es ist, eher humanistische Werte als eine bestimmte Form des Buddhismus zu lehren. Ikeda nennt seine Botschaft einen neuen „Humanismus". Der Dalai Lama unterstützt eine ähnliche Auffassung, eine Art „weltliche Moral", die versucht, die globalen menschlichen Bedürfnisse anzusprechen, und die dabei konfessionelle und kulturelle Grenzen überschreitet. Wie viele andere buddhistische Oberhäupter fördert der Dalai Lama die Einheit der Religionen in ihrem gemeinsamen Ziel, das menschliche Dasein zu verbessern. Die Erkenntnis zu erlangen, wie diese Vision kulturelle Hürden und religiöse Unterschiede überwinden kann, ist eine Hauptaufgabe moderner Buddhisten. Dabei ist Bildung zum zentralen Thema geworden. Die akademischen Programme, die z. B. im tibetischen buddhistischen Naropa-Institut in Colorado, USA, oder in der Spirit-in-Education-Bewegung in Thailand entwickelt werden, gründen in der Annahme, dass objektive, kritische Studien nicht ausreichen: Die Kurse sollen die Studenten zu einer ganzheitlichen Denkweise anregen, die ihre Verantwortung gegenüber allen Lebewesen mit einbezieht. Solche Programme der „Wertebildung" basieren zwar auf buddhistischen Quellen als Inspiration, versuchen aber, spezifisch buddhistische Bezeichnungen zu vermeiden und gemeinsame menschliche Werte hervorzuheben.

Viele westliche Gelehrte unterstützen diesen kritischen Ansatz, bezweifeln jedoch, ob der „ursprüngliche" Buddhismus außerhalb der Vielfalt historischer Interpretationen gefunden werden kann. An westlichen Universitäten wird Buddhismus üblicherweise in einem weltlichen oder interreligiösen Kontext gelehrt und als eine unter vielen möglichen Formen des religiösen Ausdrucks dargestellt.

Die traditionelle akademische Forschung und Sichtweise des Westens wurde durch den Buddhismus hart auf die Probe gestellt. Die Zen-Lehre etwa ist für den Ausspruch über „die Unzuverlässigkeit von Worten und Buchstaben" berühmt und kennt Erzählungen über Zen-Mönche, die buddhistische Bücher verbrannt und Gelehrte verhöhnt haben. Paradoxerweise hat die Zen/Chan-Tradition in China unter allen buddhistischen Lehren die größte Anzahl an Schriften hervorgebracht. Andere Bewegungen setzen auf Bildung, um humanistische und spirituelle Werte zu verbreiten. In Taiwan versuchen die FKS und Tzu-chi (siehe S. 214–217), durch „humanistischen Buddhismus" ein Reines Land auf Erden zu etablieren. Bildung und soziale Dienste bilden den Mittelpunkt ihrer Botschaft.

Ein junger Theravada-Mönch beim Studium in Wat Saket, Bangkok, einem der ältesten Tempel Thailands (ca. 18. Jahrhundert). Heutzutage betonen viele buddhistische Bildungsinstitute nicht mehr die Unterschiede zwischen den großen buddhistischen Traditionen und Schulen, der Schwerpunkt liegt vielmehr auf Werten, die von allen ethischen und religiösen Lehren auf allen Kontinenten geteilt werden.

DIASPORA UND KONVERTITEN

Die ersten buddhistischen Tempel im Westen wurden nicht gebaut, um Nicht-Buddhisten zu konvertieren, sondern damit buddhistische Geistliche ihren Landsleuten auch im Ausland dienen konnten. Die Situation änderte sich jedoch, als Anagarika Dharmapala (1864–1933) aus Ceylon (Sri Lanka) und Shaku Soyen (1859–1919) aus Japan 1893 das Weltparlament der Religionen in Chicago als Vertreter des Buddhismus aufsuchten. Da begann sich der Westen für Buddhimus zu interessieren. Der Dolmetscher von Shaku Soyen, Daisetz Taitaro Suzuki (1870–1966), sollte später der einflussreichste buddhistische Missionar des Westens werden.

Eine japanische Glaubensgemeinschaft des Reinen Landes, die allgemein als Shin-Buddhismus bekannt ist, war die erste buddhistische Lehre, die sich außerhalb Asiens etablierten sollte. Japanische Shin-Immigranten gründeten 1889 Tempel auf Hawaii und in Kalifornien. 1930 war Shin die größte buddhistische Organisation des Westens geworden, was schließlich zur Gründung der Buddhist Churches of America (BCA) führte. Bis zum Jahr 1997 war die Anzahl der BCA-Geistlichen auf 61 zurückgegangen und der Organisation gehörten nur noch etwa 17 000 Haushalte an. Andere japanische buddhistische Glaubens-

Ein Mönch in Meditation im Kloster Samye Ling im Süden Schottlands, dem ersten tibetischen buddhistischen Kloster im Westen. Es wurde 1967 von zwei im Exil lebenden tibetischen Tulkus *der Kagyu Karmapa-Schule gegründet: Chögyam Trungpa Rinpoche und Chuja Akong Rinpoche. Es wurde nach Samye benannt, dem ersten Kloster Tibets, das im 8. Jahrhundert n. Chr. errichtet wurde.*

Der Byodo-in-Tempel im Schatten des Koolau-Gebirges in Oahu auf Hawaii. Der Byodo-in ist ein japanischer Tempel, der nach einer 900 Jahre alten Vorlage von und für die japanische Immigrantengemeinschaft gebaut wurde. Die Anzahl praktizierender japanischer Buddhisten auf Hawaii ist über die Jahre gesunken, da viele Ehen außerhalb der Gemeinschaft geschlossen wurden.

gemeinschaften – Zen, Nichiren, Shingon und Jodo – haben ähnliche Rückgänge in der dritten und vierten Generation erlebt, hauptsächlich durch die steigende Anzahl von Mischehen.

Die Soka Gakkai International hingegen, die 1960 in den USA gegründet (SGI-USA) wurde, zählt mit ungefähr 45 000 aktiven Mitgliedern zu einer der größten und ethnisch vielfältigsten buddhistischen Organisationen.

Eine starke ethnische Basis findet man in chinesischen, vietnamesischen, koreanischen, thailändischen und sri-lankischen buddhistischen Gruppen im Westen. Die chinesischen Buddhisten sind weltweit stark vertreten, das liegt auch daran, dass viele Chinesen durch die kommunistischen Machthaber vertrieben wurden. Die größte chinesische Tempelorganisation bildet Fo Kuang Shan (FKS), mit Zweigstellen in mehr als 30 Ländern. Mehr als 95 Prozent der FKS-Mitglieder sind Chinesen. Die zweitgrößte internationale chinesische buddhistische Gruppe ist Tzu-chi mit mehr als fünf Millionen Mitgliedern weltweit, die fast alle chinesischer Herkunft sind (siehe S. 217).

Auf der Liste der Buddhistischen Gemeinschaft in London stehen mehr als 350 buddhistische Gruppen sämtlicher Lehren, die in England aktiv sind. In Deutschland gibt es mehr als 400 Gruppen und allein in Frankreich existieren 140 tibetische Zentren. Die Gruppen sind üblicherweise klein, aber Millionen von Menschen im Westen stehen buddhistischen Werten und Vorstellungen wohlwollend gegenüber. Das beweisen die großen Zuschauermengen, die sich versammeln, um Ansprachen des 14. Dalai Lama (siehe S. 227) und des Zen-Mönchs Thich Nhat Hanh (siehe S. 234–235) zu hören. Zen ist eine der erfolgreichsten Lehren im Westen, dort gibt es mehr als 500 Zen-Meditationszentren, die hauptsächlich von Nicht-Asiaten geführt werden. Ihre Verbindungen zu Zen-Zentren in Asien bestehen nur informell.

FRAUEN IM MODERNEN BUDDHISMUS

In den letzten Jahren hat das Wirken von Voramai Kabilsingh Shatsena, Karma Lekshe Tsomo und Ayya Khema den Status von Frauen im Buddhismus stark beeinflusst. Diese drei bemerkenswerten Persönlichkeiten haben im weiblichen Ordenswesen Pionierarbeit geleistet. In Teilen der buddhistischen Welt, wo die Ordination von Nonnen entweder vor Jahrhunderten eingestellt wurde oder niemals existierte, spielten Buddhistinnen lange Zeit eine unbedeutende Rolle: Sie hatten keinen Zugang zu klösterlicher Ausbildung. Weibliche Orden, die eine Ordination unter den gleichen Bedingungen wie in der männlichen Sangha bieten, existierten nur in China (inklusive Taiwan) und Korea. In den meisten anderen Ländern war es für Frauen nicht möglich, über den Novizenstatus hinaus zu gelangen. In Tibet zum Beispiel werden Frauen traditionell nur als „8-Regel-" oder „10-Regel-Nonnen" ordiniert, wohingegen die volle Ordination die Beherrschung von ungefähr dreihundert Regeln umfasst.

Im modernen Südostasien sind weibliche Orden wieder eingeführt oder neu gegründet worden. Eine burmesische Nonne im Gebet, Sagaing, südwestlich von Mandalay, Burma (Myanmar). Einst Hauptstadt des Shan-Königreiches, ist Sagaing heute hauptsächlich ein buddhistisches Meditationszentrum. In der Umgebung des Sagaing-Bergs gibt es Hunderte Klöster für Mönche und Nonnen.

BUDDHISMUS UND FEMINISMUS IM WESTEN

Im Westen begannen die Bewegungen des Buddhismus und Feminismus in den 1970er-Jahren kreativ zusammenzuarbeiten. Bereits um 1930 hatte sich die Schriftstellerin I. B. Horner mit buddhistischen Frauen beschäftigt. Es gab auch mutige Frauen, die als praktzierende Gläubige nach Asien gingen, darunter Jiyu Kennett, die als Soto-Zen-Meisterin 1969 nach Amerika zurückkehrte und dort ein Zen-Zentrum eröffnete. 1974 schrieb Diana Paul ihre Doktorarbeit über das „buddhistische weibliche Ideal", und 1979 gründeten Frauen der Diamant-Sangha auf Hawaii die vierteljährlich erscheinende Zeitschrift *Kahawai: A Journal of Women and Zen* – die erste Zeitschrift in der buddhistischen Geschichte, die von Frauen für Frauen geschrieben wurde.

1981 organisierte Judith Simmer-Brown in Boulder, Colorado, die erste Konferenz, die sich mit dem Thema fehlender weiblicher Führung im Buddhismus befasste. Der Konferenz sollten viele weitere folgen.

Nonnen in der Shasta-Abtei, Kalifornien. Die Abtei wurde 1969 von Jiyu Kennett für ihren Orden „Buddhist Contemplatives of the Soto Zen Church" gegründet, einer verwestlichten Form des Soto-Zen.

1971 reiste die Thailänderin Voramai Kabilsingh Shatsena (geb. 1908) nach Taiwan, um dort die Weihen als Ehrwürdige Ta Tao zu erhalten, da es in Thailand keine volle Ordination für Nonnen gab. Die thailändische Ehefrau und Mutter hatte seit 1955 eine gelbe Mönchskutte getragen und hielt die Acht Gebote (siehe S. 104–105 und S. 108) ein, die Novizen vorgeschrieben sind. Ihre Tochter, Dr. Chatsumarn Kabilsingh, die in Kanada und Indien ausgebildet wurde, arbeitet heute an der Etablierung eines thailändischen Ordens für Frauen und publiziert Yasodhara, einen Newsletter für buddhistische Frauen, benannt nach Buddhas Ehefrau.

Die in Deutschland geborene Ayya Khema (1923–1997) beteiligte sich aktiv an den Bemühungen, die volle Ordination von Nonnen in Sri Lanka wiederherzustellen. Sie wurde 1982 als Novizin (*Dasasil Mata*) in Sri Lanka ordiniert und gründete 1984 dort die Parappuduwa-Nonnen-Insel, ein internationales buddhistisches Trainingszentrum für Frauen. 1988 wurde Ayya in Los Angeles auch gemäß der chinesischen Lehre ordiniert, bevor sie im darauffolgenden Jahr nach Europa zurückkehrte, wo sie bis zum Jahr 1996 in Deutschland 37 neue Meditationsgruppen gründete. In Bodhgaya in Indien wurden 1998 30 Nonnen aus Sri Lanka ordiniert. Seitdem hat die Anzahl der Ordinationen von Frauen in Sri Lanka konstant zugenommen.

Bestrebungen, für Nonnen in der tibetischen Lehre den gleichen Status durchzusetzen wie für Mönche, begannen im Jahr 1982, als Karma Lekshe Tsomo, eine amerikanische Nonne, die von tibetischen Lehrern in Indien geschult worden war, in Südkorea und Taiwan die volle Ordination erhielt.

1985 erwarb sie Land, um ein Frauenkloster zu bauen und das Jamyang Choling-Projekt ins Leben zu rufen, das Frauen in Dharamsala, Ladakh und anderen Teilen der indischen Provinz Himchal Pradesh Bildung ermöglichen soll. Unlängst hat die tibetische Exilregierung in Dharamsala das Tibettische Nonnen-Projekt (TNP) gegründet, das auch die Ausbildung zukünftiger Nonnen anstrebt.[1] 1987 organisierte Karma Lekshe Tsomo die erste International Buddhist Women's Conference (IBWC) in Bodhgaya in Indien, dem Ort der Erleuchtung Buddhas. Daraus resultierte später die Internationale Verbindung Buddhistischer Frauen (Sakyadhita). Die sechste IBWC fand am Geburtsort Buddhas statt, in Lumbini in Nepal. 300 Frauen aus 24 verschiedenen Ländern folgten der Einladung zu diesem Kongress.

Im Gegensatz zu anderen buddhistischen Ländern Asiens beteiligen sich Frauen in Taiwan sehr aktiv an der Führung der buddhistischen Gemeinschaft. Mehr als 80 Prozent der monastischen Sangha sind Nonnen, die mehr als 25 der insgesamt 30 buddhistischen Forschungsinstitute leiten. Darunter auch das Zentrum für buddhistische Studien an der Nationaluniversität Taiwans, das in den 1990er-Jahren von einer Nonne gegründet wurde: Professor Shih Heng-ching (Shi Hengjing). Neben den vielen jungen ausgebildeten Nonnen Taiwans spielen auch weibliche Laien eine bedeutende Rolle. 80 Prozent der fünf Millionen Mitglieder der Buddhist Compassion Relief Tzu-chi Association – gegründet von der Nonne Shih Cheng-yen – sind laiengläubige Frauen, besser bekannt als „blaue Engel" wegen ihrer unverwechselbaren blauen Kleidung und ihres sozialen Engagements (siehe S. 216–217). Eine weitere führende taiwanesische buddhistische Organisation, die Fo Kuang Shan (FKS; siehe S. 214–217), leistet bei der vollen Ordination von buddhistischen Nonnen weltweit aktive Unterstützung. 1988 wurde die erste Zeremonie in ihrem Tempel in Los Angeles vollzogen, bei der unter anderem auch Ayya Khema ordiniert wurde. Als Reaktion auf das wachsende Interesse an der vollen Ordination für Nonnen in Sri Lanka, Tibet und Südostasien organisierte FKS im Februar 1998 eine weitere große Ordinationszeremonie in Bodhgaya, um das Ordensrecht für Frauen auch in diesen Regionen wiedereinzuführen.

Im Gegensatz zu buddhistischen Bräuchen in anderen Ländern ist die überwiegende Anzahl der buddhistischen Priester in Japan verheiratet, und ihre Stellung als Tempeloberhaupt wird vererbt (siehe S. 229). Der koreanische Buddhismus experimentierte im 20. Jahrhundert mit der Aufhebung des Zölibats, vor allem unter japanischer Herrschaft, hat diesen Ansatz aber wieder verworfen. Männliche Oberhäupter der Won-Bewegung in Korea (siehe S. 215) dürfen hingegen in der Regel heiraten, lediglich weibliche Führungskräfte halten sich an den Zölibat.

Westliche buddhistische Bewegungen streben eher eine Gleichberechtigung der Geschlechter an. Euro-amerikanische Buddhisten folgen dem japanischen Modell und erlauben die Ehe von Priestern, wobei es interessante Variationen gibt. Zum Beispiel fördert das Zen-Mountain-Kloster im Staat New York den Zölibat, lässt jedoch verheiratete Paare zu, sofern beide praktizierende Gläubige sind.

DOLMA LING

1991 wurde mit der Unterstützung des 14. Dalai Lama in Dharamsala, Indien, das Dolma Ling Training Institute für tibetische Nonnen gegründet. Dharamsala ist der Hauptsitz der tibetischen Exilregierung. Das Institut steht Nonnen aus allen Schulen des tibetischen Buddhismus offen. Es ist ein Vorbild für Frauenklöster in ganz Tibet und bietet für seine 40 Nonnen ein ausführliches Bildungsprogramm: ein 13-jähriges Kurriculum traditioneller buddhistischer Philosophie und Debattierkunst (siehe Abbildung gegenüber), gekoppelt mit modernen Kursen in Wissenschaft, Mathematik, tibetischer Geschichte, Computerkenntnissen, medizinischer Grundausbildung und Englisch. Nach Abschluss der Studien werden die Nonnen in Frauenklöstern sowie in der ganzen tibetischen Exilgemeinde wichtige Rollen als Lehrerinnen einnehmen.

GEGENÜBER *Tibetische buddhistische Nonnen lernen das Debattieren im Hof des Frauenklosters Dolma Ling in Dharamsala, Indien.*

TEIL 4 • KAPITEL 2 *David Chappell*

GESELLSCHAFT UND SANGHA

REGIERUNG UND POLITIK

Seit den Zeiten des Buddha war das Schicksal der Sangha in mehr oder weniger großem Ausmaß abhängig von der Beziehung zu örtlichen weltlichen Behörden (siehe S. 118–119). Kaiser Ashoka hat die Sangha im 3. Jahrhundert v. Chr. begeistert unterstützt, ordnete aber gleichzeitig an, dass alle Mönche, die eine Spaltung oder Abweichung unterstützten, aus der Klostergemeinschaft ausgeschlossen werden müssten. Ähnliche Regelungen staatlicher „Unterstützung“, die häufig mit staatlicher Kontrolle gleichzusetzen ist, findet man heute in unterschiedlicher Form in Thailand, Burma (Myanmar), Vietnam, Nordkorea, Laos, Kambodscha und China.

Die strengsten politischen Verhältnisse herrschen in China. Während der Kulturrevolution (1966–1976) war jede Art von Religion verboten und zwei Drittel der rund 100 000 buddhistischen Tempel, die noch 1949, dem Jahr der kommunistischen Machtergreifung, existierten, wurden zerstört. Verfolgung ist in China jedoch kein neues Phänomen. Seit dem 5. Jahrhundert n. Chr. haben die chinesischen Machthaber „Sangha-Aufseher“ ernannt, um sicherzustellen, dass Mönche keine politische Bedrohung darstellen würden. Dreimal hatte der Staat den Buddhismus unterdrückt: 446, 576 und 845 n. Chr. – Klöster und Tempel wurden zerstört, Geistliche zurück in den Laienstand gezwungen oder sogar getötet, Schriften und Bilder verbrannt und in großem Maßstab Ländereien konfisziert.

Die bekannteste Gegnerin des Militärregimes in Burma (Myanmar) ist die gläubige Buddhistin Aung San Suu Kyi (Mitte, geb. 1945), die 1991 den Friedensnobelpreis für ihre aktive Politik der friedlichen Mittel gegen staatliche Unterdrückung und Willkür erhielt.

Heute überwacht das Amt für Religiöse Angelegenheiten in China alle religiösen Aktivitäten. Unter der Schirmherrschaft dieses Amtes repräsentiert der Chinesische Buddhistische Verein die Buddhisten, ähnliche Einrichtungen existieren auch für andere Religionen.

Der Staat hat einige berühmte Klöster erhalten und in der Nähe Pekings eine Pagode mit den Überresten eines Zahns von Buddha errichtet. Doch solche Aktionen haben primär das Ziel, den Tourismus anzukurbeln und gute Beziehungen zu Chinas buddhistischen Nachbarn zu pflegen. Die Religionsfreiheit wird als private Angelegenheit

Seine Heiligkeit der 14. Dalai Lama, Tenzin Gyatso (geb. 1935), das geistige und politische Oberhaupt der tibetischen Exilgemeinde, ist wahrscheinlich die bekannteste buddhistische Persönlichkeit der Welt, vor allem im Westen, wo er mit seinen unermüdlichen Bemühungen, interreligiöse Harmonie zu schaffen und Tibets traditionelle buddhistische Kultur zu erhalten, viele Bewunderer gewonnen hat. 1989 wurde ihm der Friedensnobelpreis verliehen.

genehmigt, aber die öffentliche Verbreitung von Religion ist verboten und religiöse Organisationen dürfen nicht bestehen, es sei denn, sie sind staatlich genehmigt – daher die Verfolgung von Falun Gong, einer religiösen Bewegung, die in den 1990er-Jahren aufkam (siehe Kasten, S. 228).

Vor 1950 war Tibet das einzige buddhistische Land, das von einer Regierung aus Mönchen geführt wurde. Die gesamte komplexe religiös-politische Struktur wurde im Zuge der Besetzung durch das kommunistische China im Jahr 1950 aufgebrochen und beseitigt, besonders nach dem erfolglosen tibetischen Aufstand und der Flucht des Dalai Lama im Jahr 1959. Nahezu alle der 6500 Klöster, die 1950 existierten, wurden zerstört, die meisten während der Kulturrevolution. Nach 1978 erfolgten zaghafte Versuche, einige Schäden der Kulturrevolution zu beheben, indem man begrenzte religiöse Aktivität erlaubte, ein paar Klöster wieder aufbaute und indirekt mit dem Dalai Lama verhandelte.

Aufstände, die in den späten 1980er-Jahren von Mönchen initiiert wurden, führten jedoch im Jahr 1989 zur Wiedereinführung des Kriegsrechts. In den wenigen buddhistischen Klöstern, die es noch gibt, wurden *Lamas* und führen-

BUDDHISTISCHE OBERHÄUPTER
Die berühmtesten buddhistischen Oberhäupter sind jene, die friedliche Aktivität als Reaktion auf Gewalt vertreten: der Dalai Lama (siehe oben) und Aung San Suu Kyi aus Burma (siehe gegenüber). Andere buddhistische Vertreter der gewaltlosen politischen und sozialen Reform sind Dr. Bhimrao Ramji Ambedkar (1891–1956) in Indien, Daisaku Ikeda (geb. 1928) in Japan, Sulak Sivaraksa (geb. 1933) in Thailand und der Vietnamese Thich Nhat Hanh (geb. 1926), ein Friedensaktivist während des Vietnamkrieges, der jetzt in Frankreich im Exil lebt (siehe S. 218–219).

FALUN GONG

Falun Gong (FG) ist ein interessantes Beispiel für die typisch chinesische Art der Verschmelzung religiöser und ethischer Traditionen. Die 1992 in China von Li Hongzhi gegründete religiöse Bewegung vermischt Elemente des Taoismus und des Buddhismus, um ein spirituelles Erwachen ähnlich der buddhistischen Erfahrung der Bodhi zu erzeugen. Die Anwendung von physischen und mentalen Techniken soll das „Rad des Gesetzes" (Chinesisch *Falun*) erfahrbar machen. Dabei handelt es sich um eine schützende und befreiende „sich erneuernde kosmische Energie" im Unterleib, die die buddhistische Erleuchtung fördert. FG-Mitglieder glauben, dass ihre Bräuche nicht nur ihr eigenes Leben verbessern, sondern Ehrlichkeit, Harmonie und Gesundheit in die Gesellschaft bringen. Die Bewegung befürwortet Aufrichtigkeit (*Zhen*), Güte (*Shan*) und geduldige Ausdauer (*Ren*), die das innere Selbst verfeinern (*Xinxing*), Negatives in Positives umwandeln und die Welt der Wiedergeburt transzendieren. Trotz taoistischer Einflüsse ist die Bewegung vorrangig buddhistisch. Li verlegte seinen Geburtstag auf den 13. Mai 1951, den Vollmondtag des vierten Monats – nach dem chinesischen Mondkalender Buddhas Geburtstag.

1999 wurde auf der Website von FG behauptet, sie habe 100 Millionen Anhänger, allerdings scheinen fünfzehn Millionen eher realistisch zu sein. Diese Stärke der Gruppe überraschte nicht nur den Großteil der Welt, sondern auch die chinesischen Regierungsbeamten, die sich am 25. April 1999 Zehntausenden von FG-Mitgliedern gegenüber sahen, die schweigend vor ihren Häusern standen. Ziel dieses stillen Protests war, einen Widerruf über FG in der chinesischen Staatspresse zu erlangen. Stattdessen verbot die Regierung FG als Anti-Regierungsbewegung, beschlagnahmte und vernichtete mehrere Millionen Bücher und inhaftierte bedeutende Führer. Li Hongzhi floh und lebt heute im New Yorker Exil.

Falun-Gong-Anhänger protestieren gegen die Unterdrückung der Bewegung durch die chinesischen Staatsbehörden.

de Mönche 1996 durch Komitees ersetzt, zu denen Regierungsbeamte gehören, die zusammen mit den Mönchen leben, damit sie alles überwachen können. Der Dialog mit dem Dalai Lama wurde praktisch eingestellt.

Sogar in Thailand, wo Buddhismus Staatsreligion ist, gibt es Kontrollen. Anstatt eine Dezentralisierung zu erlauben, wie sie im frühen Buddhismus üblich war, schreibt die Regierung eine monastische Hierarchie vor, die die staatliche Struktur widerspiegelt: Der König von Thailand ernennt einen Mönch zum „König der Sangha" (Sangharaj), der wiederum die Autorität besitzt, einen Höheren Buddhistischen Rat (Mahatherasamakom) einzusetzen, der die buddhistischen Angelegenheiten regelt. Der Rat wird vom Amt für Religiöse Angelegenheiten unterstützt, das auch alle nicht buddhistischen religiösen Gruppen in Thailand lenkt. Der Sangha Act im Jahr 1962 sollte gemeinsame Ansichten der Buddhisten stärken und Mönche dazu bewegen, ländliche Entwicklungsprogramme zu unterstützen. Führer verschiedener buddhistischer Reformbewegungen, die unabhängig vom Rat handeln, riskieren, ihres Amtes enthoben oder sogar verhaftet zu werden. Neue buddhistische Bewegungen, wie Santi Asok und Dhammakaya (siehe S. 214–217), haben bereits gerichtliche Auseinandersetzungen und Verfolgung erdulden müssen.

Sri Lanka erlangte 1948 die Unabhängigkeit von England und machte 1956 Buddhismus zur Staatsreligion. Die Regierung von Sri Lanka setzte den Buddhismus zunehmend mit der singhalesischen Bevölkerung und Sprache gleich – zum Nachteil der Tamilisch sprechenden hinduistischen Minderheit der Insel. 1983 führte diese Politik der ideologischen Spaltung schließlich zu einem blutigen Bürgerkrieg, der Zehntausenden das Leben kostete.

In Indien konvertierte Dr. B.R. Ambedkar (1891–1956), der Mitglied des Komitees war, das die indische Verfassung entwarf (1947–1948), zum Buddhismus und verkündete, dies sei die beste Möglichkeit, das Kastensystem aufzuheben (siehe S. 214–217). Er selbst war von Geburt ein Unberührbarer (die Ärmsten der Armen, siehe S. 14), verbrannte öffentlich jene Teile der Manu-Gesetze (antike Hindu-Texte), die das Kastensystem anordneten, und setzte sich für rechtliche Schutzmaßnahmen ein. Als Kabinettsmitglied unter dem ersten Premierminister Indiens, Jawarhalal Nehru, schlug Ambedkar vor, das buddhistische *Dharmachakra* („Rad des Gesetzes") auf die indische Flagge zu setzen. Außerdem war er der Garant für Indiens dauerhafte offizielle Politik der Nicht-Diskriminierung aufgrund der Zugehörigkeit zu einer Kaste.

Buddhismus war unter dem Shogunat der Tokugawa (1603–1868) die vorherrschende Religion in Japan, vor allem in der Form des Reinen Landes. In den Jahren nach der Wiederherstellung der kaiserlichen Macht im Jahr 1868 wurde Shinto zur offiziellen Religion des Landes („Staats-Shinto"), und der buddhistische Klerus verlor seinen Einfluss. Der Staat erlaubte den Mönchen die Eheschließung, sodass der japanische Buddhismus auch verheiratete Priester in seinen Reihen hat. Der Tempel wurde zum Erbbesitz von Priesterfamilien, der vom Vater an den ältesten Sohn weitergegeben wurde. Staats-Shinto wurde 1945 abgeschafft, und im modernen Japan genießen alle Religionen den gleichen rechtlichen Status.

Die neu gewonnene Religionsfreiheit in Japan sowie in Südkorea und Taiwan hat auch das Entstehen vieler neuer buddhistischer Bewegungen gefördert, von denen einige in der ganzen Welt verbreitet sind (siehe S. 214–217).

MEDITATIONSZENTREN

Meditation ist das Kernstück der buddhistischen Lehre, vor allem *Vipasyana*, die von Buddha persönlich entwickelt wurde, um mentale Disziplin und Klarheit zu fördern (siehe S. 74–75). In der heutigen buddhistischen Welt, vor allem im Westen, sind viele Zentren gegründet worden, vorrangig mit dem Ziel, buddhistische Meditation zu unterrichten. Diese schließen nicht nur traditionellere klösterliche Institutionen ein, sondern auch „Meditationszentren", die häufig von westlichen Laienorganisationen geführt werden.

Die Buddhist Society, die älteste buddhistische Organisation in Europa, spielte bei der Förderung buddhistischer Meditationsübungen in England eine bedeutende Rolle. 1907 gegründet, um sich dem Studium des Theravada-Buddhismus zu widmen, veränderte sich die Gesellschaft ab den 1920er-Jahren unter der Führung von Christmas Humphreys (1901–1983), der Zen-Meditationsübungen mit Elementen der Theravada-Schule und des tibetischen Buddhismus kombinierte. Alan Watts (1915–1973) verbreitete die auf Zen basierenden Meditationsübungen in seinem Heimatland England und später vor allem in seiner Wahlheimat Nordamerika.

Heute gibt es in England mehr als 350 buddhistische Trainingszentren, darunter das Kloster Chithurst in Hampshire, sowie Einrichtungen, die Theravada-, Zen- oder tibetische Meditation anbieten. 1998 führte ein Handbuch mehr als 1000 Meditationszentren in Nordamerika auf (von denen über 500 auf Zen basieren). Die beiden größten buddhistischen Organisationen im Westen, Jodo Shinshu und Soka Gakkai International, die unverwechselbare Meditationsformen praktizieren, sind in dem Handbuch allerdings nicht enthalten. Anhänger des Jodo Shinshu, einer japanischen Sekte des Reinen Landes, praktizieren *Nembutsu* als Hauptteil ihrer Meditationsübungen (siehe S. 202). Anhänger des Nichiren-inspirierten Soka Gakkai rezitieren täglich die Huldigung des Lotos-Sutra *namu myoho renge kyo* (siehe S. 201). Eine weitere populäre Meditationsübung in den USA ist eine vereinfachte burmesische Form der Theravada-*Vipasyana*-Meditation, die von der Insight Meditation Society verbreitet wird, die 1975 von zwei prominenten Meditationslehrern, Joseph Goldstein und Jack Kornfield, gegründet wurde.

Auch in der traditionellen buddhistischen Welt entdecken Laien zunehmend Meditationspraktiken für sich. Eine berühmte thailändische Meditationslehrerin, Upasika Kee Nanayon (1901–1979), propagierte die Einfachheit und Einsamkeit in der Meditation. Sie wird heute in erster Linie aufgrund ihrer Dichtkunst geschätzt, die sie unter dem Pseudonym K. Khao-suan-luang veröffentlichte. Die Meditation in der Gruppe erfreut sich ebenfalls zunehmender Beliebtheit. Im Wat Dhammakaya vor den Toren Bangkoks treffen sich gelegentlich über hunderttausend Menschen, um auf der prachtvollen Anlage gemeinsam zu meditieren.

Zwischen 1981 und 1985 fanden im Tibetischen Buddhistischen Naropa-Institut in Boulder, Colorado, Sommermeditationstagungen statt. Sie sollten einen buddhistisch-christlichen Austausch fördern, dessen Ziel nicht nur die Analyse theologischer und ideologischer Unterschiede war, sondern auch der Entdeckung gemeinsamer Ansätze beider Religionen dienen sollte. In Europa und den USA werden von der katholischen und evangelischen

Kirche regelmäßig buddhistische Meditationstagungen angeboten. Das Lassalle-Haus in Zug in der Schweiz verfügt neben einer Kapelle auch über einen Raum für Zen-Meditation. Pater Niklaus Brantschen, ein jesuitischer Priester, der das Lassalle-Haus in den 1990er-Jahren leitete, ist zusätzlich autorisierter Zen-Meister der japanischen Sanbokyodan-Schule.

Zwei buddhistische Mönche lesen Gebete während der Geburtstagszeremonie des 14. Dalai Lama im Kandencholing-Tempel in Dharamsala, Himachal Pradesh, Indien.

BUDDHISMUS, WISSENSCHAFT UND TECHNIK

Das Verhältnis zwischen Buddhismus und moderner westlicher Wissenschaft war stets relativ harmonisch. Ein Grundgedanke der buddhistischen Weltanschauung ist ja, dass Vorstellungen und Ideen niemals absolut, sondern permanenten Veränderungen unterworfen sind. Dieser Denkansatz kommt jeglicher Wissenschaft sehr entgegen, die traditionell ebenfalls davon ausging, dass die Wahrheit oder Lösung ein Konstrukt aus Hypothesen sei. Auch die buddhistische Sicht auf die Realität, die wir wahrnehmen – die gegenseitige Abhängigkeit von Objekt und Betrachter – entspricht den Beobachtungen, die westliche Naturwissenschaftler und Physiker seit jeher gemacht haben.

Buddhistisches Gedankengut entspringt der Meditation und ist mehr psychologischer als philosophischer oder ideologischer Natur. Die buddhistische Vorstellung über die Schöpfung befasst sich nicht mit metaphysischen oder kosmischen Beschreibungen des Ursprungs von Himmel und Erde, sondern mehr mit der Art und Weise, wie wir unsere eigene seelische Welt wahrnehmen und

BUDDHISTISCHE „CYBER-SANGHA“

Die neuen Medien eröffnen Buddhisten heutzutage die Möglichkeit, sich via Internet weltweit über buddhistische Ideen und Denkansätze austauschen zu können. Jetzt formieren sich neue buddhistische Gemeinden im Internet, die sogenannte „Cyber-Sangha“. Mitte der 1980er-Jahre bildete sich IndraNet, eine buddhistische Diskussionsrunde im Internet, die in den 1990er-Jahren von anderen Gruppen abgelöst wurde, unter anderem durch Buddha-L. 1994 riefen Damien Keown aus London und Charles Prebish aus Pennsylvania ein Online-Magazin ins Leben: das Journal of Buddhist Ethics (JBE), das bereits im ersten Jahr über 1500 Abonnenten in 50 Ländern verzeichnete. Neben Artikeln und Besprechungen organisiert JBE Online-Tagungen, zum Beispiel zum Thema Menschenrechte im Jahr 2000. Heute sind zahlreiche Internetseiten über buddhistische Gruppen zugänglich. Die Falun-Gong-Bewegung etwa ist in China verboten (siehe S. 228), doch ihre Website in Hongkong ist weltweit erreichbar.

Ein moderner buddhistischer Mönch, der sowohl mit einem Laptop als auch mit einer antiken Schriftrolle umgehen kann. Heutige Transportmittel und Technologien haben es vielen buddhistischen Gemeinden, die früher kulturell und geographisch getrennt waren, ermöglicht, Informationen und Meinungen auszutauschen. Internet und CD-ROMs bedeuten, dass buddhistische Schriften in Originalsprache heute mehr denn je zugänglich sind.

BUDDHISMUS UND MEDIZIN

Neben dem wachsenden westlichen Interesse an alten buddhistischen Heilmethoden, etwa jenen aus Tibet, haben westliche Mediziner in vergangenen Jahren begonnen, die therapeutischen Wirkungen buddhistischer Übungen im Allgemeinen zu untersuchen. Vor allem die Meditation erwies sich für einige Patienten als vorteilhaft, zum Beispiel bei der Schmerzbekämpfung. In den USA nutzen Ärzte die Forschungsergebnisse der Stress Reduction Clinic an der Universität von Massachusetts zur Behandlung von Fällen, die weder durch Chirurgie noch Medikamente Heilerfolge verheißen. Für viele Patienten ist das Erkennen grundlegender Körperfunktionen im Gegensatz zum Ignorieren oder Bekämpfen von Blockaden und Schmerz ein befreiendes Erlebnis. Der Gründer der Klinik, Dr. Jon Kabat-Zinn, hat es Patienten ermöglicht, Wege zu finden, ihren Schmerz zu erkennen und mit ihm umzugehen, indem sie ihre Aufmerksamkeit auf ihre Atmung und jeden einzelnen Körperteil lenken. Diese Meditationstechnik hat vielen Patienten geholfen, nicht länger Opfer ihres Schmerzes zu sein und ein erfüllteres Leben führen zu können.

formen. Das Ziel jedes gläubigen Buddhisten – die Erlösung vom Leiden (*Duhkha*) – wird durch mentale Prozesse erreicht, mit deren Hilfe sich das Individuum selbst aus Irreführung und Zwängen befreit. Der Schweizer Carl Gustav Jung (1875–1961) war der erste westliche Psychologe, der von diesem Aspekt des Buddhismus fasziniert war und ihn in seine Lehre integrierte. Dies erweckte das Interesse seiner Kollegen am Buddhismus.

1927 erschienen zwei Bücher, die die westliche Psychologie bis heute beeinflussen: die Übersetzung des „Tibetischen Totenbuchs" (siehe S. 211) von W. Y. Evans-Wentz und Kazi Sawa Samdup sowie Abhandlungen über den Zen-Buddhismus des japanischen Gelehrten Daisetz Teitaro Suzuki (1870–1966). Suzukis Werk stimulierte das wachsende Interesse der Psychologen in den USA, seiner Wahlheimat seit den 1950er-Jahren. Zusammen mit Erich Fromm, Richard DeMartino und anderen führenden Psychologen und Psychiatern arbeitete er an dem berühmten Buch „Zen-Buddhismus und Psychoanalyse" (1960).

Suzukis anschauliche Schilderung der Zen-Philosophie fand im Westen ein breites Publikum. Die „Gipfelerfahrungen" alter chinesischer Zen-Meister, die von dem amerikanischen Psychologen Abraham Maslow (1908–1970) aufgegriffen wurden, führten dazu, dass westliche Zen-Schüler in den 1960er-Jahren eifrig darum bemüht waren, *Satori* zu erlangen, die Erfahrung plötzlicher Erleuchtung.

Die mentalen Techniken, die im Buddhismus angewandt werden – Loslösung von Selbsttäuschung, Versenkung in Meditation, den Augenblick wahrnehmen, um nur einige zu nennen –, sind mittlerweile wichtiger Bestandteil der westlichen Psychologie geworden. Die empfohlene Geisteshaltung der Buddhisten ist gleichermaßen ideal, um sowohl dem entmutigten Psychotherapeuten als auch dem Patienten zu helfen. Demzufolge wurde Buddhismus von Psychologen schon als „Therapie für den Therapeuten" genutzt (siehe auch Kasten oben).

ENGAGIERTER BUDDHISMUS

Am 11. Juni 1963 ging ein Bild um die Welt, das alle schockierte: die öffentliche Selbstverbrennung des südvietnamesischen buddhistischen Mönchs Thich Quang Duc in Saigon. Er protestierte damit gegen den Krieg in Vietnam und die Inhaftierung buddhistischer Mönche durch die Regierung sowie gegen die staatlichen Einschränkungen bei der Feier des Vesak, dem wichtigsten Jahresfest des vietnamesischen Buddhismus. Obwohl dieser Selbstmord ein extremes Beispiel ist, charakterisiert Quang Ducs dramatische Tat das Prinzip der Gewaltlosigkeit, das buddhistischen Protest heutiger Zeit prägt.

Das Verhalten buddhistischer Gemeinden wurde zwei Jahrtausende lang von Regierungen oder klösterlicher Hierachie reglementiert. Moderne Buddhisten genießen heute mehr Freiheiten, unter anderem durch die neuen Medien, bessere Bildung, gesteigerte gesellschaftliche Mobilität und internationale Netzwerke. Dieser Umstand hat viele Buddhisten ermutigt, neue Wege zu beschreiten, um ihre Ideale von sozialer Gerechtigkeit und Mitgefühl auszudrücken. Sie suchen internationale Unterstützung, wenn es um Reformen innerhalb buddhistischer Institutionen geht. Engagierter Buddhismus gleicht zwar vielen liberalen und christlichen Vorstellungen, hat aber doch einige unverwechselbare Charakteristika, etwa die innere Sammlung.

Die neue Bezeichnung für soziale Aktivität lautet „engagierter Buddhismus"; sie wurde während des Vietnamkriegs von Thich Nhat Hanh (geb. 1926) geprägt. Die Schule der Jugend für soziale Dienste, die er im Jahr 1964 gründete, um Kriegsleidenden zu helfen, wurde zum Vorbild für sozial aktive Buddhisten. Wie sein Kollege Chang Kong erklärt, unterschied sich seine Vision von herkömmlichen Hilfsdiensten: „Er wollte lehren, dass Sozialarbeit und Unterstützung der Landbevölkerung Teil der persönlichen Transformation sind. Der Sozialarbeiter sollte kein ‚Helfer' sein, und die Bauern keine ‚Personen, denen geholfen wird'. Sie sind Partner bei einer gemeinsamen Aufgabe."

Wegen seines Widerstands gegen den Vietnamkrieg musste Thich Nhat Hanh 1966 Vietnam verlassen. Er veröffentlichte zahlreiche poetische Schriften und begeisterte viele Menschen im Westen für buddhistische Meditationsübungen. Die Fotografie zeigt ihn, kurz bevor er zu einem Publikum in San Francisco, USA, spricht.

Die Annahme, dass Kranke und Arme Reichen und Gesunden helfen könnten, egoistische Belange zu überwinden und persönliches Wachstum zu erfahren, ist ein wiederkehrendes Thema des sozial tätigen Buddhismus. Ähnliche Lehren sind auch in der Buddhist Compassion Relief Tzu-chi Association (siehe „Tzu-chi (Zoji)", S. 217) in Taiwan und in der Sarvodaya-Bewegung (siehe S. 214–217) enthalten.

Politischer Aktivismus ist die kontroverseste Form des tätigen Buddhismus. Thich Nhat Hanh bestand darauf, dass die Schule der Jugend für soziale Dienste keiner bestimmten politischen Gruppe zugeordnet würde, da sie allen Menschen diente. In Südvietnam empfanden Regierungsbehörden und Kommunisten die Weigerung, sich auf eine Seite zu schlagen, als illoyal gegenüber ihrer jeweiligen Sache und töteten einige Freiwillige. Nach weiteren Angriffen und Verfolgungen sahen sich die Mitglieder der Schule der Jugend für soziale Dienste genötigt, einen öffentliche Schwur abzulegen: „Jetzt, noch einmal, versprechen wir feierlich, nie diejenigen zu hassen, die uns töten, und nie auf Gewalt mit Gewalt zu antworten, auch wenn die

Eines der bekanntesten und schockierendsten Bilder aus der frühen Zeit des Vietnamkrieges ist das des Mönchs Thich Quang Duc bei seiner öffentlichen Selbstopferung im Jahr 1963 aus Protest gegen die südvietnamesische Regierungspolitik gegenüber Buddhisten. Ein Bild des Ereignisses wird auf der Windschutzscheibe der Limousine des Mönchs gezeigt, die in seinem Kloster Linh Mu in Hue, Vietnam, ausgestellt ist. Der Mönch fuhr ins Zentrum Saigons, übergoss sich mit Benzin aus dem Auto, nahm die klassische buddhistische Meditationshaltung ein und entzündete zum Schrecken der Zuschauer ein Streichholz.

Antagonisten uns als Feinde sehen und uns töten, bis sie uns ausgelöscht haben.“ Nhat Hanh betont, dass die Feinde des Buddhismus nicht die Menschen seien, sondern Gier, Zorn, Ignoranz, Verdrängungsmechanismen und Klassendenken. Gewalt, so lehrt er, wird diese Feinde nicht besiegen. Der 14. Dalai Lama (geb. 1935), der sich weigert, terroristische Vergeltungsmaßnahmen als Mittel gegen die chinesische Besatzung Tibets gelten zu lassen, und Aung San Suu Kyi (geb. 1945), die Führerin des demokratischen Widerstands gegen die Militärjunta in Burma (Myanmar), sind ebenfalls buddhistische Vorbilder für gewaltlosen Protest.

Obwohl die Vermeidung von Gewalt stets buddhistischer Grundsatz gewesen ist, belegen Aufzeichnungen, dass manche Buddhisten diesen Eid im Namen des Nationalismus gebrochen haben. 1590 halfen buddhistische Mönche in Korea, das Land gegen die japanischen Invasoren zu verteidigen. Während des Zweiten Weltkriegs unterstützten japanische buddhistische Oberhäupter die Regierung bei der Besetzung anderer Länder. Im heutigen Sri Lanka haben buddhistische Geistliche den Kampf gegen tamilische Separatisten mitgetragen.

Die neue internationale Koalition engagierter Buddhisten lehnt jedoch jegliche Anwendung von Gewalt ab und vertraut stattdessen auf ein funktionierendes Netzwerk. 1978 wurde von Robert Aitken und anderen auf Hawaii ein Buddhistisches Friedenskomitee gegründet, das sich unter anderem gegen den Verkauf und den Einsatz von Nuklearwaffen einsetzt.

Sulak Sivaraksa (geb. 1933) aus Thailand arbeitet ebenfalls daran, ein internationales Forum engagierter Buddhisten aufzubauen. Um alle buddhistischen Strömungen zu berücksichtigen, organisierte er 1989 das International Network of Engaged Buddhists (INEB) und gab das zugehörige Magazin „Seeds of Peace“ heraus. Vor kurzem erst hat das Naropa Institute in Boulder, Colorado, einen Magisterstudiengang für sozial engagierten Buddhismus eingerichtet, der rund um die Vorbilder Sulak und A.T. Ariyaratne, dem Kopf der Sarvodaya-Bewegung (siehe S. 214–215), organisiert ist.

Traditionell konzentrierte sich buddhistische „Moral“ auf das Verhalten des Individuums und legte seinen Schwerpunkt auf Meditation und Zurückgezogenheit. Engagierter Buddhismus befasst sich mit der Möglichkeit, dass der Einzelne, obwohl sein persönliches Moralverhalten exemplarisch ist, dennoch destruktiv handeln kann, sofern er Teil eines ungerechten Systems ist. Daher versuchen engagierte Buddhisten die Position und Mitwirkung in der Gesellschaft derer zu stärken, die als schwach und machtlos gelten, getragen von der Idee, dass allen Lebewesen ein Wert innewohnt. Sie müssen aktiv mit einbezogen werden, wenn die sozialen Strukturen gerecht sein sollen. Unter diesem Gesichtspunkt sind die erfolgreichsten Bewegungen heute Sarvodaya in Sri Lanka und TBM in Indien (siehe S. 214–217).

Die zunehmende Beachtung sozialer Ungerechtigkeit hat viele Buddhisten in Bezug auf ihre eigenen Institutionen selbstkritischer werden lassen. Dies führte z. B. zu einem verstärkten Engagement für die Gleichstellung von Nonnen und deren Ordination innerhalb der Sangha (siehe S. 222–223). Manche Buddhisten wollen sogar die Trennung zwischen Mönch- und Laientum reformieren, ein Hauptanliegen der Organisation Freunde des Westlichen Buddhistischen Ordens (FWBO). Die FWBO hat sich in Indien mit der TBM zusammengetan, um gegen die Kastendiskriminierung der einstigen Unberührbaren (Harijans) vorzugehen, die Gleichberechtigung der Frauen voranzutreiben sowie die soziale Entwicklung in ländlichen Gebieten zu unterstützen. Für eine wachsende Anzahl von Buddhisten sind soziales Engagement und soziale Veränderung notwendiger Teil buddhistischen Daseins, um Frieden für sich selbst und für andere zu erlangen, so wie es der Buddha lehrte: „... für das Wohl vieler, für die Glückseligkeit aller, aus Mitgefühl für die Welt, für den Nutzen, für das Gute, für die Freude der Götter und Menschen“ (Mahavagga Vinaya).

Auf eine gewisse Weise war Buddhismus aufgrund seines Respekts vor allen Lebensformen schon immer eine Weltanschauung, die die Umwelt achtete. Seit jeher war es buddhistischen Mönchen in Indien untersagt, Erde zu pflügen, ohne sie vorher durchzusieben, oder Wasser zu trinken, ohne es vorher durchzuseihen, um Insekten nicht versehentlich zu verletzen oder zu töten. Dieser Grundgedanke wurde in Thailand im März des Jahres 1991 neu interpretiert, als 50 Mönche und Laien Mönchskutten um große Bäume in einem alten Regenwald im Nationalpark wickelten und eine Zeremonie abhielten, um die Bäume zu „ordinieren“. Das hielt Waldarbeiter davon ab, die Bäume zu fällen. Denn sie fürchteten, einen „Baum-Mönch“ zu verletzen und sich

dadurch schlechtes Karma zuzuziehen. Im Juni desselben Jahres wurde in der Provinz Nan eine ähnliche Zeremonie abgehalten. Dabei waren nicht lokale Geistliche und Regierungsbeamte zugegen, sondern auch der Wildlife Fund Thailand.

Umweltschutz ist ein wichtiges Thema der neuen großen buddhistischen Bewegungen der letzten Jahrzehnte. 1989 schlug der Dalai Lama in seiner Nobelpreisansprache vor, dass Tibet zum „internationalen ökologischen Reservat“ ernannt werden solle. Thich Nhat Hanh machte die Umwelt zum Bestandteil seiner Arbeit, indem er seine Bewegung „Order of Interbeing“ (etwa: Orden für gegenseitige Verantwortlichkeit der Wesen) nannte.

Im Westen versuchte der Dichter Gary Snyder in den 1950er-Jahren eine Verbindung zwischen buddhistischen Übungen und ökologischer Aktivität herzustellen. Er berief sich auf das Mahayana-*Bodhisattva*-Gelübde, nichts unversucht zu lassen, um alle Lebewesen zu retten. Buddhistische Lehrer wie John Seed reisen heute um die Welt und organisieren Gruppen – die unter der Bezeichnung „Council of All Beings“ zusammengefasst werden –, um bei den Menschen ein stärkeres Bewusstsein für die Natur und die Umwelt zu bewirken. Seed setzt dabei verschiedene Visualisierungs-, Atmungs-, Ritual- und Bewegungstechniken ein.

Buddhisten setzen sich weltweit aktiv für das Ende von Gewalt und Krieg ein. Auf dem Bild protestieren im Januar 2000 Mönche der Nipponzan Myohoji, einer ursprünglich japanischen buddhistischen Bewegung, vor dem russischen Parlament in Moskau. Sie fordern das Ende des Krieges in Tschetschenien.

GLOSSAR

ANMERKUNG: Die verwendeten Begriffe sind in Sanskrit, Pali (P) ist aufgeführt, wenn es angebracht erschien. Andere Sprachen sind wie folgt gekennzeichnet:
Chinesisch (C), Japanisch (J) und Tibetisch (T).

Anatman (P: ***Anatta***) „Nicht-Selbst", eine buddhistische Lehre, die den Gedanken eines innewohnenden, gleichbleibenden Wesens im inneren Kern des Menschen ablehnt. Zusammen mit *Anitya* und *Duhkha* bildet es eines der „drei Merkmale des Daseins".

Anitya „Unbeständigkeit", eine buddhistische Lehre, die besagt, dass alle Phänomene vergänglich sind. Zusammen mit *Anatman* und *Duhkha* bildet es eins der „drei Merkmale des Daseins".

Arhat (P: ***Arahat***) „Würdiger", der das *Nirvana* durch Befolgung der Lehre (Dharma) eines *Buddhas* erreicht hat. Ein *Arhat* ist erleuchtet, aber nicht allwissend (siehe auch *Bodhisattva*, *Buddha*).

Ashuras dämonische übernatürliche Wesen, gekennzeichnet durch Feindseligkeit; oft dargestellt im Todeskampf mit den *Devas*.

Bardö (T) ein Zwischenstadium zwischen Tod und Wiedergeburt.

Bhikshu (P: ***Bhikkhu***) buddhistischer Mönch, der höhere Ordination erhalten hat und der vollen Disziplin des Textes, der Vinaya-Pitaka, unterliegt.

Bhumi eine von zehn Stufen der spirituellen Entwicklung auf dem *Bodhisattva*-Weg: Freude, Reinheit, Helligkeit, Glanz, Schwer zu besiegen, Vorwärts gerichtet, Weit gehend, Unerschütterlich, Spirituelle Intelligenz, Dharma-Wolke.

Bodhichitta „Erwachter Geist", der einen Wechsel vom Mittelpunkt des Selbst zu den Leiden anderer markiert und sich als Mitgefühl (*Karuna*) und einer Verpflichtung zur Befolgung des *Bodhisattva*-Wegs manifestiert.

Bodhisattva (P: ***Bodhisatta***) „Erleuchtetes Wesen", in der Theravada-Lehre bezieht es sich auf das einzelne Wesen, welches versucht, *Nirvana* zu erlangen und der nächste Buddha zu werden; in der Mahayana-Lehre definiert diese Bezeichnung das grundlegende Ideal für alles, was von grenzenlosem Mitgefühl und einer Verpflichtung, anderen zu helfen, die *Buddhaschaft* zu erreichen, gekennzeichnet ist (siehe auch *Arhat*, *Buddha*).

Buddha ein „Erleuchteter", der innerhalb eines Lebens die volle Erkenntnis erlangt und das *Nirvana* erreicht hat. Er ist dem Kreislauf der Existenzen entkommen und muss nicht wiedergeboren werden. Ein *Buddha* wird üblicherweise als allwissend gesehen (siehe auch *Arhat*, *Bodhisattva*).

Buddha, der Siddhartha Gautama (ca. 5. Jh. v. Chr.), der historische Religionsstifter, dessen Lehren, der Dharma, den Grundstein des Buddhismus bilden.

Cakravartin „der, der das Rad dreht", ein gerechter universeller König.

Dana „selbstloses Geben" oder „Großzügigkeit", eine der buddhistischen Haupttugenden. Sie ist Quelle großen Verdiensts und hilft bei der Überwindung von Selbstsucht und Anhaften.

Deva eine Gottheit, die eine der zahlreichen Himmelsreiche bewohnt, aber trotzdem noch wiedergeboren werden kann.

Dharani ein Zauberspruch, der rezitiert wird, um übernatürliche Kräfte zu beschwören; wird für meditative und beschützerische Zwecke benutzt.

Dharma (P: ***Dhamma***) „Pflicht". Hat drei Bedeutungen: 1) das universelle Gesetz, das den Lauf des Universums sowohl in den natürlichen als auch in den moralischen Sphären unterstützt; 2) die Gesamtheit der buddhistischen Lehren, die das ewige Gesetz einschließt, das der Buddha erkannt hat, und seine wörtliche Beschreibung dieses Gesetzes; 3) Begriff für einzelne Elemente, die alle zusammen die empirische Welt darstellen. Einige Elemente sind außerhalb des Wahrzunehmenden, andere sind innere psychologische Prozesse.

Dharmaraja „gerechter König", ein gerechter buddhistischer Herrscher, der in Übereinstimmung mit dem Dharma des Buddha regiert.

Dhyana (P: ***Jhana***) „Trance, Versenkung", ein Zustand tiefer meditativer Versenkung, der durch klares Bewusstsein charakterisiert ist und durch die Ausrichtung des Geistes auf einen einzigen Gegenstand erreicht wird.

Duhkha (P: ***Dukkha***) „Leiden", die Erste der Vier Edlen Wahrheiten besagt, dass alles bedingte Dasein von Leiden oder Unbeständigkeit gekennzeichnet ist. Zusammen mit *Anatman* und *Anitya* bildet es eines der „drei Merkmale des Daseins".

Gandhakuti Bezeichnung für den Wohnsitz des Buddha zu Lebzeiten (wörtlich „parfümierter Raum") und später als Bezeichnung des Raumes in einem Kloster benutzt, in dem das wichtigste Abbild Buddhas stand.

Guru ein „geistlicher Lehrer", der die Entwicklung eines Schülers verfolgt und ihn oder sie zur endgültigen Befreiung aus *Samsara* führt. Im tibetischen Buddhismus mit *Lama* übersetzt.

Icchantika Wesen, die solch grausame Verbrechen begangen haben, dass sie die Fähigkeit zur Erleuchtung verloren haben. Diese Ansicht war umstritten und wurde im Mahayana später neu gedeutet.

Karma (P: ***Kamma***) „Tat", eine freiwillige Handlung, die in der Zukunft Konsequenzen hat, einschließlich der zukünftigen Wiedergeburten; die Verantwortung für Taten in der Vergangenheit bestimmt zum größten Teil die allgemeine Lebenssituation.

Karuna „Mitgefühl", ein Ideal, das besonders mit Buddha in Verbindung gebracht wird und ein wichtiger Aspekt des Mahayana-*Bodhisattva*-Wegs ist.

Kasina zehn Hilfen zur Meditation, die in dem Visuddhimagga von Buddhaghosa aufgeführt sind: Erde, Wind, Wasser, Feuer, blau, gelb, rot, weiß, Raum und Bewusstsein.

Kleshas Laster, die Wesen dazu verleiten, absichtliche Taten (*Karma*) zu vollbringen und Wiedergeburt zu erleiden.

Koan (J) Geschichten über Taten oder Äußerungen von Zen-Meistern, die benutzt werden, um die Erleuchtung eines Schülers voranzubringen; ein Hauptaspekt des Rinzai-Zen.

Lama (T) Übersetzung von *Guru*, jemand, der tantrische *Sadhana*-Meditation und rituelle Übung gemeistert hat.

Mahasiddha „großer Vollendeter", großer Meister, der als äußeres Zeichen seiner Vollendung Wunderkräfte besitzt.

Mandala kosmisches Diagramm für die Meditation, wird zur Visualisierung spiritueller Reiche und ihrer Bewohner benutzt.

Mantra heilige Klänge, Silben oder Worte, die in der Meditation benutzt werden, vor allem im tantrischen Buddhismus.

Nianfo (C) meditative und andächtige Übung des Rezitierens des Namens des Buddha Amitabha, der Hauptfigur im Buddhismus des Reinen Landes; in Japan als *Nembutsu* bekannt.

Nirvana (P: ***Nibbana***) der Zustand perfekter Erleuchtung, der von *Buddhas* und *Arhats* erreicht wird. Wesen, die diesen Zustand erlangt haben, sind am Ziel des Achtfachen Pfads und werden nach ihrem Tod nicht mehr in *Samsara* geboren.

Papa „schlechte (Tat)", die Schuldhaftigkeit oder negative karmische Konsequenzen bringt, im Volksmund manchmal „schlechtes *Karma*" genannt.

Paramitas „Vollkommenheiten", *Bodhisattvas* werden angeleitet, sich eine Liste von sechs Tugenden oder Vollkommenheiten anzueignen, die später auf zehn erhöht werden: Großzügigkeit, Moral, Geduld, Ausdauer, Meditation, Weisheit, geschickte Mittel, Überzeugung, Stärke und Erkenntnis.

Parinirvana siehe *Nirvana*, andere Bezeichnung für das Reich, in das *Buddhas* oder *Arhats* nach dem Verlassen der *Samsara* eingehen. In manchen buddhistischen Texten auch alternativ zu *Nirvana* benutzt.

Prajna (P: ***Panna***) „Weisheit" oder „Einsicht", das aktive Vermögen geistiger Einsicht, intuitives Begreifen der wahren Natur der Realität. Diese Fähigkeit ist notwendig, um Erleuchtung zu erlangen, und ist wesentlicher Bestandteil aller buddhistischen Schulen.

Preta „Hungergeister", Existenzen, die stark Hunger oder Durst leiden, als Strafe für ihre Gier im vorherigen Leben.

Punya (P: ***Punna***) „Verdienst", der Begriff wird auch für die Ergebnisse eines guten *Karma* benutzt.

Rita die Gesetze des vedischen Universums, sie sollen vom Himmelsgott Varuna angewandt worden sein, der Bestrafung und Belohnung austeilte.

Samsara der Kreislauf von wiederholter Geburt und Tod, in dem alle Wesen als Resultat ihrer absichtlichen Taten (*Karma*) gefangen sind, bis sie das *Nirvana* erlangen.

Shila moralischer Grundsatz (rechte Rede, rechtes Handeln, rechte Lebensführung). Ausgangspunkt des buddhistischen Wegs.

Shunyata „Leere", buddhistische Lehre, entstanden im frühen Buddhismus, aber zentraler Aspekt im Mahayana-Buddhismus, der besagt, dass sogar die *Dharmas*, die bedingten Elemente der Realität, die im Abhidharma („Höhere Lehre") definiert sind, leer oder frei von ihrer eigenen unabhängigen Natur sind. Aus Sichtweise der absoluten Wahrheit ist daher die herkömmliche Unterscheidung zwischen *Nirvana* and *Samsara* ebenso leer.

Siddha erleuchteter Meister mit magischen Kräften im tantrischen Buddhismus, oft als Heiliger übersetzt.

Skandhas die fünf Komponenten oder Aggregate, die laut buddhistischer Anschauung ein menschliches Wesen bilden, nämlich: Form (*Rupa*), Gefühl (*Vendana*), Wahrnehmung (*Samjna*), Willensäußerungen (*Samskaras*) und Bewusstsein (*Vijnana*).

Smrti (P: ***Sati***) „Achtsamkeit", ein Geisteszustand, den man beständig als Grundlage der Erkenntnis und des Verstehens aufrechterhalten soll. Es gibt viele Meditationsübungen zur Entwicklung der Achtsamkeit.

Stupa religiöses Monument und Mittelpunkt für Andacht und Verdienst-Erwerb. Enthält Reliquien und heilige Gegenstände.

Sutra (P: **Sutta**) Eine Lehrrede des Buddha. Frühe Sutras werden alle dem historischen Buddha zugeschrieben.

Sutra-Pitaka die Sammlung oder der „Korb" der Lehrreden, die vom Buddha gehalten worden sein sollen. Die Anzahl der darin enthaltenen einzelnen Sutras beträgt etwa 5000.

Trikaya Mahayana-Lehre der drei Körper des Buddha: *Dharmakaya* („Wahrheitskörper"), *Sambhogakaya* („Genusskörper") und *Nirmanakaya* („Körper der Erscheinung").

Tripitaka (P: **Tipitaka**) „drei Körbe" der maßgeblichen Lehre des Buddha, einschließlich der Ordensdisziplin (Vinaya), Lehrreden (Sutras) und höherer Lehre (Abhidharma/Abhidamma).

Tulku (T) erleuchtete *Bodhisattvas*, die wiederholt in einem menschlichen Körper wiedergeboren werden, um der Menschheit durch Lehren, Heilung und Vorbildfunktion zu helfen (tibetischer Buddhismus).

Upasaka ein buddhistischer Laie.

Upasika weiblicher buddhistischer Laie.

Upaya kaushalya „geschickte Mittel", das Vermögen der *Buddhas* und höher entwickelten *Bodhisattvas*, Wesen in einer Art und Weise zu lehren, die deren Wissenstand angepasst ist.

Vajracharya höher entwickelter Lehrer oder „Vajra-Meister" in der Vajrayana-Lehre (Diamantfahrzeug).

Vipasyana (P: ***Vipassana***) „Einsichts-Meditation", zielt auf die Disziplinierung des Geistes ab, gleichzeitig soll eine tiefgründige Klarheit über die Natur der Realität erreicht werden.

Yoga „Anschirren, Verbindung", brahmanische/hinduistische religiöse Disziplin. Eine Form zielt auf die Erkenntnis der Einheit von Seele (*Atman*) und kosmischer Realität (*Brahman*) ab. Buddha benutzte Yoga-Praktiken wie Körperstellungen und Atemkontrolle in erster Linie als Hilfsmittel zur Meditation.

WICHTIGE EREIGNISSE

Zeit	Wichtige Ereignisse
v. Chr. 6. Jh.	• Angenommene Lebensdaten des Gautama Buddha in Indien
v. Chr. 5. Jh.	• Nonnen- und Mönchsorden (Sangha) werden in Indien eingeführt • 1. Buddhistisches Konzil in Rajagriha, 2. Buddhistisches Konzil in Vaishali
v. Chr. 4. Jh.	• Buddhistische Bewegung spaltet sich in Sthaviravadin- und Mahasanghika-Gemeinschaften; diese teilen sich später nochmals
v. Chr. 3. Jh.	• Ashokas Reich • 3. Konzil in Pataliputra • Buddhismus wird in Sri Lanka eingeführt • Missionare werden von Ashoka in den Nordwesten, nach Sri Lanka und vielleicht nach Burma entsandt
v. Chr. 2. Jh.	• Regentschaft der Shunga-Dynastie in Indien
v. Chr. 1. Jh.	• Der Pali-Tipitaka wird in Sri Lanka das erste Mal niedergeschrieben • Die ersten Mahayana-Texte werden verfasst („Perfektion der Weisheit" und Lotos-Sutra)
n. Chr. 1. Jh.	• Der Buddhismus verbreitet sich entlang der Seidenstraße nach China
n. Chr. 2. Jh.	• Madhyamaka-Schule entsteht in Indien (Nagarjuna)
n. Chr. 3. Jh.	
n. Chr. 4. Jh.	• Der Buddhismus wird in Korea eingeführt • Yogachara-Buddhismus entsteht in Indien (Assanga und Vasubandu)
n. Chr. 5. Jh.	• Das Leben des Buddhaghosa und die Pali-Kommentare werden in Sri Lanka kodiert • Faxian reist nach Indien
n. Chr. 6. Jh.	• Chan- und Tiantai-Schulen etablieren sich in China • Der Buddhismus wird in Japan eingeführt
n. Chr. 7. Jh.	• Vajrayana-Schule entsteht in Indien • Die Schule des Reinen Landes wird in China bedeutend • Xuanzang reist nach Indien • Königreich Srivajaya in Indonesien

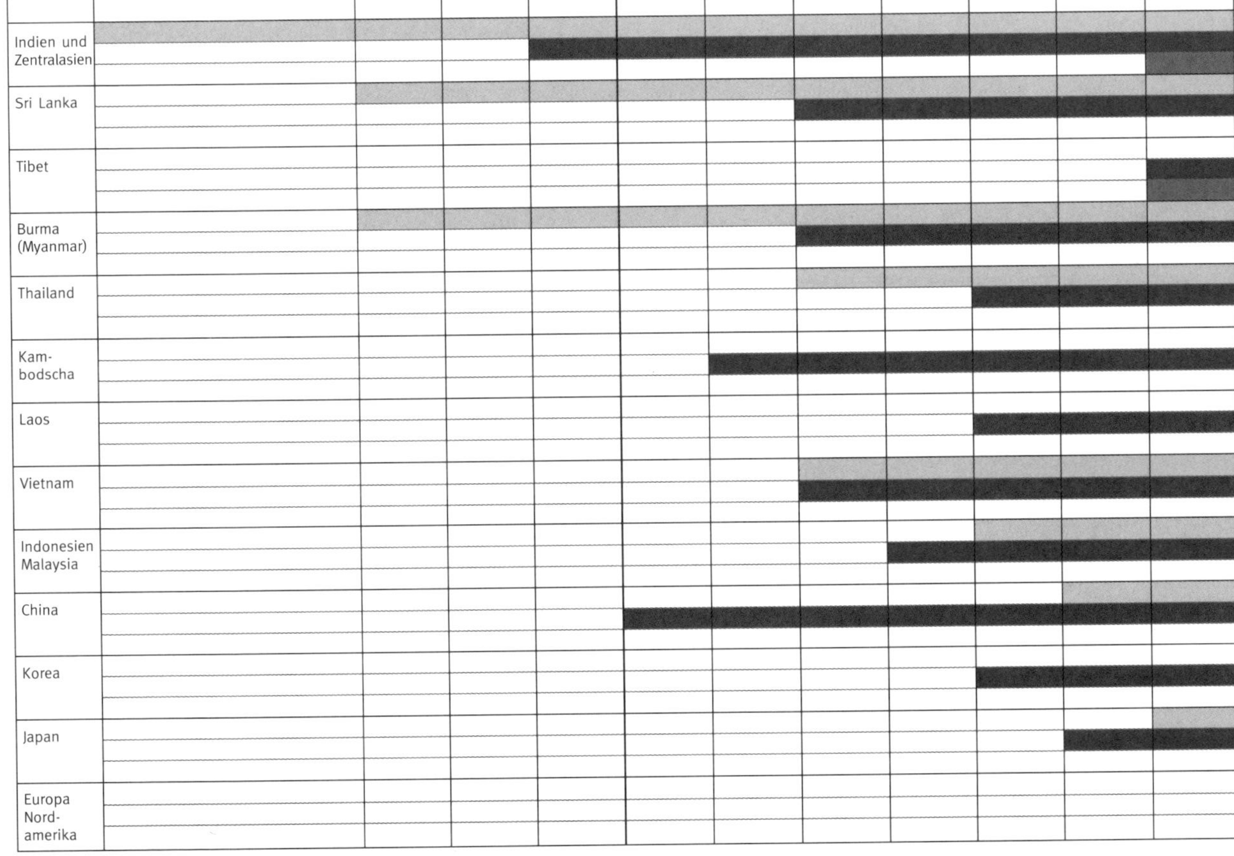

Theravada* — Mahayana — Vajrayana/Tantra

* einschließlich anderer buddhistischer Schulen, die üblicherweise Hinayana Buddhismus genannt werden.

8. Jh.	• Erstes tibetisches buddhistisches Kloster
9. Jh.	• Unterdrückung des Buddhismus in China und Tibet • Khmer-Königreich bei Angkor in Kambodscha • Tendai- und Shingon-Schulen werden in Japan etabliert • Borobudur in Java vollendet
10. Jh.	• Bagan-Königreich wird in Burma gegründet • Reines-Land-und-Chan-Schulen blühen in China auf
11. Jh.	• Anawratha konvertiert in Bagan (Burma) zum Theravada-Buddhismus • Zweite Ausbreitung des Buddhismus in Tibet • Atisha gelangt nach Tibet und initiiert die Sangha-Reform • Mahayana Tripitaka wird in Korea gedruckt
12. Jh.	• Angkor Wat wird in Kambodscha gebaut • Türkisch-muslimische Invasion in Nordindien; Nalanda wird zerstört
13. Jh.	• Sukhothai-Königreich in Thailand • Zen (Eisei und Dogen); Reines Land (Honen und Shinran); Nichiren-Schule in Japan eingeführt
14. Jh.	• Ayutthaya-Königreich in Thailand • Tsongkhapa gründet die Gelugpa-Schule in Tibet
15. Jh.	• Theravada-Buddhismus wird in Kambodscha mit dem thailändischen Sieg über die Khmer vorherrschend
16. Jh.	• Die Mongolen konvertieren zum Buddhismus • Sonam Gyatso wird zum Dalai Lama ernannt
17. Jh.	• Tokugawa-Ära in Japan; Buddhismus wird zur Staatsreligion
18. Jh.	• Wiederaufleben des Buddhismus in Sri Lanka
19. Jh.	• Britische Kontrolle über Sri Lanka und Burma und französische Kontrolle in Kambodscha und Vietnam • 5. Buddhistisches Konzil in Burma. Mahabodhi Society 1891 gegründet • Parlament der Weltreligionen in Chicago • Europäische Forschung über den Buddhismus beginnt
20. Jh.	• Soka Gakkai wird in Japan eingeführt • Buddhist Churches of America gegründet • 2500-jähriges Jubiläum des *Parinibbana* von Gautama der Theravada • B. R. Ambedhar gründet die buddhistische Navayana-Bewegung in Indien • Der 14. Dalai Lama geht ins Exil (1959)

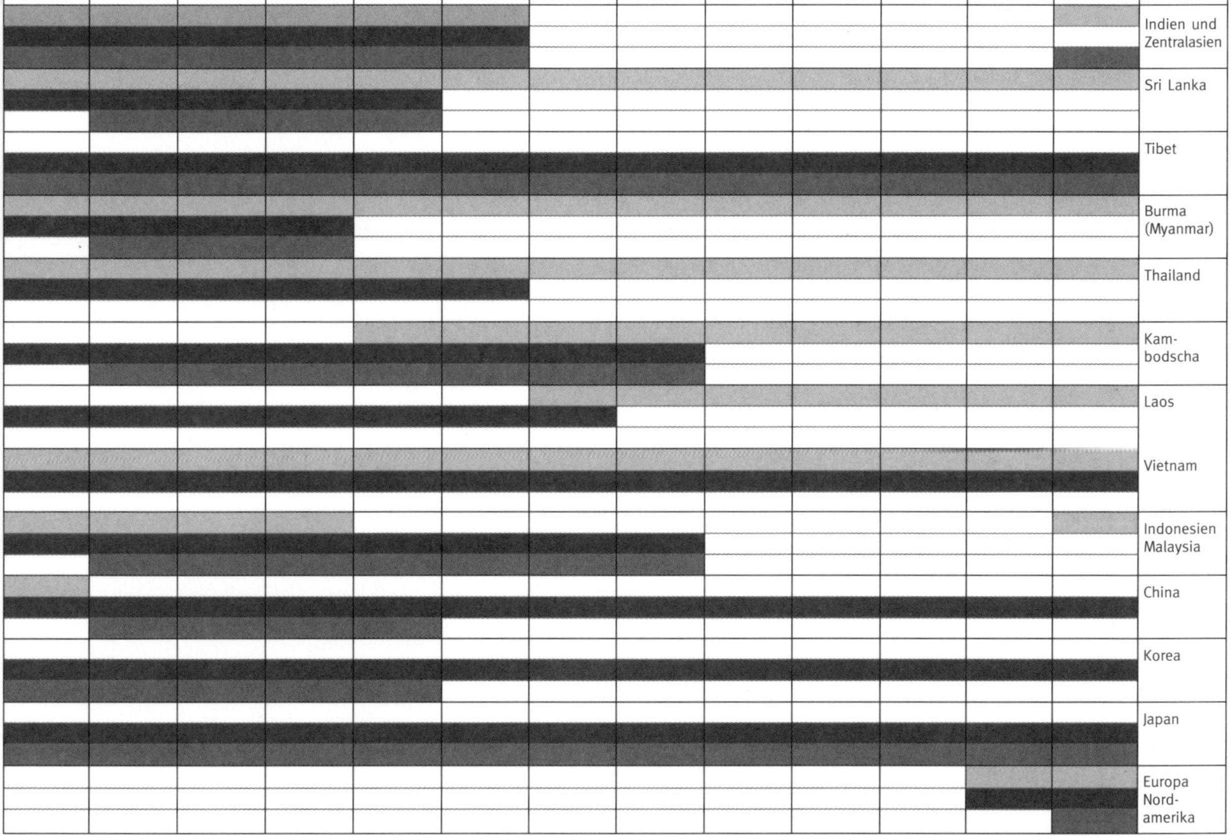

ANMERKUNG: Diese Zeitleiste stellt wichtige Ereignisse in der Geschichte des Buddhismus dar und markiert den ungefähren Zeitraum, in dem die drei großen Lehren des Buddhismus innerhalb der Grenzen einiger modernen Nationen und Regionen hervorgingen. Die Anhaltspunkte für das Datieren dieser Bewegungen sind oft bruchstückhaft und Thema von etlichen Diskussionen; das Ziel hier ist, ein grundlegendes Zeitraster zu schaffen, um die geographische Verbreitung und das Zusammenwirken dieser großen Lehren zu verstehen, von denen jede von beachtlichen Lehren, Ritualen und kultureller Vielfältigkeit geprägt war.

BIBLIOGRAPHIE

ALLGEMEINE ARBEITEN

Bechert, Heinz und Gombrich, Richard. (Hg.). *Der Buddhismus: Geschichte und Gegenwart.* München: Beck, 2000.

Harris, Elizabeth J. *What Buddhists Believe.* Oxford: Oneworld Publications, 1998.

Harvey, Peter. *An Introduction to Buddhism: Teachings, History and Practices.* Cambridge and New York: Cambridge University Press, 1990.

Kelsang Gyatso. *Einführung in den Buddhismus. Eine Erklärung der buddhistischen Lebensweise.* Zürich: Tharpa, 2001.

Keown, Damien. *Der Buddhismus: Eine kurze Einführung.* Dietzingen: Reclam, 2001.

Keown, Damien. *Lexikon des Buddhismus.* Düsseldorf: Patmos, 2001.

Lamotte, Étienne. *History of Indian Buddhism: From the Origins to the Saka Era.* Louvain-la-Neuve: Institut Orientaliste, 1988.

Malalasekera, G.P., et al., eds. *Encyclopaedia of Buddhism.* Colombo: Government of Sri Lanka, 1961.

Nyanatiloka. *Buddhistisches Wörterbuch: kurzgefaßtes Handbuch der buddhistischen Lehren und Begriffe in alphabetischer Anordnung.* Stammbach: Beyerlein und Steinschulte, 1999.

Witzel, Michael. *Das alte Indien.* München: Beck, 2003

TEIL 1: URSPRÜNGE

KAPITEL 1: DAS ALTE INDIEN: GLAUBE UND GESELLSCHAFT

Alchin, Bridget and Alchin, Raymond. *The Rise of Civilization in India and Pakistan.* Cambridge: Cambridge University Press, 1982.

Allchin, F. R. *The Archaeology of Early Historic South Asia: The Emergence of Cities and States.* Cambridge: Cambridge University Press, 1995.

Basham, A.L. *The Origins and Development of Classical Hinduism.* New York: Oxford University Press, 1989.

Conze, Edward. *Buddhistisches Denken: Drei Phasen buddhistischer Philosophie in Indien.* Frankfurt am Main: Insel, 2007.

Kosambi, D.D. *Das Alte Indien.* Berlin: Akademie-Verl., 1969.

Olivelle, Patrick. Samyasa Upanishads: Hindu Anthology. Harmondsworth, England, and New York: Penguin Books, 1981.

Shaffer, Jim G. „The Indo-Aryan Invasions: Cultural Myth and Archaeological Reality" in *The People of South Asia: The Biological Anthropology of India, Pakistan, and Nepal*, ed. by John R. Lukacs. New York: Plenum Press, 1984, pp.77–90.

Witzel, Michael. „Rigvedic History: Poets, Cheftains and Politics" in *The Indo-Aryans of Ancient South Asia*, ed. by George Erdosy. New York: Walter de Gruyter, 1995, pp.307–352.

KAPITEL 2: SIDDHARTHAS WERDEGANG

Asvaghosa. *Buddhacarita; or, Acts of the Buddha*, ed. by E.H. Johnston. 2nd ed. New Delhi: Motilal Banarsidass, 1984.

Asvaghosa's Buddhacaritam. Buddha's Leben: ein altindisches Heldengedicht des 1. Jahrhunderts n. Chr. Ins Dt. übertr. von Richard Schmidt. Osnabrück : Biblio, 1972.

Carrithers, Michael. *Der Buddha.* Dietzingen: Reclam, 1996.

Cummings, Mary. *The Lives of the Buddha in the Art and Literature of Asia.* Ann Arbor, Michigan: University of Michigan, Center for South and Southeast Asian Studies, 1982.

Jayawickrama, N.A., trans. *The Story of Gotama Buddha: The Nidana-katha of the Jatakatthakatha.* Oxford: Pali Text Society, 1990.

Karetzky, Patricia E. *The Life of the Buddha: Ancient Scriptural and Pictorial Traditions.* Lanham, Maryland: University Press of America, 1992.

Thera, Nyanaponika und Hecker, Hellmuth. *Die Jünger Buddhas.* Bern, München, Wien: O. W. Barth, 2000.

Reynolds, Frank E. „The Many Lives of the Buddha: A Study of Sacred Biography and Theravada Tradition" in *The Biographical Process: Studies in the History and Psychology of Religion*, ed. by Frank E. Reynolds and D. Capps. The Hague: Mouton, 1976, pp.37–61.

Schober, Juliane, ed. *Sacred Biography in the Buddhist Traditions of South and Southeast Asia.* Honolulu: University of Hawaii Press, 1997.

Snellgrove, David, ed. *The Image of the Buddha.* Tokyo: Kodansha International, 1978.

KAPITEL 3: EINE NEUE GEMEINSCHAFT

Dutt, Sukumar. *Buddhist Monks and Monasteries of India.* London: George Allen and Unwin, 1962.

Nikam, N.A. and McKeon, R., eds. *The Edicts of Ashoka.* Chicago: University of Chicago Press, 1978.

Robinson, Richard and Johnson, Willard. *The Buddhist Religion: A Historical Introduction.* 4th ed. Belmost, Albany, etc.: Wadsworth, 1997.

Strong, John S. *The Legend of King Ashoka.* Princeton: Princeton University Press, 1983.

Wijayaratna, M. *Buddhist Monastic Life.* Cambridge University Press, 1987.

TEIL 2: PRINZIPIEN UND PRAXIS

KAPITEL 1: DAS MENSCHLICHE DASEIN

Collins, Steven. *Selfless Persons: Imagery and Thought in Theravada Buddhism.* Cambridge: Cambridge University Press, 1982.

Dalai Lama. *Die Lehre des Buddha vom Abhängigen Entstehen: die Entstehung des Leidens und der Weg zur Befreiung.* Hamburg: Dharma-Edition, 1996.

Hopkins, J. (Hg.) *Nagarjunas Juwelenkette: buddhistische Lebensführung und der Weg zur Befreiung.* Kreuzlingen, München: Hugendubel, 2006.

Kaviratna, Harischandra. *Dhammapada.* Eberdingen: Theosophischer Verlag, 1985.

Rhys-Davids, C.A.F. *Stories of the Buddha.* New York: Dover, 1988.

Rhys-Davids, T. *The Questions of King Milinda.* 2 vols. New York: Dover, 1963.

Thera, Nyanaponika. *Im Lichte des Dhamma.* Konstanz: Christiani, 1989.

Warren, Henry C. *Buddhism in Translations.* New York: Macmillan, 1966.

KAPITEL 2: DIE „VIER EDLEN WAHRHEITEN"

Evans-Wentz, W.Y. *Milarepa, Tibets großer Yogi.* München: Barth, 1978.

Mizuno, Kogen. *Basic Buddhist Concepts.* Tokyo: Kosei Publishing Company, 1988.

Rahula, Walpola. *Was der Buddha lehrt.* Bern: Origo, 1963.

Rhys-Davids, C.A.F. *The Path of*

Purification by Bhadantacariya Buddhaghosa. Seattle: Vipassana Research Publications of America reprint, 1999.

Thomas, E.J. *The History of Buddhist Thought.* London: Routledge, 1996.

Takakusu, Junjiro. *The Essentials of Buddhist Philosophy.* Westport, Connecticut: Greenwood Press, 1974.

KAPITEL 3: DER WEG DES BUDDHA

Bodhi, Bhikkhu. *The Noble Eightfold Path.* Kandy, Sri Lanka: Buddhist Publication Society, 1994.

Bhikkhu Thanissaro. *The Wings of Awakening.* Barre, Massachusetts: Dhamma Dana Publications, 1998.

Crosby, Kate and Skilton, A., trans. *The Bodhicaryavatara.* New York: Oxford University Press, 1995.

Dalai Lama. *Die Essenz der Meditation.* München: Ansata, 2001.

Eckel, Malcolm David. *To See the Buddha.* Princeton: Princeton University Press, 1992.

Farrer-Halls, Gill. *The Illustrated Encyclopedia of Buddhist Wisdom.* Wheaton, Illinois: Quest Books, 1999.

Harvey, Peter. *An Introduction to Buddhist Ethics.* Cambridge: Cambridge University Press, 2000.

Thera, Nyanaponika. *The Heart of Buddhist Meditation.* New York: Weiser, 1984.

Rinpoche, Patrul. *Die Worte meines vollendeten Lehrers.* Freiburg: Arbor, 2006.

KAPITEL 4: GEISTIGE BILDUNG

Bhikkhu Nanamoli and Bhikkhu Bodhi, trans. *Middle Length Discourses of the Buddha* (from Bhayabherava Sutta, No. 4, in the Majjhima Nikaya, vol. 1, pp.21-22, of the Pali Text Society edition). Boston: Wisdom Pub., 1995.

Bronkhorst, Johannes. *The Two Traditions of Meditation in Ancient India.* Stuttgart: F. Steiner Verlag Wiesbaden, 1986.

Conze, Edward. *Buddhist Meditation.* London: Allen & Unwin, 1956.

Gunaratana, Henepola. *The Path of Serenity and Insight: An Explanation of the Buddhist Jhanas.* New Delhi: Motilal Banarsidass, 1985.

King, Winston. *Theravada Meditation: The Buddhist Transformation of Yoga.* University Park, Pennsylvania: Pennsylvania State University Press, 1980.

Kiyota, Minoru, and Jones, Elvin, eds. *Mahayana Buddhist Meditation.* Honolulu: University of Hawaii Press, 1978.

Nyanamoli, trans. *The Path of Purification* (translation of Buddhaghosa Visuddhimagga). 2 vols. Sri Lanka, 1956. Reprinted, Berkeley, California and London: Shambala, 1976.

Nyanaponika, T. *The Heart of Buddhist Meditation.* London: Rider, 1962.

Ryukoku University Translation Center, trans. and ed. *The Sutra of Contemplation on the Buddha of Immeasurable Life as Expounded by Sakyamuni Buddha.* Kyoto: Ryukoku University, 1984.

Samanaphala Sutta („The Fruits of the Contemplative Life"), No. 2 in the Digha Nikaya.

Satipatthana: *Der Heilsweg buddhistischer Geistesschulung. Die Lehrrede von der Vergegenwärtigung der Achtsamkeit. (Satipatthana-Sutta)* Konstanz: Christiani, 1950.

KAPITEL 5: DIE BUDDHISTISCHE GEMEINSCHAFT

Bartholomeusz, T. *Women under the Bo Tree: Buddhist Nuns in Sri Lanka.* Cambridge: Cambridge University Press, 1994.

Buswell, Robert E. *The Zen Monastic Experience.* Princeton: Princeton University Press, 1992.

Carrithers, Michael. *Der Buddha.* Reclam: Dietzingen, 1996.

Dutt, Sukumar. *Buddhist Monks and Monasteries in India.* London, 1962.

Gombrich, Richard. *Precept and Practice: Traditional Buddhism in the Rural Highlands of Ceylon.* Oxford: Clarendon Press, 1971.

Griffiths, Paul J. *On Being Buddha: The Classical Doctrine of Buddhahood.* Albany: State University of New York Press, 1994.

Kawamura, Leslie. *The Bodhisattva Doctrine in Buddhism.* Waterloo, Ontario: Wilfred Laurier University Press, 1981.

Ray, Reginald. *Buddhist Saints in India.* New York: Oxford University Press, 1994.

Spiro, Melford E. *Buddhism and Society: A Great Tradition and its Burmese Vicissitudes.* Berkeley: 1982.

Sponberg, Alan and Hardacre, Helen, eds. *Maitreya: The Future Buddha.* Cambridge: Cambridge University Press, 1988.

Tambiah, Stanley J. *The Buddhist Saints of the Forest and the Cult of Amulets.* Cambridge: 1984.

Tiyavanich, Kamala. *Forest Recollections: Wandering Monks in Twentieth Century Thailand.* Honolulu: 1997.

Williams, P. *Mahayana Buddhism.* London: Routledge and Kegan Paul, 1989.

KAPITEL 6: PRAKTIZIERTER BUDDHISMUS

Carter, John R., ed. *The Threefold Refuge in the Theravada Buddhist Tradition.* Pennsylvania: Anima Books, 1982.

Coleman, Simon and Elsner, John. „Translating the Sacred: Patterns of Pilgrimage in the Buddhist World" in *Pilgrimage: Past and Present in the World Religions.* Cambridge, Massachusetts: Harvard University Press, 1995, S.170–195.

Journal of Buddhist Ethics, Internet-Zeitschrift: http://www.buddhistethics.org

Kariyawasam, A.G.S. *Buddhist Ceremonies and Rituals of Sri Lanka.* Kandy: Buddhist Publication Society, 1995.

Kinnard, Jacob. *Imaging Wisdom: Seeing and Knowing in the Art of Indian Buddhism.* Richmond, Surrey: Curzon, 1999.

Lopez, Donald S., ed. *Buddhism in Practice.* Princeton: Princeton University Press, 1995.

Schober, Juliane. „Buddhist Just Rule and Burmese National Culture: State Patronage of the Chinese Tooth Relic in Myanmar" in *History of Religions.* 1997, 36, S.218-243.

Reynolds, Frank E. and Carbine, Jason A., eds. *The Life of Buddhism.* Berkeley, California: University of California Press, 2000.

Schopen, Gregory. *Bones, Stones, and Buddhist Monks.* Honolulu: University of Hawaii Press, 1997.

Tambiah, S.J. *World Conqueror and World Renouncer.* Cambridge: Cambridge University Press, 1976.

Thera, Nyanaponika. *Milindapanha. Ein historisches Gipfeltreffen im religiösen Weltgespräch.* Bern, München, Wien: O. W. Barth, 1998.

Trainor, Kevin. *Relics, Ritual, and Representation in Buddhism: Rematerializing the Sri Lankan Theravada Tradition.* Cambridge: Cambridge University Press, 1997.

KAPITEL 7: DER THERAVADA-BUDDHISMUS

Bunnag, Jane. *Buddhist Monk, Buddhist*

Layman: A Study of Urban Monastic Organization in Central Thailand. Cambridge: Cambridge University Press, 1973.

Gombrich, Richard and Obeyesekere, Gananath. *Buddhism Transformed: Religious Change in Sri Lanka.* Princeton: Princeton University Press, 1988.

Gombrich, Richard. *Der Theravada-Buddhismus: vom alten Indien bis zum modernen Sri Lanka.* Stuttgart, Berlin, Köln: Kohlhammer, 1997.

Keyes, Charles F. *The Golden Peninsula: Culture and Adaptation in Mainland Southeast Asia.* Honolulu: University of Hawaii Press, 1995.

Smith, Bardwell L., ed. *Religion and Legitimation of Power in Thailand, Laos, and Burma.* Chambersburg, Pennsylvania: Anima Books, 1978.

Strong, John S. *The Legend and Cult of Upagupta: Sanskrit Buddhism in North India and Southeast Asia.* Princeton: Princeton University Press, 1992.

Swearer, Donald K. *The Buddhist World of Southeast Asia.* Albany: State University of New York Press, 1995.

Tambiah, S.J. *Buddhism and the Spirit Cults in North-East Thailand.* Cambridge: Cambridge University Press, 1975.

KAPITEL 8: MAHAYANA-BUDDHISMUS

Corless, Roger. *The Vision of Buddhism.* Paragon House Publishers, 1989.

Dalai Lama. *A Flash of Lightning in the Dark of Night: A Guide to the Bodhisattva's Way of Life.* Berkeley, California, and London: Shambala, 1994.

Cowell, E.B., ed. *Buddhist Mahayana Texts.* New York: Dover, 1989.

McGovern, William. *An Introduction to Mahayana Buddhism.* AMS Press, 1971.

Williams, J. Paul. *Mahayana Buddhism: The Doctrinal Foundations.* London: Routledge, 1989.

Kalupahana, David. *Nagarjuna, The Philosophy of the Middle Way.* New York: State University of New York Press, 1986.

Kelsang Gyatso. *Ocean of Nectar: Wisdom and Compassion in Mahayana Buddhism.* Tharpa Publications, 1995.

Muralt, Raoul von (Hg. u. Übers.). *Meditations-Sutras des Mahayana-Buddhismus.* 3 Bände. Bern: Origo, 1986.

Murti, T.R.V. *The Central Philosophy of Buddhism.* London: Allen & Unwin, 1955.

Nagao, Gadjin M. with Kawamura, Leslie S., ed. *Madhyamika & Yogacara: A Study of Mahayana Philosophies.* Albany: State University of New York Press, 1991.

Streng, Frederick. *Emptiness.* New York: Abingdon Press, 1967.

Thurman, Robert. *The Holy Teaching of Vimalakirti.* University Park, Pennsylvania: Pennsylvania State University Press, 1976.

Dutt, Nalinaksha. *Mahayana Buddhism.* Delhi: Motilal Barnasidass, 1978.

Gomez, Luis. *The Land of Bliss: The Paradise of the Buddha of Measureless Light.* Honolulu: 1996.

Inagaki, Hisao. *The Three Pure Land Sutras: A Study and Translation from Chinese.* Kyoto: Nagata Bunshodo, 1995.

KAPITEL 9: CHAN UND ZEN – DER WEG DER MEDITATION

Awakawa, Yasuichi. *Die Malerei des Zen-Buddhismus.* Wien, München: Schroll, 1970.

Dumoulin, Heinrich. *Geschichte des Zen-Buddhismus.* 2 Bände. Bern: Francke, 2006.

Benoit, Hubert. *Die hohe Lehre.* München-Planegg: O. W. Barth, 1958.

Bodiford, William M. *Soto Zen in Medieval Japan.* Honolulu: University of Hawaii Press, 1993.

Faure, Bernard. *The Rhetoric of Immediacy: A Cultural Critique of Chan/Zen Buddhism.* Princeton: Princeton University Press, 1991.

Hirota, Dennis, ed. *Wind in the Pines: Classic Writings of the Way of Tea As a Buddhist Path.* Berkeley: Asian Humanities Press, 1995.

Kasulis, T.P. *Zen Action, Zen Person.* Honolulu: University of Hawaii Press, 1981.

Sasaki, Ruth. *The Record of Lin-chi.* Kyoto: The Institute for Zen Studies, 1975.

Sekida, Katsuki. *Two Zen Classics: Mumonkan and Hekiganroku.* Tokyo: Weatherhill, 1977.

Sekida, Katsuki. *Zen-Training.* Freiburg im Breisgau: Herder. 2007

Shibayama, Zenkei. *Zu den Quellen des Zen.* Bern, München, Wien: O. W. Barth, 1976.

Suzuki, D.T. *Das Zen-Koan: Weg zur Erleuchtung.* Freiburg im Breisgau: Herder, 1996.

Waddell, Norman, trans. *The Essential Teachings of Zen Master Hakuin.* Boston and London: Shambhala, 1994.

KAPITEL 10: TANTRA

Beyer, Stephan. *The Cult of Tara.* Berkeley: University of California Press, 1973.

Klein, Anne. *Meeting the Great Bliss Queen.* Boston: Beacon, 1996.

Lewis, Todd T. *Popular Buddhist Texts from Nepal: Narratives and Rituals of Newar Buddhism.* Albany, New York: State University of New York Press, 2000.

Robinson, James B. *Buddha's Lions: The Lives of the Eighty-Four Siddhas.* Berkeley, California: Dharma Publishing, 1979.

Shaw, Miranda. *Erleuchtung durch Ekstase: Frauen im tantrischen Buddhismus.* Frankfurt am Main: Krüger, 1997.

Snellgrove, David. *Indo-Tibetan Buddhism: Indian Buddhists and Their Tibetan Successors.* 2 vols. Boston: Shambhala, 1987.

White, David Gordon. *Tantra in Practice.* Princeton: Princeton University Press, 2000.

TEIL 3: HEILIGE SCHRIFTEN

KAPITEL 1: DIE ZUSAMMENSTELLUNG DES DHARMA

The Asian Classics Input Project, ed. *A Thousand Books of Wisdom*, release IV. CD-ROM containing 8,000 pages of the Tibetan Kangyur texts and 29,200 pages of Tibetan Tengyur texts. New York: Asian Classics Input Project, 1999.
Siehe www.asianclassics.org

Bhiksu Thich Minh Chau. *The Chinese Madhyama Agama and the Pali Majjhima.* Nikaya, Delhi: Motilal Barnarsidass Publishers, 1991.

Buddhist Studies Virtual Library. Siehe www.ciolek.com/WWWVL-Buddhism.html

Ch'en, Kenneth. „The Chinese Tripitaka" in *Buddhism in China.* Princeton: Princeton University Press, 1964, S. 365–386.

Kogen, Mizuno. *Buddhist Sutras: Origin, Development, Transmission.* Tokyo: Kosei Publishing Co., 1982.

Robinson, Richard and Johnson, Willard. Appendix entitled „An Overview of the Buddhist Scriptures" in *The Buddhist Religion.* 4th ed. Belmost, Albany, etc.: Wadsworth, 1997, S.311–314.

Vipassana Research Institute, Chattha Sangayana CD ROM Version 3. Dhamagiri, India: Vipassana Research Institute. Siehe www.tipitaka.org/

KAPITEL 2: DIE DREI KÖRBE

Access to Insight, siehe: www.accesstoinsight.org (enthält eine große Sammlung von Texten des Pali-Kanons in englischer Übersetzung)

Bond, George D. *The Word of the Buddha: The Tipitaka and Its Interpretation in Theravada Buddhism.* Colombo: 1982.

Cleary, Thomas (Hg.). *Dhammapada: die Quintessenz der Buddha-Lehre.* Frankfurt am Main: Fischer, 1997.

Collins, Steven. „On the Very Idea of the Pali Canon" in *Journal of the Pali Text Society.* 1990, 15, S.89–126.

Hinüber, Oskar von. *Handbook of Pali Literature.* Berlin and New York: Walter de Gruyter, 1996.

Kemper, Steven. *The Presence of the Past: Chronicles, Politics, and Culture in Sinhala Life.* Ithaca, New York: Cornell University Press, 1991.

Norman, K.R. *Pali-Literature.* Wiesbaden: Otto Harrassowitz, 1983.

Wijayawardhana, G.D. „Literature in Buddhist Religious Life" in *Religiousness in Sri Lanka*, ed. by John R. Carter. Colombo: Marga Institute, 1979, S.67–77.

KAPITEL 3: SCHRIFTEN DES MAHAYANA

Cleary, Thomas, trans. *Entry into the Realm of Reality [Gandavyuha Sutra].* Boston and Shaftesbury: 1989.

Conze, Edward. *The Perfection of Wisdom in Eight Thousand Lines and Its Verse Summary [Ashtasahasrika Prajnaparamita Sutra].* Bolinas, California: Four Seasons Foundation, 1973.

Conze, Edward. *Buddhist Wisdom: The Diamond Sutra and the Heart Sutra [Vajracchedika and Hrdaya Prajnaparamita Sutras].* New York: Vintage Books, 2001.

Garfield, Jay. *The Fundamental Wisdom of the Middle Way: Nagarjuna's Mulamadhyamakakarika.* New York and London: Oxford Univesity Press, 1995.

Hakeda, Yoshito, trans. *The Awakening of Faith [Qixin Lun].* New York: Columbia Paperback, 1967.

Lamotte, Etienne, trad., *La Concentration de la Marche Heroique [Surangamasamadhi Sutra].* Bruxelles: Institut Belge des Hautes Etudes Chinoises, 1975.

Powers, John. *Religion und Kultur Tibets.* Bern, München, Wien: O. W. Barth, 1998.

Samuel, Geoffrey. *Civilized Shamans: Buddhism in Tibetan Societies.* Washington, D.C., 1993.

Stcherbatsky, F.Th., trans. *Buddhist Logic [Nyayabindu, Nyayabindu-tika].* vol. 2. London und New York: Dover Publications, 1962.

Suzuki, Daitetsu Teitaru, trans. *The Lankavatara Sutra.* London: Routledge & Kegan Paul, 1932.

Thurman, Robert A.F. *The Holy Teaching of Vimalakirti: A Mahayana Scripture [Vimalakirtinirdesa Sutra].* Pennsylvania: Pennsylvania University Press, 1987.

Tucci, Guiseppe. *Die Religionen Tibets und der Mongolei.* Stuttgart: Kohlhammer, 1970.

Watson, Burton, transl. *The Lotus Sutra.* New York: Columbia University Press, 1993.

Wayman, Alex and Hideko, transl. *The Lion's Roar of Queen Srimala [Srimala Sutra].* New York: Columbia University Press, 1974.

TEIL 4: BUDDHISMUS HEUTE

KAPITEL 1: DIE WACHSENDE GEMEINSCHAFT

Baumann, Martin. *Deutsche Buddhisten. Geschichte und Gemeinschaften.* Marburg: Diagonal, 1993.

Boucher, Sandy, *Turning the Wheel: American Women Creating the New Buddhism.* 2nd ed. Boston: Beacon, 1993.

The Buddhist Society, ed. *The Buddhist Directory.* 8th ed. London: 2000.

DeJong, J.W. *A Brief History of Buddhist Studies in Europe and America.* Delhi, India: Sri Satguru, 1987.

Fields, Rick. *How the Swans Came to the Lake.* 3rd ed. London & Boston: Shambhala, 1992.

Hubbard, Jamie, and Swanson, Paul L., eds. *Pruning the Bodhi Tree: The Storm Over Critical Buddhism.* Honolulu: University of Hawaii Press, 1997.

Jones, Charles Brewer. *Buddhism in Taiwan: Religion and the State 1660–1990.* Honolulu: University of Hawaii Press, 1999.

Obadia, Lionel. *Bouddhisme et Occident: La diffusion du bouddhisme tibetain en France.* Paris: Editions L'Hartmattan, 1999.

Prebish, Charles S. and Tanaka, Kenneth K., eds. *The Faces of American Buddhism.* London and Berkeley: University of California Press, 1998.

Tsomo, Karma Lekshe, ed. *Buddhist Women Across Cultures.* Albany, New York: State University of New York Press, 1999.

Tsomo, Karma Lekshe (Hg.).*Töchter des Buddha: Leben und Alltag spiritueller Frauen im Buddhismus heute.* München: Diederichs, 1991.

Williams, Duncan R. and Queen, Christopher S., eds. *American Buddhist: Methods and Findings in Recent Scholarship.* Surrey, England: Curzon, 1999.

KAPITEL 2: GESELLSCHAFT UND DIE SANGHA

Ariyanatne, A.T. *Buddhism and Sarvodaya: Sri Lankan Experience.* Delhi: Sri Satguru, Indian Books Centre, 1996.

Chan Khong. *Aus Liebe zu allen Wesen.* Berlin: Theseus, 2005

Chappell, David, ed. *Buddhist Peacework.* London and Boston: Wisdom, 1999.

Dumoulin, Heinrich, & Maraldo, John C., eds. *Buddhism in the Modern World.* London and New York: Collier Macmillan, 1976.

Goldstein, Melvyn and Kapstein, Matthew, eds. *Buddhism in Contemporary Tibet: Religious Revival and Cultural Identity.* London and Berkeley: University of California Press, 1998.

Kabat-Zinn, Jon. *Gesund und stressfrei durch Meditation.* München: Barth, 1991.

Kaza, Stephanie, & Kraft, Kenneth. *Dharma Rain: Sources of Buddhist Environmentalism.* Boston and London: Shambhala, 2000.

Morreale, Don, ed. *The Complete Guide to Buddhist America.* London and Boston: Shambhala, 1998.

Queen, Christopher S. & King, Sallie, eds. *Engaged Buddhism: Buddhist Liberation Movements in Asia.* Albany, New York: State University of New York Press, 1996.

Queen, Christopher S., ed. *Engaged Buddhism in the West.* London and Boston: Wisdom, 2000.

Sivaraksa, Sulak. *Saat des Friedens.* Braunschweig: Aurum, 1995.

Tambiah, Stanley J. *Buddhism Betrayed? Religion, Politics, and Violence in Sri Lanka.* Chicago: University of Chicago Press, 1992.

Wilber, Ken, Engler, Jack, and Brown, Daniel. *Psychologie der Befreiung.* Bern: Scherz, 1988.

REGISTER

Kursive Seitenverweise beziehen sich auf Abbildungen, **fett** gedruckte auf Textkästen.

A

B

N

O

W

X, Y

Z

BILDNACHWEIS

DNACHWEIS

r Verlag möchte den nachfolgend genannten Personen, Museen und Bildarchiven für die Erlaubnis zur Vervielfältigung ihres Materials danken. Es wurde versucht, alle Urheberrechtsinhaber ausfindig zu machen. Sollten wir dennoch jemanden übersehen haben, entschuldigen wir uns und werden dies in künftigen Ausgaben berücksichtigen.

Abkürzungen:

BM	British Museum
BPK	Bildarchiv Preussischer Kulturbesitz
RHPL	Robert Harding Picture Library
Stone	gettyone Stone

Seite 1 Tony Stone Images, London/Masaharu Uemura; 2 Tony Stone Images, London /Kevin R. Morris ; 7 AKG, London/Gilles Mermet; 8 Tibet Images/Ian Cumming; 10 BM (OA 1880-11); 15 Axiom/Paul Quayle; 16 Panos Pictures/Daniel O'Leary; 17 BM (BMC59); 18 RHPL; 19 Michael Willis; 20 Todd Lewis; 21 AKG/ British Library; 23 BM (OA1919.1-1.088); 24 AK G/Jean Louis Nou; 25 BPK/Museum für Indische Kunst, Berlin; 26 BM (BM 49, Barratt 70); 27 Corbis/Owen Franken; 29 British Library (Or 14297 f. 10-11); 30 Corbis/Nevada Wier; 32/33 BPK/Museum für Indische Kunst, Berlin; 34 Kevin Trainor; 35 British Library (Or 14297 f.19-20); 37 Corbis/Wolfgang Kaehler; 38 Christie's Images; 39 Stone/ David Hanson; 40 AKG/Jean-Louis Nou; 42 BM (1948.7-10.0-12); 43 BM (OA 1907.12-28.1); 44 Corbis/Kevin R. Morris; 47 Stone/ Paul Chesley; 48 BM (Sanchi 30); 49 BM (OA 1880.257); 51 BM (BM 70, Barrett 100); 52 Graham Harrison; 53 Graham Harrison; 54 AKG/Erich Lessing; 55 AKG/Jean-Louis Nou; 56 Stone/James Strachan; 59 Corbis/Leonard da Selva; 60 BM (OMPB Or. 13538); 63 DBP Archives; 65 Todd Lewis; 66 AKG/Gilles Mermet; 68 Stone/Hilarie Kavanagh; 71 Christie's Images; 73 Corbis/Peter Turnley; 74 Stone/James Strachan; 75 Tibet Images/Greta Jensen; 76 BM (OA 1973, S-14.2); 78-79 Spinks, London; 79 BM (OA 1887.7-17-81); 81 Stone/Hugh Sitton; 82 Stone/Nicholas Devore; 84 British Library (Or. 13813); 85 Graham Harrison; 86 Graham Harrison; 87 AKG/Erich Lessing; 88 BM (OA 1991.3-28.1); 89 BM (OA 1944.4-1.05); 90 AKG/Erich Lessing; 91 BM (1992,12-14.36); 93 Stone/Keren Su; 94-95 Stone/James Strachan; 96 BM (OA 1942,4-16.1); 97 Stone/Glen Allison; 98 Corbis/Chris Lisle; 100 Corbis/ Carmen Redondo; 101 Tibet Images/Ian Cumming; 102 Tibet Images/Ian Cumming; 105 Corbis/Nevada Wier; 107 Corbis/Kevin R. Morris; 109 Kevin Trainor; 110 Tibet Images/Ian Cumming; 111 Kevin Trainor; 113 Graham Harrison; 114 Michael Willis; 115 Graham Harrison; 116 Stone/Rex A. Butcher; 117 British Library (Or 14297 f.4-5); 118 Graham Harrison; 119 BM (1922-4-24-127); 122 British Library (Or 14297 f.43-44); 125 Panos Pictures/D. Sansoni; 126 Corbis/Luca Tettoni; 127 Stone/Mervyn Rees; 128 Stone/Hugh Sitton; 131 Stone/Glen Allison; 134 Stone/Jerry Alexander; 135 Graham Harrison; 137 BM (OA 1898.4-8,0.33); 138 Stone/Dave Jacobs; 139 BM (OA 1973.05-14.1); 140-141 Shokuku-ji Tempel, Kyoto, Japan/ Foto mit freundlicher Genehmigung des Kyoto National Museum; 142 Corbis/Chris Lisle; 145 Christie's Images; 146 Corbis/Nik Wheeler; 147 Christie's Images; 148 DBP Archives; 149 BM (OA 1919.1-1.047); 150 Christie's Images; 151 Corbis/Kevin R. Morris; 152 Graham Harrison; 155 Eisei Bunko; 156 Graham Harrison; 157 Graham Harrison; 158 BM (OA 1983.11-11.04); 160 Werner Forman Archive; 161 Art Archive; 163 Todd Lewis; 164-165 Tibet Images/Ian Cumming; 167 BM (OA 1908,5-15.10); 168-169 Tibet Images/Ian Cumming; 171 Tibet Images/Christopher Langridge; 172 Panos Pictures; 174 BM (OA 1919.1-1-0279); 177 Corbis/Christine Kolisch; 178 Corbis/ Wolfgang Kaehler; 181 Corbis/Galen Rowell; 182 BM (Or 12010/J); 183 British Library (Or 74.D.5); 184-185 BM (OA 1983,5-26.1); 187 Graham Harrison; 188 Sam Fogg Rare Books, London; 189 Bridgeman Art Library/Private Collection; 190 Corbis/Howard Davies; 192 Kevin Trainor; 193 Corbis/Luca Tettoni; 194 Corbis/Tim Page; 195 Kevin Trainor; 196 CWB; 197 Sam Fogg Rare Books; 199 Christie's Images; 200 Christie's Images; 201 Bridgeman Art Library/ Victoria and Albert Museum; 202 Sam Fogg Rare Books; 204 Sam Fogg Rare Books; 205 Graham Harrison; 206 Stone/Paul Chesley; 207 Sam Fogg Rare Books; 209 Corbis/Lindsey Hebberd; 210 British Library (Or 15190.3); 212 Corbis/Stephanie Maze; 215 BLIA, Südafrika; 216 Soka Gakkai, Taiwan; 219 Corbis/Kevin R. Morris; 220 Graham Harrison; 221 Corbis/David Muench; 222 Corbis/Michael Freeman; 223 Corbis/ Ted Streshinsky; 224 Corbis/Alison Wright; 226 Frank Spooner Agency; 227 Frank Spooner Agency; 228 Associated Press; 231 Corbis/David Samuel Robbins; 232 Stone/ Glen Allison; 234 San Francisco Chronicle/Eric Luse; 235 Corbis/Nik Wheeler; 237 Corbis/Reuters Newmedia

DANKSAGUNG

Der überwiegende Teil des zitierten Materials dieses Buches wurde von den Autoren zur Verfügung gestellt, die die ursprünglichen Texte übersetzt haben. Es wurde versucht, die Identität aller anderen Urheberrechtinhaber ausfindig zu machen. Sollten wir dennoch jemanden ausgelassen haben, entschuldigen wir uns und werden dies in künftigen Ausgaben berücksichtigen. Wir danken den folgenden Verlagen für die Abdruckgenehmigung:

Seite 68 W.Y. Evans-Wentz *Tibet's Great Yogi Milarepa*, London: OUP, 1974, S. 246; 87 *Buddhist Texts Through the Ages*, Harper Torchbooks, 1953, S. 252–253.

Die Zitate der deutschen Ausgabe sind aus dem Englischen übersetzt.